O lado oculto das Paixões

Américo Simões

O lado oculto das Paixões

Barbara

Revisão: Sumico Yamada Okada & Iria Müller Poças
Revisado de acordo com o novo acordo ortográfico da língua portuguesa.
Certas palavras e expressões escritas conforme a solicitação do autor.

Revisão final: Julianderson Almeida

Projeto gráfico e diagramação: Meco Simões

Foto capa: Latin Stock

Ficha Catalográfica

Garrido Filho, Américo Simões
O lado oculto das paixões, Américo Simões Garrido Filho,
São Paulo, Barbara Editora, 2013.

1 - Literatura espírita. Romance mediúnico.

ISBN 978-85-99039-65-6

CDD-869.93

Todos os direitos reservados.
Nenhuma parte desta obra pode ser reproduzida ou transmitida por qualquer forma e/ou quaisquer meios (eletrônico ou mecânico, incluindo fotocópia e gravação) ou arquivada em qualquer sistema de banco de dados sem permissão expressa da Editora (lei n° 5.988, de 14/12/73).

BARBARA EDITORA
Rua Primeiro de Janeiro, 396 - 81
Vila Clementino - São Paulo - SP
CEP: 04044-060
Tel.: (11) 5594 5385
E-mail:barbara_ed@estadao.com.br
www.barbaraeditora.com.br
Contato com o autor: americo.simoes@uol.com.br
www.americosimoes.com.br

Aos amigos de ontem, hoje e sempre
Margot Dias Rosa Gonçalves & Marco Antônio Gonçalves

Prólogo

Em "Paixões que ferem", o primeiro livro desta trilogia, conhecemos a história das famílias Nunnari e Corridoni.

Em 1793, o italiano Gianni Nunnari decidiu tentar a vida no Brasil. Casado com Gianluza Greco Nunnari teve três filhos: Maurizio Greco Nunnari, Umbelina Greco Nunnari e Liberata Greco Nunnari. A bordo do navio que seguia para a América do Sul eles conheceram Mario e Margarita Corridoni, pais de Roberto Corridoni, com apenas 11 anos nessa época. Imprevistos durante a viagem fizeram com que os Nunnari fossem morar na fazenda comprada por Mario Corridoni, onde a amizade entre todos engrandeceu com o passar dos meses. Houve grande esforço por parte de Mario e dos escravos para deixar a fazenda Corridoni como ele tanto queria: produtiva e admirada por todos.

Novos imprevistos romperam os elos de amizade entre os Corridoni e os Nunnari, provando que a vida é realmente imprevisível. Quando menos se espera, ela toma rumos jamais pensados como possíveis de acontecer, todavia é preciso prosseguir da melhor forma porque assim a vida pede a todos.

Quando madura, Umbelina Nunnari casou-se com Humberto Domingues, com o qual teve uma filha, batizada com o nome de Elaine.

Liberata Nunnari casou-se com Silas Barcelos com quem teve um filho chamado Gianni em homenagem a seu pai.

E Maurizio Nunnari casou-se com Glória, uma escrava mulata com quem gerou Giulio, um garoto encantador.

Roberto Corridoni, por sua vez, casou-se com Inaiá Amarante com quem teve seis filhos: Mássimo Corridoni, em 1800, os gêmeos Matteo e Cecília Corridoni (1801), Homero Corridoni (1802), Josefina Corridoni (1803) e Florisbela Corridoni (1804).

Roberto conheceu Inaiá, sua esposa, logo após se mudar para a fazenda que comprou nas proximidades da cidade de Serra Dourada, local onde sua vida teve grande êxito. Logo se tornou sócio do único banco da cidade e com jeitinho acabou convencendo os demais sócios a venderem sua parte para ele. Por se fazer querido por todos, tornou-se o prefeito da província, cargo que ocupou com o intuito de enriquecer à custa do município.

Enquanto Roberto enriquecia a vistas grossas, Silas Barcelos separava-se de Liberata Nunnari por desconfiar de sua fidelidade para com ele. É a partir desse ponto que segue o segundo livro da trilogia intitulado "O lado oculto das paixões".

Nota dos autores

Para conhecer esta história em todos os seus detalhes, os autores sugerem ao leitor que leiam primeiramente o primeiro livro da trilogia "Paixões que ferem" e subsequentemente o segundo livro "O lado oculto das paixões" e o terceiro, "A eternidade das paixões".

Diferente dos romances que se passam nessa época, a linguagem dos negros e dos interioranos não apresentará aqui seus erros convencionais. Somente algumas palavras ou expressões serão mantidas para abrilhantar o texto.

No decorrer do romance usaremos a palavra prefeito e prefeitura para melhor entendimento por parte do leitor. Mas a instituição e o cargo são algo relativamente novo no nosso Brasil.

No período do Brasil-colônia, isto é, na época do reinado, a administração das cidades cabia à "Câmara municipal" que possuía muito mais poderes do que hoje. Por exemplo; ela era responsável pela arrecadação dos impostos; exercia regulação das profissões e ofícios e também do comércio; era responsável pela criação e gerência dos presídios e também pelo cuidado do patrimônio público, entre outros. Muitas dessas funções atualmente são de responsabilidade do governador do estado.

Após a independência do Brasil (1822), as câmaras municipais deixaram de ser tão abrangentes. Em 1824, foi criada a 1ª Constituição e cada mandato tinha a duração de quatro anos. O Vereador mais votado assumia a Presidência da Câmara, tendo os encargos semelhantes aos do Prefeito como conhecemos atualmente mas acumulava também sua função como vereador.

CAPÍTULO 1

Tempo para plantar,
tempo para colher os frutos da alma...

O ano era 1811 e uma charrete de grande porte carregada de compras entrava pela rua principal da pequena e graciosa cidade de Santa Mariana, no atual Estado de São Paulo.

A charrete, conduzida por dois cavalos viçosos, guiada por um escravo idoso para a época, muito solícito e atencioso com seus patrões, levava uma moça de 27 anos de idade, Liberata Nunnari Barcelos, a filha caçula de Gianni e Gianluza Greco Nunnari que, por sugestão de Gianni, saíram da Itália para tentar a vida no Brasil, no ano de 1793.

Liberata era uma criatura encantadora, com um pescoço longo e delicado, cabelos de um castanho caramelo, emoldurando a cabeça com suaves ondas naturais, e olhos de um castanho profundo e vívido, cor de avelã.

A moça voltava mais uma vez de Serra Dourada, outra cidade da região, trazendo as compras que fazia, pelo menos duas vezes ao mês, para a loja de secos e molhados administrada por sua irmã, Umbelina Nunnari e seu cunhado, Humberto Domingues.

Liberata assumira essa função desde que o cunhado passou a ajudar o pai no que viria ser a *prefeitura* da época, na pequena cidade de Santa Mariana onde todos viviam. Umbelina poderia ter ficado encarregada das compras, mas como abominava viagens, preferiu mil vezes cuidar da filha e do sobrinho, até mesmo lavar e passar roupas com um dos ferros pesadões da época, onde se punham brasas para poder ter a temperatura desejada.

É lógico que Liberata recebia por isso, dinheiro que precisava e muito, pois desde que o marido a abandonara com o filho, temeu que um dia ele desaparecesse de vez e toda responsabilidade financeira em torno da criança ficasse a seu encargo. Portanto, era melhor se precaver.

O nome do marido que nunca se tornou ex, pois jamais houve separação legal, era Silas Barcelos, de família residente na própria cidade de Santa Mariana com quem Liberata, após uma decepção afetiva, casou-se no ano de 1802 e com quem teve um filho, batizado com o nome de Gianni em homenagem ao avô materno.

O fato que levou Silas Barcelos para longe de Liberata e do próprio filho foi a suspeita de que ela não era mais virgem quando se casou com ele. Uma hipótese que o deixou desacorçoado e sofrendo, pois gostava dela imensamente.

Assim que a carroça parou em frente à loja de secos e molhados de propriedade de Umbelina e Humberto Domingues, escravas e escravos ajudaram a transportar a mercadoria para dentro do local.

Umbelina assim que teve a oportunidade, perguntou mais uma vez à irmã:

– Você, por acaso, não cruzou com Roberto Corridoni pelas ruas de Serra Dourada, cruzou?

– Vira essa boca para lá, Umbelina! Cruz credo! – defendeu-se Liberata, batendo três vezes na madeira e corando até a raiz dos cabelos.

Umbelina soltou um de seus sorrisos matreiros, os que usava para brincar e provocar a irmã e continuou:

– E se você encontrá-lo, por acaso?

– Quem?!

– Ora, com quem, Liberata? Com Roberto Corridoni.

– Ah, você de novo com essa história!

Roberto Corridoni fora a grande paixão de Liberata e também o seu maior engano. Pivô da separação dela e de Silas. O moço, desde que soube que uma mulher sangrava durante a primeira vez que se deitava com um homem e que o sangramento era sinal de virgindade, cismou que Liberata não havia sangrado na noite de núpcias do casal, pelo menos, ele não se recordava de ter visto mancha alguma no lençol e, por isso, chegou à conclusão de que ela já havia sido deflorada por Roberto Corridoni antes do seu casamento. A conclusão o encheu

9

de revolta, fazendo com que se afastasse da esposa e, consequentemente, do filho.

– Vamos, diga-me! – insistiu Umbelina, com surpreendente bom humor naquele dia. – O que fará se encontrar, por acaso, é lógico, Roberto Corridoni por uma viela de Serra Dourada?

– Deus me livrará deste pesadelo!

– Ora, *Berata...* Com Roberto Corridoni sendo *prefeito* de Serra Dourada e você estando lá, praticamente duas vezes por mês, esse encontro pode muito bem acontecer.

Liberata tornou a bater na madeira e foi incisiva ao dizer:

– Mas isso não vai acontecer! Pelo menos espero que não! Que Deus me livre dessa!

Umbelina riu, um sorriso maroto, de meninota. Adorava provocar a irmã, vê-la avermelhar-se, procurando desesperadamente ocultar o rubor.

Umbelina fora a primeira filha do casal Nunnari. Estava com 28 anos nessa época e tornara-se uma mulher alta cujos cabelos combinavam com o marrom das folhas de outono, de um castanho amarelado, emoldurando a cabeça de talhe primoroso com suaves ondas naturais, olhos num tom de mel, profundos e vívidos, sempre muito atentos a tudo, sem perder, no entanto a discrição que fazia dela uma moça muito distinta. O pescoço era longo e delicado, a boca travessa, denotando bom humor.

Em 1801, aos 18 anos, casara-se com Humberto Domingues, com quase 20 anos completos. Um rapaz que sempre fora muito tímido, tão tímido que, se não fosse a ajuda do pai, estaria ainda paquerando Umbelina sem ter coragem de lhe revelar o que sentia por ela. Era um rapaz de expressão afável, cujo rosto irradiava muita simpatia e os honestos olhos castanhos eram cordiais como os de um cão. Com ele, Umbelina teve uma filha: Elaine Corridoni Domingues (1802). Uma garota de pernas compridas, com uma juba de cabelos no mesmo tom da mãe e o rosto no mesmo formato do pai.

As duas irmãs se despediram à porta da loja e a carroça foi então levar Liberata para sua casa na fazenda Millenotti, a mesma casinha humilde que abrigara a ela, sua mãe e os irmãos quando chegaram da Itália.

Na fazenda, Liberata procurava ajudar a mãe nos afazeres domésticos. Na verdade, tentava poupá-la de qualquer trabalho excessivo para não se desgastar, mas Gianluza era uma mulher ativa, sempre fora, não gostava nem um pouco de ficar parada. Casara-se com Lamartine Millenotti, homem severo mas de bom caráter, que se apaixonou por ela da mesma forma que ela por ele, quando ambos pensavam nunca mais se apaixonarem na vida.

Ao chegar ao local, Liberata foi direto para a casa-grande ver a mãe e o padrasto que muito atenciosamente ficaram cuidando de seu filho, Gianni, até ela voltar de viagem. Era assim toda vez que ela precisava executar seu trabalho e Gianni ficava com os avós com alegria, pois era sempre uma grande festa estar na companhia de ambos. Tanto Gianluza quanto Lamartine eram muito apegados ao menino, especialmente Gianluza.

– Filha! – exclamou Gianluza abraçando-a. – Que bom que você voltou, mais uma vez, sã e salva para casa!

O abraço se tornou mais apertado.

– Correu tudo bem?

– Sim, mamãe, tudo bem.

Voltando os olhos para o filho, abrindo os braços para recebê-lo, Liberata perguntou:

– E meu Gianni, como passou o dia?

– Muito bem.

– Pudera, na companhia da senhora e do Senhor Lamartine não poderia ser diferente.

A mãe abraçou o filho apertado e o menino beijou-lhe a face por diversas vezes, imitando o gesto da mãe.

A seguir, Liberata cumprimentou o padrasto.

– Obrigada, mais uma vez, por ter olhado o meu Gianni.

Lamartine, sorridente, respondeu:

– É sempre um prazer, Liberata. Sabe o quanto eu gosto do menino.

Ela assentiu. Gianluza aproveitou o momento para dar um sermãozinho para a filha:

– Liberata, minha filha, tem certeza de que essas viagens para você não são muito desgastantes? Não deve ser fácil ir até Serra Dourada quase duas vezes por mês chacoalhando-se toda naquela charrete que mais parece uma carroça de feno.

– Ora, mamãe, a senhora sabe o quanto eu preciso do dinheiro que Umbelina e Humberto me pagam por essa função.

Lamartine deu seu parecer:

11

– Já disse a você, Liberata, e torno a repetir: se precisar de ajuda financeira você sabe que pode contar comigo. Sempre!

– O senhor já me disse, mas é que eu, sinceramente, me sinto muito bem com a função de ir à Serra Dourada. Sinto-me útil e sem tempo para pensar em besteiras. Além do mais, é um trabalho divertido. Que mulher não gosta de fazer compras, não é mesmo? Ainda que essas compras não sejam para ela.

Risos.

– Bem, agora vou me banhar e preparar uma sopa para o jantar.

Liberata pegou na mão do filho e antes de seguir caminho para sua casa, agradeceu mais uma vez à mãe e ao padrasto por terem ficado com o pequeno Gianni. Assim que partiu, Lamartine Millenotti comentou com a esposa:

– É uma moça e tanto. Poucas são esforçadas assim, encarando com a cara e a coragem um casamento rompido de uma hora para outra como aconteceu com o dela.

– Sem dúvida – concordou Gianluza, acompanhando com o olhar a filha e o neto, tomando a alameda que levava a humilde casa que servira de abrigo para todos desde que haviam chegado àquelas terras.

O silêncio caiu entre os dois por quase cinco minutos; foi então que Gianluza, olhando para o pôr do sol, voltou-se para o marido e comentou:

– Hoje faz 18 anos desde que cheguei aqui... a esta fazenda... *Dio mio,* até parece que foi ontem. Meus filhos ainda eram crianças nessa época. Ainda lembro com clareza o momento em que Gianni apareceu em casa e me falou a respeito da sua decisão de se mudar para o Brasil.

Lamartine opinou:

– Deve ter sido muito difícil para você, não foi?

Gianluza suspirou:

– Se foi. Nem sei de onde tirei forças para aceitar sua decisão. Sabia que o papel de uma esposa é acompanhar o marido onde quer que ele vá, ainda assim foi com muita dificuldade que acabei aceitando tal mudança. Depois, quando ele morreu a bordo do navio durante a vinda para cá, foi desesperador. Aterrorizante.

– O importante é que você conseguiu, minha querida.

– Sim, é verdade.

Os dois se beijaram e Gianluza foi preparar a ceia*.

---

*Dizia-se ceia ao invés de jantar nessa época. (N. dos A.)

Naquela noite, logo após pôr o filho para dormir, Liberata se lembrou das palavras da irmã com relação a Roberto. Depois lembrou-se involuntariamente de tudo que viveu ao lado dele durante a infância e a adolescência. A decepção e o baque que teve com sua pessoa, os anos de depressão e então, a vinda de Silas Barcelos para a sua vida. A vontade de ser feliz ao seu lado, de esquecer de vez o passado decepcionante que viveu com Roberto e o que de fato conseguiu durante o convívio com o marido até que ele, quando tudo parecia perfeito, um conto de fadas, achegou-se a ela e falou abertamente de suas suspeitas em relação à perda da sua virgindade. Foi um dia horroroso e decepcionante, outra grande tragédia em sua vida.

Então ele a abandonou e ela se entregou com unhas e dentes aos afazeres da casa, ajudando a mãe em tudo que ela lhe permitia e a irmã na loja de secos e molhados de sua propriedade e do marido.

Novamente Liberata ouviu soar em um canto de sua mente o que Umbelina lhe dissera naquele final de tarde:

"Vamos, diga-me!", insistiu ela com surpreendente bom humor naquele dia. "O que fará se encontrar, por acaso, é lógico, Roberto Corridoni por uma viela de Serra Dourada?"

"Deus me livrará deste pesadelo!", foi sua resposta.

"Ora, *Berata*... Com Roberto Corridoni sendo prefeito de Serra Dourada e você estando lá, praticamente duas vezes por mês, esse encontro pode muito bem acontecer."

E ela, batendo na madeira novamente, respondeu incisiva:

"Mas isso não vai acontecer! Pelo menos espero que não! Que Deus me livre dessa!"

E Umbelina riu, um sorriso maroto, de meninota que adora provocar a irmã, vê-la avermelhar-se, procurando desesperadamente ocultar o rubor. E ela, Liberata, ficara mesmo ruborizada apesar do grande esforço que fez para que isso não acontecesse.

Capítulo 2

Reconciliação

No domingo seguinte, logo pela manhã, Silas apareceu na fazenda para visitar o filho com 7 anos nessa época. Estavam todos reunidos na casa-grande para o almoço de domingo em família quando ele chegou.

Sua aparência era de uma pessoa bem cuidada. A pele pálida, os dedos curtos e os olhos, que de vez em quando tinham um brilho de fanatismo, longe de atrair, repeliam. Seu modo de falar era brusco e severo. Um homem alto, de constituição sólida, com o pomo-de-adão protuberante e bigode caído, o que lhe dava um ar pessimista.

O menino ao vê-lo, correu para os braços do pai.

– Olá, meu filho, como vai?

O garoto não respondeu, apenas abraçou mais forte o pai adorado, transmitindo toda a sua alegria por revê-lo. Foi então que os olhos de Silas cruzaram-se com os de Liberata e, mesmo não querendo, cumprimentou a moça com um leve aceno de cabeça.

Ela ainda mexia com ele, totalmente, poderia se dizer.

Gianluza e Umbelina observaram o lance e, em seguida, foram sugerir à Liberata que tentasse uma reconciliação.

– Não fui eu quem o abandonou, mamãe. Foi ele, lembra-se? A vontade de se reconciliar comigo deve partir dele, não de mim.

Aquilo era de fato verdade e também um fato incontestável. Até aquele momento, nem Umbelina nem Gianluza podiam acreditar no motivo que Silas apresentou para se afastar da esposa.

Enquanto as três mulheres conversavam, Silas, com o filho sentado sobre o seu trapézio, caminhava ao lado de Humberto, seu melhor amigo dos áureos tempos de adolescência. Humberto tentava, mais uma vez, convencer o amigo a fazer as pazes com a esposa. Silas, entretanto, se mostrava novamente irredutível com a ideia.

– Quando fecho os olhos, meu amigo... – desabafou –, rememoro nossa lua de mel e percebo que não havia mancha de sangue no dia seguinte... Só de pensar que não fui seu primeiro homem, só de pensar que ela teve intimidades com um outro e que esse outro, ao me ver, pode rir de mim por saber que fui enganado por ela, feito de otário, sinto-me péssimo.

Ele suspirou:

– Oh, Humberto, é uma sensação horrível.

– Mas você não tem certeza se isso realmente aconteceu?

– Mas tudo leva a crer que sim!

– Mesmo que seja, qual o problema? Viúvas se casam novamente, não se casam?

– É, mas seus maridos estão mortos, não podem ridicularizar o novo esposo.

– Bobagem.

– Você fala isso porque não está na minha pele, Humberto.

– Eu ainda acho que você está exagerando.

Nisso ouviu-se a voz de Umbelina:

– O almoço está servido.

Aproximando-se dos dois, a moça, gentilmente convidou Silas para almoçar com eles. Com muita insistência, principalmente por parte do filho, Silas acabou aceitando o convite.

O topo da mesa foi ocupado por Lamartine Millenotti, ao seu lado direito ficou Gianluza, sua terceira esposa, tão adorada quanto a primeira, ao seu lado Liberata, depois, o pequeno Gianni, a seguir Silas, na extremidade oposta a do dono da casa, Humberto, ao seu lado direito Umbelina, seguida pela filha, Elaine, o sobrinho Giulio e a cunhada Glória, viúva de Maurizio Nunnari, o primogênito do casal Gianni e Gianluza Nunnari, assassinado estupidamente anos antes, enquanto lutava pela abolição da escravatura no Brasil.

Enquanto todos se fartavam dos deliciosos pratos preparados por Gianluza e as escravas, Glória Nunnari observava um a um dos presentes, correndo os olhos discretamente de um para o outro e pensando no quanto seria bom estar com sua família, pai, mãe e a irmã, a família que foi destruída por causa da escravidão. Sabia que seus pais já estavam mortos àquela altura, mas Idausina, sua irmã, estava viva em algum lugar e seu maior sonho ainda era encontrá-la para alforriá-la e trazê-la para morar ao seu lado, na fazenda, para todo o sempre.

~∰☺

A quase 200 quilômetros de Santa Mariana ficava a cidade de Serra Dourada, para onde Liberata ia fazer as compras para a loja de secos e molhados. Era uma dessas cidades com tendência para muito comprimento e pouca largura, com uma igreja para reunir todos aos fins de semana, especialmente aos domingos de manhã, para ouvir o sermão do padre que sempre parecia tão desconexo, mas que pouco se importava em melhorar, pois sabia que aquilo entrava por um ouvido e saía pelo outro. A maioria dos fiéis estava ali apenas de corpo presente, a mente vagava longe, procurando solução para os seus problemas, para os dramas de suas vidas.

Pela avenida de chão batido, a avenida principal da cidade, qualquer passante tinha uma bela vista do bosque de eucaliptos que se erguia na zona norte da cidade. Ali havia algumas lojas onde as famílias podiam abastecer a dispensa de suas casas para preparar refeições no fogão a lenha, o melhor que havia na época. O que era perecível era guardado no que servia de geladeira na ocasião, uma dispensa num ponto da casa onde menos batia sol.

O céu estava tão azul quanto em Santa Mariana naquele domingo em que Roberto Corridoni e sua família estiveram mais uma vez na igreja para a missa tradicional de domingo, frequentada pela nata da sociedade. Missa em que o padre, como a maioria, fazia o sermão com boa intenção, mas acabava se perdendo no meio dele por distração ou desânimo por ver os fiéis mais interessados nas pessoas ao seu redor do que em suas palavras.

Roberto deixou o local, como sempre, ouvindo elogios e mais elogios dos presentes ali, a respeito de sua pessoa e de sua administração como *prefeito* da cidade, fato este que enchia seu ego e o tornava ainda mais vaidoso. Isto chamou a atenção da pequena Josefina, de apenas 8 anos nessa época (1911), que assim que se assentou na charrete, perguntou baixinho no ouvido da mãe:

– Por que as pessoas elogiam tanto o papai?

Inaiá, orgulhosa do marido, respondeu:

– Porque seu pai é um homem de ouro, Josefina. Honesto e respeitoso. Tem todas as qualidades que um homem deve ter, que Deus tanto aprecia num homem.

A menina sorriu, sentindo-se também orgulhosa de seu pai.

Roberto Corridoni não só era o prefeito da cidade, mas também proprietário do único banco que havia na região.

Chegara à cidade, no final de 1799, acompanhado apenas da mãe, Margarita Lozano Corridoni, esposa do falecido Mario Corridoni que viera para o Brasil com o intuito de prosperar e assim garantir um futuro promissor para o filho. Mario, infelizmente, não pôde concretizar seu intento, morreu moço, mas pôde, pelo menos, dar grande passo rumo a ele.

Assim que chegaram a Serra Dourada, Roberto quis logo se casar e, para isso, escolheu Inaiá, simplesmente pelo fato de ela ser filha de um dos homens mais ricos da região na época. O senhor Amarante Sobrinho.

Margarita temeu que o filho estivesse cometendo o maior erro de sua vida, pois sabia, apesar de ele não admitir, que sentia grande paixão por Liberata Nunnari com quem não quis se casar por desavenças envolvendo a ela, a própria Margarita, Mario Corridoni e Gianluza Nunnari. Algo que marcou e mudou profundamente a vida de todos para sempre.

Da união de Roberto Corridoni com Inaiá Amarante nasceram: Mássimo Corridoni, em 1800, os gêmeos Matteo e Cecília Corridoni (1801), Homero Corridoni (1802), Josefina Corridoni (1803) e Florisbela Corridoni (1804).

Diante da sociedade pareciam formar uma família feliz, entre quatro paredes vivia-se uma felicidade artificial.

Assim que a família adentrou a sede da fazenda de Roberto Corridoni, o almoço foi servido. Antes da refeição todos fizeram uma prece de agradecimento pelo que iriam comer, tradição de família que Roberto fazia questão de manter.

A cabeceira da mesa foi ocupada por Roberto, ao seu lado direito sentou-se Inaiá, esposa devotada e apaixonada pelo marido e pelos filhos e os demais lugares foram ocupados por Mássimo Corridoni (11 anos), os gêmeos Matteo e Cecília Corridoni (10 anos), Homero (9 anos); Josefina (8 anos) e Florisbela, a caçula da família, com 7 anos.

Todos almoçaram em profundo silêncio, mal respirando. Ao perceber que Cecília, por pouco não vomitou o pouco de chuchu que pôs na boca, alimento que detestava mas era obrigada a comer porque o pai não admitia recusa de nenhum tipo de alimento que fosse posto à mesa, Inaiá fez um sinal discreto para a filha se acalmar e engolir tudo de uma só vez com a ajuda de um bom copo d'água. Assim ela fez e pôde respirar aliviada. O chuchu já estava revirando em sua boca há uns três minutos, e quanto mais revirava, mais ânsia sentia.

Junto ao desconforto de estar comendo algo forçado, havia o medo de o pai perceber o que se passava com ela e, por isso, receber um castigo. Noutras vezes, quando ele notou o que se passava, deixou a menina de castigo num dos quartos da casa, trancafiada, com permissão de sair somente para estudar. Até mesmo urinar e defecar deveria ser feito no penico dentro do quartinho e que suportasse o cheiro, caso houvesse um, para aprender a nunca mais desrespeitar as ordens do pai ou dar uma de menina mimada que não come isso ou aquilo.

O quartinho em questão ficava no que viria a ser o porão da casa e tinha uma janela minúscula. No verão era asfixiante. As crianças evitavam passar perto do local. Só de pensar nele, sentiam arrepios e um profundo mal-estar.

Muitas vezes, assim que se levantavam da mesa e podiam se esgueirar dos olhos do pai, Cecília e Matteo procuravam um lugar apropriado para vomitar o que comeram forçados.

Depois do almoço, quando Roberto se retirou para fazer a sesta em seu quarto, todos puderam relaxar ao lado da mãe. Receber seus mimos, ouvir suas histórias, contar as suas, criar muitas delas, rir e tudo feito com muita discrição, baixinho, baixinho, para não atrapalhar o descanso do pai. Se ele fosse desperto por eles, todos sabiam, até mesmo os escravos, que o homem encarnaria o próprio demônio.

Naquele domingo, porém, Roberto Corridoni não conseguiu fazer sua sesta com a facilidade dos outros dias. Estava com o pensamento colado na amante, a amante que vinha há tempos perturbando sua mente.

Sua esperança naquela tarde, mais uma vez, era de que, ao acordar veria que tudo que se passava entre eles era um simples e terrível pesadelo. Entretanto, ao despertar, a realidade ainda estava lá, peitando sua pessoa como poucos que cruzavam seu caminho, ousavam fazer.

Enquanto isso, na Fazenda Millenotti, nas cercanias de Santa Mariana, as mulheres passeavam ao lado dos filhos pelos arredores da casa-grande. Entre uma conversa e outra, Umbelina percebeu que Glória estava ansiosa por notícias da irmã.

— Nenhuma notícia de sua irmã, ainda?

— Ainda não, Umbelina. Obrigada por se importar.

— Que pena!

— Mas eu ainda tenho esperanças de reencontrá-la.

— Eu oro por isso toda noite, minha nora – admitiu Gianluza. – Oração e esperança casam-se muito bem nessas horas.

— Eu sei, minha sogra, e obrigada por se preocupar comigo e com minha irmã.

Ao perceber que iria chorar, Gianluza abraçou a nora e a confortou em seu peito.

— Não somos como animais, sabem? – admitiu Glória chorando. – Temos sentimentos... Desejo viver em família como todos os brancos vivem.

— Eu sei, querida. Eu sempre soube.

A seguir, Liberata e Umbelina também confortaram a cunhada com palavras de esperanças e abraços carinhosos.

— Eu e Idausina, minha irmã, éramos tão unidas... Tão inseparáveis uma da outra.

— Você há de encontrá-la, Glória – encorajou Liberata. – Vamos continuar rezando e torcendo por isso.

E Liberata falou aquilo acreditando piamente que seria possível o reencontro das duas irmãs separadas cruelmente pelas mãos de brancos impiedosos e desumanos.

Naquela mesma tarde, Roberto acordou disposto a dar uma volta a cavalo com os filhos pela sua linda e valorizada propriedade. Mássimo, Matteo e Homero Corridoni ficaram empolgados com o convite do pai.

Roberto queria que os filhos aprendessem o quanto antes a administrar uma fazenda com punhos de aço.

Pelo caminho encontraram o capataz cavoucando a terra na companhia dos escravos. O homem tirou o chapéu para cumprimentar o patrão e disse:

— Estão faltando escravos para ajudar na plantação, meu senhor.

– Estão faltando porque você não pôs as escravas trabalhando aqui com vocês.

A resposta de Roberto surpreendeu o homem:

– Mas, senhor, mulher é muito frágil para esse tipo de trabalho.

– Que frágil, que nada! São fortes que nem um touro. Fazem-se de frágeis só para não terem de pegar no pesado. Em muitas fazendas, as escravas trabalham junto com os homens na lavoura sob sol e chuva.

O homem corou. Roberto continuou, ácido:

– Você acha certo os homens ficarem na labuta enquanto as mulheres ficam dentro da casa no bem bom?

O funcionário preferiu guardar a sua mais sincera opinião.

– Faça o que lhe digo, homem – continuou Roberto em tom de ordem. – Ponha as escravas, todas elas, trabalhando aqui na lavoura de sol a sol, se for preciso.

– Mas a sinhá precisa delas!

– Pois ela que se vire. Tem braços e pernas e inteligência suficiente para administrar os afazeres da casa.

Havia um misto de horror e perplexidade agora no rosto do feitor.

– E quero todas as crianças, trabalhando aqui também para adiantar o trabalho – continuou Roberto, decidido. – E quando digo crianças, todas sem exceção. De oito anos para cima, meninos e meninas. E se perturbarem o andamento do trabalho, chicote nelas. Ouviu?

O homem baixou a cabeça em sinal de submissão e voltou a cavoucar.

Voltando-se para os filhos, Roberto falou:

– Matteo, Mássimo, Homero! Venham!

Assim, pai e filhos continuaram a cavalgada. Entre um ponto e outro da extensa fazenda, Roberto parava e dava uma explicação aos filhos que o ouviam atentamente ou fingiam ouvir. Ai se não ouvissem!

Naquele final de dia, quando os meninos se recolheram para dormir, Mássimo, que ficara refletindo sobre o pequeno diálogo que o pai tivera com o feitor naquela tarde, deu sua opinião:

– O papai tem razão, sabem? A vida das mulheres é mesmo muito mais fácil que a do homem.

Homero deu seu parecer:

– Você ainda não aprendeu que o papai tem sempre razão em tudo o que diz?

– É verdade.

– Pois eu ainda acho que o feitor está certo – opinou Matteo.

– Certo?!!! – espantaram-se os dois irmãos.

– É, sim! As mulheres são mesmo mais frágeis que os homens. Aquilo não é serviço para elas.

– Conta outra Matteo.

– A mamãe, por exemplo. Vocês gostariam de vê-la capinando junto com os homens?

– Com a mamãe é diferente.

– Vocês pensam assim porque ela é a nossa mãe. Mas ela também é mulher e uma regra não pode excluir uma mulher só porque ela é mãe, afinal, todas as mulheres, se não todas, a maioria, pelo menos, são mães!

– Acontece, querido irmão, que estamos falando de escravas mulheres e não de mulheres brancas, mulheres de verdade. Escravos são como animais, sabia? Não são humanos como nós.

– Mas são tão parecidos conosco. Só muda a cor.

– Ainda assim, são animais. Só não são abatidos como um boi, um porco ou uma lebre e servidos no almoço porque são peças muito caras, senão... Você ia ver um pretinho assado servido numa bandeja enfeitado com muita alface e tomate.

– Eca! Pare de falar, Mássimo! Isso me dá ânsia.

– Matteo você parece uma menininha, sabia? – zombou, Homero. – Tem sangue de barata nas veias.

O menino fechou o cenho, virou-se para o lado e procurou dormir. Naquela noite teve um terrível pesadelo. Adentrava sua casa, morto de fome e, quando sentou-se à mesa, o que lhe foi servido fez com que vomitasse até sangue. Sobre duas cumbucas enormes de barro estavam Mássimo e Homero assados, como um leitão, cada qual com uma maçã na boca. O menino despertou do sono, suando frio e tremendo o queixo, controlando-se para não gritar de pavor.

Naquela mesma noite, horas antes, Glória Nunnari passeava ao lado do filho. Ao avistar a senzala, dirigiu-se até lá para ver se todos estavam bem. Pelo caminho de volta a casa, lembrou-se do marido e de seu sonho de abolir a escravidão. Algo pelo qual muitos vinham lutando, mas sem grandes êxitos.

Voltando, então, os olhos para o céu, repetiu a promessa que fizera diante do túmulo do marido no dia do seu sepultamento:

– Um dia, meu amado... Um dia a escravidão terá fim e sua morte não será vista mais como em vão. Você será visto como um herói, um herói que lutou até a morte pela liberdade dos escravos.

E aquilo soou como uma promessa.

Naquela mesma noite, Silas Barcelos ficou pensando na sugestão que o amigo lhe fizera naquele dia a respeito do seu casamento com Liberata.

"Mas você não tem certeza se isso realmente aconteceu?"

"Mas tudo leva a crer que sim!"

"Mesmo que seja, qual o problema? Viúvas se casam novamente, não se casam?"

"É, mas seus maridos estão mortos, não podem ridicularizar o novo esposo."

"Bobagem."

"Você fala isso porque não está na minha pele, Humberto."

"Eu ainda acho que você está exagerando."

A verdade é que tanto ele, Silas, poderia estar certo no que pensava, quanto Humberto, afinal, as duas hipóteses poderiam ser verdadeiras. Todavia, Roberto, por quem Liberata se apaixonara antes dele morava longe dali, não teria a chance de se encontrar e ele, tampouco, de caçoar da sua pessoa caso realmente tivesse desvirginado a moça na adolescência. A conclusão fez com que Silas adormecesse, sentindo-se mais tranquilo.

No dia seguinte, logo pela manhã, foi até a fazenda Millenotti procurar por Liberata para lhe sugerir uma reconciliação. Bateu à porta com mãos trêmulas e aguardou ser atendido. Demorou mais do que era esperado, causando-lhe grande aflição. Ao atendê-lo à porta, as pupilas de Liberata se dilataram e sua boca secou.

– Você veio ver o Gianni? – quis saber ela, voltando ao normal. – Ele ainda está dormindo.

– Não, Liberata, hoje vim ver você. Exclusivamente você!

As palavras dele realmente a surpreenderam. Ela recuou um passo para lhe dar passagem e assim ele adentrou a humilde casa. Tirou o chapéu que de nervoso havia esquecido, alisou o bigode que deixara crescer nos últimos tempos e falou:

– Ontem quando estive aqui...

Diante do seu embaraço e da sua dificuldade de falar, Liberata resolveu ajudá-lo:

– Continue...

– Onde eu estava mesmo?

– Você dizia que ontem quando esteve aqui...

– Ah, sim...

Ele não foi além disso.

Liberata, sorrindo, falou:

– É tão difícil assim para você me dizer...

– É... é, sim, Liberata, mas eu chego lá!

Ele afrouxou o colarinho e tomou ar.

– Ontem... – continuou, mas parou. – Você pode me servir um pouco d'água?

– Oh, sim, é claro. Não prefere um chá ou um café?

– Água mesmo. Estou com a boca seca.

Depois que ela lhe serviu a água, o moço, de quase 30 anos, procurou novamente se acalmar e disse:

– Ontem Humberto me falou sobre eu e você. Incentivou-me a voltar para você... Esquecer toda aquela história... então, pensei que talvez seria bom mesmo eu deixar aquilo tudo para trás.

– Mesmo porque não foi verdade.

– Deixe-me terminar.

– Vá em frente.

– Também pelo nosso filho.

– Só por ele?

– E isso já não é o suficiente?

– Sim e não! E quanto a mim, Silas? Pensei que quisesse voltar por minha causa também.

Ele definitivamente adquiriu uma coloração no rosto, vermelho rabanete.

– Bem...

Afrouxou de novo o colarinho. Respirou fundo, uma, duas vezes e só então prosseguiu:

– Quero reatar nosso casamento também por você, Liberata, é lógico que é também por você. Eu a amo, você sabe...

– Se me amasse mesmo, de verdade, teria acreditado em mim.

– Foi difícil para mim acreditar em você, Liberata... Ainda é, confesso.

– Se é assim...

– Não, espere, por favor! Estou disposto a apagar essa cisma!

– Silas, você tem de estar disposto a acreditar em mim. Só assim poderemos reconstruir nosso casamento e vivermos em paz.

– Você tem razão. Dê-me uma nova chance, então.

Ele pensou que ela lhe pediria um tempo para pensar, mas não, foi direta:

– Está bem.

– Está bem?

– Sim, está bem. Dou-lhe uma nova chance. Não é isso que você quer?

Um sorriso agradável estampou-se na face do moço:

– Sim, Liberata, é isso mesmo que eu quero.

Ele tomou sua mão e a beijou.

– Nossa reconciliação será ótima para o nosso filho! – disse ela. – Gianni vai adorar nos ver juntos novamente, vivendo sob o mesmo teto.

Ele tornou a sorrir, ela o acompanhou; então, ele a beijou nos lábios e a paixão que nunca havia se apagado dentro de ambos se reacendeu. O próximo passo foi dar a notícia ao menino.

– Gianni, meu querido – disse Liberata, assim que ele despertou.

– Papai! – alegrou-se o garoto ao vê-lo. – O senhor aqui!

O pai curvou-se sobre o menino e beijou-lhe a testa.

– Olá, meu filho, como vai?

Liberata disse a seguir:

– Gianni, meu filho, eu e seu pai temos uma notícia ótima para lhe dar. A partir de hoje voltaremos a morar juntos. Ou seja, seu pai vai voltar a morar aqui conosco.

O rosto do garoto se iluminou, seus olhos brilharam.

– Jura?!

Saltou da cama e abraçou os dois, feliz pela notícia. A mesma felicidade que se estampou no rosto de cada um dos familiares, ao saberem da reconciliação. Umbelina e Humberto saudaram o casal com grande alegria, o mesmo fez Gianluza e Lamartine, repetindo-se com Glória Nunnari. Todos estavam realmente radiantes pela reconciliação de Liberata e Silas.

No almoço do domingo seguinte a família estava novamente reunida em torno da mesa da extensa copa da casa-grande, comendo e bebendo à vontade e compartilhando comentários, risos e muita descontração. Foi mais um almoço feliz em família, almoço que todos jamais esquecem, principalmente os menores tal como o pequeno Gianni que era só alegria por se ver novamente ao lado do pai e da mãe, juntos e amorosos um para com o outro.

Capítulo 3

A vida sempre continua...

Semanas depois, Liberata se preparava para ir a Serra Dourada. Estava aborrecida por não ter se levantado na hora costumeira, quando o galo cantou, assim chegaria lá mais cedo e poderia fazer as compras com mais tempo, mais calma, sem tanta correria. Diante de sua expressão de aborrecimento e ansiedade, Umbelina comentou:

– Você está tão ansiosa para partir que parece até que tem um encontro marcado com alguém por lá.

– Bobagem. E, por favor, não repita aquela frase que você sempre me diz quando estou prestes a partir para Serra Dourada.

– Qual?

– Se...

Umbelina riu.

– Dessa vez foi você quem a repetiu.

Liberata avermelhou-se como um pimentão.

Sem mais delongas, Liberata subiu na carroça e partiu na companhia do escravo condutor. Umbelina ficou em frente a sua casa, acompanhando o veículo até perdê-lo de vista. Liberata sempre passava na casa da irmã, ainda que ao raiar do dia, para apanhar o dinheiro para as compras e saber se Umbelina havia se lembrado de mais algum item que deveria ser comprado durante a viagem.

Umbelina voltou para dentro de sua casa, rindo novamente consigo mesma por imaginar a face da irmã caso por ventura se encontrasse com Roberto Corridoni por uma das ruas da cidade. Riu também dele, do espanto que ele teria ao reencontrá-la de surpresa. Ah, se ela pudesse ser um mosquito para presenciar esse momento que acreditava, piamente, iria acontecer mais horas menos horas.

Naquele mesmo dia, à tarde, Roberto Corridoni preparou-se para sair.

– Meu marido? – perguntou Inaiá, contendo o tom. – Por acaso você está indo...

– Onde eu estou indo não é da sua conta.

– Desculpe-me, é que...

Ele amarrou o cenho e saiu sem deixar que ela se explicasse. Cecília, Josefina e Florisbela, que viviam praticamente grudadas à barra da saia da mãe não se assustaram com o modo ríspido de o pai se dirigir a ela, já estavam ficando quase acostumadas com suas grosserias. Apesar de tudo, Florisbela, quis saber:

– Por que o papai é tão diferente aqui em casa, mamãe?

– Diferente, Florisbela?! Diferente, como?

– A senhora sabe. Lá fora ele é sempre tão gentil com todos, tão sorridente... aqui é sempre tão sério, não podemos abrir a boca que ele nos manda calar.

– É seu jeito, filha. É o peso da responsabilidade, creio eu.

A menina procurou compreender. Inaiá, por sua vez, também procurou acreditar naquela explicação.

Assim que chegou à cidade, Roberto se dirigiu para o que chamamos hoje de periferia. Diante da porta de uma casa humilde, deu três toques e aguardou para ser atendido. Estava visivelmente ansioso, voltando a cabeça para trás e para os lados, receoso de que estivesse sendo observado por alguém, alguém que não deveria, alguém que pudesse contar a todos na cidade o que viu.

Ele repetiu os três toques na porta desta vez com mais força. Assustou-se quando um gato, surgido feito assombração, roçou suas pernas. Ele, imediata e estupidamente, arremessou o bichano longe com um pontapé. O miado de dor que o pobre felino soltou, fez com que os passarinhos que por ali procuravam alimentos, batessem em revoada, assustando e provocando outra sensação esquisita em Roberto mais uma vez.

– Maldito gato – grunhiu. – Maldito!

Ele estava prestes a bater novamente à porta, com toda força quando avistou pelo rabo do olho esquerdo uma figura vindo naquela direção. Era ela, a amante. Andava ligeiro, estampando também ansiedade nos olhos.

– Desculpe-me, atrasei – disse ela, assim que se aproximou dele.

Respirava ofegante e transpirava muito. A resposta dele foi, como sempre, despida de qualquer delicadeza:

– Que isso não se repita mais!

Os dois entraram.

No dia seguinte, ao crepúsculo, Liberata chegava a Santa Mariana de volta de suas compras. Mantinha a disposição de sempre, uma disposição incrível para uma moça que passara horas viajando, chacoalhando-se toda, aos solavancos de uma carroça nada confortável puxada por cavalos viris.

– Não encontrei tudo desta vez.

Umbelina pareceu nem prestar atenção ao que a irmã dizia, ficou mais atenta a sua aparência do que as suas palavras. Por isso disse:

– Você está tão bonita... Nem parece que acaba de chegar de uma viagem exaustiva como a que fez.

– Você acha?

– Acho, sim. A viagem fez bem a você.

Liberata um tanto sem graça, respondeu:

– Nunca encarei as minhas idas a Serra Dourada como fardo árduo de se carregar, pelo contrário, encaro tudo como uma agradável e gostosa distração.

– É tão bom quando gostamos do que fazemos, não?

– Se é...

Os olhos de Liberata estavam nostálgicos, como que voltados para um tempo ou momento de grande prazer, longínquo ou recente.

Quando Liberata reencontrou o marido ao cair da noite, Silas também elogiou a esposa.

– Você sabe que Umbelina comentou o mesmo que você – admitiu ela, sendo envolvida pelos braços do marido.

– É mesmo?

– Sim. Então lhe expliquei que para mim, viajar para Serra Dourada jamais foi algo desgastante de se fazer. Pelo contrário, encaro tudo como uma agradável e gostosa distração.

Silas fez sinal de compreensão e a beijou, externando todo o seu amor. Naquela noite o casal se entregou mais uma vez ao ato de amor em meio a muitas carícias e delícias e Liberata se sentiu mais uma vez envolta nos braços do esposo como que abrigada por uma fortaleza segura e impenetrável.

Minutos depois do clímax, ela se levantou para ir se lavar, deixando Silas a sós na cama, iluminado pela tênue luz da vela incidindo sobre o lugar. Seus olhos então se voltaram para o lençol e a dúvida mais uma vez apunhalou sua alma. Tentou lembrar-se mais uma vez se havia ou não a bendita mancha de sangue no lençol da cama em que o casal passou a noite de núpcias, mas não se recordou de tê-la visto. Teria estado lá como alegava Liberata e ele é que não notara ou ela, a bendita mancha nunca existiu e ela dizia aquilo só para se proteger?

Silas despertou de seus pensamentos com a volta da esposa.

– O que foi? – quis saber ela, estranhando sua ausência.

– Nada, não – mentiu ele.

– Parecia-me tão distante...

– E estava de fato. Rememorando nossa noite de núpcias.

– Ah, sim...

– Foi tão formidável e inesquecível..

– Foi, não foi?

– Sim, algo para se guardar na memória para sempre.

Ela sorriu e beijou o marido. A seguir procuraram dormir.

Enquanto isso, em Serra Dourada, Roberto também procurava adormecer, mas as lembranças do que passara nos braços da amante naquela tarde não lhe permitiam, fora bom demais deitar-se novamente com ela, entregar-se ao ato de amor, sem medir consequências e sem pudor algum. Era uma loucura tudo aquilo, ele bem sabia, mas uma loucura da qual não podia mais viver sem.

Semanas haviam se passado desde os últimos fatos relatados entre Roberto Corridoni e sua amante. Foi numa tarde, quando ele chegou a sua casa, todo esbaforido, mas com um semblante reluzente e um brilho nos olhos de contentamento, que a esposa começou a desconfiar de sua fidelidade.

A princípio chegou a pensar que sua suspeita não passava de uma bobagem, uma cisma tola, um devaneio, mas quando sentiu perfume de mulher na roupa que o marido havia usado naquele dia, sua hipótese se fortaleceu.

– Roberto não pode estar fazendo isso comigo, não pode! – murmurou ela, entristecida.

– A senhora disse alguma coisa, sinhá?

A pergunta partiu de Etelvina.

– Não, não... – respondeu Inaiá sem graça. – Estava apenas falando alto... comigo... Maluquice de mulher, só isso...

A escrava fez ar de compreensão e sorriu alegre para a branca que tanto estimava.

No dia seguinte, logo pela manhã, Inaiá foi se aconselhar com padre Anselmo, responsável pela paróquia da cidade de Serra Dourada. Esqueceu que o mesmo era bajulador de Roberto, tanto que usava dois, três minutos da missa para promovê-lo como político e receber em troca benefícios para o seu engrandecimento pessoal.

– Seu marido é um santo, Dona Inaiá – respondeu o homem com a cara mais deslavada do mundo. – É até pecado da sua parte desconfiar de sua fidelidade para com a senhora. Roberto Corridoni é exemplo não só de um político correto e honesto, mas de um homem de família, excelente pai, excelente marido.

– O senhor tem razão, padre.

– Sempre tenho, minha senhora. Agora enxugue as lágrimas e reze trinta Ave-Marias e vinte Pai-Nossos.

Inaiá assentiu e se levantou:

– Obrigada, padre, por ter aberto os meus olhos.

Ela já ia saindo quando ele falou:

– Por dia, Dona Inaiá.

Ela, franzindo a testa, procurou compreender:

– Como?

– Eu quis dizer que a senhora deve rezar trinta Ave-Marias e vinte Pai-Nossos por dia durante pelo menos um mês por ter pensado o que pensou de seu marido.

A mulher, boquiaberta, exclamou:

– Trinta Ave-Marias e vinte Pais-Nossos por dia?!!!

– Durante pelo menos um mês – reforçou o homem que se achava o próprio Deus na Terra.

Inaiá engoliu em seco e respondeu com a voz por um fio:

– Está bem, padre. Assim farei.

– E a senhora não se esqueça de me convidar para um daqueles almoços preparados exclusivamente para me receber.

Ela, alegrando-se, respondeu:

– Sim, senhor! Passar bem, padre.

– Passar bem a senhora também, Dona Inaiá.

Assim que ela se foi, o rosto do padre mudou de expressão. Adquiriu uma expressão demoníaca.

– Roberto Corridoni você me deve mais uma – murmurou satisfeito.

Sendo o único padre que recebia confissões na paróquia da cidade, não porque achasse divino ouvir e aconselhar os fiéis, mas porque adorava tomar conhecimento do que se passava por trás da vida de cada um, especialmente dos ricos da região, padre Anselmo Belavenuto já recebera a amante de Roberto para uma confissão, quando ela expôs-lhe tudo abertamente, como exigia de quem se confessasse com ele. Logicamente que assim que a pessoa se levantava do confessionário, e ele não conseguia reconhecê-la por meio da janelinha quadriculada do local, abria a cortininha para ver quem era enquanto ela deixava a igreja.

Anselmo era um homem de quarenta e poucos anos, grandalhão, de aspecto sólido e simpático que vivia sempre acompanhado por uma mulher também grandalhona, arrumada exageradamente dos pés a cabeça. Uma simpatia. Devotara-se a ele depois que o marido a abandonou. Havia também outras mulheres dedicando-se ao homem de Deus, solteironas, que precisavam ocupar seu tempo de alguma forma "abençoada".

O padre tornara-se grande amigo de Roberto depois que passou a tomar pelo menos um, dois minutos da missa para fazer elogios a sua administração. É lógico que Roberto o recompensava muito bem por isso, com regalias fornecidas pela prefeitura, doações generosas de boi, galinhas, carneiros, lebres, leitões para que o "santo" homem se fartasse em suas refeições preparadas muito carinhosamente por suas seguidoras, as mulheres mencionadas há pouco, que quando viam o *padreco* arrotar à mesa, davam-se por satisfeitas, sentiam-se orgulhosas de seu trabalho.

Fazia com que voltassem para a casa, suportando melhor a dor que dilacerava seus peitos, ao verem almas femininas casadas e parecendo esbanjar muita felicidade ao lado de seus maridos e filhos.

Por mais popular que já fosse o ditado "As aparências enganam", essas mulheres esqueciam de lhe dar o devido valor, comprovar que nem sempre o que se vê é o que realmente se passa dentre quatro paredes.

Padre Anselmo Belavenuto abusava do poder que adquirira na sua existência, como muitos faziam na época e o fazem até hoje. A ignorância, pior mal da raça humana, não lhe permitia ver que o poder lhe era concedido para fins benéficos e não maléficos.

Muitos abusam do poder por acreditarem que nada receberão como punição, por isso. Vão à igreja sim. Muitos até são seus porta-vozes, mas no íntimo não acreditam em nada do que é dito ali, são pessoas extremamente materialistas que só acreditam no que veem, no que é concreto na Terra. Tudo que diz respeito ao Além é para eles, pura especulação, portanto, tanto faz ser bom ou ruim e abusar do poder. Sorte a deles que conseguiram tal poder na vida, azar de quem não conseguiu. É assim que funciona o raciocínio dessas pessoas. Fruto de uma mente de visão limitada da vida, mas que pela própria vida será despertada para uma consciência maior, mais apurada, mais benéfica a si mesmo, aos outros e a própria VIDA por meio de experiências que ela traz.

Agora voltemos a nossa história...

Desde aquele dia, Inaiá passou a seguir os conselhos de padre Anselmo e rezava duplamente quando sua mente era atormentada pela hipótese de Roberto ter realmente uma amante. Pobre mulher...

Enquanto isso, na fazenda do Senhor Millenotti, Liberata e Silas, de volta às boas, passeavam com o filho, cada um segurando em uma de suas mãos.

– Papai – exclamou o menino assim que chegaram ao ribeirão. – O senhor prometeu me ensinar a pescar, lembra?

– Oh, sim, filho.

– Quando fará?

– Agora que estamos todos morando juntos novamente teremos tempo de sobra para isso.

– Que bom!

– Pescar não exige muito segredo. Basta ter uma boa vara de pescar, colocar devidamente a isca na ponta do anzol e está feito.

– Só isso?!

– Sim. Há também um outro detalhe importante a ser levado em conta se quiser fazer uma boa pescaria. O silêncio.

– Silêncio?!!!

– Sim, Gianni, é preciso ficar em silêncio para não espantar os peixes.

– Mas eles podem nos ouvir debaixo da água?

– Bem... pelo que dizem, sim.

– Hum...

Diante da expressão de espanto e também de desconfiança, Liberata e Silas soltaram uma gostosa gargalhada.

Nesse ínterim, na casa-grande, Gianluza voltava-se para Lamartine e comentava:

– Acabei de ver Liberata e Silas, saindo para passear com o filho pela fazenda... Penso que foram ao ribeirão.

– Fazem bem em caminhar.

– Sim, sem dúvida. Ah, Lamartine, estou tão feliz por Silas ter reatado o casamento com Liberata... Você não faz ideia o quanto isso me deixa feliz.

– Faço, sim, minha querida.

– É tão importante para uma criança ver os pais unidos!

O homenzarrão assentiu.

– Com a graça de Deus, Silas nunca mais se afastará de Liberata e de Gianni por uma tolice como aquela que o afastou deles anteriormente. Se Deus quiser serão felizes, doravante, até que a morte os separe... E Deus há de querer.

E novamente Lamartine assentiu com um leve movimento de cabeça.

No mês que se seguiu, Inaiá cumpriu o prometido a padre Anselmo. Rezou diariamente vinte Pai-Nossos e trinta Ave-Marias e se culpou imensamente por ter duvidado da fidelidade do marido. Acabou acreditando que o perfume de mulher que sentira no terno do marido àquela tarde fora de algum abraço de alguma senhora que o cumprimentou, ao encontrá-lo pela rua, como a maioria fazia questão de fazer, por admirá-lo como prefeito da cidade.

Numa tarde bonita da primavera de 1811, Inaiá pediu ao feitor que mandasse preparar a charrete de luxo para levá-la à cidade. Precisava fazer compras e achou que a tarde estava ideal para aquilo.

Ao adentrar a cidade, enquanto seguiam pela rua que levava à avenida principal, Inaiá avistou uma moça andando pela calçada que lhe chamou a atenção.

Já a tinha visto antes, só não se recordava onde. A moça prosseguiu em meio à movimentação dos transeuntes e desapareceu como que por encanto. Quem seria? Conhecê-la-ia de fato ou lembrava algum conhecido seu? A dúvida ficou no ar...

– Por favor – disse ela para o escravo que conduzia a charrete.

– Sim, sinhá.

– Dê a volta. Quero ver uma coisinha...

– Sim, sinhá.

Quando o veículo tomou a rua que ela acreditou que a tal moça havia tomado, Inaiá avistou o marido seguindo pela calçada a uma certa distância. Estava de costas para ela, mas poderia reconhecê-lo mesmo a um quilômetro de lonjura.

– Pare, por favor – pediu ela, sacudindo o ombro do condutor.

Ela pensou em descer da charrete, queria ir atrás de Roberto como que atraída por um imã, porém, foi firmemente contida pelo medo. Ele poderia se zangar com ela, dessa vez, porém, de uma forma ainda mais estúpida.

Onde ele estaria indo àquela hora? A prefeitura e o banco ficavam noutra direção. A inquietação aumentou quando ela avistou o marido, entrando numa casa humilde não muito longe dali. Quem moraria ali?

Inaiá estremeceu ao cogitar novamente a possibilidade de uma amante. Não poderia ser, Roberto sempre fora contra aquele tipo de coisa.

A inquietação voltou a atazanar seu corpo e sua alma.

– Vamos – ordenou ela ao escravo. – Vamos para a venda.

A casa em que Roberto Corridoni encontrava sua amante tinha uma fragrância de rosas perfumando todos os cômodos. Era ali que eles passavam pelo menos uma hora enroscados um nos braços do outro ou estirados na cama sobre lençóis perfumados. Havia dias em que ambos sequer se levantavam do leito. Permaneciam ali entre carícias e delícias até Roberto achar que deveria partir. Era sempre ele quem decidia, jamais extrapolava o tempo para não correr riscos de ser descoberto com a amante.

Ele falava macio com ela enquanto admirava sua pele, comparando-a com um âmbar reluzente. Aninhada a seu lado, a moça pensava em como era afortunada por tê-lo como amante.

– Eu o amo tanto, Roberto... – admitiu ela a certa hora.

Seu coração encheu-se de orgulho quando ele ergueu a cabeça para olhá-la e sorriu. Ela quis também ouvir um "Eu também a amo!", mas sabia que aquilo seria esperar demais de Roberto Corridoni.

Ao final daquele dia, ao chegar em sua casa na fazenda, o infiel marido jogou-se na poltrona e berrou o nome da mulher.

– Tire-me as botinas! – ordenou, assim que ela apareceu com um sorrisinho amarelo e inseguro.

Foi preciso grande esforço por parte dela para atender ao pedido do esposo. As botinas pareciam sempre coladas aos seus pés. Depois de feito aquilo, ele, rispidamente, falou:

– Cadê minha taça de licor?

Inaiá, um tanto aturdida, respondeu:

– É para já, meu querido.

Virou-se para trás e chamou uma das escravas, mas foi repreendida por Roberto naquele instante:

– Vá providenciar a taça de licor você mesma, sua folgada. Quantas vezes preciso lhe dizer que não gosto que os negros me sirvam alimentos? Podem muito bem cuspir num prato de comida ou numa taça com bebida ou envenenar-me como já aconteceu em muitas casas de senhorios por esse Brasil afora. Quando os pobres coitados perceberam que haviam sido envenenados, já era tarde demais, e de nada adiantava punir os culpados, açoitando-os até a morte num tronco.

– Desculpe, Roberto.

Inaiá voltou pouco depois com uma taça. Colocou-a na mesa à frente do marido e se afastou.

– Encha o copo! – ordenou ele. – Desde quando eu gosto de taça pela metade?

– É que muito cheia pode derramar sobre você... manchar a roupa, a poltrona..

– Vá, vá, vá!!! Fecha essa matraca, vai!

Assim ela fez, depois retrocedeu um passo e ficou procurando por uma forma de contar ao marido sobre o que viu naquela tarde. Tornou a hesitar e, dessa vez, Roberto notou o mal-estar que a ansiedade estava provocando nela.

– O que houve?

– Nada, não!

– Eu te conheço, Inaiá, desembucha, vamos! Aconteceu alguma coisa de grave por aqui?

– Não, Roberto. Não mesmo! Só queria saber como foi seu dia... Trabalhou muito?

– E eu lá faço outra coisa da vida senão trabalhar muito? Agora me deixe sossegado, sua vozinha irritante me cansa.

Inaiá com um sorriso triste fez uma reverência e deixou o aposento. Trancou-se no quarto que era usado para deixar as crianças de castigo e chorou feito uma delas. Roberto sempre a tratara rispidamente, mas agora, era pior e ela sabia o motivo, ele tinha outra, uma amante e aquilo lhe era como se alguém, ele próprio, tivesse lhe dado uma punhalada nas costas.

Capítulo 4

Tensão pairando sobre os corações...

Durante os dias que se seguiram, Inaiá tentou com grande esforço lembrar-se quem era a moça que avistou andando pela calçada, naquela tarde, e que chamou tanta sua atenção, parecendo-lhe tão familiar. Foi numa conversa com as filhas, rememorando fatos que envolveram a avó, Margarita Corridoni, que sua memória foi reativada.

– Oh, meu Deus... Era ela... A jovem por quem ele se apaixonou na adolescência... Liberata...

– Ele? – estranhou Cecília.

– É, mamãe... – completou Josefina. – Ele quem? De quem a senhora está falando?

A mãe havia se esquecido completamente que estava na presença das filhas.

– Ele? Eu disse ele?

As três assentiram com um gracioso balançar de seus rostinhos mimosos.

– Bobagem, minha, minhas queridas – continuou Inaiá, fingindo bom humor. – Nem sei porque falei o que falei...

Riu, forçada.

Ao crepúsculo daquele dia, a cena entre a esposa e o marido se repetia. Roberto assim que adentrou a casa na fazenda, jogou-se na poltrona e berrou o nome da esposa.

– Minhas botinas! – ordenou, parecendo mais impaciente que o normal, assim que ela apareceu.

Depois de tiradas, ele, rispidamente, falou:

– Minha taça de licor, cadê? Vamos, rápido! Parece até uma lesma.

Inaiá, um tanto aturdida, tratou de providenciá-la. Roberto entornava o cálice, degustando o delicioso licor de jabuticaba quando a esposa teve finalmente coragem de lhe falar:

– Aquela moça, uma das que vieram aqui acompanhada da mãe visitar sua mãe...

Roberto perscrutou-lhe o rosto com curiosidade por cima da taça.

– Moça?! – indagou, com voz alterada.

Inaiá pensou por um instante, buscando as palavras certas:

– Aquela que morava na fazenda com vocês, cujo pai morreu durante a viagem da Itália para o Brasil e seu pai, de pena, abrigou sua família em suas terras.

Roberto depôs a taça na mesa. Ainda com os olhos pousados na esposa, perguntou:

– O que tem ela?

– Pois bem, eu a vi outro dia na cidade.

Roberto se alterou ainda mais:

– E o que eu tenho a ver com isso?

Ela abanou a cabeça, fitando-o com desconfiança:

– Achei que você gostaria de saber...

Roberto bebeu outro gole e largou a taça:

– Nada a respeito daquela gente me interessa!

Inaiá percebeu a aparente importância que aquela jovem tinha para ele. Ele ainda a amava, isso era mais do que certo. Talvez, nem ele soubesse o quanto a amava, ou sabia e procurava esconder de si próprio. Seria ela sua amante?

Sim, só podia ser... Mas segundo ela se recordava, Liberata Nunnari morava longe, na cidade de Santa Mariana. Seria capaz de vir até Serra Dourada só para se encontrar com ele? Sim, uma mulher apaixonada seria capaz disso e de muito mais.

Inaiá não mais se aquietou desde esse dia.

No próximo encontro de Roberto com a amante, a moça se surpreendeu com seu humor. Estava relutante, os olhos estavam frios, o rosto endurecido, não tinham sorrido como sempre fazia ao revê-la. O que havia de errado com ele?, perguntou-se. Ele falaria a respeito? Ela esperou que sim, todavia ele se manteve calado durante todo o encontro.

Já era crepúsculo quando Liberata voltou para Santa Mariana mais uma vez após as compras para a loja de Umbelina e Humberto. Chegou mantendo a disposição de sempre, uma disposição incrível para uma moça que passara horas viajando, numa carroça nada confortável puxada por cavalos viris. Com a ajuda do escravo condutor e das escravas que ajudavam Umbelina, a mercadoria foi descarregada e estocada na loja.

Depois de expor detalhadamente o valor da mercadoria comprada, Umbelina aproveitou para conversarem sobre outros assuntos.

– Como vai a vida de você e Silas depois da reconciliação? – quis saber ela enquanto se preparava para fechar o estabelecimento.

A resposta de Liberata soou rápida e precisa:

– Não poderia estar melhor, Umbelina.

– Já pensou... – Umbelina riu.

– Pensou em que?

– Se nesse período em que você esteve longe do Silas você tivesse se apaixonado por um outro homem? Tivesse, por um revés do destino, reencontrado Roberto e voltado às boas com ele?

– Você enlouqueceu?!!!

– Calma, irmãzinha, estou apenas brincando com você! Não precisa se exaltar assim.

– Não se deve brincar com coisas sérias, Umbelina.

– Desculpe-me.

Umbelina estava verdadeiramente assustada com a transformação ocorrida na irmã depois de ter ouvido suas palavras.

– Está mais calma? – perguntou a seguir.

Liberata não respondeu, simplesmente disse:

– Se isso tivesse acontecido, entre mim e aquele desalmado, teria sido somente por vingança da minha parte. Para fazê-lo provar do mesmo gosto amargo que eu provei por ter sido iludida por ele.

Diante dos olhos perplexos da irmã, Liberata abrandou a voz e rindo falou:

– Calma, maninha. Agora quem lhe pede calma, sou eu. Disse o que disse por dizer... Não sou uma pessoa vingativa, nunca fui.

Ela suspirou antes de completar:

– Infelizmente.

Só mesmo Umbelina, que estava de frente para ela pôde ver que o brilho de seus olhos se apagaram como se apagam nos olhos dos que sentem uma profunda dor provocada por um insensato amor.

Ao encontrar Silas e Gianni, Liberata os abraçou e os beijou calorosamente.

– Como foi a viagem? – quis saber o marido.

– Correu tudo bem, como sempre.

– Que bom!

Nisso Gianluza chamou pelos três.

– Fiz uma canja deliciosa – informou. – Venham jantar conosco.

O convite foi aceito de prontidão. De fato, a canja estava saborosíssima, tanto que todos repetiram duas, três vezes e depois, como sobremesa, fartaram-se com o delicioso bolo de laranja que Glória havia feito com grande entusiasmo para todos, especialmente para Giulio, seu filho, por ser seu bolo predileto.

Enquanto isso, em Serra Dourada...

Inaiá Corridoni passava mais uma noite pensando no marido e em Liberata. Sentindo-se apunhalada pelas costas, procurando desesperadamente se acalmar, organizar suas ideias, encontrar uma saída para aquilo. Quando conseguiu adormecer, foi despertada pelo temporal que desabou na madrugada cujos ventos selvagens açoitavam a casa por todos os lados. Acabou adormecendo somente quando o dia raiou, vindo a despertar quando Etelvina entrou no quarto para ver se ela estava bem.

– Desculpe-me, não quis acordá-la – disse a escrava com delicadeza.

– Já passei mesmo da hora de me levantar – respondeu Inaiá sem muita vontade.

A escrava abriu as cortinas, revelando um céu escuro como o crepúsculo.

– Veja só o tempo, sinhá... até parece noite.

Sonolenta, Inaiá olhou para a mulher e disse com admiração:

– Você fala tão bonito. Sua dicção é de uma pessoa culta.

Etelvina agradeceu o elogio e explicou:

– Meus antigos patrões fizeram questão que eu aprendesse a ler e escrever. Eram muito bons para comigo, mas por brigas de família, digo, com os filhos, acabaram repartindo suas terras para que cada um tocasse a sua. Sendo inexperientes e também por causa da seca e geada, durante dois anos, endividaram-se e perderam tudo o que tinham. Foi assim que eu acabei sendo vendida e vim parar aqui, sinhá. Mas não reclamo, não. Encaro a minha vinda para cá como uma bênção, a senhora é uma mulher formidável. Estimo muito a sinhá.

A declaração de Etelvina deixou Inaiá comovida. Ao chorar, a escrava foi até ela e ....

– O que foi, sinhá? Por que chora? O que há de errado?

– É meu marido, Etelvina... Ele tem outra.

– Outra?

– Sim.

– Nós, mulheres, às vezes exageramos, sinhá.

– Como assim?

– Bem... Tenho uma irmã, sabe? Morávamos na mesma fazenda, mas a esposa do filho do patrão cismou que o marido estava cobiçando-a e para evitar confusão, meus patrões a venderam.

– Mesmo?! Que pena!

A esposa do filho do patrão ficou tão descontrolada certo dia que quase enfiou uma faca em si mesma.

– É... o ciúme é terrível. Por ele fazemos tanta besteira!

– Nem diga, sinhá. Nem diga.

As duas silenciaram-se por um momento. Então, Inaiá se levantou e disse:

– Vou assar pão!

– A senhora? Deixa que nós fazemos isso, sinhá.

– Não, eu mesma faço! Preciso manter a cabeça ocupada.

– Temos laranjas fresquinhas para o desjejum.

– Ótimo, estou mesmo necessitada de um bom desjejum.

Nas semanas que se seguiram, Inaiá, por mais que tentasse, não conseguiu mais tirar da cabeça a ideia de que Roberto havia se tornado amante de Liberata Nunnari. O pior aconteceu quando ela novamente avistou a moça saindo de uma das lojas da avenida principal de Serra Dourada. Ambas, por pouco, não esbarraram uma na outra.

– Aquela mulher... – perguntou Inaiá a atendente do estabelecimento. – Quem é ela, mesmo?

A funcionaria olhou bem para ela, depois para a porta da loja, parecendo querer compreender a quem ela se referia.

– A que saiu há pouco – explicou Inaiá. – De porte bonito, cabelos de um castanho caramelo, emoldurando a cabeça com suaves ondas naturais, e olhos de um castanho profundo e vívido, cor de avelã. Deve ter vinte seis, vinte e sete anos.

A descrição, para total alívio de Inaiá, reativou a memória da atendente:

– Ela não é daqui não, senhora.

– Não?! – Inaiá fingiu espanto. – Por me parecer conhecida pensei que fosse.

– Ela é de Santa Mariana. Uma cidadezinha que fica a uns bons quilômetros de distância de Serra Dourada. Ela chama-se Liberata Nunnari Barcelos, vem todo mês a Serra Dourada fazer compras para a loja de secos e molhados de propriedade de sua irmã. A família mora na cidade desde que chegaram da Itália. Pelo menos foi o que ela nos contou.

– Ah!... São tantas pessoas parecidas umas com as outras que muitas vezes acabamos as confundindo, não é mesmo?

– É?! Não sei...

A moça voltou-se para trás para apanhar algo na prateleira e continuou falando, quando se voltou para a posição anterior, surpreendeu-se por não ver mais Inaiá Corridoni ali de frente para o balcão. Ela havia acabado de atravessar a porta da loja, andava afobada, estugando os passos.

– Senhora?! – berrou a moça.

Voltando-se para a outra atendente que acabara de regressar do banheiro nos fundos da loja, comentou:

– Que mulher maluca...

– Quem?

– A mulher do prefeito.

Inaiá só voltou a cair em si quando se assentou no banco da charrete que aguardava por ela do outro lado da rua. Estava com a cabeça a mil, pensando em diversas coisas ao mesmo tempo a respeito de Roberto e Liberata.

– Era ela mesma – comentou consigo mesma. – A própria...

Naquela noite, Inaiá quis mais uma vez copular com o marido, mas ele a rejeitou.

– Você virou mulher da vida, por acaso? – repreendeu Roberto. – Porque só elas é que se oferecem para os homens dessa forma. Uma mulher de respeito, mãe de família, só faz sexo quando o marido quer. E de luz apagada.

Roberto virou-se para o lado e dormiu. Inaiá atravessou a madrugada em claro, chorando baixinho, sentindo seu peito se esmagar de dor pela rejeição do homem que tanto amava.

As filhas, no dia seguinte, ao verem a mãe, notaram de imediato que ela não estava bem.

– O que houve, mamãe? – indagou Josefina. – A senhora está tão pálida.

– Aconteceu alguma coisa? – indagou Cecília olhando com atenção para os olhos de Inaiá. – A senhora está com cara de quem passou a noite em claro.

– Não tenho dormido muito bem, minhas queridas...

– Está parecendo a Josefina quando passava a noite toda sem dormir por medo de que o lobisomem estivesse embaixo da sua cama. Lembra?

– É verdade.

– E a senhora contou para nós a historinha que a avó da senhora contava para a senhora e seus irmãos quando vocês eram crianças.

– Ah!!!... Você se refere à história da menina que não conseguia dormir porque achava que tinha uma bruxa muito má debaixo da cama dela esperando ela adormecer para assustá-la?

– Essa mesma.

Risos.

– E a senhora lembra como foi que se resolveu o problema da garotinha?

– Lembro, sim, é lógico que lembro. A fada apareceu e sugeriu aos pais da menina que cortassem os pés da cama, assim não haveria lugar algum para a bruxa se esconder. Com isso a menina nunca mais teve medo de dormir ali, sozinha.

– Isso mesmo! – alegraram-se as filhas.

– Corte o mal pela raiz!

– Ah? – as três garotas exclamaram em uníssono.

Mas a mãe nem se deu conta.

– É isso mesmo o que eu vou fazer! – bradou a seguir, determinada, esquecendo mais uma vez da presença das três filhas ao seu redor.

– Mamãe, a senhora está bem? – interveio Josefina, perscrutando seu rosto com seus olhinhos cor de caramelo.

Um sorriso bonito despontou na face rosada de Inaiá.

– Estou sim, minha querida. Como há muito não ficava.

Assim, ela beijou cada uma das filhas. Um beijo caloroso na bochecha de cada uma e deixou o aposento transparecendo um entusiasmo que há muito não se via em sua aura.

No dia seguinte, logo pela manhã, Inaiá se esgueirou da cama com a desculpa de que iria passar o dia com a mãe, pois recebera a notícia de que estava adoentada e precisava vê-la.

Como Roberto jamais visitava os sogros, eram sempre eles quem iam até sua casa, quando ele se lembrava de convidá-los para um almoço, geralmente aos domingos, Inaiá achou que seria o lugar perfeito para se esconder do marido pelo tempo necessário que levaria para realizar seu plano: ir até Santa Mariana falar com Liberata. Levou um terço consigo o qual rezou para entreter seu tempo, fazer com que a viagem passasse rápido e para que também atingisse o seu maior propósito: afastar de vez Liberata Nunnari de Roberto Corridoni.

Assim que chegaram ao vilarejo decidiram pedir informações de onde poderiam encontrar Liberata Nunnari para não perderem tempo. Escolheram um passante, que se dirigia para o banco àquela hora, para pedir informações.

– Bom dia.

– Bom dia – respondeu o homem de forma gentil.

– Estou à procura de Liberata Nunnari, o senhor por acaso sabe me informar onde ela reside atualmente e como chego até lá?

O sujeito, sorrindo muito simpático explicou:

– Por coincidência minha senhora, Liberata é minha esposa.

Inaiá ficou por segundos paralisada e vermelha, perdida em pensamentos, sem saber o que dizer.

– Que coincidência mesmo – murmurou ela, sem se dar conta.

– Pois bem, minha esposa e eu moramos numa fazenda perto daqui. Mas você pode encontrá-la agora de manhã na loja de sua irmã Umbelina. Fica no final da avenida, a sua direita. Trata-se de uma loja de secos e molhados. Antes de eu deixar minha casa esta manhã, Liberata me disse que passaria a manhã lá, ajudando a irmã a conferir o estoque de mercadoria.

– Ah, sim... – balbuciou Inaiá ainda tensa. – Muito obrigada pela informação.

– De nada – respondeu Silas, fazendo um aceno com o chapéu.

E assim que ela se foi, ele, sorrindo para si mesmo, falou:

– Mas que coincidência...

E Inaiá também disse o mesmo para si mesma assim que a charrete seguiu caminho.

Não foi difícil localizarem a loja de secos e molhados que procuravam. Assim que chegaram ao local, Inaiá dispensou a companhia da escrava que levou consigo para ajudá-la em qualquer imprevisto, qualquer dificuldade.

– Espere-me aqui – disse ela, firme. – Não devo me demorar.

– A sinhá não quer mesmo que eu vá com a senhora?

– Prefiro ir sozinha, obrigada.

Inaiá subiu o pequeno lance de escadas e entrou na loja de secos e molhados. Umbelina ao vê-la, soube de imediato que a conhecia de algum lugar, só não se recordava de onde.

– Boa tarde.

– Boa tarde, em que posso ajudá-la?

– Procuro uma senhora chamada Liberata.

– Ah, sim, minha irmã.

Só então Inaiá reconheceu Umbelina, estava tão nervosa que não se ateve ao fato de já tê-la visto em sua casa quando fora acompanhada da mãe e da irmã visitar a sogra.

– Desculpe-me, estou tão agitada que nem a reconheci.

Umbelina franziu o cenho, puxando pela memória.

– Sei que a conheço, mas não me lembro da onde.

– De Serra Dourada. Você, sua mãe e sua irmã estiveram lá, há alguns anos, visitando minha sogra. Dona Margarita Corridoni.

Os olhos de Umbelina deram verdadeiros sinais de apoplexia.

– Sim... sim, agora me lembro. Como vai?

– Eu...

Umbelina notou sua agitação.

– Você está bem? Quer um copo d'água?

– É melhor eu ir direto ao assunto que me traz até aqui. Tenho forte suspeitas de que sua irmã está tendo um caso com o meu marido.

O chão pareceu desaparecer sob os pés de Umbelina.

– Desculpe-me, mas eu tinha de ser direta – continuou Inaiá. – Vim até aqui para saber se sua irmã tem ido a Serra Dourada constantemente nos últimos tempos.

– Tem ido, sim – respondeu Umbelina, tentando se recompor. – Tem ido para fazer compras para esta loja.

– Será que esse é seu único objetivo?

– Pelo menos...

Umbelina calou-se, ao se lembrar de suas suspeitas. Depois, perguntou:

– Por que acha que Liberata, minha irmã, está tendo um caso com o seu marido?

– Primeiro porque soube do envolvimento dela com Roberto no passado. Foi minha própria sogra quem me contou, pediu-me para nunca contar a ele que eu sabia, por isso nunca o fiz. Segundo, porque vi, certa vez, em Serra Dourada, sua irmã seguindo para uma rua e, depois, vi meu marido seguindo pela mesma...

– Mas você viu os dois juntos?

– Não. Juntos não! Mas achei coincidência demais estarem tão perto um do outro. Vi meu marido entrar numa casa estranha e sei, ah, sim, eu sei que é lá que ele se encontra com sua amante.

– Por que não procurou saber quem mora naquela casa?

– Tenho medo, muito medo de mandar alguém lá e ele desconfiar que sei... Meu marido é muito severo, tenho...

Inaiá não conseguiu ir em frente, o pranto não lhe permitiu.

– Calma – acudiu Umbelina – sente-se aqui.

– Não sei o que fazer! Gosto do Roberto, ele é o pai dos meus filhos, mas não suporto a traição, ter de aguentá-la calada.

– Eu sinto muito.

– Será que pode pedir a sua irmã que se afaste dele?

– Se ela realmente estiver envolvida com ele, sim! Tudo, por enquanto, não passa de uma suposição.

– Se não é ela, quem é então? Só pode ser ela! Sabe, ele ainda guarda sentimentos por ela. Eu sei, eu sinto, vejo em seu olhar toda vez que se fala nela.

Umbelina sabia que Roberto ainda amava a irmã, aquilo não era nenhuma novidade, mas que os dois, de fato, estavam juntos como amantes, apesar da hipótese ter passado por sua cabeça, ela não acreditava que Liberata chegasse a tanto. Não coadunava com o seu comportamento dócil e sincero. A não ser que tivesse se envolvido com ele por um algum propósito que só ela e Deus sabiam.

– Vou conversar com Liberata, não se preocupe.

– Obrigada.

Nenhuma das duas mulheres notou a presença de Silas Barcelos a poucos metros de onde estavam. Ele havia entrado na loja pela porta lateral e, assim que avistou Inaiá, parou para ouvir o que dizia. Quando percebeu do que se tratava, ocultou-se atrás de um recuo de onde pôde ouvir tudo com clareza, sem ser visto. A cor havia subido ao seu pescoço quando Inaiá terminou de falar. Quase lhe faltava o ar.

Inaiá, por sua vez, fez um novo desabafo com Umbelina:

– Nem sei se fiz bem em ter vindo aqui falar a respeito. Na verdade, estou me sentindo uma tola.

– Não se sinta, não, minha querida. Você apenas está defendendo o homem que ama.

– Ainda bem que me entende.

– Toda mulher no fundo é a mesma. Sente o mesmo e luta pelos mesmos ideais.

Inaiá procurou sorrir:

– Eu já vou indo. Meu marido não sabe que estou aqui. Não quero que jamais saiba.

– Eu compreendo.

As duas se despediram e Umbelina acompanhou a visitante até a porta. Só voltou para dentro quando a charrete partiu.

– Será? – murmurou, pensativa. – Será mesmo que Liberata e Roberto...

Quase deu um pulo de susto ao ouvir a voz do cunhado:

– Será o que, Umbelina? Desde quando anda falando sozinha?

– Silas?!!! Não sabia que estava aqui na loja.

– Não estava, cheguei agora. É que você estava tão dispersa que nem me viu entrar.

– Mesmo?! Nossa...

O homem se deu por satisfeito, a cunhada engolira sua mentira. Ela, nem ninguém, podia saber que ele ouvira a conversa entre ela e Inaiá a respeito de Liberata e Roberto Corridoni. Por baixo de sua aparência tranquila, seu sangue fervia de ciúme. Ele não sabia precisar quem ele gostaria de esganar primeiro: se era a esposa ou o amante. Antes, ele precisaria seguir Liberata quando fosse às compras em Serra Dourada para poder pegá-la com a boca na botija e, com isso, não lhe dar chances de se defender, mascarar sua safadeza.

Capítulo 5

A tensão aumenta...

Assim que Liberata chegou à loja, trazendo o que Gianluza fazia questão de preparar e mandar para a filha, todos os dias, Umbelina quis lhe contar de imediato o que havia se passado naquela manhã. Contar-lhe tudinho a respeito da visita de Inaiá e de sua suspeita, mas teve de se conter até que Silas deixasse o local.

– Ufa! – suspirou ela assim que ele se foi. – Ele finalmente se foi!

Liberata, surpresa com a irmã, perguntou:

– Está, por acaso, se referindo ao Silas?

– Hum hum.

Liberata franziu o cenho.

– Por que estava tão ansiosa para que ele se fosse?

– Para que pudéssemos ficar a sós, minha irmã. Tenho algo muito importante para lhe contar.

Umbelina tomou ar e contou, tim-tim por tim-tim, a conversa que tivera com Inaiá. Ao término, Liberata estava boquiaberta:

– Nossa! Estou sem palavras.

Umbelina voltou a irmã para ela, ergueu seu queixo, mirou no seu olhar e perguntou, incisivamente:

– É verdade ou não é?

Liberata afastou-se da irmã e irritada respondeu:

– É lógico que não é verdade, Umbelina! Onde já se viu pensar isso de mim?

– É que... Os fatos induziram à conclusão de que...

– Eu jamais me envolveria com Roberto! Eu, sinceramente, não sinto mais nada por ele. Meu marido é Silas Barcelos, sou feliz ao seu lado!

– Mesmo?

– Mesmo!

– Às vezes queremos acreditar em algo que não é verdade. Sabemos no íntimo que não é, mas preferimos acreditar que sim, para tornar nossa vida mais fácil.

– No meu caso estou sendo sincera. Eu gosto do Silas. Ele me faz feliz, eu juro!

– Você poderia ter dito que o ama.

– Amar?! Acho que nunca mais me permitirei amar alguém, digo, um homem. Foi uma promessa que fiz depois de tudo o que passei nas mãos de Roberto.

– Eu a entendo.

– Ainda bem que me entende.

Fez-se um breve silêncio até que Liberata perguntasse:

– Quando Inaiá esteve aqui, o Silas, por acaso também estava aqui?

– Não! Ele chegou quando ela já estava de saída. Nem sequer quis saber quem era ela. Deve ter pensado, com certeza, que se tratava de uma freguesa.

– Assim espero. Se ele tivesse ouvido, ciumento como é, poderia pôr a minha vida e a de Roberto em perigo. Um mal entendido pode causar uma tragédia, sabia? Muitos já causaram.

– Sim, eu sei. Mas Silas nada ouviu. Disso estou certa.

E Umbelina acreditava mesmo naquilo.

Naquele dia quando a esposa reencontrou o marido, perguntou:

– Está tudo bem com você, Silas?

Ele olhou bem para ela e demorou mais do que o necessário para responder:

– Está sim, Liberata. Por que não haveria de estar?

Ela já havia visto aquele olhar antes, foi quando ele começou a desconfiar de que ela perdera a virgindade com Roberto, o que nunca aconteceu e, infelizmente, causou a separação dos dois por tanto tempo. Teria ele ouvido a conversa entre Inaiá e Umbelina? Não, Umbelina jurou que ninguém mais ouviu, todavia... Que Deus pusesse uma mão sobre aquele lar para evitar novo desentendimento.

A atenção de Liberata e Silas foi desperta com a chamada do filho:

– Papai, mamãe podem me ajudar na lição de casa?

Os pais prontamente foram ajudar o menino.

Naquela noite enluarada e cheia de estrelas, Inaiá refletiu se havia feito o que era certo em ter ido procurar Liberata em Santa Mariana para lhe pedir que se afastasse do marido.

Silas, por sua vez, repassou na cabeça, inúmeras vezes, tudo o que ouviu da boca de Inaiá naquela manhã:

"É melhor eu ir direto ao assunto que me traz até aqui. Tenho fortes suspeitas de que sua irmã está tendo um caso com o meu marido... Desculpe-me, mas eu tinha de ser direta... Vim até aqui para saber se sua irmã tem ido a Serra Dourada constantemente nos últimos tempos".

"Tem ido, sim", foi a resposta de Umbelina. "Mas ela vai para fazer as compras para a loja."

"Será que esse é seu único objetivo?"

"Pelo menos... Por que acha que Liberata, minha irmã, está tendo um caso com o seu marido?"

"Primeiro porque soube do envolvimento dela com Roberto no passado. Foi minha própria sogra quem me contou, pediu-me para nunca contar a ele que eu sabia, por isso nunca o fiz. Segundo, porque vi, certa vez, em Serra Dourada, sua irmã seguindo para uma rua e, depois, vi meu marido seguindo para a mesma."

"Mas você viu os dois juntos?"

"Não. Juntos não! Mas achei coincidência demais estarem tão perto um do outro. Vi meu marido entrar numa casa estranha e sei, ah, sim, eu sei que é lá que ele se encontra com sua amante."

"Por que não procurou saber quem mora naquela casa?"

"Tenho medo, muito medo de mandar alguém lá e ele desconfiar que sei... Meu marido é muito severo... Não sei o que fazer? Gosto do Roberto, ele é o pai dos meus filhos, mas não suporto a traição. Ter de aguentar calada."

"Eu sinto muito."

"Será que pode pedir a sua irmã que se afaste dele?"

"Se ela realmente estiver envolvida com ele, sim. Tudo, por enquanto, não passa de uma suposição."

"Se não é ela, quem é então? Só pode ser ela! Sabe, ele ainda guarda sentimentos por ela. Eu sei, eu sinto, vejo em seu olhar toda vez que se fala nela."

Parte da frase final ficou ecoando pela mente de Silas Barcelos: "Se não é ela, quem é então? Só pode ser ela!"

Depois, ele ligou fatos e mais fatos que considerou essenciais para comprovar suas suspeitas. Tal como, por exemplo, o fato de a esposa estar sempre impecavelmente arrumada toda vez que partia para Serra Dourada para fazer as *benditas* compras. Sempre achara um exagero vestir-se daquela forma e, agora, ao que tudo indicava, ele entendia bem o porquê.

Umbelina também repassou na cabeça tudo o que ouviu de Inaiá e Liberata naquele dia.

"É melhor eu ir direto ao assunto que me traz até aqui. Tenho forte suspeitas de que sua irmã está tendo um caso com o meu marido... Vi, certa vez, em Serra Dourada, sua irmã seguindo para uma rua e, depois, vi meu marido seguindo para a mesma..."

"Mas você viu os dois juntos?"

"Não. Juntos não! Mas achei coincidência demais estarem tão perto um do outro. Vi meu marido entrar numa casa estranha e sei, ah, sim, eu sei que é lá que ele se encontra com sua amante."

"Por que não procurou saber quem mora naquela casa?"

"Tenho medo, muito medo de mandar alguém lá e ele desconfiar que sei... Meu marido é muito severo... Não sei o que fazer. Gosto do Roberto, ele é o pai dos meus filhos, mas não suporto a traição. Ter de aguentar calada."

"Eu sinto muito."

"Será que pode pedir a sua irmã que se afaste dele?"

"Se ela realmente estiver envolvida com ele, sim. Tudo, por enquanto, não passa de uma suposição."

Umbelina rememorou a seguir parte da conversa que tivera com Liberata. No exato momento em que ela voltou a irmã para ela, ergueu seu queixo, mirou no seu olhar e perguntou, incisivamente:

"É verdade ou não é?"

E Liberata afastou-se dela e irritada, respondeu:

"É lógico que não é verdade, Umbelina! Onde já se viu pensar isso de mim? Eu jamais me envolveria com Roberto. Eu, sinceramente, não sinto mais nada por ele. Meu marido é Silas Barcelos, sou feliz ao seu lado!

"Mesmo?"

"Mesmo!"

"Às vezes queremos acreditar em algo que não é verdade. Sabemos no íntimo que não é, mas preferimos acreditar que sim, para tornar nossa vida mais fácil."

"No meu caso estou sendo sincera. Eu gosto do Silas. Ele me faz feliz, eu juro!"

"Você poderia ter dito que o ama."

"Amar?! Acho que nunca mais me permitirei amar alguém, digo, um homem. Foi uma promessa que fiz depois de tudo o que passei nas mãos de Roberto."

Todas as suspeitas indicavam numa única direção, infelizmente. Mesmo assim, Umbelina ainda duvidava que Liberata fosse capaz de chegar àquele ponto. Deveria aconselhar-se com a mãe? Não! Era melhor deixá-la fora daquilo para evitar que se aborrecesse o que poderia afetar negativamente sua saúde.

Novamente, Umbelina ouviu Liberata perguntando sobre Silas:

"Quando Inaiá esteve aqui, o Silas, por acaso estava aqui?"

E sua resposta foi:

"Não! Ele chegou quando ela estava partindo. Nem sequer quis saber quem era ela. Deve ter pensado, com certeza, que se tratava de uma freguesa."

"Assim espero. Se ele suspeitasse de algo, se tivesse ouvido, ciumento como é, poderia pôr a minha vida e a de Roberto em perigo. Um mal entendido pode causar uma tragédia, sabia? Muitos já causaram."

"Sim, eu sei. Mas Silas nada ouviu. Disso estou certa."

E Umbelina repetiu novamente para si mesma, só que desta vez em silêncio:

"...Mas Silas nada ouviu. Disso estou certa."

E ela acreditava piamente naquilo.

No dia seguinte, ao despertar, Liberata Nunnari espreguiçou-se e teve um sobressalto ao ver que o marido ainda estava na cama, quieto, com os olhos voltados para o teto.

– Bom dia, meu amor.

A resposta foi apenas um sorrisinho cínico.

– Vou assar pão. A fornada de ontem, deixei queimar sem querer. Temos mamão e abacate fresquinhos para o desjejum. Temos mel também. Vai ficar uma delícia com pão quentinho.

– Você se esqueceu que eu não gosto de mel?

– Ah, sim, desculpe-me, esqueci completamente.

– As vezes penso que você não presta muita atenção em mim, Liberata.

– Como não, meu amor?

– É mais do que pensar, Liberata. É quase uma certeza.

O marido não acordara de bom humor, percebeu ela, rápido. Aquele seu tom, ela o conhecia bem. Era o tom de quem procura algo para discordar e brigar. Porém, tudo o que ela menos queria naquele dia e, em todos os dias, para ser mais exata, era confusão, por isso tratou logo de desviar o assunto. Curvou-se sobre ele e o beijou. Foi como se tivesse beijado um morto.

– Você não me parece muito bem, hoje... O que há? Gripe?

– Gripe?

– É... seus olhos são de um gripado.

– Pode ser...

– Você andou apanhando chuva?

Ele não respondeu, virou-se para o lado e fechou os olhos.

– Vou coar um cafezinho para nós para tomarmos até que os pães fresquinhos saiam do forno.

Assim que ela se foi, ele voltou à posição anterior e ficou ali, entregue, com os olhos voltados para o teto ripado. Era em Liberata que seus pensamentos estavam concentrados.

– Tira isso da cabeça, homem de Deus – aconselhou a si próprio. – Pare de pensar em besteira. Isso pode destruir a sua vida.

Naquele dia, por diversas vezes, a mesma voz se repetiu dentro dele que procurou concentrar o pensamento em Deus, para que levasse para longe o desejo que brotava dentro dele, o de dar fim à esposa e ao amante. Mas o desejo parecia indomável como um cavalo selvagem.

Assim que pôde, Silas foi à igreja se confessar. Precisava desabafar com alguém o que há dias o atormentava incessantemente. O padre ficou surpreso com tudo o que ouviu.

– Mas você não tem certeza, meu filho. Tudo pode ser apenas uma tremenda coincidência.

– Não sei não, padre. Todos os fatos apontam numa só direção.

– Não faça nenhuma besteira para não se arrepender depois. Você já suspeitou de sua esposa anteriormente e, mais tarde, descobriu que fora uma suspeita em vão.

– Meu pai e meu avô e meu bisavô sempre diziam: onde há fumaça, há fogo!

– Não se precipite, meu filho. Não se precipite. Pense no seu filho.

– Penso nele sim, padre. Na vergonha que ele sentirá ao saber que a mãe traía o pai, descaradamente. Ao saber que o pai era alvo de zombaria por parte da sociedade por ser traído e ele, o último a saber.

– Nada é mais triste para um filho do que ter um pai assassino.

– Com o assassinato estarei lavando a minha honra e a dele.

– Filho, por favor. Reze, reze com devoção para tirar essas maluquices da cabeça.

– Vou tentar, mas não acho que conseguirei.

Silas deixou a igreja decidido a fazer justiça em seu nome. O padre, como a maioria, espiou por uma fresta da cortininha que cobria o confessionário, o pobre homem se retirando do local e pediu a Deus, para que evitasse uma tragédia envolvendo Silas Barcelos, sua esposa, Liberata, e seu suposto amante, Roberto Corridoni.

Capítulo 6

Acerto de contas...

Na compra seguinte, Liberata decidiu levar Glória com ela para que testemunhasse seus atos e apagasse de vez as dúvidas a respeito da sua integridade. Mesmo assim, Silas fez questão de ir com as duas.

– Silas, não precisa – agradeceu Liberata.

– Do jeito que está falando, Liberata, parece até que minha presença a incomoda.

– Não é isso. Eu só não quero aborrecê-lo com essas coisas. Você já tem tanto a fazer no sítio de seu pai.

Ele procurou parecer normal, mudou o tom e disse, alegremente:

– É verdade, mas em Serra Dourada posso encontrar as tais selas de cavalo de que estou precisando.

– Ah! Então tem um motivo para ir.

Ele assentiu, procurando se manter sorridente.

– Pode dispensar sua cunhada.

– Glória quer ir comigo para ver se encontra alguma pista a respeito da irmã.

– Ah, sei... Então vamos.

E lá foram os três. É lógico que dentro do paletó, Silas levou sua pistola com balas prontas para disparar, caso descobrisse que a esposa lhe vinha sendo infiel.

O padre tentou chegar a tempo de impedi-lo, mas uma forte dor de barriga o prendeu por quase uma hora no banheiro. Ele, também, não podia pedir a alguém que fosse no seu lugar, pois o fato lhe havia sido contado em confissão e, como ditava a ética, tudo que fosse dito em confissão, não podia ser revelado a ninguém. Nem que fosse uma barbaridade e um atentado à moral, à vida humana!

Em Serra Dourada, Silas Barcelos acompanhou Liberata em todos os lugares em que ela foi fazer compras, enquanto Glória Nunnari foi procurar saber da irmã, se algum fazendeiro da região teria comprado uma escrava de nome Idausina.

Levou um bocado de tempo para Silas concluir que se a esposa tivesse realmente um amante, não iria encontrar com ele naquele dia em hipótese alguma. Não seria boba, sabia que ele a seguiria por todo local que fosse, sendo assim, pegaria os dois com a boca na botija. O amante também não ousaria aproximar-se dela ao vê-lo ao seu lado. Deduziria, caso não o conhecesse, que se tratava de seu marido. Para flagrá-los juntos, Liberata e o suposto amante, ele teria de usar uma outra estratégia. Um plano bem melhor do que aquele.

Silas Barcelos sentiu seu corpo estremecer de ansiedade por querer dar fim àquilo tudo o quanto antes. Chegou a pensar em matar Roberto a sangue frio para ver a reação que Liberata teria diante de sua morte. Caso chorasse de desespero, estaria mais do que provado que ela tinha um sentimento forte por ele, o qual a levara a se tornar sua amante; então, matá-la-ia em seguida.

Provas, provas, provas... repetia seu bom senso, sem parar. Tudo o que pensa não passa de suposição. Você precisa de provas, Silas. Provas!!! Ouviu?!

Ele bufou e tomou ar, procurando acalmar os nervos. Não haveria prova mais evidente do que surpreendê-los juntos. Em nome de sua honra, cometeria o crime, matando os dois, como muitos decidiam.

O ideal seria aguardar pela próxima ida de Liberata a Serra Dourada. Dessa vez, porém, a deixaria ir só como de costume, seguiria a charrete e depois a ela, até...

Só de imaginar a cena, Silas chegava a gelar até a alma. Era uma sensação simplesmente horrível.

Diante de sua apatia, da face contorcida e avermelhada, Liberata perguntou:

– Você está bem? Parece tão...

– Exausto? Talvez!...

Ele procurou sorrir, um sorrisinho amarelo e completou:

– Não se preocupe comigo, Liberata... É apenas cansaço da viagem. Nada que uma boa água ardente não cure. Vou até a taberna ali do outro lado da rua.

Ela assentiu. Ele deu um passo, retrocedeu e disse a ela:

– Essa viagem serviu para eu saber que não me adaptaria a esse serviço jamais.

Ela, sorrindo, respondeu:

– Eu sei... Nem você, nem Umbelina, nem Humberto servem para isso. Pode ser cansativo, mas eu gosto do que faço. Acho que nasci, dentre outras coisas, para essa função.

Ele tornou a emitir um sorrisinho amarelo e quando ia seguir, ela tomou sua mão e a beijou. Ele, espantando com seu gesto, retribuiu, beijando-lhe o dorso da mão. Aquilo fez com que ele percebesse o porquê ele gostava tanto dela, na verdade, a adorava. Era o seu modo carinhoso de tratá-lo, de estar sempre pronta a ouvi-lo e cobri-lo de atenção...

Assim que ele chegou à taberna pediu uma dose de pinga. A bebida já descia por sua garganta quando uma hipótese o fez quase engasgar.

– O beijo... – sibilou. – Ele, o amante, deveria estar por perto... Por isso ela beijou minha mão para que ele percebesse que ela viera acompanhada dessa vez. Acompanhada do marido.

Outra dose.

– Que estúpido fui eu. Quanta estupidez.

Ele entornou o copo e engoliu todo o líquido de uma só vez, depois ficou com os olhos a ir e vir pela calçada, tentando descobrir qual dos homens ali era ele, o amante da esposa. Silas só vira Roberto Corridoni quando era um adolescente e, mesmo assim, *en passant*, não sabia como ele era atualmente.

Os dias que se seguiram até o retorno de Liberata a Serra Dourada pareceram mais longos que o normal para Silas Barcelos. O tempo parecia não passar, adensando sua ansiedade, sua vontade de flagrar a esposa com o suposto amante e dar fim, estupidamente, as suas vidas.

Quando o dia finalmente chegou, Silas parecia doente, estava pálido, com olheiras profundas devido à insônia que o acompanhava desde então. Agiu naturalmente para com Liberata no dia anterior a sua viagem, ao deitarem-se, pouco antes de ela apagar a vela, ela falou:

– Não se esqueça Silas de que acordarei cedo essa manhã. Assim que o galo cantar.

– Ah, sim... é o dia de ir para Serra Dourada fazer compras, não?

– É sim, Silas.

– Que você faça uma boa viagem.

– Obrigada.

– Eu devo passar o dia todo no sítio. Tenho muito o que fazer por lá.

– Prometa-me que vai falar com o Doutor Aureliano. Você não me parece nada bem.

– Irei, sim, não se preocupe.

Sem mais palavras, a vela foi apagada.

Como prometera a si mesmo, Liberata saltou da cama assim que o galo cantou, mas teve o cuidado de não despertar o esposo, não queria atrapalhar seu sono que parecia tranquilo e sereno. Assim que ela partiu, Silas levantou-se da cama e foi verificar a arma que escondera num lugar estratégico para não ser descoberta por mais ninguém senão ele.

– É hoje, Liberata. É hoje que eu pego você e seu amante.

Ele aguardou por quase duas horas para deixar a fazenda e partir para Serra Dourada onde poderia flagrar a esposa e o amante e acabar com suas vidas.

Seguiu para a cidade montado num cavalo possante, antes, porém, verificara umas duas, três vezes, a arma, para certificar-se se estava carregada devidamente para disparar contra os amantes assim que os flagrasse juntos. Estava perfeita, perfeitíssima.

Naquela mesma manhã, durante o café da manhã, Roberto Corridoni sentiu um arrepio.

– Argh! – resmungou.

– O que foi? – preocupou-se Inaiá, sem esperar por uma resposta.

– Um arrepio, uma sensação esquisita! – respondeu ele para sua total surpresa. – Estranho...

Voltou a abocanhar a fatia de pão que foi preciso ser empurrada goela abaixo pelo café forte e encorpado.

Inaiá ficou preocupada desde então. Seria um presságio de que algo de ruim iria lhe acontecer? Teria alguma coisa a ver com a amante? Provavelmente.

Tentaria ela algo contra a sua vida? Não, por que faria isso? De qualquer modo ela também estava com um pressentimento ruim, de que algo de mau iria acontecer.

Assim que chegou a Serra Dourada, Silas Barcelos dirigiu-se para a prefeitura da cidade e ficou aguardando, nas proximidades, que Roberto deixasse o local, o que aconteceu por volta das três horas da tarde.

Quando Silas o avistou, seu sangue ferveu.

– Lá vai o filho da mãe – murmurou consigo mesmo. – Vai ao encontro dela. Vai para nunca mais voltar.

Ao murmurar, apalpou a arma por baixo do paletó e se pôs a seguir Roberto com certa discrição.

Inaiá, por sua vez, quando não pôde mais conter sua inquietação pediu ao escravo de sua inteira confiança que a levasse até o endereço onde vira o marido naquela tarde e supôs ser ali que ele se encontrava com a amante.

Chegando lá, aguardou a certa distância, dentro da charrete, bem debaixo da capota para não ser vista por ele. Às quinze e trinta, precisamente, Roberto tomou a rua, caminhando a pé, como sempre fazia quando se dirigia até o local.

Inaiá estava tão nervosa que nem se deu conta de que o marido era seguido por um estranho bem vestido, de chapéu bonito que escondia parcialmente o rosto, montado num cavalo possante.

Assim que Roberto entrou na casa, Silas pensou em invadi-la, mas deteve-se, ao perceber que era preciso dar um tempo, pelo menos cinco minutos, para poder pegar os dois na cama. Por isso pediu paciência a si mesmo e aguardou.

Certamente ele se perguntou se Liberata já estaria dentro da casa àquela hora ou se chegaria em seguida. Era esperar para ver. Se ela chegasse, daquela distância e sob o chapéu, não seria reconhecido por ela. Mesmo que o reconhecesse e mudasse de direção ele perceberia, pois estava atento a todos que se aproximassem da casa. Com sua mudança repentina estaria mais do que provado que ela seguia realmente ao encontro do amante e, sem hesitar, ele correria atrás dela e a arrastaria até a casa em questão onde pudesse confrontar os dois e dar cabo deles. Todavia sua intuição dizia que Liberata já estava dentro da casa, pois certamente tinha a chave dela, para chegar antes de Roberto e se preparar para ele.

Silas aguardou até o momento em que se viu convencido de vez que Liberata já estava mesmo dentro da tal casa, por isso, atravessou a rua, adentrou o jardim abandonado da morada e forçou com todo cuidado a porta da frente. Visto que estava trancada, deu a volta, dirigindo-se para os fundos na esperança de encontrar a porta de lá, geralmente a da cozinha, destrancada, o que estava de fato, para sua total alegria, o que lhe permitiu invadir a casa sem problema algum.

Ali caminhou pé ante pé com o coração batendo cada vez mais rápido e a transpiração já começando a escorrer pelo rosto.

"Calma...", pediu a si mesmo em silêncio. "Muita calma, agora"

Por mais conselhos que se desse, a calma parecia algo inatingível.

Ele continuou a passos lentos e cuidados. Logo ouviu sussurros e gemidos, vindos de um dos quartos e aquilo intensificou sua agitação.

"Eles estão ali", comentou mais uma vez consigo mesmo em silêncio, "Estão ali fazendo indecências... Os dois indecentes fazendo indecências... Mas será pela última vez... Pela última vez que estarão entregues a essa pouca vergonha"

Ele continuou pé ante pé.

Enquanto isso, lá fora, Inaiá sentia a inquietação aumentar em seu peito. Perguntava-se ininterruptamente quem era o estranho que há pouco adentrara a casa. Seria o marido da amante de Roberto? Se fosse pegaria os dois e poderia dar cabo deles. Pensou em pedir ao escravo que corresse até lá e avisasse Roberto, sabe lá Deus como, para que não fosse pego com a boca na botija, todavia, algo lhe dizia que já era tarde demais para remediar aquela situação.

Enquanto isso, na casa, Silas agora trêmulo da cabeça aos pés, procurava coragem dentro de si para abrir a porta do cômodo onde Roberto e a amante se amavam. Tinha de ser agora, não podia mais se conter, daí, respirou fundo, empunhou a arma adentrou o quarto onde os amantes copulavam.

Foi assustador! O casal foi pego totalmente de surpresa. Silas ficou parado junto à cama, fuzilando os amantes com os olhos enquanto apontava a arma para os dois.

– Quem é você?! – exclamou Roberto, fitando-o, atônito.

A pergunta se repetiu, por duas, três vezes num tom cada vez mais desesperado.

– Quem é você?!!!

Silas levou um momento para responder; talvez não quisesse dizer nada, simplesmente atirar e encerrar aquilo de vez, o quanto mais rápido melhor.

– Eu sou o marido dela... – respondeu por fim com voz trêmula, queixo trêmulo, o corpo tremendo por inteiro.

Ao empunhar a arma com mais determinação, completou:

– Você... Você e minha mulher... que nojo!

Os olhos de Roberto se arregalaram ainda mais.

– Sua mulher?! – exclamou num tom odioso. – Como assim, sua mulher?

Só então a mulher deitada ao lado de Roberto que escondera o rosto por baixo do travesseiro, revelou-se.

– Sua mulher?! – exaltou-se Roberto. – Do que está falando, seu louco?

Silas levou um momento para compreender que aquela não era Liberata, sua adorada esposa; talvez não quisesse compreender da mesma forma que Roberto reagiu ao pegar o pai com a amante na cama.

Deixou a casa respirando cada vez mais ofegante, esbarrando ali e acolá, como acontece quando se leva um grande susto. Ao ganhar a rua, apoiou-se contra a mureta e procurou respirar para voltar ao normal. Ainda suava frio e o coração parecia que iria saltar pela boca.

– Deus meu... – murmurou aflito –, por pouco não cometo uma tragédia.

Assim que Silas deixou a casa, Roberto voltou-se como um raio para a amante e gritou:

– Agora a cidade inteira ficará sabendo. Estarei destruído!

– Roberto! – exclamou a moça, fitando-o, atônita.

O horror tomou conta do homem de trinta anos.

Assim que Silas montou seu cavalo, a charrete com Inaiá parou ao seu lado.

– Quem é você?! – perguntou ela, mirando bem seu rosto.

– Eu... – balbuciou Silas, avermelhando-se todo.

Ele não precisou responder, Inaiá o reconheceu de imediato. Era o homem que lhe dera a informação de como e onde ela poderia encontrar Liberata Nunnari, assim que chegaram à cidade de Santa Mariana.

– Você é o marido de Liberata, não é?

– Sou... sou, sim.

– O que faz aqui? Ah!... Você...

– Sim, eu vim atrás dela. Ouvi quando a senhora contou a minha cunhada, Umbelina, na loja de secos e molhados, sobre a suspeita que tinha a respeito de ela ser amante de seu marido. Assim que tive oportunidade, copiei o endereço que deixou anotado para Umbelina, o endereço desta casa, caso ela quisesse tirar a limpo toda essa história.

Ele bufou, seus olhos encheram-se d'água.

– E-eu... – gaguejou derramando-se em lágrimas. – Eu, por pouco, não cometo uma loucura. A maior besteira de toda a minha vida.

– Você os pegou na cama? Diga-me! Por favor!

Ao se deparar com os olhos dela, Silas percebeu que eram os mesmos tomados de desespero e revolta que ele vira nos seus próprios olhos diante do espelho, então, procurou se recompor e disse:

– Não, não os peguei.

– Não?!

– Não. A senhora se confundiu... embaralhou tudo! Por causa da senhora eu, por pouco... Não quero nem pensar...

– Como assim?!

– Seu marido veio aquela casa por outro motivo.

– Qual?

– Veio visitar uma senhora inválida.

– Senhora?

– Sim. Sendo ele prefeito da cidade deve gostar de visitar pessoas assim para ser solidário, conservar e ganhar eleitores.

Silas espantou-se consigo próprio com a mentira que inventou com tanta rapidez.

Os olhos dela deixaram escorrer finalmente as lágrimas contidas.

– Eu preciso ir – disse ele sem mais explicações. – Adeus! E, por favor, nunca mencione a ninguém este nosso encontro. Serei eternamente grato à senhora, se o fizer.

– Pode ficar tranquilo. Peço-lhe o mesmo com relação a mim.

Aquilo foi um pacto entre os dois. Silas desamarrou o cavalo de onde estava preso e partiu. Inaiá, por sua vez, pediu ao escravo que saísse dali o quanto antes.

Antes de voltar para Santa Mariana, Silas foi até a avenida na esperança de ver a esposa fazendo compras, mesmo que de longe. Lá estava ela, dentro de uma das lojas que costumeiramente visitava para fazer compras. Estava linda como sempre, fiel a ele, como sempre fora.

Tirar aquele peso do coração foi para Silas Barcelos um alívio tanto quanto foi para Inaiá Amarante Corridoni, que voltou para casa, sentindo-se mais confiante e feliz, disposta a continuar suportando os maus tratos do marido para com ela, por amá-lo loucamente.

Naquela noite, por medo de um escândalo, Roberto Corridoni voltou *murchinho* para a casa e tratou a esposa com menos grosseria, como há muito não fazia. Estava literalmente apavorado, temia um escândalo que afetasse sua reputação diante da sociedade e, consequentemente, sua vida política e a credibilidade de seu banco. Ele era, em suma, um vigarista, mau caráter nato.

Se ele continuou se encontrando com a amante? Não! Mandou-a ir passar um tempo na casa dos pais que ficava bem longe dali. O que para ela foi ótimo, pois assim podia usufruir da companhia do filho que deixara sob os cuidados dos pais, o filho que tivera com Roberto que nada sabia, filho cuja existência fizera questão de esconder, para proteger a criança.

Capítulo 7

Em meio a temporais...

Já era o ano de 1812 e como era costume na região, havia um período no ano em que as fortes chuvas pareciam despencar do céu como um dilúvio. Enquanto lá fora o vento uivava e a chuva jorrava aos borbotões, sem dar sinal de trégua, dentro das casas os moradores procuravam se esquecer dela, entretendo seu tempo com o que havia de melhor para a época: pipoca, conversa fiada, contos de fantasmas e memórias dos fatos que mereciam ser rememorados pelas novas ou velhas gerações.

Certa noite, um raio forte pareceu ter caído a meio metro de distância da casa de Umbelina e Humberto na cidade de Santa Mariana. Foi tão forte o estrondo que despertou Elaine de seu sono tranquilo.

– Parece que a chuva vai perdurar por dias – comentou a menina com Umbelina que correu até o quarto da filha para ver se ela estava bem.

– Quando cheguei aqui também me espantei, filha. Mas com o tempo me acostumei.

– No lugar em que a senhora morava não chovia assim?

– Chovia, mas não por tantos dias consecutivos. Talvez tenha chovido da mesma forma, uma vez ou outra, ou fui eu que não notei, sei lá... só sei que as chuvas aqui me espantaram um bocado.

Umbelina lembrou-se do dia em que a mãe partiu para Santa Mariana acompanhada do senhor Mario Corridoni para comprar mantimentos e tiveram de parar porque a chuva era tão forte que lhes cegava a visão. O dia em que a paixão dos dois teve início, desencadeando uma linda e imprudente história de amor.

– Não deveria chover assim... – afirmou Elaine, entediada. – Desse jeito as estradas ficarão intransitáveis e, com isso, não podemos ir a lugar algum. Não gosto de ficar presa dentro de casa por muitos dias. Gosto da vida lá fora. De ser livre...

– Amanhã, com a graça de Deus, a chuva melhora, Elaine. Agora durma.

A mãe deu um beijo na filha e a cobriu até o pescoço com a colcha de retalhos. Já ia deixando o quarto quando a menina, falou:

– Mamãe.

– Sim, filha.

– Deixe a vela acesa, por favor. Detesto a escuridão.

– Ninguém gosta. Nem Deus. Por isso Ele criou o sol.

– Ahn?!

A mãe voltou para junto da filha, sentou-se na pontinha da cama, pegou sua mãozinha e disse:

– Minha bisavó contava essa história para minha mãe e sua avó contou para mim, sua tia e seu tio Maurizio quando éramos crianças.

– Conte-me.

– Ela dizia que Deus criou o sol porque também não gostava da escuridão. Na verdade, cansou-se dela.

– É mesmo?

– Bem assim dita a história, mas é apenas uma história...

– Tem mais?

– Tem. Deus criou o sol para espantar a escuridão, depois a estrelas para deixar o universo ainda mais iluminado. Então, os planetas, cada um de uma forma, para que houvesse ainda mais beleza ao seu redor. Então criou o ser humano, para Lhe fazer, de certa forma, companhia.

Elaine gostou do que ouviu e Umbelina prosseguiu:

– Meu bisavô dizia que minha bisavó, ou seja, sua tetravó, iria queimar no inferno por contar histórias como essa. E ela respondia, com muito bom humor: melhor o inferno do que o céu ao lado de pessoas tão sem imaginação e preconceituosas como você! Ela o enfrentava, sem medo de sua reação e ele adorava isso. Todos percebiam, até mesmo sua avó Gianluza, que era uma menina na época.

66

– Obrigada, mamãe. Gostei muito do que me contou.

– De nada, filha. Agora, durma.

Umbelina novamente beijou a filha, levantou-se e, ao chegar à porta, voltou-se para ela e jogou um beijinho com a mão. Elaine pareceu adorar aquilo. Infelizmente, o dia seguinte não trouxe nenhum sinal de melhora, nem o que veio depois. O oitavo dia pareceu ter sido o pior de todos. A chuva e o confinamento davam nos nervos de todos, deixando seus ânimos à flor da pele.

Enquanto isso, na Fazenda Millenotti, Gianluza contava uma historinha muito bonitinha para os netos Gianni e Giulio. Liberata e Glória também estavam presentes, apreciando o grande momento, recordando seus tempos inesquecíveis de infância, época em que tudo parece ser agradável e colorido, mesmo que se cresça em meio ao amargor da escravidão.

A zebra de listas coloridas

Margolina, desde pequena, sempre foi uma zebra muito bonitinha. Graciosa, animada e educada, por isso todos gostavam muito dela.

O que ela mais gostava de fazer era admirar o arco-íris. Toda vez que via um, corria para o alto de um monte só para poder observá-lo melhor. Admirar suas cores: vermelho, violeta, laranja, amarelo, verde, azul, anil (índigo).

Com o passar dos anos, algo diferente aconteceu com a simpática zebrinha: suas listas pretas tornaram-se coloridas. Acreditou-se que isso aconteceu por ela viver constantemente admirando o arco-íris. Depois desta transformação, suas amigas começaram a zombar dela, dizendo:

"Onde já se viu uma zebra de listas coloridas?"

"Todas as zebras têm de ter listas pretas. Somente pretas!"

Margolina ficou triste porque caçoavam dela e por nem uma delas querer mais ser sua amiga. Seu único amigo tornou-se, então, o arco-íris, com quem conversava sempre que o via no céu.

Um dia, várias zebras cercaram a zebrinha e de modo agressivo disseram:

"Margolina! Está na hora de você tomar um bom banho, esfregando-se bastante com sabão para ver se suas listas coloridas voltam a ser pretas. Não é certo termos dentre nós uma zebra fisicamente diferente."

Margolina, cabisbaixa, respondeu:

"Podem ficar tranquilas, eu vou me lavar até fazer minhas listas voltarem a ser pretas. Se isso não acontecer, eu as pinto de preto!"

E lá foi Margolina para o lago se banhar. Estava entrando na água quando viu seu amigo arco-íris refletido na superfície d'água. Voltou o olhar para o céu e percebeu que ele parecia querer lhe dizer algo. O que seria? Ela pensou, pensou, pensou... Algo, então, iluminou suas ideias! Ao se ver novamente refletida na superfície do lago, sorriu para si mesma e saiu.

As zebras, espantadas, perguntaram:

"Você não vai se lavar?"

Margolina respondeu prontamente:

"Eu não! Pra quê? Acabo de descobrir que as minhas listas coloridas me fazem parecida com meu melhor amigo: o arco-íris, o qual admiro muito, acho um "gatão". Além do mais, gosto das minhas listas coloridas. Elas me deixam exótica e não me incomodo nem um pouco com elas, vocês é que se incomodam. Se a natureza não quisesse que eu tivesse listas coloridas me teria feito igual a vocês. Se me fez colorida é porque é para ser assim mesmo! Por isso, vou continuar com elas!"

A seguir, Margolina saiu correndo pelos pomares, saltitando, toda feliz.

Em pouco tempo, outras zebras começaram a perceber que onde a zebrinha chegava, todos se animavam, e concluíram que ela estava certa. Por que não ser uma zebra de listas coloridas? Tornaram-se, então, amigas dela e algumas até pintaram suas listas para deixá-las coloridas também.

Daí em diante passaram a comemorar anualmente o "dia do arco-íris", que além de transmitir calma e proporcionar uma bela visão, ensinou a todos uma importante lição: que todos têm físicos diferentes e que ninguém precisa mudá-los para ser aceito pelos outros e ser feliz. É aceitando o modo como foi criado pela natureza que se vive mais feliz consigo e com os demais.

Nesses dias de chuva torrencial, confinados em suas casas, meninas vestiam os vestidos das mães e faziam os irmãos, primos e amiguinhos, quem mais estivesse ali, vesti-los também. Isso era uma das diversões mais populares numa época em que não existiam jogos eletrônicos e brinquedos variados, onde tudo era mais simples e as opções requeriam a força da imaginação para acontecer! Certamente muitos pais ao encontrarem, por acaso, seus filhos vestidos de mulher, recriminavam a brincadeira, chegando até mesmo a dar cintadas nos filhos e nas filhas por terem feito o que fizeram.

Brincadeiras, que por mais simples que fossem, eram sempre uma grande diversão. Todos chegavam a ficar com as bochechas doendo de tanto rir e os filhos dos escravos, muitas vezes, se juntavam aos filhos dos brancos para a diversão.

Muitos pirralhos brancos, quando se sentiam entediados, costumavam chutar as escravas, como diversão, e para o horror delas, tinham de aguentar caladas os chutes que lhes roxeavam os calcanhares, pés e barriga das pernas.

Quando Florisbela pegou Mássimo estimulando os irmãos a fazerem aquele tipo de maldade tratou imediatamente de repreendê-los:

– Pare! Pare! – berrou.

– Parar por quê?!

– Porque isso não se faz! Deve doer um bocado.

Dando de ombros, o garoto respondeu:

– Que doa.

– Você gostaria que o chutassem?

– Sou branco, não preto!

– Pois saiba que preto e branco são a mesma coisa.

– Não são, não! Nós somos gente e preto é animal.

Sem mais delongas, a menina arremessou um chute com toda força no calcanhar do irmão.

– Ai! – berrou o garoto, avermelhando-se todo.

Homero e Matteo riram.

– Viu como dói? Dói da mesma forma que dói nas escravas, seu moleque!

O garoto, abrindo a boca do tamanho de uma caçapa, correu para dentro da casa em busca do consolo do pai.

– Papai – chamou, choroso.

Roberto que se derretia todo pelo filho, assustou-se ao vê-lo naquele estado.

– O que foi, meu filho?

– Foi a Florisbela. Ela me chutou.

69

O pai olhou para o tornozelo do filho e o massageou. Voltando-se para a filha que chegou a seguir, perguntou em tom de reprimenda:

– Por que fez isso, Florisbela?

A menina explicou. O pai tirou Mássimo do colo, levantou-se e foi até a filha, pegando firme em seus ombrinhos, disse:

– Se seu irmão, qualquer um deles, quiser chutar uma escrava, que chute! Escravo é escravo, são feitos para servir os brancos em qualquer circunstância. Agora, peça desculpas a Mássimo.

A menina fez bico e amarrou o cenho.

– Vamos lá, Florisbela. Peça desculpas a ele, agora! Estou mandando!

Quando o pai ameaçou tirar o cinto, a menina, sem ver outra escolha, atendeu a sua exigência:

– Desculpe-me!

– Fale mais alto!

Ela engoliu em seco e ergueu a voz:

– Desculpe-me!

Mássimo nada respondeu, apenas secou as lágrimas e saiu correndo na direção da cozinha onde continuou a chutar as escravas que ali trabalhavam com chutes cada vez mais fortes, a ponto das pobres coitadas berrarem de dor. Homero o acompanhou e estimulou Matteo a fazer o mesmo diante de sua incerteza. Os meninos eram, como se define até hoje, crianças arteiras, uns demoniozinhos, verdadeiros pestinhas.

Naquela noite, Florisbela, depois de ouvir o ronco do pai por trás da porta fechada de seu quarto, decidiu ir até a senzala na companhia de Josefina. Em silêncio, a menina conduziu a irmã para fora da casa. Abriu a porta com cuidado, deu uma espiada na escuridão lá fora e, satisfeita, virou-se e fez sinal para que Josefina a seguisse.

Por sorte a chuva havia dado uma trégua.

– Não é perigoso sairmos da casa a essa hora? – questionou Josefina.

– Já disse que não! Mesmo que seja, precisamos ir... As escravas devem estar com os tornozelos doendo de tantos chutes que levaram de Mássimo e Homero. Esse unguento é para elas passarem e aliviarem a dor.

– Você é muito corajosa, Florisbela. Nem parece uma criança.

– Obrigada.

– Eu admiro você, Florisbela.

– Eu também a admiro, Josefina. Já não posso dizer o mesmo da nossa irmã Cecília, aquela pamonha. Parece até o Mássimo só que de saia.

Josefina achou graça.

Logicamente que os escravos ficaram surpresos ao verem as duas meninas entrando na senzala, trazendo consigo biscoitos e remédios ainda mais àquela hora da noite. Diante das escravas, Florisbela, audaciosa, falou:

– Sei que não muda nada o que viu lhes dizer. Que a dor que sentiram ao serem chutadas não vai deixar de latejar, mas, quero que saibam que eu sinto muito pela brincadeira dos meus irmãos e, também, peço-lhes desculpas pelo acontecido.

As negras, com lágrimas nos olhos, agradeceram sua preocupação para com elas. Mais uma vez, todos ali na senzala admiraram a coragem, bondade e a personalidade de Florisbela Corridoni. Era, sem dúvida, uma garota de personalidade invejável e parecia mesmo uma adulta em um corpo de criança, como Josefina havia observado.

Diante do mesmo período de chuvas na região, Roberto também procurava se entreter com os filhos dentro de casa.

Visto que as estradas ficaram intransitáveis, todas de terra, nessa época, ele ficou impossibilitado de ir trabalhar em Serra Dourada, por isso, escravos iam a pé levar notícias, documentos para serem lidos e assinados, e os traziam de volta. Chegavam encharcados e enlameados, por terem pisado em poças e escorregado no barro.

O escravo que numa das quedas deixou sujar o documento com lama foi imediatamente mandado para o tronco onde permaneceu sob toda aquela chuva torrencial, ventos fustigantes e raios assustadores, até morrer de pneumonia dias depois.

Das três filhas, Cecília, Josefina e Florisbela, era com Josefina que Roberto tinha mais paciência. Ouvi-a com mais atenção e chegava a tomar parte das brincadeiras que ela inventava.

Quando caía a noite, ele, que muito necessitava de sexo, fazia com a esposa logo após a chama da vela, que iluminava o quarto do casal, fosse apagada. Era literalmente por necessidade fisiológica que ele copulava com Inaiá, não por desejá-la ou amá-la como ela o desejava e o amava.

Muitas vezes, para atingir o orgasmo, era em Gorete, a amante, que os pensamentos de Roberto estavam voltados, não na esposa. E nem precisava fechar os olhos para lembrar-se dela, naquela escuridão, podia trazê-la à memória até mesmo de olhos abertos.

Inaiá, por não poder adentrar seus pensamentos, tomar conhecimento do que se passava na cabeça do marido, realizava-se naquele instante, sentindo-se a mulher mais desejada do mundo pelo homem que tanto amava.

Quando a temporada de chuvas torrenciais teve fim, levou quase uma semana para que o solo secasse e ficasse transitável novamente. Muitos que ousaram usá-lo sem secar encalharam e se irritaram com o acontecido.

A vida de todos na região pôde, então, ir voltando ao normal.

Foi no oitavo dia, depois que a chuvarada cessou que Roberto, ao passar em frente à casa da amante, decidiu mandar buscá-la na casa dos pais. Não era por saudade, não; era por vontade de se deitar com ela, que decidiu trazê-la de volta a Serra Dourada.

Assim que foi informado de sua chegada, correu para lá, onde ficou por mais tempo que o habitual. Gorete ficou surpresa com sua reação e acreditou, tolamente, que ele ficara por mais tempo na sua companhia por estar louco de saudade. Sobre o filho que tivera com ele ainda preferia manter segredo. Ainda temia sua reação contra o menino.

Capítulo 8

Boas notícias!

A vida também voltou ao normal em Santa Mariana e na fazenda do Senhor Lamartine Millenotti. Foi no décimo primeiro dia após o último dia de chuva torrencial que um senhor, conduzindo uma carroça velha, parou em frente a sede da fazenda e se fez ouvir, batendo palmas.

– Ô de casa?!

A altura de sua voz foi aumentando e a intensidade das palmas também.

O Senhor Lamartine foi até a varanda da casa, inspecionou o recém-chegado de cima a baixo e disse:

– Pois não?

– Bom dia, meu senhor!

– Bom dia.

– Procuro uma escrava... Ou melhor, uma ex-escrava chamada Glória. É aqui que ela mora, não?

– Sim, senhor.

Lamartine voltou-se para trás e chamou pela esposa.

– Onde está a Glória? Traga ela aqui, esse senhor quer lhe falar.

– Pois não – respondeu Gianluza, lançando uma mirada rápida na direção do simpático senhor.

Glória mal pôde acreditar quando avistou o senhor Malafaia, um branco amigo dos escravos, capaz de qualquer coisa para defendê-los, até mesmo, protegê-los.

– Senhor Malafaia!

73

– Glória, querida, como vai?

Os dois se cumprimentaram.

– Que bom revê-la, minha querida.

– O mesmo digo, eu, meu senhor.

– Não vim antes por causa das chuvas... a estrada virou um lamaceiro só... um barreiro interminável.

Glória assentiu. O homem após tomar o copo d'água, finalmente falou:

– Eu a localizei, Glória.

Os olhos da negra, brilharam.

– O senhor está falando de...

– Dela, mesma, Glória. Idausina, sua irmã.

Glória mal podia se conter de felicidade.

– Onde?

– Ela foi vendida para um mercador de escravos. E o homem está vindo para essa região comercializar suas peças. Está atrasado porque as chuvas também o impediram de chegar até aqui. Mas agora, com o tempo seco, amanhã provavelmente, ele deve aparecer trazendo a mercadoria.

– Que notícia boa!

– Eu sabia que iria gostar.

Depois de mais algumas palavras, o homem partiu.

– Finalmente! – exclamou Glória, feliz. – Finalmente vou poder comprar minha irmã, dar-lhe a liberdade, trazê-la para morar junto a mim.

Voltando-se para o Senhor Lamartine, ela perguntou:

– O Senhor se importa que ela venha morar aqui, na fazenda, junto a mim e meu filho?

O homem puxou a calça para cima, na altura do umbigo, antes que caísse ainda mais e respondeu, sorridente:

– É lógico que não, minha querida! Será um prazer, um grande prazer para mim e minha adorada Gianluza receber sua irmã em nossa casa. Fazer parte da nossa família.

Glória, emocionada, falou:

– Sou muito grata a vocês, mais uma vez, por isso.

Gianluza foi até a nora e a acolheu em seus braços.

– A senhora não sabe o que significa para mim esse momento, Dona Gianluza.

– Eu faço ideia, minha querida.

– Juntei economias e economias durante todo esse tempo em que estivemos afastadas uma da outra para poder comprá-la. Estou ansiosa para ir atrás dela.

– Se precisar de mais algum, pode contar comigo – ofereceu-se Lamartine.

– Sou lhe muito grata.

– Eu também tenho lá minhas economias, não é muito, mas pode ajudar, se juntar com as suas...

– Dona Gianluza, nem sei o que dizer...

Novamente as duas se abraçaram e a nora chorou no ombro da sogra. Nisso Giulio se juntou a eles.

– Mamãe! O que houve?! Por que está chorando?

A mãe enxugou as lágrimas e procurou sorrir para o menino.

– Estou chorando de alegria, meu bom Giulio. De alegria.

Ela abraçou o garoto e explicou:

– Um senhor que pedi para tentar localizar a minha irmã, Idausina, sua tia, apareceu há pouco aqui me trazendo notícias dela. Foi vendida para um mercador de escravos que está vindo para essa região.

– É mesmo?

– Sim, meu filho e o meu sonho, o meu maior sonho, no momento é poder comprar sua tia. Dar-lhe a liberdade almejada e merecida por todos os negros e trazê-la para morar aqui.

Um sorriso bonito, de orelha a orelha, iluminou a face do menino. Os dois novamente se abraçaram. Aquele era de fato um grande momento para Glória Nunnari. Quando ela voltou a encarar a sogra e Lamartine, a escrava alforriada tornou a agradecer-lhes por tudo.

– Só espero... – completou –, só espero que dê tempo. Que ninguém a compre antes de mim.

Gianluza a encheu de coragem:

– Ninguém vai comprá-la, meu anjo. Pediremos a Deus em oração, mas você deve partir para a tal cidade onde esse mercador de escravos vai estar, o mais rápido possível.

– Sim, sim...

– É isso mesmo, Glória – reforçou Lamartine – um dos escravos a levará.

– Obrigada mais uma vez.

Naquele dia, assim que pôde, Glória contou a Liberata sobre a grande notícia.

– Precisamos comemorar! – exclamou Liberata, feliz pela cunhada.

– Depois, Liberata. Depois, quando ela já estiver aqui conosco.

As cunhadas tornaram a se abraçar.

A seguir, Liberata pegou Glória pelo punho e a puxou na direção da charrete.

– O que é isso? Para onde está me levando?

– Até Santa Mariana, para dar a grande notícia a Umbelina. Ela vai ficar radiante.

Dito e feito. Umbelina vibrou quando soube.

– Como diz o ditado: depois da tormenta vem a bonança!

A seguir, Glória comentou sobre a expectativa do reencontro com a irmã. Umbelina e Liberata ouviram-na com grande atenção e entusiasmo.

– Quando você parte?

– Amanhã. O mais cedo possível. O mercador de escravos deve chegar a Serra Dourada essa noite, portanto...

– Serra Dourada? – surpreendeu-se Liberata.

– Sim. Segundo o Senhor Malafaia é para lá que o mercador de escravos está indo.

– É... Ainda bem que não fica tão longe daqui.

– Sem dúvida.

– Quer que eu vá com você?

– Não, querida. Irei sozinha na companhia do Teles, escravo que seu pai dispensou para me levar até lá. Depois, quando aqui chegarmos, aí comemoraremos.

– E com um grande banquete.

– Sim – empolgou-se Umbelina. – Com um grande banquete!

– Só não espere que ele seja preparado por Umbelina – brincou Liberata. – Se for, comeremos somente pão com manteiga e olhe lá.

– Tenho culpa se não sei cozinhar, se não nasci para cozinhar?

Glória e Liberata riram.

Glória Nunnari mal conseguiu dormir naquela noite, tamanha a expectativa de poder reencontrar a irmã e cumprir o que prometera a si mesma: dar-lhe a alforria tão almejada pelos negros. Acordou antes mesmo de o galo cantar. O sol despontava no horizonte quando ela e o escravo partiram para Serra Dourada.

O sol já estava quase a pino quando Roberto Corridoni chegou ao mercado de escravos na companhia dos três filhos: Mássimo, Matteo e Homero Corridoni. Os três meninos nunca haviam estado no local e só naquele momento entenderam o porquê. O cheiro ali era pavoroso. Muitos dos negros escravizados, aterrorizados, se sujavam, manchando os trapos com que cobriam a sua nudez e a palha imunda em que eram deixados.

– Nossa! Que nojento! – resmungou Mássimo Corridoni, apertando o nariz. – São mesmo uns animais. – Nem minhas fezes cheiram tão mal.

O mau cheiro era apenas parte da história. Eles usavam argolas de metal, ligadas a correntes presas em pesados troncos fincados na terra. Alguns deles xingavam os brancos, esticando-se até onde seus grilhões permitiam.

Roberto seguia à frente, com seu andar imponente como sempre, olhando tudo com seu ar de superioridade, de quem é superior a todos, até mesmo aos *santos*.

Diante dos escravos mais velhos, Mássimo perguntou:

– Papai! Quem vai querer comprar um escravo velho?

– Você tem razão, Mássimo. Ninguém vai querer um escravo dessa idade, só um tolo o compraria.

O menino sorriu satisfeito por sua perspicácia.

– Sabe o que acontece com eles quando não são comprados, Mássimo?

Os olhos do menino brilharam de ansiedade. O pai, com certo prazer na voz, explicou:

– São mortos.

– Mortos?!

– Sim, para não terem de ser alimentados, poupar gastos!

– Mortos como?

– A maioria das vezes por meio de veneno na comida que vão comer.

– Argh!

Roberto riu.

– E se eles se recusarem a comer?

– A fome não lhes permitirá recusá-la por muito tempo. Ainda que desconfiem que há veneno na comida, acabam comendo para matar a fome.

– Argh! – fez ele novamente.

A seguir, Matteo puxou a mão do pai, ao passarem por uma escrava cujos braços protegiam três filhos pequenos agarrados à sua saia. Todos choravam.

– Papai.

– Sim, Matteo.

– Aquela escrava com os filhos...

– O que têm eles, Matteo?

– Compre-os. Eles precisam de alimentos. Devem estar chorando de fome.

Os olhos do menino estavam mareados e quando Roberto notou, apertou o ombro do garoto e falou seriamente:

– Filho meu não chora, ouviu bem, Matteo?

– Mas eu não estou...

– Está quase. Quem chora é mulherzinha.

– Desculpe-me, papai... Mas é que dá pena ver aquelas crianças naquela condição.

– Entenda de uma vez por todas, Matteo. Não há diferença alguma entre uma galinha e seus pintinhos, uma porca e seus leitões, uma vaca e seus bezerros e uma escrava e seus filhos. Todos são animais.

– Mas eles se assemelham tanto conosco.

– As aparências enganam, Matteo. Deus os pintou de preto para que aprendêssemos a distingui-los de nós, brancos, uma raça superior.

O menino fez ar de dúvida e acabou guardando para si o que pensou.

– Esses escravos não passam de uma manada de bois estúpidos – acrescentou Roberto, olhando de esguelha para aquela raça injustiçada.

Mássimo se manifestou:

– Muu!!!

Roberto e Homero acharam graça.

Não muito longe dali, havia um comprador com o mesmo potencial de Roberto Corridoni. Tratava-se de um homem grandalhão, cuja barriga volumosa despencava sobre o cinto que prendia a calça. Com o rosto vermelho e arredondado, ele se inclinou para frente para inspecionar com maiores detalhes uma escrava de não mais que 16, 17 anos, de rosto lindo e olhos pretos, penetrantes e atraentes.

Levantou os braços da moça, alisando sem querer ou por querer um de seus seios. Sua enorme mão se deslocou para o queixo da escrava e a obrigou a abrir a boca.

A jovem encerrou abruptamente a inspeção mordendo, com os dentes afiados, dois de seus dedos gordos e curtos.

– Animal demoníaco! – praguejou o homem, esbofeteando-a com uma das mãos, enquanto tentava soltar a outra.

O mercador de escravos correu até lá e fez um alerta:

– Senhor, cuidado! A escrava ainda não lhe pertence! Qualquer dano, será obrigado a pagar!

Escravos ao redor riram abertamente da situação enquanto Matteo, Mássimo e Homero observavam tudo com os olhos atentos, sem perder nada.

– Eles são mesmos uns animais – observou Mássimo Corridoni, balançando a cabeça.

– Eles são como nós – comentou Matteo, baixinho.

– Matteo! – Homero repreendeu o irmão.

Mássimo voltou-se para o pai e falou:

– Papai, o Matteo continua dizendo que os escravos são como nós.

Roberto deu um peteleco na cabeça do filho, um com bastante força e disse:

– Fecha essa sua boca cheia de dentes, Matteo, antes que eu dê uma surra em você bem aqui na frente de todos.

Diante da advertência, Matteo baixou a cabeça, como sempre, de modo submisso.

O homem xereta finalmente conseguiu soltar sua mão ensanguentada da boca da escrava, a libertação foi acompanhada de uma sequência de palavrões. Dos mais longos aos mais curtos. Suas bochechas estavam em brasa.

A jovem escrava apertava os beiços ensanguentados pelo sangue do homem nojento que abusara dela. Não havia submissão alguma em seu olhar, nada senão a certeza de que preferia ser morta a ser abusada por um branco de caráter imundo como aquele.

Matteo continuava observando a escrava a distância. Então, o homem de rosto arredondado e vermelho, indagou:

– Quanto ela custa?

O mercador deu seu preço.

– Quanto?!

– Isso mesmo que o senhor ouviu! – assinalou o homem.

Nisso Mássimo voltou-se para o pai e falou:

– Papai, por que o senhor não a compra?

– Qual delas?

– Aquela que mordeu a mão daquele gordão.

Roberto frisou os olhos na direção da escrava e Mássimo continuou:

– Ela é como um cavalo que precisa ser domesticado. Um cavalo que eu gostaria de domesticar.

Roberto gostou das palavras do filho.

– Um cavalo que precisa ser domesticado... interessante. Vou comprá-la, Mássimo, para você domesticá-la.

– Eu sempre quis ter um animal desses para eu domar. Mandar para o tronco e *slap slap!*

Ele imitou com os braços um chicote em ação, atingindo o lombo de um escravo preso ao tronco.

Roberto se sentiu novamente orgulhoso do filho, tanto que seus lábios exibiram um sorriso magnânimo, de pura satisfação. Em seguida chamou o mercador que assim que soube de sua intenção de compra achou por bem lhe fazer um alerta:

– Eu o previno... Essa escrava é um demônio.

– Um demônio?! – exclamou Mássimo, interessando-se ainda mais pela escrava.

Roberto animou-se ainda mais com a empolgação do filho.

– Ela é minha, aqui está o dinheiro.

– Bem – resmungou o vendedor, apreciando as notas em suas mãos –, se o senhor insiste em adquirir a peça, quem sou eu para discutir, não é mesmo?

O homem estava verdadeiramente feliz por ter-se visto livre da escrava que para ele era quase um canibal.

– Qual é o nome dela? – quis saber Homero.

– Madalena – respondeu o homem enquanto libertava a escrava de onde estava acorrentada. – Ela atende pelo nome de Madalena.

– Madalena... – murmurou o garoto, pensativo.

Madalena, por sua vez, continuava olhando para todos com profundo descaso. Ao arrastá-la para perto de Roberto Corridoni, este com um gesto de mão falou:

80

– Eu ainda pretendo demorar-me um pouco mais por aqui, quero ver outras peças.

– Pois não. Quando estiver de partida é só me chamar que eu a solto para o senhor poder levá-la. Só o aconselho a mantê-la de pés e mãos acorrentadas e com a boca amordaçada até que esteja na senzala sob a guarda de seu feitor e ajudantes.

– Está bem.

Voltando-se para os três filhos, Roberto fez sinal para que eles o acompanhassem, algo que os três fizeram prontamente, seguindo a sombra do pai que inspecionava os escravos com seu ar de superioridade, ar de quem não terá o mesmo fim que todos os seres humanos têm, um dia, e, mesmo que tenha, irá para um lugar especial, bem mais privilegiado, onde só existirão pessoas importantes e ricas como ele. Ilusão, doce ilusão dos que se julgam mais que o seu próximo.

Enquanto isso, Glória finalmente chegava à cidade, aflita para chegar o mais rápido possível ao mercado de escravos.

– Vamos rápido, por favor – suplicou ela mais uma vez para o escravo condutor.

Nesse ínterim, Roberto continuava inspecionando tudo na companhia dos filhos, rindo mais uma vez das observações de Mássimo, as quais sempre achava pertinente, quando uma escrava despertou seu interesse. Erguia-se altiva e calma entre os homens e mulheres trêmulos, quase sempre a choramingar.

Roberto fez um gesto para o marcador de escravos que estava ali perto.

– Qual dessas presas lhe interessou, meu senhor?

– Aquela ali – respondeu Roberto, apontando com um sinal de cabeça.

O homem foi até lá e apanhou a escrava errada.

– Não seu energúmeno – berrou Roberto. – Refiro-me a outra!

O homem voltou-se para trás, franzindo o cenho para o local.

– Ah! Mil perdões.

Num puxão arrastou a escrava até para mais perto do provável comprador. Ele a estudou mais atentamente.

– E então, meu senhor? – agitou-se o mercador. – É uma boa peça, não?

– Sim... é sim...

– Só que essa aqui é mais cara, meu senhor.

– Quanto mais caro?

O homem detalhou o preço.

– Por que é tão cara?

O homem foi até ele e lhe passou o documento onde podia ler claramente os dotes da escrava em questão. Roberto examinou o documento, leu atentamente as informações ali contidas. Sabia ler e escrever e só tinha referências boas de seus últimos donos.

Examinando atentamente a escrava, Matteo especulou o pai:

– Ela é tão bonita, não, papai?

Roberto ignorou seu comentário.

– Seu nome é Idausina, meu senhor – informou o homem, achando necessário.

– Eu sei, seu energúmeno. Li no documento.

– Ah, sim, senhor.

– Pois ela vale o que me pede. Ficarei com ela.

Ele pagou e o homem lhe entregou rapidamente sua escritura de venda. O mercador estava feliz pela venda, intuiu desde o primeiro instante em que comprou a escrava que ganharia um bocado com ela.

Não muito longe dali a charrete trazendo Glória estacionava num local apropriado. Nem bem o veículo parara, a mulher saltou de dentro dele e correu para o mercado de escravos louca para encontrar a irmã o quanto antes. Diante do desespero chegou a pisar nas fezes deixadas ao relento pelos escravos ou na urina que escorria pelo chão e deixava o ar com um forte cheiro de ureia.

Seus olhos procuravam, atônitos, pela irmã, mas infelizmente, nenhum sinal dela. Ao avistar o mercador de escravos, correu até ele.

– Por favor... – falou ela sem fôlego.

Ele a mirou de cima a baixo e comentou com certo sarcasmo:

– Ah... uma escrava alforriada, presumo.

– Sou, sim.

– Pois não?

– Procuro uma escrava chamada Idausina. Soube que ela estaria aqui.

– Ida, o quê?

– Idausina.

– Idausina... Vamos ver...

Ele girou o pescoço ao redor e quando fez menção de verificar os documentos, exclamou:

– Ah, sim! Acabou de ser vendida.

– Para quem? Pelo amor de Deus!

– Para um homem pomposo. Jovem, ainda. Está acompanhado de três garotos, seus filhos, provavelmente.

– Assim fica mais fácil de eu localizá-lo.

Glória não perdeu mais tempo, saiu pelo local em busca da tal figura que comprara sua irmã. Não demorou muito para avistar Roberto, seguindo ao lado dos três filhos, acompanhado de Idausina e da outra escrava adquirida no mesmo dia.

Ela estugou os passos e quando aproximou-se deles, estava sem fôlego.

– Meu senhor – chamou, aflita.

Roberto travou os passos, voltou-se para trás e mediu Glória de cima a baixo.

– Meu senhor... – repetiu ela, resfolegante.

– Desembucha, negra.

– Sou uma escrava alforriada, meu senhor.

– Já disse para desembuchar!

Seus olhos castanho-escuros e luminosos, perscrutaram o rosto vivaz e demoníaco de Roberto antes de dizer:

– Meu senhor, essa é minha irmã e tudo o que mais desejo é comprá-la. Aqui está o dinheiro que trouxe...

Ele a interrompeu bruscamente:

– Ela não está à venda.

– Mas estava!

– Disse bem: estava!

– Eu vim de Santa Mariana somente para comprá-la, mas por motivos de força maior não consegui chegar mais cedo como eu pretendia.

– Problema seu. Tivesse madrugado! Agora essa escrava é minha e será até que morra.

A decepção refletiu nos olhos da ex-escrava.

– O senhor não pode fazer isso.

– Já fiz.

– Eu lhe imploro.

Ele lhe deu as costas.

– Por favor, meu senhor.

– Tire suas mãos nojentas de cima da minha, sua negra! Não quero feder a sua raça.

Diante da reação do pai, Matteo falou:

– Papai...

– Cala essa boca, Matteo! Quando chegarmos a casa teremos uma conversa séria.

– É muita crueldade – protestou o garoto, sentindo seus olhos se encherem d'água.

Diante da reação do filho, Roberto foi severo:

– Enxugue já esses olhos, Matteo!

O menino obedeceu.

Roberto fez uma pausa, lançando um olhar especulativo para a escrava que havia acabado de comprar, que se mantinha imóvel feito uma pedra, com o rosto impassível, exceto pelos olhos, tristes, fixados em Glória.

– E você, escrava – ele pronunciou acentuadamente a palavra "escrava" – enxugue também essas lágrimas se não quiser ir direto para o tronco assim que chegar a minha fazenda.

Idausina atendeu ao pedido, prontamente. Antes de seguir, lançou um último olhar para a irmã que tanto lhe queria bem. Diante da imobilidade de Matteo, Roberto abanou a cabeça como quem faz quem se sente contrariado, pegou-o pelo braço e o puxou bruscamente. Ao sentir seus olhos rompendo-se em lágrimas, novamente, o menino tratou logo de enxugá-los antes que o pai visse. Apanhar de cinta era a última coisa que ele queria na vida, a última surra lhe deixara feridas abertas.

Voltando-se por sobre o ombro, o garoto lançou um último olhar na direção de Glória, um olhar especulativo. Ela se mantinha imóvel feito uma pedra, com o rosto mergulhado na tristeza e no desespero, sem saber o que fazer, que rumo tomar. Matteo Corridoni quis muito naquele instante, do fundo do seu coração, ajudar aquela negra a comprar sua irmã escrava como tanto queria.

Glória se sentiu paralisada, como se tivesse sido enterrada vida... A esperança de trazer a irmã para junto dela, livre, finalmente liberta da escravidão, dera com os burros n'água. A realidade se mostrava triste mais uma vez para ela.

A imagem do marido, Maurizio Nunnari, morto num confronto entre abolicionistas e não abolicionistas resplandeceu em sua memória.

– Que você, meu amor, esteja onde estiver, não esteja vendo uma coisas dessas acontecer – desabafou ela, triste –, pois se vir se encherá de revolta, ainda mais por estar aí sem ter acesso ao mundo daqui.

Glória Nunnari nunca duvidou que o espírito do marido havia sobrevivido à morte. Sabia que ele não tinha como se comunicar com ela de forma explícita, tampouco ela com ele, mas ele podia, pelo menos ouvi-la, e ela a ele por meio das sensações e do silêncio.

Capítulo 9

Insensata realidade

Assim que chegaram ao casarão, Roberto prensou Matteo contra a parede e disse, seriamente:

– Mais uma de suas gracinhas, Matteo, e eu o ponho de castigo! Está me ouvindo? Ou melhor, ficará de castigo a partir de agora, por uma semana. Está mais do que na idade de aprender a ser homem.

– Roberto, o que houve? – indagou Inaiá, surpresa com tudo aquilo.

– Não é da sua conta.

– Ele também é meu filho, por isso tenho o direito de saber...

– Direito?

Ele quase pulou sobre ela e Inaiá chocou-se com sua reação. Há muito que ele não perdia a paciência com ela daquele jeito.

– Quem você pensa que é para me falar assim? Ponha-se no seu lugar, antes que eu também a deixe de castigo.

Os filhos se agitaram diante da discussão, especialmente as meninas que, como sempre, arrepiaram-se diante do olhar do pai, um olhar que era de dar medo, pelo menos para elas.

Inaiá respirou fundo e novamente perguntou-se em silêncio: como o marido poderia ser tão simpático na rua, na frente das pessoas e dentro de casar ser tão severo, impaciente, praticamente um demônio? Era mais uma das tantas perguntas que os céus não lhe enviavam resposta e aquilo estava começando a aborrecê-la profundamente.

Como Matteo não podia sair de casa, por estar de castigo, pediu à mãe que enviasse um recado para o padre da paróquia, para que assim que pudesse, fosse vê-lo. O recado foi levado por um dos escravos.

Naquela tarde, quando Inaiá ficou a sós com os filhos, Matteo disse:

– Mamãe, havia muitos escravos velhos para serem vendidos.

– É mesmo? Tenho pena deles.

– Papai disse que muitos acabam sendo envenenados se não forem comprados em pouco tempo. Isso é feito para poupar gastos para o comerciante de escravos.

– É de dar pena.

Mássimo opinou:

– Mas mamãe, o homem está certo em envená-los.

– Certo?!

– Certo, sim! Para que deixá-los vivos se são uns inúteis?

– Mássimo, meu filho, você não sabe o que diz. É compreensível que não saiba porque não passa de uma criança de 12 anos. Mas você também chegará à velhice, tornar-se-á tal como um deles e só então compreenderá o que um idoso sente e como deve ser tratado.

– Eu jamais vou ficar velho daquele jeito!

– Todos ficam, Mássimo.

– Comigo será diferente, a senhora verá.

– Não, Mássimo, não verei, pois já estarei morta quando esse dia chegar.

– Eu não quero que a senhora morra.

– De que adianta não querer, a morte é para todos. Dela ninguém escapa!

– Só os pobres e miseráveis, os escravos e os animais é que deveriam morrer. Os ricos como nós, não! Não é justo para conosco! Será que Deus não percebe que somos diferentes?

– Diante dos olhos de Deus todos são iguais. Todos são seus filhos.

– Até mesmo os pobres e miseráveis e os negros?

– Todos, sem exceção.

– Eu acho que a senhora está enganada.

– O tempo lhe dirá, Mássimo. O tempo tudo revela a nós. Se bem que para alguns, mesmo após a revelação, continuam não querendo ver a realidade, a não ser aquela que criaram em seu mental.

Quando padre Anselmo chegou à casa, Inaiá o levou para conversar a sós com Matteo:

– Padre, estou revoltado com Deus – desabafou o menino de 11 anos, sem preâmbulos.

– Matteo! – alterou-se o homem. – Bata na sua boca três vezes! Agora, estou mandando.

– Estou revoltado, sim!

– Matteo Corridoni, eu já disse: bata na sua boca por ter ousado dizer isso!

– Por quê? Por que não posso dizer ao senhor nem a ninguém que estou chateado com Deus?

– Porque Deus é Deus! Não deve ser questionado, tampouco ser alvo de revolta da nossa parte. Deus é o Senhor absoluto e temos de aceitar seus desígnios sem questionamento.

– Como um filho deve fazer com um pai?

– Exato.

– E o senhor pensa mesmo que isso é certo?

– Certíssimo. Um filho deve a seu pai obediência, respeito e devoção. O mesmo que deve a Deus.

– Toda noite eu rezo como o senhor nos ensinou, só que Deus nunca responde as minhas perguntas.

– Deus tem mais o que fazer, Matteo.

O homem bufou e, entre dentes, disse para si mesmo:

– Agora entendo porque seu pai o deixou de castigo. Teve o que mereceu.

O padre bufou e completou:

– Espere um minuto que já volto.

O padre se retirou, deixando o garoto ainda mais confuso do que antes. Quando voltou, trazia um punhado de grãos de feijão, os quais colocou no chão e pediu ao menino para se ajoelhar sobre eles.

– Isso mesmo, Matteo. É para você pagar por ter ousado questionar Deus.

O garoto engoliu em seco e fez o que o homem lhe pedia.

– Dói – admitiu em seguida.

– É para doer mesmo, Matteo.

O menino fez ar de choro.

– Engula esse choro, garoto. Isso, vamos! E nunca mais me chame para ouvir palavras impróprias como as que disse há pouco. Agora reze 50 Pai Nossos e 50 Ave Marias e peça perdão a Deus pelo menos umas 500 vezes por pelo menos um mês.

O padre partiu e quando Inaiá viu o filho ajoelhado sobre os feijões, teve pena dele, mas, por mais que o amasse, aprendera na época, como todos, que o que um padre diz ou pede jamais deve ser contestado, pois ele é o porta-voz de Deus na Terra.

Enquanto isso, em Santa Mariana...

– E então, Glória? Conseguiu?! – quis saber Umbelina, ansiosa, assim que ela atravessou a porta da loja de secos e molhados.

Glória abanou a cabeça, desconsolada, sentindo seus olhos se encherem d' água.

– Responda-me, cunhada – insistiu Umbelina sem entendê-la. – Onde está a sua irmã?

Diante da negra, que se mantinha imóvel feito uma pedra, com o rosto sendo riscado por lágrimas e mais lágrimas sentidas é que Umbelina compreendeu o significado daquilo. Glória não chorava de felicidade e, sim, de tristeza.

– Oh, minha querida... – consolou a cunhada, abraçando a negra. – Eu sinto muito. O que houve de errado?

– Um homem – murmurou Glória –, um homem asqueroso comprou Idausina minutos antes de eu chegar.

– Que pena. Você tentou comprar dele, explicar-lhe a situação?

– Sim, mas ele não quis vendê-la para mim. Creio até que sentiu prazer em poder nos separar, não permitir que eu realizasse o meu sonho, o meu maior sonho, que era e ainda é o de comprar minha irmã, para vivermos finalmente lado a lado, livres, totalmente livres, como sonham todos os negros.

– Você tem certeza de que ele realmente sentiu prazer, como diz?...

– Absoluta! Ele era um dos muitos brancos que considero abomináveis!

– Que horror! Como ele se chama?

– Quem vai saber?

– Você não perguntou?

– Não!

– Deveria. Quem sabe eu poderia ir atrás dele com uma desculpa qualquer e convencê-lo a vender sua irmã para mim. Ele nada suspeitaria da nossa ligação.

– É verdade. Que tola fui eu. Deveria ter perguntado seu nome a alguém ali, que certamente já o vira por lá.

– Como ele era fisicamente?

– Um branco bonitão, tão bonito quanto pedante. Quantos e quantos não são assim, não é mesmo?

– Sem dúvida. Que Deus nos faça localizar esse demônio que comprou sua irmã para que possamos reavê-la. Não se preocupe, minha querida, Deus há de nos ajudar.

Assim que Liberata soube de tudo o que se passou, também procurou consolar a cunhada nos braços. Em pensamento recordou as palavras que ela usou para descrever o homem que comprara sua irmã:

"Um branco bonitão, tão bonito quanto pedante."

Ela, se soubesse quem era ele, iria procurá-lo, com certeza, pelo bem maior da cunhada e do próprio irmão que morreu na luta pela abolição da escravatura. Se ela pelo menos tivesse uma pista de quem era o sujeito demoníaco...

Mal sabiam que tal demônio era bem conhecido de todos ali e que atendia pelo nome de Roberto Corridoni.

Capítulo 10

Esperança que renasce

Meados de 1812

Nos dias que seguiram, Idausina, a nova aquisição de Roberto Corridoni, enquadrou-se sem esforço algum a sua nova realidade, portando-se como se tivesse servido a família Corridoni durante anos. Jeitosa para cuidar de cabelos, habilidosa com a agulha, tornou-se indispensável a Inaiá e, ao mesmo tempo, conseguia ajudar Zulu e Joaquina as cozinheiras do lugar, uma dupla enciumada, porém, talentosa.

Nesse ínterim, Glória chorava sua desgraça mais uma vez. O fato de não ter podido comprar a irmã adorada e dar-lhe, finalmente, a liberdade tão almejada, a deprimia demais.

– Não chore, mamãe – pedia Giulio, seu filho, carinhosamente. – A senhora vai encontrar um modo de libertar sua irmã.

– Oh, meu bom Giulio... Deus o ouça!

– Deus há de ouvir e o papai também. Ambos hão de fazer alguma coisa para ajudá-la.

O modo como o filho falava de Deus e do pai era deveras emocionante. Jamais vira alguém com tanta fé, especialmente uma criança.

Liberata, por sua vez, estava disposta a descobrir de todas as formas quem comprara Idausina. Assim que soubesse o nome do desalmado o procuraria para lhe fazer uma oferta pela escrava.

– Aonde você vai, Liberata? – perguntou Silas ao ver a esposa toda arrumada.

– Meu marido se esqueceu? Hoje é o dia de eu ir a Serra Dourada fazer as compras para a loja.

– Outra vez?

– Diga: Graças a Deus ao invés de outra vez! Se estou indo em tão pouco tempo é sinal de que a loja está vendendo muito bem. Deus seja louvado!

– Esse trabalho é coisa para um homem fazer.

– Homem não sabe escolher os tecidos e as estampas que uma mulher tanto aprecia, Silas. Só mesmo uma dama sabe o que pode realmente agradar a outra em termos de vestimenta.

O marido corou. Ela o beijou e quando já deixava a casa, ele correu até ela e perguntou:

– Você por acaso não está...

Ela virou-se muito calmamente na sua direção e respondeu, enfrentando o seu olhar:

– Estou?!...

Ele mordeu os lábios firmemente, levou quase um minuto para responder:

– Tenho receio de que só vá aquele lugar... Sei que é onde mora Roberto Corridoni e...

– Silas, meu marido, você outra vez com essa história! Roberto Corridoni é coisa do passado. Ele e um mosquito para mim são a mesma coisa, acredite.

– É que...

A angústia tinha despontado em sua voz.

– Acalme-se, meu bem.

– Eu tento e... Espere aí, você por acaso não está indo para lá para tentar descobrir quem comprou a irmã de Glória, está?

– Confesso a você que sim.

– Ficou maluca?!

– Eu preciso encontrá-la.

– Esse comprador pode ser um homem perigoso, Liberata! Não se meta com gente assim!

– Eu preciso encontrar esse desalmado que fez essa barbaridade com a Glória e sua irmã, Idausina.

– Eu estou prevenindo-a, Liberata... Por favor!

Ela, com delicadeza, soltou-se dele e continuou seu caminho. Ouviu-se, então, a voz de Gianluza:

– Filha, seu marido tem razão! Esse homem pode ser perigoso. Não se meta com ele!

Liberata travou os passos, olhou para a mãe com seu rosto belo e sereno e respondeu calmamente:

– Eu só quero saber quem ele é para procurá-lo e fazer-lhe uma proposta de compra. Uma proposta que ele não vai recusar. Juntando minhas economias com as da Glória teremos uma bela quantia.

Liberata subiu na carroça e o escravo a colocou em movimento. Partiu acenando para a mãe e para o marido que agora se juntara à sogra.

– Preocupo-me tanto com ela – admitiu ele.

– E eu, meu genro? E eu? – respondeu Gianluza com certa aflição.

Quando Gianluza chegou à loja de Umbelina naquela tarde, chamou a filha de lado e lhe falou em tom confidencial:

– Liberata está decidida a comprar a irmã de Glória.

– Eu sei! Jamais a vi tão empenhada em algo como agora.

– É um gesto bonito, confesso, mas...

– Mas?

– Não sei... Há algo em torno da sua irmã que me preocupa. Essa ousadia repentina? Jamais pensei que Liberata, aquela jovem apaixonada e frágil que um dia quase morreu por causa de Roberto Corridoni, viria a ser essa mulher forte e determinada de hoje.

– As pessoas mudam ao longo do tempo, minha mãe. A senhora mudou, eu mudei, Liberata haveria de mudar também.

Gianluza assentiu e fez um carinho na filha.

– Que Deus proteja nossa Liberata.

– Que Deus a proteja e faça com que localize o danado que comprou a irmã de Glória o mais urgente possível, porque algo me diz que ela não sossegará enquanto não o localizar.

Durante o trajeto até Serra Dourada, Liberata se mantinha agarrada ao terço do qual não se desgrudava por nada, orando e repetindo baixinho entre uma Ave Maria e outra:

– Eu vou encontrar Idausina, vou sim, e Deus há de me ajudar a convencer seu comprador a vendê-la para mim.

Voltando os olhos para o céu, completou:

– Maurizio, esteja você onde estiver, por favor, ajude-me.

Liberata chegou a perguntar em todas as lojas por onde passou se alguém conhecia um homem que, semanas antes, havia comprado uma escrava que atendia pelo nome de Idausina. Todavia, ninguém soube lhe dar uma informação positiva. A italiana voltou para Santa Mariana frustrada, mas sem perder a fé.

– E então? – quis saber Glória, assim que a encontrou, ansiosa por alguma notícia.

– Por enquanto nada, minha cunhada. Mas nós vamos encontrá-la, não perca a fé.

Glória assentiu emocionada. Apesar de todas as orações para localizar Idausina, nem Liberata, nem ninguém conseguiu descobrir seu paradeiro nos meses que se seguiram. Todavia, quando o desânimo surgia, todos lembravam a si mesmos de que deveriam manter a fé sob qualquer circunstância.

Naquela noite, na senzala, os negros mais uma vez dançaram e oraram na língua africana para os deuses que louvavam em prol do encontro tão almejado entre Glória e Idausina, sua irmã.

"Salubá! Nanã... salubá!"

"Obá...obá xi!"

"Oxum... ora yeyê ô!"

Vinham fazendo isso já há muito tempo, desde que souberam da busca de Glória pela irmã.

Já era 1813 e do alto da senzala, Roberto inspecionava seus escravos ao lado do novo feitor que recentemente havia contratado para dirigir sua fazenda. Demitira o anterior por perceber que tinha coração mole, algo que Roberto abominava num serviçal. O homem estava, como sempre, se sentindo inquieto ao seu lado, com um sorriso inseguro, bailando nos lábios carnudos.

Ao correr os olhos por aqueles que para ele não passavam de animais, que podiam falar e ouvir e ter até um certo raciocínio, Roberto avistou finalmente quem procurava. A escrava rebelde que cravara os dentes nos dedos do homem gorducho enquanto ele a inspecionava no mercado de escravos.

Seus olhares se cruzaram. Seu rosto tremeu visivelmente, como se ela tivesse reconhecido no homem que agora era o seu senhor, o demônio em pessoa.

– Ali está ela – sibilou Roberto sem se dar conta.

– Quem, meu senhor?

– A escrava rebelde – explicou ele num momento raro de paciência. – No mercado de escravos, durante a inspeção de um dos compradores, ela cravou os dentes na mão do sujeito e por pouco não lhe arrancou os dedos.

– Essa aí precisa ser domada, meu senhor.

– E será, mas não por você!

O novo capataz se surpreendeu.

– Se me permite perguntar, meu senhor, por quem então?

– Pelo meu filho Mássimo. Foi ele quem quis comprá-la. Ela despertou seu interesse não só pela rebeldia, mas pela beleza. Ela o deixou excitado. Quero que ele, agora com 13 anos completos, aprenda com ela como satisfazer uma mulher na cama. É melhor que uma cabra.

– Fiu!

– Quero que meu filho seja um homem e tanto. Um garanhão.

– O senhor não acha que pode ser perigoso? Digo, a escrava é uma fera, pode machucar o sinhozinho.

– Não, se estiver amarrada com correntes como sei que você já fez com muitas desde que aqui chegou.

O homem engoliu em seco. Para ele, o patrão jamais suspeitara dos seus abusos com as escravas. Mas Roberto sabia, sempre soube, não era bobo, estava sempre atento a tudo o que se passava em suas terras.

– Prenderei a danada quando o senhor achar que seu filho está pronto para...

Roberto deixou o lugar sem responder. O feitor aproveitou então para provocar Madalena, a escrava rebelde que era mantida acorrentada na senzala desde que fora comprada por Roberto. A pobre moça sentiu seu sangue ferver diante das provocações do capataz.

– E aí, belezoca? – provocou ele.

A resposta dela foi imediata:

– Por que você não me solta dessas correntes e aí sim me provoca?

Ele riu, pedante:

– Logo, logo você perde essa panca de senhoria, negrinha. Logo, logo...

Madalena deu um suspiro ansioso e arrepiou-se diante da ameaça. Alguma coisa estava por vir, bem sabia, alguma coisa má, para tornar sua vida ainda pior do que já era.

Assim que o homem se foi, Idausina aproximou-se dela e falou:

– Acalme-se, Madalena.

– Isso não é vida, não é.

Outra escrava recém-chegada à fazenda tomou parte na conversa. Seu nome era Elvira.

– Desculpe me intrometer. Mas não pude deixar de ouvir o que falavam.

– Achegue-se a nós – convidou Idausina, simpática como sempre.

– Obrigada. Há brancos e brancos, sabem? Alguns são de paz. A maioria, na verdade, é de paz.

– Você acha?

– Acho, sim. O problema a meu ver não são os homens brancos, são as mulheres, elas não nos suportam porque sabem o quanto podemos ser atraentes. Eu me tornei amante do meu antigo senhorio, sabem?

– Amante? E como isso aconteceu?

– Ele um dia me prensou contra a parede e abusou de mim.

– Ele a pegou à força, foi? Que horror!

– É verdade. No início senti ódio, muito ódio por ele fazer o que fazia comigo, sem o meu consentimento. Mas depois... depois eu passei a ver tudo de uma outra forma. Eu não mais lutava, aceitava tudo naturalmente. Foi então que percebi que gostava dele. Na verdade, já gostava fazia tempo, só não assumia para mim mesma porque onde já se viu uma escrava gostar de seu senhor?

Etelvina, que também estava ali prestando atenção a Elvira, opinou:

– Mas isso que você fez não foi certo. Ele tinha esposa. Ele tinha de honrar sua esposa.

Elvira foi rápida na sua defesa:

– Eu entendo que essas são as leis, mas você não conhece a esposa dele. Se conhecesse, compreenderia melhor o porquê de ele ter se apaixonado por mim. Querer-me a qualquer custo.

– Será mesmo que ele a amava?

– Amava, não, ainda me ama.

– Talvez a quisesse só por sexo.

– Ainda que seja, eu aceitaria porque estar junto dele, por mais que seja somente por sexo, me faz muito feliz.

– Você o ama mesmo.

– Sim. É mais do que paixão, é amor mesmo!

– Nunca pensei que uma negra se apaixonasse por um branco e um branco se apaixonasse por uma negra.

– Acontece.

– Mas é raro.

– Que nada!

Madalena, pensativa, falou:

– Se esse branco safado a amasse mesmo Elvira, você não teria vindo parar aqui. Não teria sido vendida para o Senhor Corridoni.

Elvira olhou bem para a jovem acorrentada e respondeu:

– Ele foi forçado pela esposa a me vender quando ela desconfiou da nossa união. Ele me vendeu obrigado, por não ter outra escolha. Mas prometeu vir atrás de mim para me comprar de volta sem que a esposa desconfie.

As negras se entreolharam. Madalena foi a única a ousar perguntar:

– E você acreditou na sua promessa?

– Hum hum.

Etelvina também duvidou:

– Será que ele virá mesmo atrás de você?

– Virá sim, vocês verão.

As mulheres em volta de Elvira ainda se mantiveram incertas quanto àquilo, duvidosas de que um branco chegasse a tal ponto por uma escrava, por amar uma negra. O fato é que Elvira estava certa em tudo o que disse, o senhorio finalmente apareceu na fazenda Corridoni para comprar a escrava de Roberto.

Roberto, cismado, perguntou:

– Por que o senhor quer tanto comprar essa escrava se há tantas e melhores do que ela por aí?

O homem pensou em lhe contar a verdade, mas temeu que Roberto, por racismo e preconceito não gostasse daquilo, daí, inventou uma desculpa qualquer.

– É que minha esposa adoeceu depois que Elvira foi vendida. Não sabia que era tão apegada à escrava...

– Por que a vendeu, então?

– Porque precisei levantar uma quantia para um investimento.

– Sei...

– Por isso lhe peço que aceite meu pedido, que me venda a tal escrava, para poupar minha esposa de um sofrimento maior.

– Não vai custar barato, ouviu?

– Eu pago o que for.

Roberto deu o preço, o homem se assustou e pechinchou:

– Mas a quantia que me pede é três vezes maior do que pagou pela escrava.

– É a lei da oferta e da procura, meu caro.

O homem, sem ver outra escolha e desesperado para dar fim àquilo o mais rápido possível, temeroso de que Roberto voltasse atrás acabou aceitando:

– Está bem... Aqui está o dinheiro.

Roberto tomou-o de sua mão, feliz pelo lucro obtido. Quando Elvira foi informada de que havia sido vendida para seu ex-proprietário, mal se conteve de alegria. Os dois partiram na charrete conduzida pelo próprio homem, que estava disposto a viver uma nova vida ao lado da negra que lhe despertava tanta paixão. Só a manteria na cidade, como muitos outros brancos faziam na época, para que suas esposas não desconfiassem de suas *puladas de cercas*.

Capítulo 11

Os horrores do desrespeito...

Roberto foi até o filho e falou:

– Mássimo! Acompanhe-me!

– Aonde vamos, papai?

– Já, já você vai saber.

Homero fez menção de segui-los, mas o pai com um gesto severo de mão falou:

– Aguarde-nos aqui, Homero.

– Mas quero ir com vocês, papai...

– Hoje, não. Chegará a sua vez.

Pelo caminho em direção à casa do feitor, Roberto explicou:

– Lembra-se da escrava de nome Madalena, Mássimo?

– Aquela que mais parece o demônio, papai?

– A própria. Pois bem, você me pediu para comprá-la com a promessa de domesticá-la, lembra-se?

– Acho que sim.

– Pois bem você já está na idade de cumprir o que me prometeu.

– Mas papai, dizem que a escrava é mesmo o demônio em forma de gente, por isso vive acorrentada.

– Mas você vai domá-la, como um homem doma um cavalo selvagem.

– Será que...

– Nunca duvide de sua capacidade, Mássimo. Só os fracos duvidam.

O menino mordeu os lábios, acometido de súbita apreensão.

– Você vai começar a domar o bicho fêmea, aprendendo com ela as artes do sexo.

– Ahn?!...

Roberto explicou tudo a seguir.

Nesse ínterim, o feitor arrastou Madalena feito um bicho empacado e revoltado até seu quarto. A escrava contorcia o corpo todo, jogava-se no chão, recusando-se a ir até lá, mas diante da força do homem e de seus ajudantes tornou-se incapaz de se defender. Quando entre as quatro paredes do cômodo ocupado pelo feitor, ela foi amarrada à cama, os punhos presos na parte de cima e os tornozelos presos na parte de baixo. A mordaça continuou em sua boca para impedi-la de gritar ou morder o garoto que estava prestes a copular com ela por exigência do pai.

Assim que Roberto e Mássimo entraram ali, Roberto deu mais algumas explicações para o filho e ordenou aos seus cupinchas:

– Por que ela ainda está vestida?! Arranquem a roupa dela agora mesmo.

Os homens atenderam ao pedido, transparecendo grande satisfação em fazer aquilo, deixar a jovem escrava nua diante de seus olhos obscenos. Antes de deixar Mássimo a sós, Roberto lhe fez uma advertência:

– Não falhe comigo, Mássimo.

O menino engoliu em seco e respondeu:

– Sim, senhor, papai.

A seguir a porta foi fechada e o garoto se viu a sós frente a frente à jovem atada à cama, transpirando de ódio e revolta por ser ver naquelas condições tão humilhantes para ela.

Mássimo teve medo de não conseguir consumar o fato, tremia agora da cabeça aos pés, mas a lembrança do que o pai lhe dissera há pouco o fez ir em frente até consumar o ato.

Quando tudo teve fim, Roberto saudou o filho com grande alegria e o levou para a casa para que juntos tomassem uma boa dose de vinho. Para Roberto pouco importava se o garoto tinha apenas 13 anos de idade. Queria fazer dele um adulto antes do tempo, bem como um garanhão, custasse o que custasse.

Quando o capataz voltou para o seu quarto para desamarrar Madalena para levá-la de volta à senzala, a visão da jovem nua, submissa a tudo mais a sua volta o deixou estupidamente excitado. Ele simplesmente começou a fazer indecências em frente a ela até se jogar sobre seu corpo e abusar dela despudoradamente.

Naquele dia, quando Madalena voltou para a senzala, seu estado era tão deplorável que todos mal conseguiam olhar para ela de pena. Somente Idausina foi capaz de ampará-la em seus braços como uma mãe ampara um filho assustado.

Mássimo, por sua vez, contou com grande satisfação o que havia feito com a moça aquele dia. O pai estava orgulhoso por ele ter feito o que fez.

– Você, o quê? – balbuciou Matteo sentindo certo nojo da situação.

Mássimo repetiu o que disse. Matteo repetiu sua indignação diante do fato:

– Você se deitou mesmo sobre uma escrava sem roupa... Que nojento...

– Foi nojento sim, mas o papai ficou feliz com o que fiz. Isso é o que importa.

Matteo soltou um outro "eca!"

– E meu irmãzinho, prepare-se, pois logo chegará a sua vez.

Matteo preferiu acreditar que aquilo nunca lhe aconteceria.

Dias depois, o capataz levou de novo Madalena para seu quarto e se aproveitou dela. Noutra noite, os outros empregados da fazenda, embriagados, arrastaram a moça para o pomar sob a luz do luar, amarraram-na numa árvore e se aproveitaram dela das formas mais indecentes que podiam.

Ao devolveram a pobre criatura para a senzala, foi Idausina mais uma vez quem a amparou, chorou com a amiga a sua desgraça, assim como todos ali.

No dia seguinte, Idausina tomou a liberdade de falar com Inaiá a respeito para pedir que interviesse a favor de Madalena. Inaiá respondeu:

– O que eu posso fazer, Idausina? Nada. Meu marido não me ouve, nunca me ouviu para nada. Se ouvisse, quem sabe... Eu sinto muito... Juro que sinto muito.

– Não se afobe, sinhá, um dia Madalena há de se ver livre dessas maldades que fazem com ela.

É lógico que Idausina não comentou com a mulher o que o marido forçava o filho mais velho a fazer com a escrava. Limitou-se apenas a falar do feitor e seus cupinchas.

101

Quando chegou a vez de Matteo, Roberto chegou ao local trazendo o filho à sua sombra.

– Agora é a vez dele – falou com certo orgulho para o feitor.

– Vez? – estranhou o garoto. – Vez de que, papai?

– Vez de você perder a sua virgindade, Matteo. Aprender a deitar-se com uma mulher para satisfazer a si próprio.

– O quê? – estranhou o menino mais uma vez.

Ao ver Madalena nua amarrada à cama e amordaçada, Matteo tremeu feito vara verde.

– Que tremedeira é essa, Matteo? – exaltou-se Roberto.

O menino engoliu em seco enquanto o pai lhe explicou tudo o que ele tinha de fazer com a escrava. Sem mais, deixou o garoto a sós, após adverti-lo de que não falhasse.

Não passaram nem cinco minutos e Matteo saiu correndo do lugar, chorando e assustado. Roberto, espumando de raiva, trovejou:

– Deus não pode ter me dado um filho frouxo. Não pode!

Ao encontrar o menino, o pai o arrastou para o quartinho onde deixava os filhos de castigo por ter-lhe desobedecido. Matteo ficou trancafiado ali por uma semana.

Madalena continuou sofrendo abusos do feitor e do capataz. Muitas vezes todos se reuniam para fazer orgias com a pobre criatura, que voltava para a senzala com feridas na alma. Era um horror que parecia nunca mais ter fim.

$$\sim\!\!\#\!\!\!\odot$$

Em mais uma ida a Serra Dourada para fazer compras para a loja de secos e molhados da irmã e do cunhado, Liberata seguiu acompanhada de Glória esperançosa de que dessa vez pudesse finalmente localizar o tal sujeito pedante que comprara Idausina. Já haviam se passado dois anos desde o triste episódio no mercado de escravos.

As duas deixavam uma das lojas da avenida principal da cidade quando Liberata avistou Roberto, andando pela calçada do outro lado da rua.

– Umbelina tem uma boca – murmurou.

– O que foi que disse?

– Disse que Umbelina tem uma boca.

– Por quê?

102

– Vive dizendo que eu, cedo ou tarde, acabaria cruzando pela rua com Roberto Corridoni e não é que isso hoje quase aconteceu? Olha só o danado lá do outro lado da rua.

Ao voltar os olhos naquela direção, Glória arrepiou-se.

– O que foi? – assustou-se Liberata.

– Liberata... – balbuciou a moça –, é ele...

– Ele?! Ele quem?

– O homem que comprou Idausina.

– Aquele ali de terno asseado e chapéu impecável sobre a cabeça?

– O próprio.

– Oh, Deus... Então o desalmado que você mencionou é Roberto Corridoni.

– Pelo visto, sim. Que coincidência, não?

– Uma coincidência horrorosa.

Assim que chegaram a Santa Mariana as duas mulheres correram para contar o que haviam descoberto. Umbelina e Gianluza ficaram boquiabertas.

– Roberto Corridoni... não pode ser – sibilou Gianluza, pasma.

– Mas é, mamãe.

– *Dio mio!*

– Eu que o diga. *Dio mio!*

– E agora? – agitou-se Umbelina.

– E agora?

– É. O que vocês pretendem fazer para libertar Idausina das mãos daquele estafermo?

Foi Liberata quem respondeu, decidida:

– Pretendo voltar até Serra Dourada e falar com ele.

– Com Roberto?! Você perdeu o juízo?!

– Não tem outro jeito, minha irmã. Alguém tem de falar e esse alguém serei eu. Só não atravessei a rua e fui falar com ele hoje, porque não havíamos levado o dinheiro conosco para pagar por Idausina.

– Filha... Você acha mesmo que deve?

– Sim, mamãe. Pela felicidade de Glória e Idausina. Só não comente com o Silas tudo isso. Enciumado como ele é, pode querer me impedir de fazer o que eu acredito ser o certo e, nada, absolutamente nada me fará desistir do meu propósito. Nada!

As mulheres se entreolharam espantadas com a determinação de Liberata Nunnari Barcelos.

Naquela noite, Gianluza passou boa parte do seu tempo rememorando o passado. Depois de saber da decisão de Liberata quanto a Idausina, Lamartine falou:

– É melhor eu ir no lugar dela, Gianluza.

Gianluza se empolgou.

– Faria isso, Lamartine?

– É lógico que sim, meu bem! Por meus enteados, tudo. Por minha família, tudo!

– Oh, Lamartine você é um homem de ouro.

Ao darem a notícia a Liberata, a italiana ficou mais uma vez surpresa com o padrasto.

– O senhor seria capaz mesmo de...

– Sim, Liberata. Seria, não. Serei. Irei no seu lugar e comprarei Idausina, alegando um motivo qualquer. Além do mais, receio que se você for, esse tal de Roberto, pela implicância que tem com vocês, se recuse a vender a moça. Sendo eu praticamente um desconhecido dele...

– Mas ele o conhece, afinal, vendeu a fazenda para o senhor.

– Viu-me só uma vez no banco e, na ocasião, eu não usava barba. Duvido que se recorde de mim, e mesmo que o faça, não deve saber que me casei com sua mãe, tampouco qual é o meu verdadeiro interesse por Idausina. Direi que ela era de propriedade de uma parente minha e que minha esposa a estimava muito, por isso quero presenteá-la, fazendo-lhe uma surpresa.

– Será que ele vai acreditar? – indagou Umbelina, preocupada. – Roberto é esperto.

– Temos de correr o risco. Não há outro jeito.

– O senhor tem razão.

Fez-se um breve silêncio até que o assunto tivesse fim.

– Parto amanhã para Serra Dourada. Rezem por mim.

As mulheres assentiram, esperançosas.

Capítulo 12

Proposta

Como prometera, Lamartine Millenotti partiu, ao raiar do dia para Serra Dourada. Glória seguiu com ele para que pudesse rever a irmã o quanto antes. Foi um pedido dela, um pedido irrecusável. Só tomaria cuidado para não ser vista por Roberto até que a compra de Idausina estivesse consumada.

A charrete chegou à fazenda de Roberto na hora do almoço, com Lamartine esperançoso de encontrar o proprietário ali àquela hora. Por sorte, ele estava e, assim, não levou muito tempo para ser recebido por ele mesmo na sala de estar. Sem delongas, Lamartine disse ao que vinha. Roberto, olhando atentamente para o visitante, perguntou:

— Está mesmo disposto a pagar essa quantia por uma escrava para...

Lamartine adiantou-se:

— Para satisfazer um capricho de minha esposa? Sim, estou.

Roberto demonstrando surpresa, refletiu por instantes e disse:

— Está bem. Se a escrava é tão importante para sua esposa eu...

Sem mais delongas, Roberto foi até onde guardava seus documentos e de lá trouxe o respectivo a respeito de Idausina.

— De que lugar vem mesmo o senhor?

— De Santa Mariana.

— Santa Mariana?! Ah, sim... meu pai teve terras por lá e...

Roberto parou o que fazia e voltou a olhar bem para o visitante.

— O senhor... agora estou me lembrando... Lamartine... sim... é esse mesmo o nome... Foi o senhor quem comprou minhas terras não foi?

105

– Ah – agitou-se Lamartine. – Foi? Não pensei que fosse o mesmo Roberto Corridoni... Na verdade só o vi uma vez e tão rápido que...

Roberto pareceu se alegrar, pôs os papéis de lado e perguntou, transparecendo grande interesse:

– Conte-me sobre a fazenda, como vai sua prosperidade, como ficou sem mim.

Lamartine afrouxou o colarinho e procurou responder as perguntas da melhor forma possível.

Enquanto isso...

Neste ínterim, Glória deixou a carruagem assim que avistou Idausina seguindo para a senzala. Seguiu-a com cuidado para não ser vista nem pelo feitor nem pela irmã. Não queria que ela a visse até que estivessem num lugar propício para o encontro. Assim que Idausina avistou a irmã, chegando ao local, grande alegria explodiu no peito de ambas.

– Glória! – exclamou Idausina entre lágrimas.

– Idausina, minha irmã... que saudade!

As duas se abraçaram. Foi um abraço demorado e caloroso.

– Naquele dia em que você foi comprada pelo dono desta fazenda, eu quis simplesmente morrer... Voltei para casa inconformada por não ter chegado a tempo ao mercado de escravos para comprá-la.

– Eu faço ideia. Pelo seu olhar percebi o quanto ficou decepcionada.

– A decepção maior para mim foi não ter procurado saber o nome do seu novo senhorio, para que eu pudesse encontrá-la mais tarde e, quem sabe, convencê-lo a ser vendida para mim.

– Você ficou muito nervosa, não se culpe.

– De fato, fiquei extremamente nervosa. Foi um horror. Foi como se o chão tivesse desaparecido debaixo dos meus pés.

Ela suspirou e Idausina procurou acalmá-la:

– O que importa, Glória, é que estamos bem. Mesmo distantes estamos bem.

– Bem em termos, Idausina. Não sossegarei enquanto não vê-la alforriada, morando ao meu lado e de seu sobrinho.

– Sobrinho?

– Sim, Idausina! Tive um filho lindo, chama-se Giulio.

– Que maravilha!

– Ele quer muito conhecê-la.

– Agora que sei de sua existência, eu também!

Os olhos delas tornaram a verter lágrimas.

– Infelizmente o pai dele morreu, foi num combate em prol da abolição da escravatura. Chamava-se Maurizio Nunnari. Era um homem encantador e que me fez muito feliz. Eu diria até, a mulher mais feliz do mundo!

– Eu sinto muito por sua perda.

– Eu fiquei arrasada, foi triste demais, mas... continuei firme e forte, porque tinha e ainda tenho um filho para criar.

– É assim que se fala.

Novo abraço, novos suspiros, novas lágrimas.

– Mas, afinal, o que faz aqui? Como conseguiu chegar aqui?

Um sorriso iluminou a face da negra:

– Sabe aquele senhor que acabou de entrar na casa para falar com Roberto Corridoni?

– Sim.

– Foi com ele que eu vim. Ele era o padrasto de Maurizio, meu marido. Ele veio para tentar comprar você de Roberto. Se eu viesse, insistindo mais uma vez para ele vendê-la para mim, sua resposta seria: não! Mas com um branco como o senhor Lamartine, acredito que a reação do Senhor Corridoni será bem diferente.

– Que homem bom... Prestar-se a esse papel.

– O Senhor Lamartine é formidável. Trata meu filho como se fosse seu neto legítimo. Uma maravilha!

– Ainda existem brancos de bom coração.

– Muitos, minha irmã! Muitos! Se não houvesse, o que seria de nós?

Novo abraço.

– Agora é rezar para que o Senhor Roberto aceite a proposta do Senhor Lamartine. E ele vai aceitar, porque ele lhe estará oferecendo uma quantia irrecusável para comprá-la.

– Esse dinheiro todo, Glória... Onde conseguiu?

– Todos da família de Maurizio estão colaborando com um bocado, mais as minhas economias.

– E você acha certo gastar todo esse dinheiro comigo?

– Sim, meu anjo. Sim, sim, sim!!! Eu a quero perto de mim, como todo branco tem seus irmãos e irmãs perto deles.

O tom de Idausina tornou-e sério, a seguir.

– Glória.

– Diga.

– Se o Senhor Corridoni não me vender para o Senhor Lamartine, não se desespere. Um dia, quem sabe, ele mude de ideia. Podemos continuar nos encontrando às escondidas, como estamos fazendo agora, para matar a saudade.

– Moro longe daqui, meu anjo...

– Ainda assim...

– Ele vai vendê-la para o Senhor Lamartine, Glória, acredite! Ele vai!

Um sorriso de certeza sustentou a face radiante de Glória Nunnari, porém, não se via o mesmo no rosto bonito de Idausina, sua irmã.

Enquanto isso, dentro da sala do casarão de Roberto Corridoni, ele e Lamartine conversavam com certa descontração na sala de estar da casa-grande. Corria tudo bem, até que Roberto franziu o cenho, tomado de súbita cisma.

– Ocorreu-me algo agora. Como o senhor soube que essa escrava... a tal Idausina foi comprada de mim?

– O mercador de escravos...

– Mas ele não sabia quem eu era.

– Sabia sim, por isso o localizei.

– Algo está me cheirando muito mal em toda essa história.

Foi nesse momento que Roberto se recordou de Glória implorando a ele que lhe vendesse a escrava.

"Meu senhor", chamou a escrava, aflita.

Ele travou os passos, voltou-se para trás e mediu a tal mulher de cima a baixo.

"Meu senhor...", repetiu ela, resfolegante.

"Desembucha, negra."

"Sou uma escrava alforriada, meu senhor."

"Já disse para desembuchar!"

Os olhos castanho-escuros e luminosos, perscrutaram seu rosto vivaz e antes de concluir:

"Meu senhor, esta é minha irmã e tudo o que mais desejo é comprá-la. Aqui está o dinheiro que trouxe..."

Ele a interrompeu bruscamente:

"Ela não está à venda."

"Mas estava!"

"Disse bem: estava!"

"Eu vim de Santa Mariana somente para comprá-la, mas por motivos de força maior não consegui chegar mais cedo como eu pretendia."

"Problema seu. Tivesse madrugado! Agora essa escrava é minha e será até que morra."

A decepção refletiu nos olhos da ex-escrava.

"O senhor não pode fazer isso."

"Já fiz."

"Eu lhe imploro."

Ele lhe deu as costas.

"Por favor, meu senhor."

"Tire suas mãos nojentas de cima da minha, sua negra! Não quero feder a sua raça."

— O senhor... o senhor não está comprando essa escrava para satisfazer um capricho de sua esposa, é para satisfazer o capricho de uma escrava alforriada, não é isso?

— Escute-me, estou pagando uma quantia generosa pela escrava, nenhuma escrava alforriada teria condições de pagar por essa quantia.

Roberto largou a *caneta tinteiro,* pegou os documentos e os colocou de volta em seu lugar.

Lamartine tremeu na base:

— O senhor...

— Mudei de ideia. A escrava não está mais à venda. Na verdade nunca esteve!

— Mas o senhor...

Roberto o interrompeu, erguendo a voz:

— Onde já se viu um homem como o senhor, na sua idade, um branco prestando-se a esse papel para ajudar a uma escrava? O senhor deveria sentir vergonha de si mesmo.

— Eu lhe darei uma semana para pensar na minha proposta.

— Eu não mudarei de ideia.

— Pense com carinho.

– Não penso. Minha decisão já está tomada. Essa escrava só sairá de minha fazenda, morta!

– É sua última palavra?

– Sim, senhor. E, por favor, queira se retirar agora.

Lamartine, sem saber mais o que dizer, deixou o casarão, cabisbaixo. Assim que partiu, Roberto chamou o feitor.

– Quero que vá a Santa Mariana e descubra tudo o que puder a respeito de Lamartine Millenotti.

– Sim, senhor.

Assim que o funcionário saiu, um brilho estranhou perpassou o rosto corado do italiano impiedoso.

Quando Glória reencontrou Lamartine e soube do que havia acontecido, a decepção foi notável em seus olhos.

– Que pena! – murmurou desconsolada.

Lamartine tentou animá-la:

– Não perca as esperanças... É muito cedo para...

– Cedo? Estou há tantos anos aguardando por isso.

– Eu sei minha querida, e por isso lhe digo: se aguentou chegar até aqui, aguente um pouco mais.

– Suas palavras me confortam...

Ele sorriu para ela e, enfim, pôs o veículo em movimento.

Quando Idausina soube que Roberto não havia concordado em vendê-la, decepcionou-se, mas acabou aceitando seu destino mais uma vez, sem derramar lágrimas. Chegara à conclusão de que não adiantava chorar por nada, melhor mesmo era aceitar sua condição de vida, procurando ser feliz da melhor maneira possível.

Inaiá encontrou o marido no escritório como que subindo pelas paredes. Estava fulo da vida. Ao vê-la, desabafou:

– Aquele senhor que esteve aqui... Teve a pachorra de enfrentar estrada para vir aqui comprar a escrava que atende pelo nome de Idausina só para realizar o desejo da irmã dela que se tornou uma escrava alforriada. Não posso acreditar que um branco possa chegar a fazer isso por um negro. Um negro! Não posso!

É inaceitável! Foi capaz ainda de me oferecer três vezes mais o que vale a tal escrava só para satisfazer a outra negra.

– Se ofereceu tanto por que não a vendeu?

Ele engoliu o que ia dizer, mirou fundo os olhos dela e disse:

– Você é mesmo uma estúpida, Inaiá... Uma tremenda estúpida, para não dizer, imbecil.

Ela fez ar de espanto e de interrogação.

– Não vendi a negra porque não vou satisfazer outra negra nunca. Nunca!

– Mesmo que para isso perca dinheiro?

– Mesmo assim. Os negros têm de aprender de uma vez por todas qual é o lugar deles na nossa sociedade. Saber, definitivamente, que não passam de um bando de animais perambulando por entre nós, brancos, a raça superior.

Inaiá achou melhor ficar calada.

Assim que chegaram à fazenda Millenotti, Lamartine contou tudo o que se passou durante sua visita a Roberto Corridoni.

– O tempo, ao invés de melhorá-lo – comentou Gianluza – o piorou.

Liberata abraçou Glória e lhe pediu calma.

– Obrigada – agradeceu a moça mais uma vez. – Muito obrigada por estarem ao meu lado nesta hora.

Liberata afastou-se, ergueu o rosto para cima e impostando a voz falou, decidida:

– Vou tomar uma providência.

Sua declaração dita naquele tom tão seguro assustou todos os presentes.

– Que tipo de providência, Liberata? – indagou Glória.

– A única que nos resta. Vou atrás dele.

– Você?!

– Sim, eu mesma! Só eu posso tentar fazer Roberto Corridoni mudar de ideia.

– Será mesmo?

– Sim.

Gianluza opinou:

– Quando ele souber que é você que o procura, não a receberá.

– Receberá sim, mamãe. Nem que eu tenha que usar outro nome até que me veja diante dele. Nem que eu tenha de esconder meu rosto sob um chapéu com véu. Preciso arriscar, essa história não pode terminar assim.

111

– Se Silas souber o que pretende...

– Ele terá de aceitar o fato, mamãe. Não posso deixar de fazer o bem a alguém por causa de seu ciúme.

– Nisso você tem razão.

Fez-se um breve silêncio até que Liberata completasse:

– Quando pretende partir?

– O mais breve possível. Um dos escravos me levará até lá. Se Silas quiser me acompanhar, que assim seja.

Gianluza novamente deu seu parecer:

– Creio que se Roberto a vir ao lado de Silas, ele é quem ficará enciumado e, por isso, não concordará em vender Idausina por pirraça.

– A senhora pode estar certa. Assim, se Silas quiser ir comigo, terá de aguardar na cidade até que eu volte da fazenda de Roberto.

– Eu acho melhor.

– De qualquer forma Glória irá conosco, para que possa rever a irmã enquanto tento dialogar com Roberto. Vai que ele se recuse a vender a moça para mim; se o fizer, pelo menos Glória terá chance de desfrutar de sua companhia por alguns minutos.

– E se ele, por ventura, Deus queira que não, mas...

– Você quer dizer...

– Sim. E se ele se recusar a vendê-la para você. Com Roberto tudo é possível, não?

– Eu sei. Aí terei então de pensar noutra alternativa para tirar Idausina de lá. Mas pensemos positivamente, esperemos o melhor dessa minha ida até lá. Rezemos por isso.

– Sim, oremos.

Naquele mesmo dia, Liberata conversou com Silas a respeito de sua decisão.

– Eu sei que sente ciúme de Roberto... Eu sei, não adianta negar... mas, entenda... Os motivos que me levam até ele desta vez são puramente para ajudar uma alma boa. Ou melhor, duas almas boas: Glória e Idausina.

– Eu sei.

– Então, sugiro a você que vá comigo até Serra Dourada.

– Ir com você?

– Sim. Só o aconselho a me esperar na cidade, enquanto vou à fazenda de Roberto negociar com o dito cujo. Penso ser melhor assim para evitar que ele se irrite ao nos ver juntos.

– Você acha que ele ainda tem algum sentimento por você?

– Umbelina e minha mãe acreditam que sim.

– E você?

– Sinceramente?

– Sinceramente.

– Não. Roberto é um homem frio, vingativo e calculista. Penso que sente dificuldade para gostar até de si mesmo.

Liberata disse aquilo com tanta convicção que Silas ficou impressionado. Ele então aproximou-se dela, tomou suas mãos, beijou uma de cada vez e disse:

– Está bem, Liberata. Eu permito que vá desde que eu vá com você. Aguardarei em Serra Dourada como pede.

– Que bom, Silas, que bom que me compreende.

Ainda assim, o marido sentiu seu sangue ferver de ciúme. Ele amava Liberata e temeu, por minutos que o reencontro dela com Roberto Corridoni pudesse reacender a paixão que um sentiu pelo outro no passado, uma paixão que ele não sabia ao certo se havia acabado, talvez nem os próprios envolvidos na história soubessem. Foi pensando em Glória, no quanto ele lhe queria bem que ele se esforçou para deixar o ciúme de lado e ir adiante com o plano da esposa.

Liberata partiu para Serra Dourada após todos lhe desejarem boa-sorte. Chegou à fazenda de Roberto Corridoni numa hora propícia para encontrá-lo ali. Usava um capuz como muitas mulheres usavam na época para se protegerem do sol. Apresentou-se com outro nome para evitar que ele se recusasse a recebê-la. Assim que adentrou o escritório, Roberto estendeu-lhe a mão, como um bom anfitrião recebe um convidado.

– Pois não? A quem devo a honra?

Só então a visitante tirou o capuz que escondia sua face, revelando, para surpresa de Roberto Corridoni, ser a última pessoa na face da Terra que ele pensou que ousaria pôr novamente os pés ali: Liberata Nunnari. Os dois ficaram congelados, olhos nos olhos, como se o tempo tivesse parado para sempre naquele momento.

Capítulo 13

Frente a frente com o destino...

Quando Roberto despertou novamente para a realidade, continuou rígido, recusando-se a olhar Liberata Nunnari nos olhos.

– Olhe-me nos olhos quando se dirigir a mim – exigiu ela, parecendo outra pessoa.

Ele pareceu estremecer. Entortou um pouco mais o pescoço para o lado e as pálpebras despencaram sobre seus olhos. Uma pontada atingiu seu peito quando ela disse:

– Ou será que você não me olha porque tem medo que eu veja no fundo dos seus olhos que ainda sente, que sempre sentiu algo por mim e não quer assumir?

Aquilo para ele foi o fim, tirou-lhe totalmente do sério:

– Eu nunca gostei de você! Eu só queria vingar minha mãe. Só isso e escolhi você porque sempre fora tola e os tolos são mais fáceis de serem enganados.

– Nesse ponto você tem toda razão, Roberto. Eu sempre fui tola, por isso era, como você mesmo disse, caidinha por você. Só que toda tolice um dia chega ao fim, a minha já chegou faz tempo. Hoje sou uma mulher feliz e realizada. Dona do meu nariz e sou muito amada.

– Você não ama o seu marido, disso tenho a certeza. Posso ver no seu olhar.

– Você se engana totalmente, Roberto. O que você vê nos meus olhos são os seus, pois meus olhos são como um espelho, refletem os seus.

Ele mordeu os lábios e o ódio inflamou seu peito. De repente, ele sentiu vontade de esganá-la:

– Ah, se eu pudesse...

– Acabar comigo, é isso? Seria bom, eu sei, porque só assim teria paz...

– Exatamente isso: paz!

– E sabe por que você não tem paz, Roberto? Porque ainda gosta de mim! Gostar é pouco, você me ama, isso sim, ama-me, loucamente!

– Cale essa boca senão eu não me responsabilizo pelos meus atos!

– Que bonito vai ser quando todos os moradores da cidade souberem que o ilustre prefeito perfeito Roberto Corridoni bate em mulher. Em mulher branca, digamos de passagem, porque pretas ele já manda açoitar faz tempo, aposto!

– Retire-se da minha casa!

– Não enquanto você não me vender Idausina.

– Nem sobre o meu cadáver você a tirará de mim.

– Larga de ser turrão, Roberto. Venda a moça para mim.

– Nunca! O animal é meu e será até que morra de inanição.

– Trata-se de uma mulher.

– Um animal fêmea.

– Roberto, por favor.

– Suma daqui, Liberata! E leve o seu rastro junto com você! Seu cheiro, tudo!

– Eu cheguei a pensar que tudo poderia ser diferente entre nós.

Ele riu, sarcástico:

– Nunca vai ser diferente, sua tola. Pelo visto continua a mesma tola de sempre. Para não dizer estúpida.

Ela deu um passo à frente e lhe deu tapa no rosto. Ele, massageando a face atingida, falou, com os olhos em brasa:

– Eu odeio você e sua família. Vocês destruíram a vida do meu pai e da minha mãe e, isso, eu nunca vou perdoar.

– *Dio mio...* Até quando você vai se apegar a isso? O que aconteceu, aconteceu já faz tanto tempo. De que vale chorar eternamente sobre o leite derramado? Pare de se torturar com o passado. Pare de viver de passado. O presente é tão lindo, tão mais sábio... Você vai se sentir muito melhor quando

115

tirar todo esse peso de cima das costas, de uma vez por todas. O rancor não faz bem, sabia?

Vou dar-lhe um conselho, um conselho que recebi certa vez de uma pessoa muito querida por mim. Tire todo o rancor, ódio e mágoa de seu coração, com relação a alguém. Não vale a pena alimentá-los dentro de si. Não vale! Quem acaba sofrendo mais e mais por algo que nos fizeram de ruim, direta ou indiretamente, somos nós mesmos.

Quem nos magoou, a maioria, nem se lembra mais de nós, está seguindo sua vida sem se preocupar com o que fez conosco. Muitas vezes encara o que nos magoou como algo natural, sequer se deu conta de que nos magoou com sua atitude, portanto, tire todo o rancor, ódio e mágoa de seu coração com relação a quem o feriu direta ou indiretamente. Só assim se recupera a paz, pode-se viver em paz!

Compreende?

Abrandar o ódio em nosso coração é o mesmo que domar uma fera selvagem. Penso que o ódio é tal como o demônio, quer usar cada um de nós para seus propósitos malignos sem levar em consideração o que esses propósitos nos acarretarão. O mal que nos fará ao executá-lo. O ódio quer ser saciado mesmo que para isso nossas vidas sejam prejudicadas para sempre. Penso que *algo* que não se importa com o nosso equilíbrio, nosso bem estar, nosso progresso deve ser desprezado da mesma forma com que ele nos despreza.

O conselho deixou Roberto ainda mais desconfortável diante da situação. Subitamente, explodiu:

– Fora daqui, Liberata!

Liberata deu um passo à frente e foi incisiva:

– Não enquanto você não me vender Idausina.

Os dois se enfrentaram novamente pelo olhar e o tempo pareceu se apagar ao redor de ambos.

Enquanto isso, Inaiá Corridoni se martirizava de tensão. Vira pela janela que a visitante era na verdade Liberata Nunnari o que a deixou com o ciúme e a insegurança à flor da pele.

O que Liberata estaria fazendo ali àquela hora?

Por que o procurara em sua casa?

Por que conversavam de portas fechadas?

A tensão gelava seu corpo, a aflição chegava a fazê-la tremer por baixo das vestes. Diante da estátua da Virgem Maria ela orou em tom de súplica para que aquele reencontro entre Roberto e Liberata não reacendesse a paixão dele por ela, a paixão que ela sabia que ele ainda sentia por ela, mas que fazia o possível e o impossível para esconder de todos e até de si mesmo.

Enquanto isso, numa taverna em Serra Dourada, Silas Barcelos procurava se acalmar.

– Ela está demorando tanto... – murmurava baixinho. – Por que será que está demorando tanto?

Na verdade não estava, era sua tensão e seu ciúme que faziam parecer que Liberata estava há horas na fazenda de Roberto Corridoni. Subitamente sua atenção foi despertada para uma mulher que se aproximava do local. Ele notou de imediato que a conhecia de algum lugar, só não se lembrava de onde. Notou também que ela o reconhecera de imediato, tanto que procurou esconder o rosto, virando para o outro lado e estugando os passos, ao passar por ele. Quem seria? A pergunta ecoou em sua mente até se tornar indesejada.

Enquanto isso, Liberata mantinha seus olhos lindos atentos aos de Roberto. Ele pensou que ela os desviaria primeiro, por se sentir intimidada por seu olhar, todavia, foi ele quem fugiu do seu olhar, sentindo-se um perdedor.

– Vá embora, Liberata – tornou ele com voz já não tão forte quanto antes.

– Vou sim, mas volto para buscar Idausina.

– Não perca seu tempo.

– Você vai mudar de ideia.

– Nunca!

– Eu não entendo... Por mais que eu tente, eu não o entendo.

Ela suspirou e prosseguiu num tom mais brando, um tom que despertou a atenção do homem a sua frente, fazendo-o encará-la novamente.

– Você tem tudo de bom: uma esposa dedicada, filhos lindos, uma fazenda próspera, status, respeito, tudo o que muitos homens almejam para serem felizes e, no entanto...

– Sou feliz.

– Não é, não! Se fosse, seria um homem bom. Só os felizes de verdade são bons porque encontraram a paz dentro de si. A paz e a verdadeira realização pessoal. Você não me parece ter encontrado nem um nem outro. Há um vazio aí dentro de você, um vazio que quer ser preenchido, mas que nunca é, por mais que conquiste tudo o que vem conquistando.

– Terminou? Agora suma daqui!

– Você não tem motivos para ser ruim, Roberto.

– Já disse para você sumir daqui!

Visto que ele não mudaria de ideia, Liberata achou melhor partir.

– É uma pena que tenha de ser assim, Roberto.

– Eu já lhe disse para sumir daqui.

– Eu vou me embora sim, mas eu volto para buscar a escrava porque ainda tenho a esperança em meu coração de que você pode mudar, ser mais humano para com o próximo como seu pai era com todos.

– Meu pai era um fraco. Não passava de um fraco e por sê-lo desgraçou nossa vida.

– Pense em tudo o que eu lhe disse, Roberto. Pelo seu próprio bem.

Sem mais, Liberata abriu a porta e deixou o aposento. Ao cruzar com Inaiá acenou para ela e partiu. A mulher correu até a porta para acompanhar sua partida. Estava aflita, ainda muito aflita por causa daquele encontro. Algo lhe dizia que o marido guardava sentimentos pela italiana em seu coração, era uma sensação tão forte e crescente que culminava numa certeza. Inaiá temia o que aquele reencontro poderia provocar no marido, poderia reaproximá-lo de Liberata e, com isso, levá-lo para longe dela, o que lhe seria insuportável, porque o adorava, o amava, era louquinha por ele. Que a Virgem Maria intercedesse a seu favor.

Roberto bebeu muito naquela noite, tanto que seguiu para o quarto, escorando-se nas paredes e trançando as pernas, jogou-se na cama de roupa e tudo e foi despido pela esposa com a ajuda de um dos escravos que ela mandou chamar para aquele fim.

Quando Liberata reencontrou Silas na cidade, ele percebeu de imediato que o plano da esposa não havia dado certo.

– Eu sinto muito – usou ele de sinceridade.

– Mas eu ainda não desisti, Silas. Nunca desisto de nada tão facilmente.

Durante o caminho de volta para Santa Mariana, Silas pensou em tomar uma atitude diante daquilo. Pensou em ir, ele próprio, atrás de Roberto para forçá-lo a vender Idausina para ele por intermédio de uma chantagem. Ele não teria como provar que ele tinha uma amante, mas poderia muito bem deixá-lo amedrontado diante do fato, fazendo com que acabasse concordando em vendê-la para ele durante aquele momento de insegurança e nervosismo.

Havia, porém, um pormenor se opondo a sua ação: o medo de que Roberto soubesse que ele era o marido de Liberata, ou viesse a descobrir depois, e o procurasse para lhe contar o que toda vida temeu saber: que ele havia desvirginado a moça nos áureos tempos de adolescentes, em que moraram lado a lado. Tempo em que ela fora perdidamente apaixonada por ele. Fora ou ainda seria? Era melhor pensar que fora para não se torturar mais.

Silas procurou expelir a tensão por meio de respirações profundas, todavia não relaxou.

Ao chegarem à fazenda, Glória procurou ser compreensiva diante de tudo.

– Não se chateie, não, Liberata. Pelo menos você tentou.

– Mas eu ainda não desisti, minha cunhada.

– Devo me conformar de vez com a realidade minha e de Idausina doravante. Penso que será melhor para mim, menos sofrido.

– Talvez...

Silas ficou novamente penalizado diante daquilo e ouvindo sua própria voz dizer em algum canto de sua mente: só você agora pode ajudar essa moça, só você! Vá atrás de Roberto e o chantageie!

Capitulo 14

Correndo riscos por amor...

Já era noite e Idausina havia terminado de ajudar Etelvina e as cozinheiras a porem a cozinha em ordem, após terem servido o jantar para a família Corridoni. Ela voltava para a senzala quando teve a impressão de que estava sendo seguida. Seu rosto enrubesceu no mesmo instante e, assustada, tornou-se dura como uma pedra. Seria o feitor, seria um de seus cupinchas disposto a abusar dela como faziam com a pobre Madalena? Ela estremeceu.

– Idausina – chamou Glória. – Não se assuste, minha irmã, sou eu!

Um baita suspiro de alívio escapou-lhe do peito.

– Oh, Glória! – exclamou ela, indo ao seu encontro e abraçando-a fortemente. – Oh, minha querida que saudade.

O abraço se intensificou. Glória enfrentara horas de viagem, somente para poder rever a irmã e matar um pouco da saudade que sentia dela. Fora levada por uma das charretes de propriedade de Lamartine, guiada pelo escravo condutor.

– Você está trêmula – notou Glória. – O que houve?

– Pensei que estava sendo seguida pelo feitor ou por um de seus cupinchas. As sombras provocadas pelo luar, todas elas me assustam.

– Seu coração está disparado.

– Eu sei. É de medo e de felicidade ao mesmo tempo.

O abraço se repetiu.

– Oh, minha querida. Se tudo pudesse ser diferente... Se aquele homem rancoroso permitisse que nos víssemos pelo menos às claras.

– Ele nunca irá permitir.

– Não vou sossegar enquanto não tirá-la desta fazenda, Idausina.

– Isso nunca acontecerá, Glória, desista! Roberto Corridoni é um homem determinado, uma vez decidido a impedir que sejamos felizes, assim será!

– Ele não pode ser tão mau.

– Mas é.

– Isso não pode continuar. Não é certo que os maldosos sempre vençam!

– Se existe um lugar onde a maldade não tenha vez, esse lugar não é na Terra, com certeza.

– Não é.

Novo abraço.

– Ah, minha irmã como sinto saudade de você. Não sabe o quanto! Tem sido bem tratada?

– Sim. Dona Inaiá é um amor de pessoa.

– Se ela pudesse fazer alguma coisa por você.

– Esqueça. Ela tem verdadeiro pavor do marido. Quase nem respira na sua presença. Por incrível que pareça, ele me trata melhor do que a ela. Não sei como uma mulher pode suportar tanto.

– Por amor, minha irmã. Por amor.

– Sim, só pode ser por amor.

– Ou é porque não tem escolha. Depende do marido financeiramente ou é por causa dos filhos. Para manter um lar para eles.

– No caso de Dona Inaiá é por amor. Ela é simplesmente apaixonada por ele.

– Como pode, não? Uma mulher ser apaixonada por um homem tão estúpido para com ela?

– O amor cega as pessoas.

– Cega alguns, não todos.

– É verdade.

– Fale-me de você... Como conheceu seu marido?

– Foi quando Maurizio saiu, certa noite, para espairecer que ele prestou atenção em mim pela primeira vez. De cima de uma parte elevada da fazenda, ele deixou seus olhos correrem pela plantação iluminada pelo luar onde tudo parecia ter sido banhado por uma fina camada de prata até que me avistou, sentada num tronco nas proximidades da senzala, admirando a lua majestosa, brilhando no céu. Ele já tinha me visto certamente, mas nunca havia prestado a devida atenção a minha pessoa.

Contou-me, depois, que naquele momento se perguntou: "Uma escrava quase branca não pode ser uma escrava" e quis saber mais a meu respeito, saber por que eu, quase branca, era uma escrava. Assim, ele veio até mim que o saudei com um sorriso gentil em meus lábios carnudos. Foi como se o reconhecesse, como se fosse um velho conhecido meu de outrora.

Diante de mim ele deu um suspiro ansioso e perguntou:

"Acordada até essa hora?"

Ele nunca havia se dirigido a uma escrava com tanta naturalidade.

"Sim, senhor", respondi. "Gosto da noite, gosto do luar. Faz-me sentir mais viva e... bonita."

Minhas palavras despertaram novamente um sorriso bonito em seus lábios. A seguir ele dividiu comigo sua curiosidade:

"Gostaria de saber por que você, quase branca, é uma escrava."

"Sou mulata, meu senhor", respondi e contei-lhe então como vim ao mundo. Contei-lhe como a mamãe me teve, que o meu pai era branco, o capataz da fazenda em que ela vivia e que os dois haviam se tornado amantes ao longo dos tempos. Contei-lhe também que quando ela engravidou de mim, meu pai, por medo de ser punido pelo patrão, por ter engravidado uma negra, pediu demissão da fazenda antes que eu nascesse e revelasse a todos o que fez e que, por isso, nasci escrava e pensava que mesmo que meu pai dissesse que eu era filha dele, continuaria sendo uma escrava. Ele não poderia mudar o meu destino mesmo sendo um branco.

Maurizio me ouvia com infinita paciência. Gostei do interesse que havia nele com relação a minha história, a minha pessoa. Quando pensei que não teria mais interesse em me ouvir, falando de meu passado ele me incentivou a prosseguir com os olhos. Assim pude contar mais detalhes sobre a minha existência. Contar-lhe que a mamãe teve uma outra filha, você, e dessa vez com um escravo da fazenda que foi forçado a copular com ela para gerar filhos para que no futuro ajudassem no lugar.

Então Maurizio quis saber:

"E por onde anda sua família? Por que veio parar aqui?"

122

"Porque o proprietário da fazenda em que nasci, faleceu", respondi abertamente. "E diante de safras frustradas, os herdeiros optaram por vender alguns escravos e eu e minha irmã fomos vendidas nesta leva."

"E onde está sua irmã?", quis saber ele em seguida.

"Idausina, é o nome dela", expliquei. "Foi comprada antes de mim no mercado de escravos por um homem detestável. Tanto ela quanto eu imploramos a ele que nos comprasse juntas, mas ele se recusou terminantemente. Penso que fez de propósito, para não nos dar o prazer de continuarmos lado a lado, para nos separar de vez. Aí, então, apareceu o Senhor Lamartine que me comprou para ajudar sua esposa na época"

Fez-se um breve silêncio até ele me dizer:

"Foi bom falar com você, Glória."

"Gostei também de falar com o senhor", respondi.

"Pode me chamar de você, Glória", acrescentou ele num tom muito amigável.

"Não sei se posso", respondi com certo constrangimento.

"É lógico que pode", afirmou ele sorrindo novamente lindamente para mim.

"Não sei se vou conseguir", admiti, encabulada.

"Tente, pelo menos tente", encorajou-me ele.

Acho que corei e ele então se despediu e eu passei o resto daquela noite pensando nele, no quanto havia sido agradável aquele nosso encontro, aquele curto mas delicioso diálogo. De repente, tudo o que eu mais queria na vida, muito mais até do que obter a minha alforria era revê-lo para ficar novamente a sós, conversando como naquela noite.

Idausina suspirou de emoção quando Glória deu uma pausa na sua narrativa.

– Que história mais bonita a de vocês.

– Foi, não foi?

– Mas conte-me, estou curiosa, como foi que vocês acabaram ficando juntos?

Glória sorriu, voltou os olhos para o passado e voltou a falar:

– Nos dias que se seguiram, Maurizio Nunnari ficou a me observar da mesma forma que eu fiquei a observá-lo, discretamente, a certa distância. Ainda que ele não me encarasse, eu sabia que ele estava atento a mim, apenas tendo o cuidado para não ser notado. Quando pôde, veio até mim e tomou novamente a iniciativa de trocar algumas palavras comigo. Eu novamente o recebi com um sorriso bonito, bailando em meus lábios. Só mesmo sob a luz do sol é que eu pude observá-lo melhor e penso que o mesmo aconteceu com ele. Maurizio Nunnari era um moço alto e encorpado, de olhos castanhos vivos e expressivos que me deixaram encantada. "Seu sorriso é por deveras encantador", elogiou-me ele, focando os olhos em minha boca. Jamais pensei que alguém achasse bonito meu sorriso tanto quanto minha boca. Sempre a achei grande demais, exagerada demais.

Risos.

– Então ele me pediu permissão para se sentar ao meu lado e é lógico que eu consenti, era tudo o que eu mais queria. Um minuto depois, ouvia tudo o que ele tinha a me dizer com grande interesse. Sua frase que mais me marcou foi: "A vida é mesmo muito louca, não? Não sabemos aonde vai dar. Quando pensamos que ela está definida, que suas rédeas estão em nossas mãos, ela nos surpreende, tomando um outro rumo, não concorda?"

Eu simplesmente respondi:

"Sim, a vida é louca e, ao mesmo tempo, surpreendentc."

"É como o amor, não acha?"

"Não sei porque nunca amei", respondi com sinceridade. Era a mais pura verdade, nunca havia amado de fato. Foi então que sem nos darmos conta, nossas mãos se tocaram, entrelaçaram e aconteceu o beijo, o primeiro beijo entre nós dois. Só soubemos precisar, mais tarde, que foi um beijo lindo e apaixonante. Surpreendentemente lindo e apaixonante. Logo veio outro, e mais outro... E foi assim que e eu e Maurizio Nunnari começamos a viver uma linda e fascinante história de amor, uma história que revolucionou tanto minha vida quanto a dele.

Idausina deu sua opinião:

– Pelo que está me contando sinto que foi mesmo uma linda e surpreendente história de amor, Glória. Só de me contar posso sentir as emoções que viveu.

Glória assentiu e disse:

– Mas nem tudo correu às mil maravilhas.

– Já sei! A família dele, quando soube do envolvimento dele com você, se revoltou.

– Não, senhora.

– Não!?

– Não foi a família dele que se revoltou com a nossa união e sim os da nossa própria raça, Idausina, os demais negros, escravos da fazenda.

– Os negros?!!! Estou pasma!

– Sim, os próprios. Quando souberam do meu envolvimento com Maurizio, viraram a cara para mim.

– Inacreditável.

– Pois foi o que aconteceu.

– Estou surpresa!

– A família de Maurizio quando soube, o apoiou desde o início. É lógico que o alertaram a respeito do que ele e eu passaríamos diante de uma sociedade racista e preconceituosa:

"Muitos vão falar de vocês dois, Maurizio... A sociedade em que vivemos é muito racista, você sabe... Tanto no Brasil quanto na Europa. É bom que saiba, desde já, o que seu envolvimento com essa moça pode acarretar a vocês dois e aos filhos que por ventura possa ter com ela caso se casem no futuro."

Mas ele não se deixou intimidar pelo alerta. Respondeu corajoso:

"Pois falem de mim o que quiserem. Não viverei com os racistas, viverei com Glória..."

Idausina elogiou a atitude do cunhado que não chegou a conhecer.

– Ele foi brilhante.

– Sim, Idausina, Maurizio foi brilhante.

– E como foi que conseguiu sua liberdade? Pelo que sei era de propriedade do tal senhor chamado Lamartine, não?

– Sim. Pois bem, diante do rumo que tomou a vida de Maurizio, seu enteado...

– Enteado?

– Sim. A mãe de Maurizio se casou com o Sr. Lamartine tempos atrás.

– Compreendo.

– Pois bem, já que Maurizio pretendia se casar comigo, ele achou mais do que justo que eu fosse alforriada e por isso me alforriou.

– Que homem magnífico.

– Sim, uma alma boa.

– Rara de se encontrar entre os brancos.

125

– Sim. O que foi mais impressionante para todos é que o Senhor Lamartine tinha mil motivos para não fazer o que fez por Maurizio, ou seja, dar-me a alforria.

– Ora, por quê?

– Porque Maurizio foi amante de sua esposa, a que ele teve antes de se casar com Dona Gianluza, mãe de Maurizio.

– Amante?

– Sim, a mulher era terrível. Era ainda moça, para falar a verdade, quase vinte anos mais jovem do que ele. Mas ao fazer o que fez por mim e por Maurizio o Senhor Lamartine mostrou a todos e até para si mesmo, creio eu, que perdoar ao próximo é realmente uma dádiva, um elixir para a paz pessoal ao longo da vida.

– Sem dúvida. E diga-me, como ficaram vocês em relação aos demais escravos da fazenda?

– Ah, sim... Quando Maurizio descobriu que eles vinham me evitando por eu ter me envolvido com ele, um branco, Maurizio ficou indignado. Disse:

"Eu esperava que os brancos, não todos, certamente, vissem a nossa união com os olhos do preconceito e do racismo, Glória, mas os da sua raça, isso eu jamais pensei que aconteceria."

"Eu também estou impressionada com a reação de todos", admiti.

"Não vejo por que se revoltam".

"Penso que me veem como uma traidora, Maurizio. O certo para eles é que todo preto se envolva com preto e branco com branco. O preto que se unir a um branco, ainda que por todo amor desse mundo, deve ser repudiado porque foram os brancos que tiraram os negros à força da nossa terra mãe."

"Eu não os recrimino por pensarem assim, Glória, afinal, foi isso mesmo o que aconteceu. Os brancos, os de alma torpe, logicamente, escravizaram sua raça contra a vontade e isso não foi certo. Não foi, não!"

"O que está feito, está feito, Maurizio", disse eu, tentando abrandar a situação.

Penso que só então Maurizio se deu conta do quanto era sofrido para nossa gente de cor diferente da sua, vivermos como escravos. Sendo punidos em troncos com chibatadas, passando a pão e água, caso desobedecêssemos às regras, ou nos rebelássemos contra os brancos. Gente que é obrigada a dormir em senzalas como animais, alimentando-se com uma espécie de comida que mais parece feno e capim para alimentar cavalos e vacas. Vivendo quase numa condição inumana e a constatação deve ter sido revoltante para ele.

Diante de tudo que ele aprendeu com sua religião, Maurizio contou-me depois que foi até Santa Mariana conversar com o padre da paróquia da cidade.

"Padre... É certo um homem branco se casar com uma negra?", perguntou assim que teve chance.

"Não, filho, é lógico que não", respondeu o homem de forma categórica.

"Ainda que ele a ame, que veja nela a mulher da sua vida?, continuou Maurizio sem se deixar intimidar.

A resposta do padre foi precisa e surpreendente para ele:

"Seria certo se a sociedade em que vivemos não fosse tão preconceituosa e racista."

"O Senhor quer dizer que..."

"Se esse homem branco quiser ter paz na vida, não quiser ser massacrado pela sociedade em que vive, não deve se envolver com uma negra. Mas se ele quiser seguir o que seu coração manda, ser feliz no amor, suportando depois o peso de uma sociedade preconceituosa e racista, deve se casar com ela."

"Surpreendente suas palavras, padre. Obrigado pelo conselho."

"Que Deus ilumine seus passos, meu rapaz."

O próximo passo de Maurizio foi ir até a senzala quando todos os escravos se encontravam reunidos ali para ter uma conversa séria com todos.

"Escutem aqui", começou ele impostando a voz. "Sei muito bem que não aprovam o meu envolvimento com Glória por ela ser uma negra e eu um branco, mas, pensando assim, vocês estão sendo tão preconceituosos e racistas quanto muitos brancos que conheço. É bom saberem que há brancos e brancos... Eu sou um branco bom, minha mãe, minhas irmãs e o Senhor Lamartine, senhorio de vocês, também são brancos bons. Não fomos nós quem escravizamos a sua raça, tal maldade partiu de outros brancos. Rotular todos os brancos de mau caráter é um equívoco. Querer impedir que um casal se una porque são de cores diferentes é outro equívoco."

Ele me puxou para junto dele, enlaçou-me e afirmou categórico:

"Eu vou me casar com Glória e quero que todos vejam a nossa união com bons olhos."

Houve um certo *zum-zum-zum* entre os escravos.

"E tem mais!", continuou Maurizio, erguendo a voz. "A partir de hoje eu lutarei junto dos abolicionistas deste país, para que a escravidão tenha fim, para que todos voltem a ser livres como eram na pátria mãe de vocês."

O rosto de todos ali se iluminou. Começavam a ver Maurizio Nunnari a partir de então com outros olhos e, quando ele se tornou um moço engajado na abolição da escravatura, tiveram-no como um herói que deveria ser respeitado acima de tudo.

Casamo-nos logo após eu ter sido alforriada por Lamartine Millenotti. Foi um dia de grande festa na fazenda e o casamento foi celebrado ali mesmo pelo padre italiano que lhe deu o conselho que mencionei há pouco. Um mês depois, eu estava grávida de Maurizio para a nossa alegria e de toda a família.

– Uma história de vida realmente emocionante, Glória.

Logo Maurizio se tornou querido por todos os escravos da região e abolicionistas, todavia, odiado pelos escravagistas. Foram estes que o mataram num confronto.

– Que judiação.

– Sim, Idausina, foi mesmo uma judiação.

– Que vida injusta, não?

– Sim, mas deve haver justiça em algum lugar.

– Deus queira que sim.

Só então Glória se ateve a Madalena acorrentada na extremidade oposta ao local em que se encontrava na senzala.

– Quem é? – quis saber olhando com pena para a moça. – Por que está acorrentada?

– Aquela é Madalena, vive acorrentada por ser rebelde, não aguenta desaforos, chegou a atacar um dos capangas do Sr. Corridoni, arrancou-lhe um pedaço da orelha.

– Nossa! O que ele fez contra ela?

– Tudo o que eles se acham no direito de fazer com uma escrava. Mas ela não permitiu, rebelou-se. Aí foi acorrentada e vive assim desde então.

– Nunca sai daqui para nada?

– Sai, sim, o capataz a leva para o seu quarto, a amarra de uma forma que ele e outros possam abusar dela sexualmente.

– Que horror!

– Horror foi o Senhor Corridoni forçar o filho a fazer sexo com ela.

– O quê?

– Sim, dizem que ele a comprou para que os filhos aprendessem a serem homens com ela. Mássimo, o mais velho, foi quem fez indecências com ela a mando do pai. Matteo, o segundo filho do Senhor Corridoni não conseguiu, saiu correndo e levou uma surra do pai, chegou a ficar de castigo no quarto úmido e escuro do porão da casa onde ficam todos os filhos quando desobedecem a suas ordens.

– Que homem abominável!

– Quem mais sofre com isso além das crianças é Dona Inaiá. Pobrezinha, chega a se martirizar por ver os filhos de castigo.

– Que pai desumano!

– Concordo que os pais, muitas vezes, têm de ser severos com os filhos, para que cresçam polidos, mas não a ponto de judiar deles.

– Você tem toda razão. Agora, gostaria de falar com ela se não se importar.

– De modo algum.

– Será que ela vai gostar que eu me aproxime?

– Vai sim, sabe tudo a seu respeito, somos grandes amigas. De todos aqui é em mim que ela mais confia, que tem como melhor amiga.

– Se você não vê mesmo problema, vamos.

As duas se aproximaram de Madalena com certo cuidado.

Capítulo 15

Solidariedade...

– Madalena – falou Idausina. – Essa aqui é...

– Sua irmã Glória, eu sei – adiantou-se a moça de quase 19 anos completos. – Eu me lembro bem dela, do mercado de escravos, quando ela correu atrás do demônio do Roberto e lhe pediu que a vendesse para ela.

– É verdade. Havia me esquecido de que havia presenciado esse momento.

Um sorriso singelo transpareceu em sua face, mas Glória pôde ver que havia um quê de tristeza em meio a ele.

– É tão bom saber que você é capaz de se arriscar para vir ver sua irmã. Quem dera eu tivesse uma para fazer o mesmo por mim.

– Não sou sua irmã de sangue, mas pode me considerar uma irmã de coração. Eu mal a conheço e já sinto um grande apreço por você.

– Por mim?

– Sim. Quero o seu bem da mesma forma que quero o bem de minha irmã Idausina.

– Você é mesmo uma mulher corajosa.

– Penso que todos nós somos.

– Talvez.

– Quero muito fazer algo por você... Para libertá-la desse horror.

– Não espere conseguir, se mal consegue comprar sua irmã com ajuda de toda a família de seu marido, e com dinheiro mais do que suficiente para comprá-la, eu sou um caso perdido.

– Não perca as esperanças.

– Esperança para um negro, é algo que não existe. Não existe nem esperança nem fé. Somos mesmo uma raça tal e qual uma raça de animais à mercê dos homens brancos.

O que perguntar a seguir para uma moça que vivia naquelas condições tão inumanas?, indagou-se Glória. Não poderia soltar um "Como tem passado?", "O que tem feito de bom?", "Quais são seus planos para o amanhã?", nenhuma pergunta cabia para uma pessoa escravizada daquela forma.

– Eu sei o que está pensando – comentou Madalena, despertando Glória de seus pensamentos.

– Pensando, eu? – fingiu ela espanto.

– Sim, você. Está tentando encontrar uma pergunta para termos o que conversar, mas diante da minha situação descobriu que não há muito o que perguntar, não é mesmo?

Glória amarelou.

– Sim. Por outro lado, ao invés de lhe fazer uma pergunta, vou lhe contar a história de meu marido, do que ele foi capaz de fazer pela nossa raça, na busca do fim da escravidão. Seu nome era Maurizio Nunnari.

– Um negro com sobrenome?!!

– Aí é que está, ele não era um negro, era branco.

– Branco?! Você se casou com um branco?!

– Sim. E um branco abolicionista, ou seja, que lutou pelo fim da escravidão no Brasil.

– Estou espantada, jamais pensei que houvesse um branco que se importasse conosco.

– Há muitos, acredite. Muitos que arriscam a própria vida para nos libertar. Meu marido morreu por essa causa.

– Eu sinto muito. Receio, porém, que sua morte foi em vão, não concorda? Tolo aquele que lutar e morrer pelo fim da escravidão, será uma batalha em vão.

– Será mesmo?

– Nesse mundo só os ruins vencem.

– Há muitos homens bons, digo, brancos bons, Madalena.

– Se há, nunca conheci nenhum, pelo menos pessoalmente. Receio, entretanto que os bons como seu marido morrem cedo.

– É, infelizmente, parece mesmo que os bons morrem cedo.

Idausina opinou:

– O que é uma pena. Não deveria ser assim.

Madalena opinou:

– De que adianta eu ou você ou qualquer um achar como deve ou deveria ser a vida? A vida ninguém comanda, diante dela não passamos de formiguinhas.

Nisso Etelvina se aproximou e se apresentou para Glória. Logo Madalena estava cercada de mulheres, conversando descontraidamente, baixinho, logicamente, para não serem ouvidas pelo capataz e seus homens. Cada qual contou um pouco de sua história, do que viveu de bom e de ruim e de como aprendeu a superar os momentos ruins.

– Penso – opinou Etelvina – que o grande segredo da vida seja cada um aprender a superar os momentos amargos que o dia a dia nos traz.

– Interessante observação – elogiou Glória.

Foi um momento agradável e raro, jamais aproveitado com tanta satisfação por Madalena.

Assim que elas se afastaram da pobre moça acorrentada, Glória comentou, penalizada:

– Que judiação... Como podem fazer um absurdo desses para com ela? É desumano.

– Chego a pensar que não são humanos.

– E se vocês...

– Se nós?

– Tentassem libertá-la, para que fugisse.

– Já pensamos nisso, porém, as correntes e os grilhões são muito resistentes, não temos como abri-los e se o fizéssemos, seríamos certamente punidos por termos feito.

– Eu compreendo.

– Cada vez que ela é levada para o quartinho do capataz todos nós sofremos com ela. Ainda que ela volte transparecendo naturalidade, como se nada tivesse lhe acontecido, como se tivesse encarado e superado o abuso sexual, sabemos que no íntimo só diz o que diz para nos alegrar.

– Que horror... É por essas e outras razões que a escravidão tem de acabar.

– E você acredita mesmo que isso seja possível?

– Sim, acredito piamente. Cheguei a duvidar a princípio, mas hoje, falando francamente não duvido mais. É mais do que fé, é mais do uma esperança, é uma certeza que vem da alma. Só espero estar viva para contemplar esse dia e comemorar junto com todos os negros essa vitória.

Idausina se surpreendeu e se entusiasmou com as palavras da irmã.

Subitamente, Etelvina fez sinal para Idausina.

– O que foi? – alarmou-se a negra.

Pelo seu sinal ela compreendeu o que era.

– O capataz – explicou Idausina para a irmã. – Ele está vindo para cá.

– E agora? Não há como sair da senzala sem ser vista por ele, não é mesmo?

– Sim! Teremos de esconder você por aqui mesmo e rápido!

– Será que devo mesmo fazer isso?

– Você não tem outra escolha, minha irmã, venha, rápido!

Glória foi puxada pela irmã até uma parte da senzala que ficava na penumbra, ali pediu para que ela se deitasse ao chão enquanto era coberta de feno e uma esteira.

– E, por favor, minha irmã, não espirre – pediu Idausina, preocupada que isso acontecesse.

Nem bem deixaram o local o capataz surgiu, estendendo seu olhar arrogante por sobre todos.

– Que agitação é essa por aqui, *negraiada?*

Todos procuraram imediatamente se aquietar e deitar sobre suas esteiras como faziam para dormir.

– Acordados até essa hora, cambada de bicho. Posso saber o porquê da agitação por aqui?

Os negros homens tiveram de se segurar mais uma vez diante daquelas palavras tão ofensivas, preconceituosas e racistas. Era quase impossível não sentir ódio por tal criatura. Uma vontade louca de lhe dar uns tabefes, ensiná-lo a ser gente de respeito ao próximo.

O capataz entrou e por onde ia, passava a ponta de seu chicote por sobre os negros para provocar e incitar-lhes o ódio. Havia como sempre um sorrisinho de deboche, transparecendo em sua face ladina. Ao avistar Idausina, foi até ela.

– E você, aí? Qual o motivo dessa cara assustada?

Visto que Idausina se apavorou, receosa de que seus nervos à flor da pele entregassem Glória escondida a poucos metros de onde se encontrava, Madalena procurou desviar a atenção do capataz endemoniado. Tossiu.

– E você aí? – perguntou ele, voltando-se para ela e seguindo até lá. – Engasgou com algum mosquito, foi?

Gargalhou, zombeteiro. Ela fingiu interesse por ele.

– Está uma noite bonita, não está?

As palavras e o tom dela o surpreenderam. Fizeram até ele voltar os olhos para o céu.

– Está sim, negra fogosa.

– Uma noite assim é bom para...

As palavras dela novamente o surpreenderam e despertaram o seu interesse.

– Ah!... – murmurou ele passando libidinosamente a língua em torno dos seus lábios carnudos.

Sem mais delongas, ele soltou a escrava de onde ficava presa e a puxou até seu quarto nas imediações da senzala. Assim que se foram, Idausina correu para tirar Glória do esconderijo.

– Pronto, minha irmã, o demônio já se foi.

Glória levantou-se, limpou o vestido e perguntou:

– Ufa, pensei que ele não partiria nunca.

– Foi graças a Madalena que ele se foi.

– Onde está ela?

– Insinuou-se para ele para poder levá-lo para longe daqui.

– Ela não deveria ter feito isso.

– Ela só quis ajudar.

– Pobre moça.

– Agora venha, antes que ele volte. Ele ou um de seus ajudantes tão maléficos quanto ele.

As duas partiram.

– Aonde você vai? – espantou-se Glória.

– Vou acompanhar você até o local onde deixou a carroça esperando por você.

– Não é preciso.

– É preciso, sim. Vai que você se perde por aí e...

134

Etelvina apressou as duas.

– Vão, antes que o demônio reapareça.

Glória se despediu da simpática mulher e acenou para os demais. Sem mais perder tempo, as duas saíram.

As duas seguiram pelo caminho indicado por Idausina e logo chegaram ao local onde a charrete ficara com o seu condutor esperando por ela. Ali as duas se abraçaram e se despediram chorosas.

– Eu volto, minha irmã – prometeu Glória, com muita pena de deixar a irmã para trás. – Eu queria tanto levá-la comigo, mas de que adiantaria, Roberto Corridoni a caçaria até o fim do mundo, jamais teríamos paz. E a lei estaria a seu favor, sendo ele seu senhorio.

– Eu sei. Vá sem se preocupar, um dia, quem sabe o que tanto desejamos acontece.

– Eu volto em breve, adeus.

As duas tornaram a se abraçar e se beijar. Só então Glória subiu na charrete e partiu. Foi então que Idausina ouviu um movimento por entre a mata nas proximidades e tratou logo de correr de volta para senzala. Eram dois dos capatazes de Roberto que a tinham visto se esgueirando para o local na companhia de Glória.

Capítulo 16

Indecente crueldade...

Não demorou muito para que a encurralassem.

– Ai... – choramingou a pobre escrava ao se ver encurralada. Uma violenta onda de pavor tomou conta dela a ponto de fazê-la ranger os dentes, alto.

– Onde foi, negra?

– E-eu... Estava apenas andando por aí.

– E quem lhe deu esse direito?

– Sempre faço isso quando estou de folga. A sinhá não se importa...

– Disse bem, a sinhá. Nós nos importamos.

O outro falou:

– Desembucha, vai, quem era a outra negra que estava com você?

– Outra negra?!

– É sim, a outra que foi embora numa charrete há pouco, eu vi.

– Era uma escrava da fazenda vizinha.

– Mentira!

Sem mais delongas ele a arrastou pelo punho até as dependências do capataz que acabara de abusar de Madalena como bem queria. Quando Etelvina avistou Idausina sendo quase que arrastada pelos cabelos pelas mãos impiedosas de um dos capangas da fazenda, ela quis muito correr até a casa-grande para pedir ajuda à sinhá estimada. Visto que era madrugada, restou-lhe apenas seguir em direção ao homem desalmado e falar em defesa de Idausina.

– O que é isso?

– Suma daqui, negra!

– Essa mulher não é um animal, sabia?

– Saia da minha frente, negra!

A voz de Etelvina elevou-se num agudo protesto:

– A sinhá não gostará de saber o que está fazendo com uma de suas escravas mais queridas.

– Essa escrava estava de prosa com uma outra, uma intrusa na fazenda e deverá receber as consequências por isso assim que o patrão for informado pela manhã.

– Larga disso, homem de Deus. Uma visita na madrugada é apenas uma visita, não carece de punição só porque aconteceu.

– Isso quem vai decidir é o patrão.

Nisso, o capataz saiu para fora do quarto em que vivia.

– O que está havendo por aqui? – quis saber visivelmente irritado.

Ao ver Idausina segurada pelos cabelos por um de seus homens, perguntou:

– O que essa aí aprontou?

O fiel funcionário explicou.

– Ela com uma escrava de outra fazenda aqui, numa hora dessas? – estranhou o homem. – Quem lhe deu o direito para ambas se encontrarem? Amanhã mesmo o patrão há de saber disso. Ela precisa é de um bom corretivo.

– Ora, feitor, não é motivo para tanto – imprecou Etelvina com amargura.

Só então o capataz se ateve a presença de Etelvina.

– O que essa negra enxerida está fazendo aqui? – indagou, espumando de raiva. – E desde quando eu lhe dei permissão para falar comigo neste tom?

– Solte Idausina, feitor, a sinhá não vai gostar de saber...

– Calada!

O homem austero e impiedoso puxou com firmeza a negra que olhou para ele com olhos de clemência. Ela engoliu em seco, e logo um nó apertou sua garganta.

– Vou contar para o patrão a respeito do seu atrevimento e com isso espero que ele a mande para o tronco junto com a sua queridinha Idausina.

– A sinhá não permitirá uma maldade dessas.

– E desde quando a sinhá manda nessas terras? Voz ativa aqui quem tem é só o patrão, ninguém mais.

Etelvina achou por bem não discutir, sabia que aquilo era uma verdade incontestável e orou desde então para que Roberto tivesse piedade das duas.

Sem mais delongas, as duas escravas foram levadas de volta para a senzala onde foram trancafiadas junto aos outros escravos.

Logo pela manhã, assim que Roberto acordou, foi informado a respeito do que se passou na noite. Sem pensar duas vezes, mandou tanto Idausina quanto Etelvina para o tronco a pão e água.

Uma hora depois, Inaiá assustou-se ao ver uma das escravas entrar no seu quarto, transfigurada.

– Onde está Etelvina? – quis saber Inaiá.

A moça não conseguiu responder.

– O que houve? – alarmou-se Inaiá.

– O sinhô... o sinhô mandou elas para o tronco.

– Para o tronco?! Não pode ser!

A escrava confirmou o fato, balançando velozmente a cabeça. Sem mais se ater a pormenores, Inaiá vestiu-se e partiu atrás do marido.

– Roberto, o que houve? Por que mandou...

Ele a interrompeu bruscamente:

– Cale essa boca! Não lhe devo explicações tampouco quero ser perturbado por sua voz irritante logo pela manhã.

– Mas Etelvina e Idausina são escravas aqui de dentro de casa, são de inteira confiança, preciso delas...

– Eu já lhe disse para calar essa matraca. Não lhe devo satisfações. Deixe-me em paz!

Inaiá, como sempre, tremeu na base e voltou para o seu canto, inconformada com o que estava prestes a acontecer com Idausina e por não poder fazer nada para impedir aquilo.

– Calma, sinhá – pediu Tunai que lhe queria muito bem.

– Meu marido chega a ser desumano. Aquelas moças não merecem estarem no tronco. Não merecem.

– O que podemos fazer senão orar para que o castigo termine logo, sem que o corpo delas sucumbam à exaustão e à fome?

– Você tem razão, Tunai, o que podemos fazer?

A seguir, Inaiá correu para fora da casa, caminhando apressadamente para o local onde as duas negras eram punidas injustamente. Tremeu de cima a baixo ao avistá-las presas ao tronco sob o sol forte que já despontava na manhã. Voltou para a casa-grande, atordoada e foi direto para o quarto orar em silêncio.

Enquanto isso, na senzala, Madalena e Tunai conversavam...

– Quanta maldade... – comentou a escrava que no passado amamentara os filhos de Roberto sem ele saber. – Maldade que parece não ter mais fim.

Ela suspirou e a outra continuou:

– Já estou cansada de pedir e pedir aos deuses que nos ajudem e essa ajuda nunca chegar.

– Penso que ela nunca virá, somos nós mesmos que temos de tomar uma providência em relação ao mal que nos aflige.

– Que providência podemos tomar diante dos brancos que podem atirar e nos maltratar quando bem quiserem?

– Se um dia eu me libertar dessas correntes eu vou ensinar a cada um desses brancos nojentos como é difícil se ver submisso a eles. Para mim, só sentindo na própria pele o que fazem para o próximo é que saberão se é bom ou ruim, se devem ou não fazer, aprenderão, enfim, como se trata definitivamente seu semelhante.

– Semelhante? – espantou-se a negra.

– Semelhante, sim. Com apenas uma diferença: nossa cor.

Enquanto isso, em seu quarto, os pensamentos de Inaiá tinham somente um foco: Deus. Era para Ele que ela se dirigira, orando em prol das escravas aprisionadas, feridas na carne, feridas na alma. Só lhe restava orar, orar para que fossem libertadas antes que seus corpos sucumbissem à dor e à fome.

Dois espíritos evoluídos que habitavam uma colônia distante examinavam com atenção a barbaridade que se passava na fazenda Corridoni. Um deles, o que mantinha uma expressão incógnita no semblante, pensou comentar o caso, mas conteve-se, por não saber ao certo por onde começar. Percebendo sua angústia, o espírito mais evoluído comentou:

– Não devemos nunca deixar que o mal domine o nosso coração. Quem faz o mal atrai o mal.

– Diante dos fatos parece que isso não acontece de fato.

– A justiça divina move-se lentamente, mas no fim age com precisão.

O tom categórico da voz do acompanhante deixou o outro pensativo.

Após se recompor, Inaiá deixou seu quarto a passos largos e rumou para a sala, depois seguiu direto até as imediações do pelourinho. Àquela altura, Idausina e Etelvina já tinham suas costas desnudas como ordenara o capataz que logo apareceu parecendo sentir um prazer indescritível com tudo aquilo. Encaminhou-se do "pau da paciência", como também era conhecido o pelourinho, depois, aproximou-se do ouvido das duas e, num tom enojado, falou:

– Quero ver vocês duas, daqui a alguns minutos, implorando para viverem.

Sem mais, afastou-se, escolheu um dos escravos, o mais forte e ordenou:

– Aqui, seu negro imundo.

O pobre homem obedeceu e ao se aproximar, o maldoso feitor lhe deu um dos oito chicotes que carregava consigo. O instrumento tinha tiras de couro espessas e bem retorcidas.

– Você será o carrasco dessas duas. E ai de você se usar sem vontade esses chicotes. Se não puser força suficiente na hora de açoitar essas duas.

O negro engoliu em seco e começou a dar os açoites como ditava o impiedoso feitor. Gostava de Idausina e Etelvina, tinha por elas grande apreço, mas o que podia fazer diante de tal situação senão acatar as ordens? As duas aguentavam as chibatadas muitas vezes soltando gemidos de dor. Receberam aquilo até terem suas costas em carne viva.

O capataz e seus homens pareciam ter um prazer mórbido em ver aquilo, tal como os presentes nas antigas arenas de Roma onde os gladiadores eram obrigados a lutar com leões e noutras vezes a se digladiarem entre si até a morte.

A cada açoite, Inaiá sentia a pressão aumentando sobre seu coração.

– Etelvina... Idausina... – murmurou num tom angustiado e confuso.

Uma das escravas que ajudava na cozinha foi até ela e disse:

– Não se amargure por nós, sinhá... Volte para sua casa, por favor.

– Isso não é certo... Gostaria tanto de ajudá-las.

– Ore, sinhá... ore...

Inaiá, balançando a cabeça, desolada, respondeu:

– Será que neste caso basta só orar?

Ela bufou de raiva e retirou-se do local, deixando os escravos olhando para ela, espantados e alarmados.

140

Enquanto isso, o escravo escolhido para açoitar as duas escravas, estava se sentindo cada vez pior por ser obrigado a fazer o que fazia, algo totalmente contra a sua vontade.

Assim que o chicote ficava enlameado de sangue, o capataz o tomava de sua mão, substituindo-o por outro, pois o sangue das vítimas amolecia o couro, perdendo o efeito avassalador sobre a pele do castigado. Idausina e Etelvina tentavam aguentar tudo caladas, mas seus gemidos de dor soavam alto. Mássimo, Matteo e Homero foram obrigados pelo pai a assistir a tudo aquilo apesar de Inaiá implorar para que o marido os poupasse de tal abominável visão. "Estou criando homens e não invertidos, sua estúpida!", respondeu-lhe, impaciente.

– É assim que os brancos devem tratar os negros, para que nunca saiam da linha diante de nós.

Matteo foi o único a sentir pena das duas escravas presas ao pelourinho, Másimo e Homero ao contrário do irmão divertiam-se com aquilo, apostando um com o outro quem desmaiaria ou até mesmo, morreria primeiro, entretanto, pela graça de Deus nenhum dos dois venceu a aposta. Os demais escravos assistiam àquilo com olhos pesarosos, como que sentindo a mesma dor das duas pobres criaturas sendo açoitadas de forma tão cruel.

Ao encontrar as filhas, Josefina quis saber:

– O que está havendo, mamãe?

Cecília também estava curiosa:

– É, mamãe, diga, o que está havendo, que agito todo é esse lá fora?

– Idausina e Etelvina estão sendo punidas, minhas queridas.

– Punidas?! – alarmaram-se Josefina e Florisbela ao mesmo tempo.

– O que foi que fizeram para receber tal punição?

– Nasceram – foi a resposta de Inaiá sem dar conta do seu real significado.

Um raio de esperança atingiu seu cérebro:

– Procure seu pai, Josefina.

– Eu?

– Sim, você é a única que pode abrandar seu coração. Vá e peça-lhe para parar com essa barbaridade. Rápido.

Diante do espanto da menina, Florisbela ajudou:

– Isso mesmo, Josefina, vai!

Cecília opinou:

– Não meta Josefina nesta confusão, mamãe, o papai pode se zangar e se voltar contra ela e contra nós.

– Ele a ouvirá, Cecília, ela é a única que ele ouve. Por favor, vá!

Sem mais delongas a menina correu até o pai e fez o que a mãe lhe pediu. Minutos depois, Roberto dava fim a tudo aquilo.

– Ah, papai – reclamou Homero –, agora que estava bom o senhor mandou parar.

– É isso mesmo, papai – apoiou Mássimo, compartilhando do mesmo incômodo.

– Mássimo e Homero, para tudo tem limite. Se continuarem sendo açoitadas, morrerão.

– E esse não é o objetivo?

– Não. O objetivo é dar-lhes uma lição, mas não matá-las. A morte de uma ou outra ou de ambas seria um tremendo prejuízo para nós, teríamos de comprar outras escravas para substituí-las.

Assim que Roberto partiu dali com os filhos, as negras foram desamarradas dos troncos e levadas para a senzala onde suas feridas foram tratadas.

Na semana seguinte, Roberto foi mais além, exigiu que todos os seus escravos fossem marcados a ferro para garantir, caso fugissem, que eram de sua propriedade. Foi algo pavoroso para todos, especialmente mulheres e crianças sentir o ferro em brasa prensando contra a sua pele. Uns chegaram a gritar de dor e apanharam por gritar.

Ainda bem que Glória não fazia ideia dos horrores que a irmã estava vivendo longe dela. Se fizesse, talvez perderia ainda mais o sono, de ansiedade e tristeza pelo que Idausina estava passando. Só veio a saber de tudo quando voltou à fazenda dos Corridoni para rever Idausina na calada da noite. Ao voltar para casa e contar a todos o que se passou com a pobre moça, Silas se viu forçado a tomar uma decisão.

– Eu preciso ajudar essa moça – disse para si mesmo, encarando-se no espelho, transpirando em profusão. – Deus me dê forças para isso, por favor.

E novamente o medo raiou no céu de sua mente: e se Roberto souber que ele é o marido de Liberata, ou viesse a descobrir depois e o procurasse para lhe contar o que toda vida temeu saber: que ele havia desvirginado Liberata nos áureos tempos em que ela era perdidamente apaixonada por ele?

Havia outro fator se opondo a Silas, era o medo de que tivesse pego Roberto com outra amante, que por algum motivo, naquele dia, àquela hora, ele tivesse se encontrado com uma outra e não com Liberata como poderia fazer muitas vezes. E que esfregasse isso na sua face, assim...

– Oh, Deus... que situação. Que martírio...

Ele, simplesmente, deixou-se cair de joelhos sobre o chão, juntou as mãos em sinal de louvor, suplicando a Deus por uma ajuda.

Ele poderia ter desabafado com o padre ou com Humberto, mas teve medo de ser julgado por ambos. Passar vergonha diante dos dois.

– Deus, eu preciso de ajuda – repetiu Silas em tom de súplica. – Ilumine meus pensamentos, por favor.

Quando Liberata o encontrou falando sozinho, estranhou:

– Silas?

Ele estremeceu ao ouvir sua voz.

– Você está bem? – indagou ela, prestando muita atenção a sua face. – Está transpirando... Está passando mal?

Ele, por um momento, não sabia o que responder.

– Diga, homem de Deus, o que houve?

As palavras pareciam ter se aglutinado na sua garganta. Ele nada podia dizer, Liberata não podia saber jamais que no íntimo continuava desconfiando dela, de sua fidelidade e que fora atrás, anos antes, em Serra Dourada com uma arma para matá-la com o suposto amante.

Para se safar de Liberata naquele dia, ele inventou uma desculpa qualquer e procurou mudar de assunto.

Nos dias que se seguiram, Silas não mais encontrou a paz. Diante do desespero de Glória e de todos ali, ele se culpava por não tomar uma atitude em relação à libertação da irmã da concunhada. Ele tinha de ajudá-la, tinha poder para isso. Não podia deixar de fazer por medo e insegurança. Foi quando o pequeno Giulio perguntou à mãe sobre a tia que seu coração se comoveu ainda mais.

– Mamãe e quanto a tia Idausina? Por que ela está demorando tanto para vir morar conosco?

– Penso, meu querido Giulio, que sua tia nunca virá morar conosco.

– Ora, por quê?

– Porque ela é uma escrava de um homem muito mau...

– Por que ele é tão mau?

– Eu não sei explicar, meu querido. Só sei que neste mundo há pessoas boas e más. Por sorte, mais pessoas boas do que más.

– Eu queria tanto que a titia viesse morar aqui.

– Eu também, Giulio... Eu também.

A mãe abraçou o filho e chorou durante o abraço.

Aquilo deixou Silas Barcelos penalizado e se odiando por saber que poderia ajudar e não fazia por medo, um medo que era quase covardia.

Capítulo 17

Agora ou nunca!

Silas partiu ao alvorecer e chegou à fazenda quando Roberto já estava de partida para para a prefeitura. Foi o feitor quem o recebeu à porta.

– Diga ao Senhor Corridoni que preciso lhe falar com urgência. É assunto de seu interesse.

O feitor pediu que ele esperasse ali e foi dar o recado para o patrão. Quando voltou, pediu que o acompanhasse. Foi quando Silas botou os pés na casa que Inaiá o viu. Ao vê-lo, sua expressão facial mudou tanto quanto a dele. Ele a cumprimentou com uma leve mesura e voltou a seguir o feitor, deixando Inaiá intrigada, perguntando-se, aflita, o que diabos Silas Barcelos, marido de Liberata, estaria fazendo ali, àquela hora. Que assunto tão importante o fizera ir até lá?

– Pois não? – perguntou Roberto assim que se viu diante do visitante. – Eu o conheço, não?

Silas, balançando a cabeça respondeu:

– Conhece, sim. Superficialmente, mas me conhece.

– Só não me recordo exatamente da onde.

Silas achou melhor ser direto:

– Da casa de sua amante.

Roberto estremeceu visivelmente e tratou de fechar a porta do escritório a seguir.

– Você disse...

– Disse que me conhece da casa de sua amante. Fui eu quem os flagrou na cama aquele dia, lembra?

Roberto tornou a estremecer.

– O que quer aqui?

– É muito simples.

– Pois diga.

– Quero comprar a escrava de nome Idausina.

– Ela não está à venda.

– Eu penso que ela está, sim...

– Não...

Roberto suspendeu o que ia dizer.

– Você não está querendo me dizer...

– O que o senhor acha?

Diante da ameaça, a voz de Roberto se elevou:

– Você, *seu* qualquer, veio na minha casa para me ameaçar, é isso?

Silas, sem esmorecer, respondeu:

– Sim! Se não há um jeito pacífico de convencê-lo a vender Idausina para mim, será por meio de chantagem.

– Que homem de caráter você é, hein?

– E você? Que caráter tem para me julgar? Sei tudo a seu respeito, Roberto Corridoni, tudo! Você é um verme!

Roberto se segurou para não abrir a gaveta e tirar a pistola que guardava ali para se proteger em qualquer eventualidade.

– Fora da minha casa!

– Não sem levar comigo o documento de venda da escrava em questão.

– Por que se interessa tanto por ela? Veio pelo mesmo motivo dos outrtos, é? Ela é, por acaso, uma joia rara, de ouro maciço?

– É como se fosse.

– Meu caro, não seja tão estúpido. Por dentro daquela escrava não há nada de especial, nenhum valor, somente um bom banquete para os vermes assim que ela morrer ou... for morta açoitada num tronco para facilitar.

Silas deu um passo à frente:

– Pois saiba que dentro do senhor há o mesmo! Não só dentro do senhor, mas dentro de todos nós, brancos, pretos, amarelos... O que prova que somos todos iguais! Levou tempo para eu perceber esse fato, constatar essa verdade

146

incontestável da natureza, mas agora eu sei, ah, sim, eu sei que todos nós somos iguais.

Ele deu mais um passo e voltou a falar, afiado:

– E digo mais. O que há dentro dos animais não é também muito diferente de nós seres humanos.

Aquilo foi inconcebível para Roberto Corridoni, ele simplesmente, abriu a gaveta sacou sua arma e apontou para Silas.

– Fora daqui, senão eu passo bala!

Silas não se deixou abater. Continuou firme no seu propósito como há muito não fazia.

O que nem Roberto nem Silas Barcelos faziam ideia é que Inaiá Corridoni estava parada junto à porta do escritório, ouvindo atentamente tudo o que era dito ali entre os dois. Estava em choque àquelas alturas por saber que o marido tinha mesmo uma amante como deduziu há anos. A pobre mulher só foi despertar com achegada da filha.

– Mamãe, o que está acontecendo? – indagou Florisbela, baixinho.

– Seu pai, filha... está alterado com alguma coisa... Não se preocupe, volte para o quarto e fique por lá até que a conversa dos dois tenha fim. Por favor.

A menina obedeceu à mãe, enquanto Inaiá teve que se apoiar na parede, com seu coração batendo violentamente, impedindo-a de respirar com tranquilidade. Estava zonza e cada vez que as palavras que ouvira atrás da porta, ditas alto e em bom tom por parte de Silas Barcelos, voltavam a ecoar na sua cabeça, a revolta e o desespero aumentavam dentro dela.

Roberto realmente tinha uma amante, sempre tivera, fora uma tola em acreditar que não. Em confiar nas palavras de Silas. Tola, sim, ela fora muito tola por ter acreditado nele. A questão principal agora era: por que, por que ele havia lhe ocultado a verdade? Por quê?! Ela precisava obter a resposta e urgentemente. Não teria sossego se não o fizesse.

Enquanto isso, Silas continuava enfrentando Roberto Corridoni, os dois trancafiados no escritório da casa-grande da fazenda.

– O senhor não vai me matar. Tem bom senso para isso. Pode pedir para outro fazer, um de seus capangas, certamente, mas o senhor, não!

– Fora daqui!

– Eu vou, mas volto. Pense bem na minha proposta.

Sem mais palavras, Silas partiu.

Assim que se foi, Roberto bateu com toda força os punhos fechados sobre a escrivaninha e ficou, espumando de raiva:

– Eu vou mandar matar esse desgraçado. Não posso deixar barato o que me fez! Não posso!

Silas terminava de descer o lance de escadas em frente ao casarão, quando Inaiá correu atras dele. Ele estremeceu ao vê-la vindo ao seu encontro, apressada, parecendo ligeiramente zonza, com ares de quem está fora de si. Os olhos dela, atentos como sempre, encontraram os dele e ele, de imediato, notou que ela fazia grande esforço para não chorar.

– Por quê? – ela lhe perguntou quase chorando. – Por que não me contou a verdade?

Ele nunca sentira tanta pena de alguém como sentia agora daquela mulher.

– Diga-me – insistiu ela. – Por que não me contou a verdade?

– A senhora ama seu marido, ama muito, eu sei, a senhora sabe... Ama da mesma forma que eu amo a minha mulher e por amar demais foi que decidi não lhe contar a verdade. Para poupá-la da dor da traição.

– Quer dizer então que é verdade... Eu estava certa o tempo todo. Roberto realmente tem uma amante...

– Eu sinto muito.

Ela procurou se controlar. Silas, então, fez uma reverência, montou no cavalo e partiu. O dia terminou com Inaiá desesperada, praticamente a um passo da loucura, enquanto Silas voltou para casa, esperançoso de que muito em breve convenceria Roberto Corridoni a lhe vender Idausina.

Capítulo 18

Nem que o mundo caia sobre mim...

Silas Barcelos aguardou pelo tempo que achou suficiente para Roberto se decidir a vender a escrava para ele. Assim, voltou à fazenda Corridoni e adentrou a casa sem se anunciar. Ao vê-lo, o dono da casa levantou-se imediatamente de onde se encontrava sentado e berrou:

— Como ousa entrar aqui?! Quem lhe deu esse direito?! Fora, vamos, fora!

— Não antes de trocar uma palavra com o senhor.

Roberto novamente balançou a cabeça em desaprovação e de forma enérgica falou:

— Nada que possa me dizer me interessa. Agora retire-se! Você não é bem-vindo nessa casa!

— Não importa se sou ou não sou bem-vindo aqui, quero apenas o documento... O senhor sabe...

O recém-chegado adiantou-se um ou dois passos, aprofundando o olhar sobre o homem que se achava impenetrável como um rochedo. Os músculos do canto de sua boca tremiam visivelmente. Os olhos de Roberto agora pareciam cuspir fogo e sua pele queimar feito brasa.

Silas, procurando manter a calma, repetiu:

— Não importa se sou ou não sou bem-vindo aqui, quero apenas o documento...

Roberto bufou, Silas continuou:

– Senhor Roberto... Senhor Roberto... O senhor acha justo separar duas irmãs que se amam por rusgas do passado?

– Fora daqui, demônio.

– Roberto... Roberto... Roberto... Por quê? Por que se incomoda tanto ainda com o que aconteceu entre você, sua família e a família de Liberata Nunnari?

– Eu já lhe disse para sair daqui.

– Responda a minha pergunta se tiver coragem.

Roberto saiu de trás de sua escrivaninha e foi para cima de Silas. O homem se deixou ser segurado por ele, pelo colarinho, para afrontá-lo.

– A vontade que eu tenho – rosnou o italiano impiedoso, entre dentes –, é de matá-lo!

Silas permaneceu firme, encarando o homem, olhos nos olhos.

– Por que, Roberto? Por que tanto ódio no coração? Por que tanto ódio de mim? Será porque fui eu quem se casou com Liberata Nunnari?

O dono da casa soltou o colarinho da indesejada vísita e apontando para a porta pediu, com voz branda dessa vez:

– Vá embora dessa casa, vá! Antes que eu cometa uma loucura.

– Ponha-se na situação dessas duas escravas, irmãs... Sinta o que elas sentem por estarem longe uma da outra. Ouvi dizer que sua mãe era uma mulher diferente da maioria que só consegue enxergar os problemas à medida que estes as afetam.

– Não lhe dou o direito de falar da minha mãe.

– É ou não é verdade?

– Minha mãe era uma inocente, boba e inocente, por isso pensava assim. E por pensar assim deixou que acontecesse tudo aquilo que desgraçou sua vida.

Roberto virou o rosto para o lado quando percebeu que lágrimas vir-lhe-iam aos olhos. Silas procurou aguardar, pacientemente. Levou quase três minutos até que se pronunciasse:

– Escuta... Eu não pretendo falar nada a seu respeito para ninguém... Digo, falar sobre você e sua amante. Isso é da sua conta, eu nada tenho a ver com isso. Só usei desse recurso para forçá-lo a me vender Idausina, só por isso. Conto com sua colaboração.

O rosto de Roberto permaneceu totalmente impassível. Não apresentava qualquer indício do que se passava em sua mente. Por fim, passou a mão pela franja repondo-a no lugar e disse:

150

– Está bem... Vou atender ao seu pedido.

Os olhos de Silas brilharam:

– Mesmo?

– Mesmo! Cobrarei de você o preço que ela realmente vale. Nem um tostão a mais nem um tostão a menos. Você veio de carroça, charrete, a cavalo?

– A cavalo.

– Eu supus. Pois então volte com uma charrete para buscar a tal negra de seu interesse.

– Posso levá-la na garupa do cavalo?

– Um tanto desconfortável para uma escrava, não? Para duas, na realidade?

– Duas? Como assim, duas? Não estou entendendo?

– Eu lhe explico. A escrava pela qual tanto se importa, chamada Idausina tem muito carinho por uma outra escrava chamada Madalena. Por mais que ela ame a irmã, não vai querer deixar a outra aqui, sozinha e desamparada.

– E...

– E daí que estou disposto a vender as duas pelo preço de uma. Madalena é uma escrava rebelde que desde que chegou aqui só me trouxe problemas. Quero me ver livre dela e, bem, redimir-me de toda esse drama.

– Um gesto de bondade certamente da sua parte.

– Por que acha que vou à missa todos os domingos, meu senhor? Para aprender a ser bom, melhor do que já fui.

Silas, admirado com aquelas palavras, disse:

– Quanto aquele pequeno detalhe sobre sua vida pessoal... extraconjugal, não se preocupe, eu manterei segredo disso.

– Aquilo foi um deslize de minha parte... um ato insano num momento insano. Havia bebido além da conta naquela tarde... Espero que possa me compreender.

– Certamente que sim.

Houve uma breve pausa até que Roberto dissesse:

– Amanhã ou depois de amanhã... O dia que ficar melhor para o senhor vir buscar as duas escravas.

– Amanhã mesmo, por volta do meio-dia devo chegar aqui.

– Pois bem, estaremos aguardando. Agora, por favor, queira partir. Esse nosso encontro me deixou desgastado.

– Sim, senhor.

Silas deixou o aposento após fazer uma reverência. Roberto, de cenho fechado, voltou a se sentar atrás da escrivaninha, enquanto que por sua mente propagava-se mais uma vez o que Silas Barcelos dissera há pouco: "Por que, Roberto? Por que tanto ódio no coração? Por que tanto ódio de mim? Será porque fui eu quem se casou com Liberata Nunnari?".

Ao passar por Inaiá, Silas Barcelos cumprimentou a mulher novamente com uma reverência, a seguir atravessou a porta e saltou o lance de escadas em frente a morada de dois em dois degraus. Estava feliz, sentindo-se vitorioso por ter conseguido atingir sua meta, indo até ali.

Meia hora depois, seguia calmamente pela estrada que levava até Santa Mariana. Estava tão imerso em seus pensamentos que levou tempo para notar que alguém se aproximava dele a cavalo. Tratava-se de um homem de barba cerrada, usando um chapéu de palha enorme.

Um campones, certamente, pensou Silas com seus botões. Ele estava prestes a fazer-lhe uma reverência quando o tal sujeito a cavalo emparelhou com o seu. Foi um ataque tão súbito, que Silas não teve tempo de se segurar nas rédeas do cavalo. O homem, com uma força incrível no braço, empurrou-o de cima do animal.

Quando voltou a si, Silas voltou-se para o sujeito que a essas alturas já havia desmontado do cavalo e se mantinha em pé, frente a ele. Sua expressão era terrível. Assim que o viu, soube que estava ali para matá-lo. Pensou em fugir, mas o homenzarrão foi rápido. Agarrou-o com toda força e o ergueu como um adulto faria com uma criancinha. O rosto dele era uma máscara pétrea, rígida, excetuando-se o latejar de uma veia dilatada, próximo ao olho direito. Sem falar, com os lábios repuxados, mostrando os dentes cerrados, a respiração acelerada e ofegante, Silas lutou para se defender, mas foi em vão, o sujeito era forte demais para ele, um troglodita, ele diria.

Nisso apareceram mais dois homens mal-encarados que o dominaram assim que o outro o recolocou no chão. Um deles acertou um murro tão forte em Silas, que o fez cair de costas.

Deve ter pensado que aquilo fora o suficiente para vencê-lo, mas não, Silas voltou a se levantar como que impulsionado por uma mola e foi para cima dele, pegando-o desprevenido e acertando-lhe um soco que o fez girar como um embriagado. Os outros dois homens riram do colega a ponto de se chacoalharem todo. Dessa vez foi o tal sujeito quem se levantou como que impulsionado por uma mola e foi para cima de Silas, acertando-lhe um soco que o fez cair no chão batido e esfolar novamente seu rosto. O sangue que escorria por sua face voltou a se misturar com a terra, deixando-a quase completamente marrom. Os três maus-caráter gargalharam diante da vítima indefesa que, sem mais, apagou por quase três minutos.

Quando voltou a si, Silas Barcelos se surpreendeu ao ver Roberto Corridoni montado em um cavalo, olhando friamente para ele.

– Roberto... – murmurou Silas –, ajude-me.

Foi somente quando ele abriu um pouco mais os olhos inchados e doloridos que pôde ver que a face de Roberto havia se transformado numa máscara odiosa e frívola, com os lábios repuxando-se para um lado num sorriso cínico, vitorioso e ardiloso. Só então ele, Silas Barcelos, compreendeu que o ataque recebido há pouco fora feito a mando dele.

– Foi você... – murmurou Silas sem se dar conta do que fazia –, foi você quem mandou estes demônios atrás de mim, não foi?

Silas percebeu um movimento atrás de si. Ao voltar os olhos para lá, vagarosamente, porque a dor não lhe permitia ser mais rápido é que ele reviu seus algozes, olhando desafiadoramente para ele com ar de soberania e triunfo.

A voz de Roberto finalmente projetou-se de seus lábios sisudos:

– Os demônios a que se refere, Senhor Barcelos, são estes, por acaso?

Silas estremeceu ao ouvir os três sujeitos rindo feito hienas ferozes. Três sujeitos que presumivelmente eram capazes de tomar qualquer atitude ao comando de seu patrão.

Somente quando Silas voltou a se concentrar em Roberto é que ele voltou a falar:

– O senhor pensou mesmo que iria sair da afronta que me fez sem receber realmente o que merecia por isso?

Roberto riu e seus homens riram com ele. Silas, espumando sangue, falou com voz dorida:

– Por quê? Por que é sempre tão mau? Por que prefere o mal ao bem? O que você ganha com isso?

Na sua cabeça, fez a pergunta aos gritos, mas na verdade ela saiu como um sussurro entrecortado.

153

A resposta de Roberto Corridoni foi rápida, com um traço de veneno na voz:

– Sou o que sou porque a vida me permitiu ser assim. Se não fosse para eu ter poder, não teria. Teria sido um qualquer como você. Mas a vida me fez Roberto Corridoni, o grande Roberto Corridoni e se permitiu, foi porque estou certo em ser como sou. Por isso ela me apoia e me ampara, sustenta todos os meus ideais.

Silas o observava atentamente, vigiando cada traço de seu rosto. O que viu o chocou. Não havia sequer um leve toque de contrariedade, nem de constrangimento, nenhum indício de culpa ou consternação. Era a frieza em pessoa.

Teve uma leve esperança de que talvez essas palavras pudessem emocioná-lo, mas o rosto diante dele permaneceu inalterado.

– Você não pode ser tão mau, não pode... Saiba que a vida dá voltas, Roberto. Muitas voltas.

Roberto, ágil como um raio, saltou do cavalo e levou seu rosto até ficar a um palmo de distância do homem ensanguentado, estirado ao chão.

– Se você ousar se aproximar novamente de mim – afirmou em tom de ameaça –, importunar-me outra vez com essa história de compra de escrava, eu mando matar sua linda Liberata ou qualquer um de sua prole. Deve ter tido filhos com ela, é fácil descobrir.

O tom era ameaçador e Silas soube, naquele momento, que o demônio falava sério. Muito sério.

Voltando-se para seus homens, Roberto ordenou:

– Vamos!

Quando um deles fez menção de matar Silas, ele falou:

– Deixe-o viver. Se é que vai conseguir viver muito mais tempo nesse estado.

Ele riu, asquerosamente e sem mais delongas partiu acompanhado de seus homens. Silas pensou em dizer-lhe que Inaiá, aquelas alturas, já sabia de toda a verdade a respeito dele e da amante, mas preferiu deixar que o amanhã se encarregasse de lhe revelar aquilo a duras penas. Restou a Silas ficar ali, alquebrado, entregue somente à dor e ao desespero de que naquele estado, naquele lugar deserto, não tardaria a morrer.

Sabia que um dia haveria de encontrar a morte como todos, só não pensou que seria tão cedo e de uma forma tão estúpida como aquela. Sim, ele sabia que naquelas condições não tardaria a morrer, até que fosse encontrado por um viajante poderia levar tempo e quanto mais tempo com suas feridas à mostra, mais próximo da morte estaria.

Restou-lhe apenas uma saída diante de tamanho desespero e dor: voltar os pensamentos para Liberata e o filho, duas almas que se tornaram o recipiente de todo o seu amor. Sim, ele os amava, amava intensa e infinitamente. Liberata por ter tudo aquilo que ele sonhou numa mulher, linda e gentil para com ele, fiel e amorosa, por ser sua companheira e ter-lhe dado um filho lindo, um filho também gentil e amoroso para com ele. Foi pensando na esposa e no filho adorado que Silas desmaiou.

Do céu via-se seu corpo largado e ensanguentado, largado num canto da estrada de terra como se fosse uma carniça ao vento.

Levou quase uma hora até que Inaiá chegasse ao local, levada pelo escravo de sua confiança. Eles não puderam seguir pela estrada com maior rapidez, pois temiam que se fossem muito rápidos, passariam pelo corpo de Silas sem perceber. Etelvina seguira com ela. Inaiá conseguira os dois escravos alegando para o feitor que recebera um recado da casa de seus pais, pedindo para que fosse ver a mãe urgentemente naquela noite, pois ela adoecera gravemente. O feitor não contestou sua desculpa, tampouco Roberto, que nesse ponto ele era tolerante quanto às saídas da esposa.

– Ali – agitou-se Inaiá quando seus grandes olhos baços avistaram Silas caído ao chão. A visão provocou-lhe um arrepio na alma e uma pergunta inevitável: estaria ele ainda vivo?

A charrete de luxo parou. Sem temer, ela foi até Silas, curvou-se sobre seu peito, e ao ouvir seu coração batendo sentiu-se menos amargurada. Pegando com cuidado em seu rosto tentou reanimá-lo, mas ele permaneceu rígido e inacessível por algum tempo.

– Você... – murmurou ele ao reconhecê-la.

O estômago doía e o ar lhe faltava, tornando-se cada vez mais difícil respirar.

– Acalme-se – pediu ela, gentilmente – nós vamos tirá-lo daqui.

Ao tentar se levantar, Silas grunhiu:

– Ahr!

Com um aceno de Inaiá para o escravo, o negro se aproximou e disse para Silas:

– Segure firme em minha mão, vamos.

Silas tentou.

– Mais firme – pediu o escravo.

Mas a mão de Silas, suja e ensanguentada, deslizava até se soltar. Então, ele agarrou com toda força o colarinho do rapaz e o ergueu, e quando seus joelhos fraquejavam ele o escorou e o encaminhou até a charrete e o ajudou a entrar. Inaiá e Etelvina entraram a seguir. Silas queria dizer alguma coisa, mas não tinha forças.

– Respire fundo – pediu Inaiá, insistindo, a seguir, para que ele bebesse um pouco de água. Etelvina o ajudou a tomar.

– Obrigado.

– De nada, agora se tranquilize. Vou levá-lo para a estalagem da cidade e mandarei o médico ir examiná-lo. Quando estiver melhor, pedirei ao meu escravo de confiança que o leve de volta para a casa.

– Obrigado. A senhora está sendo muito gentil.

Ela procurou sorrir.

– Foi uma emboscada, sabe? Jamais pensei que seu marido fosse capaz...

– Ah, meu caro, Roberto é bem capaz de muito mais. É uma sorte você ainda estar vivo.

– Como soube de tudo?

– Eu deduzi o que ele pretendia fazer assim que você partiu de nossa casa. Quando ele montou o cavalo e partiu acompanhado de seus homens não tive mais dúvidas de que ele estava indo atrás de você. Fiquei a orar desde então e só soube onde poderia encontrá-lo quando ele chegou e eu, discretamente, fui falar com um de seus homens. Daí inventei uma desculpa qualquer para me ausentar da fazenda e... aqui estou.

– O que a senhora fez, ou melhor, está fazendo é muito perigoso, pode complicar sua vida.

– Agora já é tarde para eu voltar atrás.

Silas intensificou seu olhar de admiração para aquela mulher. Jamais pensou que ela poderia surpreendê-lo daquela forma, ser tão corajosa quanto se mostrava agora e, pensando melhor, nem ela teria imaginado que seria capaz de tanto.

Assim que chegaram à Serra Dourada, a charrete seguiu para a estalagem da cidade, a mais modesta e mais distante do centro da cidade, para não levantar suspeitas sobre o que Inaiá estava determinada a fazer. Foi Etelvina quem entrou no local e acertou tudo a pedido da sinhá. Assim que Silas, com a ajuda do escravo, desceu do veículo, ele novamente agradeceu Inaiá por tudo:

– Obrigado mais uma vez pelo que fez por mim. Se não tivesse me ajudado eu certamente morreria.

– Fiz somente o que meu coração mandou.

– A senhora é uma mulher admirável. Sou-lhe eternamente grato.

– O médico virá examiná-lo assim que o avisarmos. Espero que se recupere o quanto antes e esqueça esse episódio tão hediondo.

– Preciso mesmo me recuperar o mais rápido possível. Caso eu demore muito para voltar para a minha casa todos por lá ficarão preocupados comigo, pensando o pior. Agora, tentar esquecer o que me aconteceu, isso eu já não sei se serei capaz.

– Tente. Pelo menos tente.

– Fiz o que fiz por causa de Glória, minha cunhada, viúva do irmão de Liberata. Seu maior sonho é comprar Idausina sua irmã, mas agora, depois de tudo o que me aconteceu, depois de mais essa tentativa da nossa parte de comprar a moça, receio que o sonho de Glória jamais se realizará.

– Se dependesse de mim eu a venderia, já teria vendido Idausina para Glória há muito tempo, mas... É Roberto quem determina tudo, você sabe...

– Infelizmente eu sei.

Ela procurou sorrir, espantar a tristeza de seu rosto para lhe desejar sorte mais uma vez.

– Fique com Deus – concluiu ele.

A seguir foi levado para dentro da estalagem, até o quarto que iria ocupar, onde meia hora depois foi examinado pelo médico, a pedido de Inaiá.

Quando Silas chegou de volta à fazenda, todos se assustaram ao vê-lo com o rosto inchado, mal conseguindo andar e trazido por uma charrete.

– O que houve? – alarmou-se Liberata.

Ele precisou mentir:

– Fui atacado durante a minha volta para cá de Paço das Águas. Atacado por um sujeito endemoniado que roubou meu cavalo e fugiu com o pouco de dinheiro que consegui. Por sorte esse escravo passou por lá e me ajudou.

Liberata, Gianluza e Lamartine agradeceram ao negro, que sem demora partiu como Inaiá havia lhe pedido. Quanto mais demorasse para chegar à fazenda, mais perigo eles corriam de Roberto suspeitar do que haviam feito por Silas Barcelos naquele dia desde a madrugada.

E com isso perdeu-se mais uma vez a esperança de Idausina ser comprada das mãos do impiedoso e mau caráter Roberto Corridoni, ser humano que, como muitos do seu estilo, parecia ser inatingível, uma fortaleza protegida para sempre de qualquer consequência pelos seus atos maldosos e desrespeitosos para com seu semelhante.

Capítulo 19

Decisão auspiciosa

Dias se passaram desde os últimos acontecimentos. Com medo de que os Nunnari tentassem roubar Idausina de sua fazenda na calada da noite, Roberto pediu a seus homens que redobrassem a vigia em torno da senzala e que ficassem atentos aos passos da negra. Ele próprio ficou mais atento, por isso pôde ouvir, em surdina, uma conversa entre ela e Etelvina a respeito de Madalena, do quanto ela se preocupava com a moça, o quanto a queria bem, como a uma filha.

Imediatamente, Roberto quis tirar aquela história a limpo, para isso chamou o feitor de sua inteira confiança para falar a respeito.

– Então a escravinha predileta dos Nunnari se preocupa tanto com a selvagem, é isso?

– Sim, senhor – confirmou o empregado. – Trata a negrinha como se fosse sua filha. Eu diria mais, trata a selvagem como se fosse sua amante.

– Sei...

Os olhos de Roberto brilharam.

– Você diria, então, que ela sofreria um bocado se eu a vendesse?

O homem riu, matreiro.

– Oh, sim... Sofreria muito.

– Pois então é isso que eu vou fazer.

– O senhor diz... vender Madalena?!

– Isso mesmo! Eu quero ver aquela negra queridinha dos Nunnari sofrendo, sofrendo dia e noite.

O capataz ficou incerto se gostara ou não da ideia, não queria se afastar de Madalena, de quem vivia a abusar sexualmente quando bem queria.

– O que foi? – estranhou Roberto a quietude repentina do empregado.

– Nada, não senhor.

– Pois vá à cidade e deixe um comunicado nas tabernas informando que a escrava está à venda.

Diante da imobilidade do funcionário, Roberto gritou:

– Vá, homem, está esperando o quê?

– Agorinha mesmo, meu senhor.

Nem bem ele deixou o escritório, Inaiá entrou:

– Desculpe a intromissão, mas...

Roberto a fuzilou com o olhar.

– Meu marido pretende mesmo vender Madalena?

– Sim. O quanto antes. Aquilo é um bicho selvagem, já serviu aos propósitos que me fizeram comprá-la.

Inaiá arrepiou-se só de lembrar quais eram esses propósitos.

Quando Idausina soube da decisão de seu senhorio, chorou desconsoladamente. Inaiá tentou confortá-la.

– Gosto tanto dela, sinhá – desabafou Idausina quando conseguiu se controlar. – Não queria que se distanciasse de mim.

– Eu sei, minha querida, mas sua venda lhe trará algo de muito bom. Madalena não sofrerá mais os abusos que vem sofrendo desde que aqui chegou. Não será mais obrigada a viver acorrentada como vive.

– Nesse ponto a senhora tem razão.

Não levou mais do que um dia para que aparecesse um interessado na compra da escrava rebelde como já era conhecida por todos, por meio dos desabafos dos homens embrigados nas tabernas. O comprador era um sujeito mais interessado em fazer da pobre coitada um objeto sexual do que propriamente tê-la para o trabalho escravo. Foi em meio a tudo isso que Inaiá teve uma grande ideia. Se os Nunnari soubessem da venda de Madalena, poderiam comprá-la e, assim, ela poderia viver num lugar cercado de brancos mais humanos e decentes, especialmente ao lado de Glória, que tanto lhe queria bem.

Imediatamente ela mandou o escravo que era de sua confiança até Santa Mariana passar a informação para a família em questão. Que ele procurasse por Umbelina Nunnari em sua loja de secos e molhados na cidade e lhe passasse o recado. Nem bem o homem partiu, Inaiá foi até a Virgem Maria rezar para que um dos Nunnari chegasse a tempo para comprar a tal moça.

Ela não levara em conta até o presente momento que Roberto se recusaria a vender a escrava para qualquer um da família Nunnari ou envolvido com a mesma.

Foi um grande susto para ela quando reviu o tal sujeito interessado em comprar Madalena chegando à fazenda naquele final de tarde para comprar definitivamente a pobre escrava. Só não o fez, para seu total alívio, porque não dispunha da quantia que Roberto pedia pela moça.

– Se eu vender pelo preço que o senhor me oferece – explicou Roberto, decidido –, estarei tendo prejuízo.

O camarada teve de partir de mãos vazias.

Receosa de que outro aparecesse antes dos Nunnari para comprar Madalena, Inaiá juntou suas economias e pediu a um membro de sua família que fosse até Roberto, dizendo-se interessado pela compra da escrava e, depois da negociação, passaria para ela que, automaticamente, venderia para os Nunnari assim que chegassem lá. Era um plano e tanto, não podia falhar, alegrou-se Inaiá Amarante Corridoni.

Naquela mesma tarde, depois de tudo acertado com seu parente, Inaiá sentiu novamente perfume de mulher na roupa de Roberto. Aquilo a fez correr para o seu quarto, trancafiar-se dentro dele e chorar feito uma menininha assustada. As palavras de Silas Barcelos voltaram a ecoar na sua mente:

"A senhora ama seu marido, ama muito, eu sei, a senhora sabe... Ama da mesma forma que eu amo a minha mulher, e por amar demais foi que decidi não lhe contar a verdade. Para poupá-la da dor da traição."

"Quer dizer então que é verdade... Eu estava certa o tempo todo. Roberto realmente tem uma amante..."

"Eu sinto muito."

Aquilo deu forças a Inaiá para tomar uma outra atitude, uma que deixaria Roberto enfurecido e revoltado, mas que seria totalmente merecida por ele.

Na madrugada a seguir, ela se esgueirou da cama com cuidado para não despertar o marido, acendeu uma vela e seguiu para o escritório onde àquela hora teria a oportunidade de procurar por certos documentos sem ser perturbada por ninguém. Entre um e outro, encontrou o que queria: o documento de venda e compra de Madalena; mas não era só atrás desse que ela estava, ela queria também o de Idausina e assim que o localizou sorriu satisfeita. Colocou-o embaixo do de Madalena por um propósito muito específico, guardado em seu interior a sete chaves.

Ouviu então o que lhe pareceu serem passos vindo naquela direção. Era Roberto. Aqueles passos soavam como os seus e ela os conhecia bem, muito bem. Em questão de segundos ele irromperia o escritório e a encontraria ali, olhando aflita para ele, trêmula, bisbilhotando seus papéis, bisbilhotando o que não devia. Então lhe perguntaria, com sua voz de ódio, a de sempre: "O que está fazendo aqui?" e ela perderia a fala, tamanho o pânico. Seria capaz até de desmaiar em frente a ele, e tudo, enfim, estaria perdido para ela e Idausina.

No entanto, fosse Roberto ou não, algo o fez mudar de ideia. Agora os passos seguiam noutra direção; talvez fosse um truque. Ele sabia que alguém estava ali e se afastara para pegá-lo, deixando o lugar na surdina. Roberto era esperto, sempre fora... E agora, o que fazer? Todavia, a ânsia de fazer o que achava ser o certo pulsava dentro dela e dava-lhe a impressão de que não pararia enquanto não tivesse êxito. Tinha de ser rápida, o tempo estava correndo... Que Deus iluminasse seus passos e os deuses dos negros também.

No dia seguinte, para surpresa de Inaiá, um estranho apareceu na fazenda querendo falar com ela. Mentiu, dizendo que trazia notícias de um parente distante.

– Pois não? – disse ela, assim que se viu diante dele.

Ao seu discreto sinal, Inaiá percebeu que ele queria lhe falar a sós.

– O que é? – continuou ela assim que restaram somente os dois no recinto.

– Sou amigo da família Nunnari.

– Amigo?!!

– Sim. Trago um recado deles para a senhora.

– Diga, estou anciosa por isso.

– Eles receberam seu recado a respeito da venda da tal escrava chamada Madalena e...

– Eles ficarão com ela, não?

– Sim, mas me pediram para eu vir até aqui fazer a compra, pois se um deles vier, seu marido se recusará a vender a pobre moça para eles.

– É verdade, não havia pensado nisso.

– Pois bem, eu a comprarei e depois a repasso para eles.

– Maravilha, é uma ótima ideia.

– A que horas seu marido chega da cidade? Pretendo negociar com ele ainda hoje a compra da moça, antes que outro interessado apareça.

– Vá até a prefeitura e o procure por lá. Diga que eu o mandei procurá-lo. E, por favor, não diga que veio de Santa Mariana.

– A senhora pode ficar tranquila quanto a isso.

Inaiá suspirou aliviada e pediu que seu escravo de confiança fosse até a casa de seu parente avisá-lo de que os planos que ambos haviam traçado mudaram. O sujeito, ao receber o recado, não entendeu muito bem. Compreenderia melhor aquilo quando reencontrasse a parente.

Não demorou muito para que Roberto chegasse da cidade acompanhado do tal sujeito amigo dos Nunnari. Roberto, por momento algum, suspeitou que ele estava ali a mando de um dos membros da família que ele tanto detestava.

Bem nessa hora, Inaiá achegou-se a Josefina, pegou nos seus ombros e disse, seriamente:

– Filha, se você preza o meu amor por você, por favor, eu lhe imploro, faça o que lhe peço sem me pedir explicação.

– A senhora está me assustando, mamãe.

– Por favor, Josefina. Um dia, minha querida, um dia você compreenderá o porquê deste meu pedido. E se alguém lhe perguntar algo depois, sobre o que quero que faça, não conte a verdade a ninguém.

– A verdade?...

– Que fui eu quem pediu para você fazer o que fez.

– Se é tão importante assim, mamãe.

– É, filha. É para salvar uma vida.

– Eu faço, diga o que é, que eu faço.

A mãe beijou a testa da garota e sorriu, derramando-se em lágrimas.

– Eu sabia que poderia contar com você, minha adorada.

A seguir, cochichou no ouvido da menina de 11 anos o que precisava que ela fizesse.

Nesse ínterim, Roberto tirava do cofre o documento que necessitava para consumar a venda de Madalena. Analisou-o de cima a baixo e sorriu satisfeito. Era o documento de compra e venda de Madalena, assim, ele o levou para escrivaninha e preparou a pena para assiná-lo. Foi bem nesse momento que ouviu-se o berro agudo de menina.

163

– O que foi isso? – alarmou-se Roberto, deixando de lado o que estava prestes a ser feito. – Pareceu-me ser Josefina!

E de fato era, Inaiá apareceu à porta e falou, desesperada:

– Roberto, é Josefina, a pobrezinha rolou escada abaixo, está desacordada!

– O quê?!

Ele imediatamente correu para lá, acompanhado do comprador. Assim que se foram, Inaiá correu para dentro do escritório e rapidamente inverteu a ordem dos documentos, colocou o documento que estava abaixo do que Roberto estava prestes a assinar por cima e rezou mais uma vez para que o marido não notasse a substituição.

Inaiá sorria satisfeita quando avistou Mássimo embaixo do batente da porta. Ele olhava para ela com curiosidade e ela acabou se traindo pelo olhar.

– O que a senhora está fazendo? – perguntou ele em tom reprovador.

– E-eu?! Nada de importante, Mássimo. Como está Josefina? Vamos vê-la.

A mãe, fingindo naturalidade, puxou o filho pelo punho e caminhou até lá. Roberto amparava a menina em seus braços. Assim que viu a mãe chegando, como combinado, ela fingiu melhoras.

– Papai – balbuciou a menina.

– Oh, filhinha, como está?

– Bem, caí da escada sem querer...

– Você deve ter torcido o pé.

– Deve ter sido.

– Vou mandar chamar o médico para vir examiná-la.

– O senhor acha mesmo que deve?

– Sim.

Voltando-se para Inaiá, Roberto passou a ordem. Em seguida, voltou para dentro da casa, levando a filha nos braços. Só então dirigiu-se para o escritório para terminar o que havia começado. Estava tenso e suarento. Assinou o documento sem se ater ao fato de que havia sido trocado. Em seguida o entregou ao capataz, ordenando que entregasse ao comprador sua mais nova aquisição. Despediu-se do sujeito e voltou para junto de Josefina que permanecia estirada no sofá da sala assistida pela mãe, irmãos e escravas.

– Como está passando? – perguntou ele, acariciando sua cabecinha.

– Bem, papai.

– E quanto ao médico – quis saber ele a seguir, ansioso por sua chegada.

– Como Josefina melhorou – explicou Inaiá –, achei que não seria necessário chamá-lo, Roberto.

Ele voltou-se como um raio para ela.

– Quem você pensa que é para achar alguma coisa?

– É que Josefina me parece tão melhor.

– Mande chamar o médico agora e que ele venha o mais rápido possível.

– Está bem, Roberto, se assim você deseja.

Sem mais delongas, Inaiá foi transmitir o recado a um dos funcionários do marido. Bem nesse momento, o comprador recebia a mercadoria adquirida e partia após fazer um aceno para Inaiá.

Inaiá sentiu seu peito se incendiar de alegria ao ver que seu plano havia dado totalmente certo. Não se lembrava de ter experimentado um sentimento como aquele antes, uma mistura cruel de prazer e vitória. Não conseguiu impedir que algumas lágrimas rolassem por sua face. Quando conseguiu falar, sua voz soou embotada de tristeza:

– Seja feliz ao lado de sua irmã, Idausina. Você merece.

Ela novamente sentiu seu peito se incendiar de prazer e vitória. Agora era por ter indiretamente se vingado do marido por ele tê-la traído com outra durante todos aqueles anos. Ele a fizera de tola sem ter consideração alguma por seus sentimentos, agora era ela quem o trataria da mesma forma.

Minutos depois, na senzala, Roberto se encontrava ali para ter certeza de que Idausina ficara simplesmente arrasada com a venda de sua querida Madalena. Queria mirar bem nos seus olhos, tristes, certamente, para que ela entendesse de uma vez por todas que os brancos são brancos, superiores e podem tudo e os pretos são pretos, inferiores, e devem ser submissos aos brancos. Roberto se sentia mais uma vez vitorioso em relação a toda aquela história, envolvendo Idausina, sua irmã Glória, seu marido morto, Maurizio Nunnari, e sua irmã Liberata, bem como toda a sua família.

Assim que encontrou o feitor, Roberto, falou:

– Traga-me a escrava!

– Ela?!

– A escrava, seu imbecil... A...

Ele interrompeu o que ia dizer ao avistar Madalena. Voltando os olhos em brasa para o empregado que diante dele se encolhia todo de medo, falou:

– Posso saber o que essa maldita escrava ainda está fazendo aqui na senzala?

– Qual delas, meu senhor?

– Aquela endemoniada – explicou ele apontando com o dedo.

O feitor olhou para a bela negra, depois para o patrão umas duas, três vezes, procurando entender.

– Madalena... o senhor se refere à escrava Madalena?

– Sim, sua besta! A própria! Por que a trouxeram de volta para a senzala? Ainda há pouco...

– Não trouxemos ela de volta para a senzala, meu patrão.

– Não?! Como não, ainda há pouco, pela janela da casa-grande, vi quando ela subiu na carroça do sujeito que acabou de comprá-la de mim.

– Madalena nunca saiu daqui, meu senhor.

– Saiu sim... Como disse, a vi minutos atrás na carroça... Foi vendida!

– Vendida?!

– Estou por acaso falando com uma anta?

O homem engoliu em seco.

– Desculpe-me, senhor, mas não estou compreendendo nada.

– Eu é que não estou... Espere, cadê Idausina?

Roberto não esperou pela resposta, começou a procurá-la em ziguezague por entre os escravos, caminhando pelo local aos tropeções.

– Cadê ela? – perguntava assim que encarava uma escrava. – Cadê ela? – berrou.

Mudou de direção, aproximando-se do fundo da senzala. Não conseguia introduzir ar suficiente nos pulmões; o desesespero não permitia.

– Cadê aquela negra safada?

O berro assustou ainda mais a todos.

Naquele instante, qualquer coisa de terrível e obscuro começou a se agitar dentro dele. Olhou para adiante com crescente pavor enquanto uma nuvem de dolorosa frialdade o envolvia pouco a pouco.

– O que está acontecendo por aqui?

O feitor, trêmulo e pingando de suor de desespero, correu até ele e, tropeçando nas palavras, tentou explicar:

166

– A danada, meu senhor...

– Desembucha!

– Pois bem...

Ele agarrou o empregado pelo colarinho e gritou:

– Fale, rápido!

– Idausina... o senhor vendeu a escrava, não se lembra?

– Não, seu estúpido, cretino, bossal! Foi Madalena que eu vendi! O novo proprietario levou-a daqui há pouco!

– Desculpe-me senhor, mas o documento dizia Idausina.

– Não, seu energúmeno, dizia Madalena! M-a-d-a-l-e-n-a!!! Eu mesmo verifiquei antes de assinar.

– Eu li para confirmar a venda e estava escrito...

O homem foi arremessado ao chão sem nenhum dó.

O coração de Roberto batia disparado; ele quis gritar de ódio, mas foi em vão, porque todos os sons se aglutinaram e congelaram em sua garganta. Gritou, mas apenas mentalmente. Encontrava-se, agora, diante do aspecto mais hediondo da situação: como pudera ser tão estúpido a ponto de trocar o documento e assiná-lo errado? Aquilo era incocebível e imperdoável para ele.

– Aquela danada... – sibilou espumando de ódio –, foi vendida por engano... Devo ter me atrapalhado na hora em que estava assinando o papel... Devo ter assinado o documento errado por engano.

Um gemido de angústia soou em seu peito. Tentou mover-se, mas estava entorpecido; um peso negro e monstruoso o prendia ao lugar. Então, voltou-se para o feitor que acabava de se levantar e ordenou:

– Prepare o meu cavalo, o seu e dos homens... Nós temos de ir atrás daquela carroça que saiu há pouco da fazenda. Temos de impedir que aquela escrava chegue ao seu novo senhorio. Seja ele quem for!

Em questão de minutos o feitor preparou tudo. Quando Roberto entrou na casa, cuspindo fogo, Inaiá, ainda que incerta, perguntou-lhe:

– Meu marido está bem? Aconteceu alguma coisa?

Ele parou, mirou os olhos dela com os seus, saltando as órbitas de ódio e foi bem claro:

– Não, mas vai acontecer! Vai rolar sangue dentro e fora dessa casa!

Inaiá se encolheu toda. Teria ele descoberto que ela tomara parte em tudo aquilo?

Um minuto depois, ele montava seu cavalo e partia ao lado de seus homens armados.

– Eles não devem estar muito longe – falou. – A uma hora dessas, devem estar a menos de quarenta minutos de distância de nós. A cavalo os alcançaremos!

Um dos capangas arriscou uma pergunta:

– Como saber que direção tomaram, meu senhor?

– Não seja estúpido, seu energúmeno – bramiu o feitor. – Era nessas horas que ele descontava no mais fraco o que recebia do mais forte. – A carroça só pode ter seguido para Paço das Águas onde fica o dono da nova fazenda.

– Sem dúvida – concordou Roberto.

E para lá foram eles.

Enquanto isso, na carroça que levava Idausina...

– Oh, Deus... – rezava ela.

– Por que tanto nervosismo? – indagou o homem que conduzia o veículo.

– Estou receosa de que o Senhor Corridoni descubra que estou seguindo no lugar de Madalena. Ele vai ficar uma fera!

O sujeito fez sinal de incompreensão.

– Por isso corra o mais rápido possível... – reforçou Idausina sem perder a gentileza.

Não foi preciso pedir duas vezes. O homem seguiu, exigindo o máximo dos cavalos.

Nesse ínterim, Roberto e seus homens seguiam pela estrada que levava até Paço das Águas.

– Senhor – dizia o capataz –, já paramos pelo menos umas cinco carroças... Uma pelo menos deveria ter sido a que levava a escrava. Eles não podem ter ido tão rápido assim.

– É sim, meu senhor... – opinou um dos capangas.

Roberto, pensativo, respondeu:

– Se eles foram rápido é porque temeram que eu descobriria o meu equívoco.

– Como assim?

A pergunta do capataz não foi respondida. Roberto freou o cavalo e voltou os olhos para trás enquanto seu semblante mudava de opinião.

– Eu fui um estúpido – berrou. – Estúpido, estúpido, estúpido!

Virou-se para o feitor e gritou:

– E graças a você, seu imbecil!

Com um pontapé derrubou o empregado do cavalo. Roberto, por pouco, não se atracou com ele.

– O que fiz de errado, meu senhor?

– Você nos conduziu para cá... Eles não tomaram essa estrada, tomaram a que leva a Santa Mariana...

– Mas meu senhor...

– Não percamos mais tempo. Sigamos para lá, direto!

Enquanto isso, na fazenda Millenotti todos oravam para que o amigo da família tivesse êxito na compra de Madalena. Mal sabiam que, na verdade, era Idausina quem fora comprada e finalmente seguia para lá. Inaiá, por sua vez, também orava diante da Imagem da Virgem Maria para que seu plano tivesse o êxito esperado.

E foi mesmo com a graça de Deus que Roberto e seus homens não conseguiram encontrar a carroça que conduzia Idausina para Santa Mariana. Prevendo que Roberto Corridoni e seus homens os seguissem assim que descobrissem o que houve, por sugestão de Idausina, eles tomaram uma outra estrada, por meio das fazendas, uma mais demorada de seguir, mas que os protegeria de serem impedidos de completar a viagem. Depois de parar quase todas as carroças que encontrou pelo caminho para ver se Idausina não estava ali, Roberto voltou para casa se sentindo derrotado e cuspindo fogo pelas ventas.

Capítulo 20

Entre alegrias e revoltas...

Roberto adentrou sua morada feito um raio e se dirigiu para o escritório onde se sentou atrás da escrivaninha e se descabelou num gesto descontrolado.

– Eu não entendo – remoía a pergunta que parecia que nunca mais iria se calar dentro dele. – Como posso ter confundido os tais documentos?

Inaiá tentou dizer alguma coisa, mas ele a mandou calar a boca. A mulher baixou a cabeça em sinal de submissão como era de seu feitio. Mássimo e os demais irmãos assistiam também calados ao drama do pai.

– Deixe-me rememorar os fatos – continuou Roberto puxando pela memória. – Eu estava aqui, bem diante desta escrivaninha, pronto para assinar o documento quando...

Mássimo tomou a liberdade de ajudar o pai:

– Quando Josefina deu aquele grito e todos correram para ir ver o que tinha acontecido.

Roberto, olhando agora com admiração para o filho, falou:

– Você tem razão, Mássimo! Toda razão! Foi isso mesmo que aconteceu. Aí voltei para cá, estava agitado, assinei o documento rapidamente, pois estava com pressa de levar Josefina ao médico na cidade. Foi a pressa e o desespero que fizeram me confundir... Maldita hora para Josefina ter caído daquela bendita escada.

O silêncio pairou no ar da sala a seguir.

– Ou... – murmurou Mássimo Corridoni.

O pai voltou novamente os olhos para o filho.

– O que foi que disse, Másimo?

O garoto olhou para a mãe antes de repetir:

– Ou... Eu disse "ou", papai.

Inaiá olhava agora com olhos suplicantes para o filho, enquanto Roberto olhava para o adolescente com olhos de quem quer muito entender.

– Ou, o que, Mássimo?

O filho engoliu em seco e depois de certa hesitação falou:

– Ou o senhor, na hora em que tirou os documentos do cofre, por estar na penumbra não leu direito o nome da escrava... Talvez tenha lido certo, sim, mas puxou o documento errado. O de Madalena deveria estar por baixo do da Idausina.

– Você quer dizer, o de Madalena deveria estar por baixo do de Idausina...

– Ou isso.

Filho e mãe se entreolharam novamente. Roberto parecia mais tranquilo depois de ouvir a suposição do filho.

– De qualquer modo, eles tiveram uma sorte danada. Conseguiram me enganar mais uma vez. Tenho a certeza de que aquela família de pecadores está por trás da compra de Madalena e, por sorte, acabaram comprando Idausina, que era o que eles mais queriam.

Ele suspirou.

– De qualquer modo, se Idausina foi comprada mesmo por uma pessoa que não tem nada a ver com aquela família, eles não conseguirão encontrá-la tão facilmente. Talvez, nunca mais a encontrem.

Um sorriso de satisfação despontou na face bronzeada de Roberto Corridoni.

Enquanto isso, na fazenda Millenotti...

A família toda estava reunida na sala do grande casarão... Cada um segurava uma taça com vinho para brindar o grande acontecimento. Liberata sorriu, entre lágrimas, e levou a taça até fazer tim-tim com a que estava na mão de Glória Nunnari.

– O bem triunfou no final! – disse ela com voz embargada.

Glória abraçou a cunhada, tendo o cuidado para não derramar o líquido da taça e chorou com ela. A seguir foi a vez de Liberata brindar com Idausina sua liberdade.

— A você, Idausina! À sua liberdade!

A moça, também chorando, beijou a italiana no rosto, expressando todo o seu agradecimento, sua disposição e os riscos que correu para libertá-la.

— Sou muito grata a você, Liberata. Muito grata.

A seguir foi a vez de Silas elevar a taça, brindando a grande conquista. Ele queria tanto contar-lhe o que foi capaz de fazer para libertá-la, mas não podia, sabia que não podia.

Depois veio Gianluza e Lamartine, a seguir Humberto e Umbelina.

Quando Roberto se recolheu, logo todos se recolheram. Somente Inaiá permaneceu na sala à luz de velas, que vez ou outra dançavam à brisa. Estava reflexixa, muito reflexiva a respeito de tudo que havia feito para ajudar Idausina. Em sua mão havia um terço. Segurava-o com força.

— Fiz a coisa certa, não fiz? — perguntava baixinho, em meio à respiração ofegante, sem saber ao certo a quem. — Sei que fiz... Tenho a absoluta certeza de que sim... Oh, Deus... Não me faça me arrepender do que fiz. Não, por favor.

Ela suspirou e foi até a cozinha preparar um chá para acalmar os nervos. Quando voltou à sala, por pouco não gritou de susto ao avistar o filho mais velho diante da janela, olhando para a escuridão lá fora.

— Mássimo! Pensei que havia ido dormir.

O adolescente de quase 15 anos nesta época, sem se virar para ela, respondeu:

— Fui, mas acabei mudando de ideia.

— Quer um chá?

— Não, obrigado.

Fez-se um silêncio profundo a seguir, algo que a princípio incomodou Inaiá. Quando se acostumou a ele, Mássimo falou:

— Mamãe...

Inaiá gelou ao chamado do filho.

— Sim, filho.

Só então o adolescente se voltou para ela. Seu rosto estava lívido, o que muito espantou Inaiá.

— Diga, Mássimo, o que foi?

Ele parecia em dúvida se deveria dizer, e se o fizesse que palavras deveria escolher para formular a frase. Ele acabou resumindo tudo num simples:

– Por que, mamãe? Por que a senhora fez aquilo?

– Filho...

– Responda-me. Por que a senhora trocou os documentos?

Inaiá, abatida, deixou seu corpo cair na poltrona e escondeu o rosto entre as mãos.

– A senhora traiu o meu pai, minha mãe – continuou ele aproximando-se dela. – É inacreditável que ele ainda não tenha percebido que a senhora foi a única a não correr para ver o que tinha acontecido a Josefina.

Ela ergueu a cabeça e o encarou com seus olhos vermelhos e lacrimejantes. Disse:

– Seu pai não é perfeito como você pensa, Mássimo. Ninguém é.

– Papai é o mais perfeito dentre todos os homens da Terra, minha mãe. Por isso é admirado pela cidade, tem sorte na vida.

– Eu também pensava assim. Mas...

– Mas?...

– Mas ele não é perfeito e um dia você vai lembrar do que lhe digo agora.

– Se o papai souber que foi a senhora...

– Você não tem provas...

– Minha palavra bastaria para que ele acreditasse em mim.

– Talvez.

– O fato é que a senhora poderia ter sido pega por ele e... Por que, minha mãe, por que correu esse risco por uma...

– Escrava?

– Por um animal fêmea.

– Você é ainda muito, mas muito jovem para compreender certas verdades sobre a vida, Mássimo. E eu não o recrimino, pois eu, na sua idade, também tinha uma cabeça imatura como a sua. A vantagem de envelhecermos é que ganhamos sabedoria com o passar dos anos e isso é muito bom.

Ela tomou ar antes de completar:

– Nem todos ganham essa sabedoria, logicamente, mas... Os que se deixam ser abençoados por ela transformam suas vidas numa vida mais gratificante.

Novo suspiro e ela continuou:

– Sabe por que eu vou à igreja todos os domingos, Mássimo?

O menino fez ar de interrogação.

173

– Não é porque meus pais me ensinaram a ir, porque fica bem para uma mulher de berço, casada com o prefeito da cidade, comparecer à missa todos os domingos. Não, não é por nada disso. Vou porque quero conhecer um pouco mais sobre o Criador, o Pai, e sobre Jesus, o filho, e o Espírito Santo. Quero ouvir palavras de conforto e sabedoria durante o sermão ainda que o sermão não seja tão claro e coerente como acredito que deveria ser. Vou para rezar de fato pelo bem, o bem de meus filhos e da humanidade. Para que o bem triunfe no final e sejamos mais felizes e pacíficos. Se Deus nos deu o direito de escolher entre o bem e o mal, entre ficar do lado do bem ou do mal, fazer o bem ou o mal ao próximo, por que ficar do lado do mal? O que se ganha com isso? Eu, particularmente, não vejo ganho algum.

O adolescente, ainda olhando seriamente para a mãe, quase sem piscar, falou:

– A senhora sabe que eu posso muito bem complicar as coisas para a senhora, não sabe?

– Talvez... Mas não fará, eu sei que não fará.

– De onde vem tanta certeza?

Ela levantou-se, foi até ele, mirou seus olhos vivos e respondeu com autoridade:

– Não fará porque sou sua mãe, Mássimo.

Pegou a mão dele e a encostou na altura do seu ventre.

– Porque você deve sua vida a mim. Foi daqui que você nasceu. Foi aqui, bem aqui dentro de mim, que eu gerei você durante nove meses. Nove longos meses. E depois o amamentei e...

Ela parou, voltou os olhos para o passado e completou:

– Quando Cecília e Matteo nasceram, você tinha apenas um ano de idade e ainda mamava. O bico dos meus seios estavam doloridos, não suportava mais dar de mamar para vocês três... Então Tunái me ajudou. Ela havia acabado de dar à luz a uma criança e tinha muito leite e, por isso, ofereceu-se para dar de mamar para você e seus irmãos.

O rosto do garoto se contorceu de nojo.

– A senhora quer dizer que eu mamei da teta de uma escrava?

– Sim. Você, Cecília e Matteo! E se não tivessem mamado não teriam a saúde que têm hoje.

O menino estava boquiaberto de nojo.

– O papai sabe disso?

– Não, ele não teria aceitado. Mas foi graças a essa escrava que você cresceu forte e sadio e é e será o orgulho do seu pai. Em outras palavras, por racismo, muitas vezes, muitas pessoas deixam de fazer o bem até a si mesmas e a quem tanto amam. Eu quase deixei isso acontecer comigo e vocês, porque era racista, porque me ensinaram a ser, mas num momento de luz, percebi que tudo isso era uma tremenda bobagem... Uma afronta a Deus. Por que Jesus dizia: amai-vos uns aos outros como eu vos amei!

– Ele se referia aos brancos, minha mãe.

– Não, Mássimo, ele se referia a todos os filhos de Deus, não importando a cor!

O garoto não soube mais o que dizer. Estava atônito, percebeu Inaiá. Conhecendo bem o filho, ela disse:

– Fique tranquilo, eu jamais direi a ninguém que você mamou, se fartou e refestelou com o leite materno de uma escrava.

Mássimo assentiu, baixou a cabeça e deixou o aposento. Inaiá estava surpresa consigo mesma, admirada por ter enfrentado o filho, ter-lhe dito tudo aquilo que poderia muito bem complicar sua vida com Roberto, caso ele lhe dissesse alguma coisa, mas naquele momento a coragem prevaleceu e ela estava feliz por aquilo. Felicíssima!

Naquela mesma noite, Idausina encontrou Silas do lado de fora da casa-grande, parecendo contemplar as estrelas. Ela aproximou-se dele e disse:

– Quero lhe agradecer, do fundo do meu coração, pelo que fez por mim. Sei que se arriscou indo até meu antígo senhorio...

Ele, tenso, falou:

– Você deve estar me confundindo com alguém, Idausina. Eu jamais estive na fazenda dos Corridoni.

– Não?! Mas eu o vi lá...

– Viu alguém, com certeza, mas não eu.

A negra mordeu o beiço, incerta se deveria ou não prosseguir. Por fim, disse:

– Sei que esteve lá, na fazenda, tentando me comprar.

Ele ficou de olhos alarmados.

– Não negue. Eu o vi.

Ele baixou a cabeça, sem graça.

– Deve ter seus motivos para esconder a verdade de todos, esconder esse seu gesto tão generoso para comigo. Eu respeito, fique tranquilo, nada direi do que sei.

– Obrigado.

Ela já fazia menção de partir, quando ele pediu-lhe que ficasse por mais tempo. Então, ele afrouxou o colarinho, encheu o peito de ar e se pôs a falar:

– Eu tinha um trunfo na manga contra Roberto Corridoni, sabe? Pelo menos pensei que tinha. Por isso fui até ele para chantageá-lo, forçá-lo a vendê-la para mim em troca do meu silêncio. Quando pensei tê-lo convencido, ele me armou uma cilada. Pegou-me na estrada de surpresa, com seus capangas, quando eu regressava para Santa Mariana. Apanhei muito, mataram meu cavalo, mas... quando tudo estava perdido fui salvo por uma alma boa: Inaiá Corridoni.

– A sinhá?

– Ela própria. Ela intuiu o que o marido pretendia fazer comigo e, por isso, foi atrás de mim. Encontrou-me todo arrebentado, estirado ao chão, incrédulo se poderia escapar dali ou não. Então, o escravo que a levara até lá, que guiara a charrete, me ajudou a subir no veículo e me levou de volta para Serra Dourada onde me hospedaram numa estalagem e recebi cuidados médicos, que o próprio escravo tratou de providenciar quando seguiam caminho de volta para a fazenda dos Corridoni.

– Dona Inaiá... quem diria...

– Ela foi formidável... de uma coragem...

– Admirável.

– Sim, admirável. Quando me recuperei, o escravo de confiança de Inaiá trouxe-me de volta para casa e eu dei a todos a desculpa de que havia pegado carona para poder voltar para cá. Inventei também uma desculpa qualquer para explicar meus ferimentos e, com isso, consegui encobrir a verdade.

Ela olhou bem para ele, com olhos pacientes e disse:

– Você não lhes contou nada do que aconteceu, por quê?

– Porque eu teria de explicar a todos que trunfo tinha em minhas mãos contra Roberto Corridoni.

– Um trunfo?

– Sim! Não sei se sabe, mas Liberata, minha esposa, cunhada de sua irmã, teve um namoro com ele quando eram adolescentes. Ele a iludiu para vingar a mãe, porque dona Gianluza, mãe de Liberata teve um caso com o marido dela, pai de Roberto.

Quando me casei com Liberata suspeitei, tempos depois, que ela não se casara virgem comigo. E mesmo sem eu ter provas conclusivas, fiquei revoltado e, por isso, me separei dela por longos anos. Quando reatamos, ela fazia compras em Serra Dourada para a loja da irmã, Umbelina, você sabe.... Algo que ela ainda faz.

Não me passou pela cabeça que era a mesma cidade onde Roberto Corridoni morava, e, bem, um dia, Inaiá Corridoni apareceu na loja de Umbelina procurando por Liberata. Ela suspeitava que o marido estava tendo um caso extraconjugal com ela, e por tê-la visto na cidade, tomando a mesma rua que o marido tomou, certa vez quando se dirigiu para uma casa humilde nas imediações, achou que era ali que os dois se encontravam e se amavam...

Umbelina não acreditou que Liberata faria aquilo, todavia prometeu falar com ela. Desde então, fiquei cismado e um dia decidi pegar os dois em flagrante. Fui para Serra Dourada, procurei saber de Roberto, onde trabalhava, esperei ele deixar a prefeitura e o segui até uma casa nos arredores de uma das extremidades da cidade. Levei uma arma comigo, para matar os dois a sangue frio.

Idausina arrepiou-se.

– Entrei na casa e peguei Roberto com a amante na cama, mas por sorte não era Liberata. Senti um alívio tremendo, mas também morri de vergonha por ter pensado que minha esposa estava me traindo e ter pensado em matá-la. Até mesmo sem tirar aquela história a limpo, o que teria sido uma tragédia e tanto. Ao partir, encontrei Inaiá Corridoni numa charrete de luxo estacionada do outro lado da rua. Ela me reconheceu de imediato, pois havíamos nos encontrado quando ela chegou a Santa Mariana procurando por Liberata. Parou-me na rua por coincidência para pedir informações de como poderia encontrar Liberata e eu lhe disse que era seu marido, e lhe indiquei o caminho.

Ele tomou ar e prosseguiu:

– Quando vi nos olhos dela, olhos de uma mulher literalmente apaixonada pelo marido como eu sou por minha esposa, fiquei com pena de lhe dizer a verdade. Porque se eu já sofrera um bocado, imaginando uma possível traição, quanto ela sofreria sabendo que realmente vinha sendo traída? Eu quis poupá-la dessa dor. Eu me pus no seu lugar e, por isso, não lhe contei a verdade. Inventei que Roberto entrará naquela casa para visitar uma idosa que estava acamada há muito tempo e...

– Ela acreditou?

– Sim, acreditou-me. Ainda que tenha suspeitado de algo, deve ter preferido a minha mentira à verdade.

Ele respirou e continuou:

– Por isso, Idausina, ninguém da minha família pode saber o que fiz, especialmente Liberata. Ela não me perdoaria novamente por ter duvidado de sua palavra, de sua fidelidade e amor por mim.

Idausina pousou a mão sobre a dele e foi sincera:

– Você tem razão. Você agiu certo escondendo-lhes a verdade.

Ele engoliu em seco e secou os olhos lacrimejantes.

– O importante é que você está salva, Idausina. E agora pode finalmente ser feliz ao lado de sua irmã.

– Obrigada. De qualquer modo sou-lhe muito grata por ter tido a coragem de ter ido falar com aquele homem medonho.

Ele procurou sorrir.

– Pobre sinhá... – murmurou ela a seguir. – Ama tanto o marido... se souber que ele tem uma amante...

– Ela agora sabe, Idausina.

– Sabe?

– Sim. Ela me ouviu chantagear o marido por detrás da porta e, quando deixei a casa, foi atrás de mim para tirar aquela história a limpo. Então, eu tive de lhe dizer a verdade nua e crua. Foi um baque para ela, percebi de imediato e me arrependi no mesmo instante de ter-lhe dito o que disse. Ela deve estar sofrendo horrores.

– Sim, a sinhá ama aquele demônio.

– É isso que eu não entendo... Como uma mulher tão boa pode amar um demônio como Roberto Corridoni?

– É mais um dos mistérios da vida.

Ele suspirou e prosseguiu:

– Você, que esteve morando por lá, que a conhece melhor do que eu, diga-me. Você acha que ela pode fazer alguma coisa contra o marido, como vingança...

– Contra o marido, não. Contra a amante, talvez. Mas, boa como é, penso que seu modo de se vingar dele seria de uma outra forma. Ferindo-o por outro meio.

– Qual?...

– Agora que me contou tudo, compreendo por que ela teve coragem de fazer o que fez.

Ele fez ar de perdido, de quem não está entendo nada, por isso Idausina explicou:

– Era para Madalena ser vendida, não eu! Então, subitamente, o feitor apareceu e me levou para a carroça... Não entendi nada a princípio, ninguém entendeu... Quando subi no veículo e o escravo condutor me pediu para ficar de cabeça abaixada, que eu não olhasse para o meu ex-dono, caso ele aparecesse ali, porventura, fiquei ainda mais confusa... Levou alguns minutos para que eu compreendesse de fato o que houve. De algum modo, Roberto Corridoni assinara o documento errado, ao invés do da Madalena, assinou o meu, mas como, perguntei-me. Só então eu compreendi o que aconteceu, ele assinara o documento errado porque alguém trocou os documentos na última hora sem que ele notasse. Foi um tiro no escuro, mas que por sorte acertou o alvo.

– Você acha que foi Inaiá Corridoni quem fez isso?

– Sim. Foi a forma que ela encontrou de me ajudar e, ao mesmo tempo, vingar-se do marido.

– Ele pode matá-la por isso.

– Matá-la? Não! Isso acabaria com sua reputação na cidade, e ele a preza muito. Melhor mantê-la viva ao seu lado, para fazer pose para a sociedade do que tê-la assassinada.

– Nossa!... Que história mais maluca, não?

– Sim, mas a vida é cheia delas.

Foi somente no dia seguinte que Josefina foi até a mãe para saber se havia feito tudo certinho, ajudando ela como precisava.

– Não precisa me explicar nada não, mamãe.

Inaiá tocou o rostinho da adolescente e sorriu, comovida:

– Só quero saber por que de nós três: eu, Florisbela e Cecília, a senhora escolheu a mim para ajudá-la?

Inaiá enxugou os olhos e foi sincera:

– Porque de todas, minha querida, de todas as filhas, é de você que seu pai mais gosta. É capaz de parar o que estiver fazendo para socorrê-la.

A menina assentiu, baixou a cabeça pensativa e voltou a falar:

– Pensei que os pais amassem os filhos por igual.

– Alguns sim, alguns não, depende. Ninguém é igual a ninguém. Cada um reage de uma forma ao que a vida nos tem a oferecer. Da mesma forma que nada na vida é igual... cada momento é único, cada história, uma história.

Josefina assentiu novamente, beijou a mãe e foi se deitar.

Inaiá voltou a rememorar os acontecimentos da tarde anterior e novamente se espantou com a coragem que teve de levar aquele plano maluco à frente. Um plano que mudou a vida de Idausina e de Glória, sua irmã, e certamente dos Nunnari.

Capítulo 21

Libertação!

Nos dias que se seguiram, Glória percebeu que Idausina andava inquieta e quis saber a razão.

— Estou preocupada com Madalena... Sem mim, deve estar sendo muito difícil para ela viver lá. Eu era a única pessoa em que ela parecia confiar e conversar e... Oh, pobrezinha, o que aqueles homens fazem com ela, os abusos que sofre por parte deles são, simplesmente, desumanos.

— O que podemos fazer, Idausina, senão nos conformar com isso?

— Não podemos simplesmente nos conformar, Glória. Você se conformou com a minha realidade? Não, não é mesmo?

— O que sugere?

— Invadir a fazenda durante a noite como você fez para me ver e libertar Madalena.

— Mas os escravos de lá não receberiam a culpa pela fuga dela?

— É um risco que teremos de correr. Se não corrermos o risco nunca a libertaremos daquele horror.

— Vai ser tão arriscado.

— Mas é, a meu ver, a única solução.

— Penso que o ideal seria mandar um dos escravos daqui até lá para libertá-la. Seria muito arriscado para você. Se a pegarem, não a libertarão mais.

— Nesse ponto você tem toda razão.

— Ótimo. Vamos falar com o Senhor Lamartine. Não quero fazer nada sem o seu consentimento.

– Com certeza.

E assim foi feito. Quando Lamartine Millenotti e Gianluza Nunnari souberam dos horrores que Madalena passava nas mãos do feitor e de Roberto Corridoni concordaram prontamente em ajudar a libertar a moça.

O escravo enviado para ajudar Madalena a fugir chegou à fazenda dos Corridoni no horário previsto. Sem delongas infiltrou-se pela cadeia de árvores que findava na senzala. O local já estava fechado àquela hora, por isso foi obrigado a escalar a cerca se quisesse concretizar seu objetivo. Ao saltar despertou muitos negros, que se calaram ao seu pedido de silêncio. Imediatamente ele procurou localizar Madalena e ao encontrá-la se pôs a soltá-la.

– Quem é você? – quis saber ela.

– Foi Glória e Idausina que me mandaram. Vim para libertá-la.

Não demorou muito para que a pobre moça se visse livre.

– Pronto, agora me acompanhe.

Madalena mal podia acreditar que estava finalmente livre das correntes. Admirava seus braços e pernas com lágrimas nos olhos.

– Venha.

Etelvina aconselhou:

– Vá com ele, Madalena, rápido!

– Ir? De que me adianta ir? Se eu fosse branca poderia me esconder em qualquer lugar, mas sendo preta, em que lugar posso me esconder?

Etelvina deu novo conselho:

– Idausina a ajudará a se esconder.

– Se eu for para perto dela, ela, a irmã e a família ficarão em perigo, pois será certamente o primeiro lugar para o qual o senhorio mandará seus homens me procurarem.

– Ele pode fazer isso certamente, mas se não se arriscar...

– Está bem, eu irei, mas não antes de acertar as contas com aquele desgraçado, não antes de fazê-lo pagar por todas as humilhações que me fez passar.

– Madalena, esqueça isso. Vá embora enquanto há tempo.

– Não, sem acertar as contas com Roberto Corridoni e o maldito capataz.

Sem mais delongas ela escalou a parede que cercava a senzala e saltou feito uma gata. O escravo enviado para libertá-la falou:

– Estarei esperando por você nas proximidades do mata-burro da fazenda.

– Está bem, mas se eu não aparecer daqui a uma hora é porque fui pega.

– Espero que isso não aconteça.

– Agora vá.

O negro já partia quando ela falou:

– E obrigada, obrigada por ter feito o que fez por mim.

Ele, emocionado admirou seus olhos mais uma vez e fez um aceno.

Sem mais delongas, Madalena correu para a casa do feitor e, por sorte, encontrou o dito cujo dormindo pesado por ter se alcoolizado à beça na noite anterior. Amarrou seus tornozelos e punhos a cama como ele próprio fazia com ela e o amordaçou. Foi só quando ela lhe pôs a mordaça que ele despertou e, ao vê-la, chocou-se duplamente por perceber que também estava preso daquela forma. Começou com grande esforço a tentar soltar seus punhos e pés, mas ela os amarrara tão forte quanto ele fazia com ela para depois abusar dela sexualmente.

– Agora você vai ter o que merece, seu demônio.

O horror tomou conta de vez dos olhos arregalados do homem. Madalena então, acendeu outra vela e mais uma e começou a deixar cair a cera quente sobre o corpo do homem, nas partes desnudas. Cada pingo um surto corporal, o suor aumentava, a dor e o desespero tornavam-se apavorantes.

– Você abusou de mim, seu demônio. Você e o demônio do seu patrão. Do menino eu não tenho mágoa, não! Foi induzido pelo pai a fazer o que fez, mas de você, seus colegas de trabalho e do demônio do seu patrão eu quero vingança. Vocês têm de provar pelo menos um pouco da dor que me causaram. Uma dor que atingiu a alma.

Madalena ficou ali torturando o capataz até se cansar, então, para encerrar, fez algo ainda mais dolorido e apavorante, algo que não fica bem comentar aqui. Deixando o homem preso agonizando na cama, Madalena dirigiu-se com um facão afiado para a casa-grande.

Pensou ter ouvido o som de botas, caminhando para lá, por isso ela recuou, amedrontada. Fosse quem fosse, usaria o facão com toda força contra ele, até deixá-lo aos pedaços.

Ela entrou e fechou a porta de mansinho, pôs a vela sobre a cômoda e ficou a observar o casal adormecido.

Adentrou o lugar sem nenhuma dificuldade e se dirigiu para a ala dos quartos em busca daquele que abrigava o casal Corridoni. Adentrou o recinto pé-ante-pé para não despertá-los até o momento que considerasse ideal. Levou quase cinco minutos até que ela se dirigisse até Roberto acamado e pusesse o facão bem rente ao seu pescoço, bem na altura de seu Pomo de Adão. Ao sentir a lâmina encostar na sua pele, ele levou a mão até lá para coçar o local, ao tocar o facão, despertou, assustado e seu modo brusco despertou Inaiá que por pouco não gritou de susto.

— A sinhá pode ficar tranquila – adiantou-se Madalena –, é ele quem eu quero. Conhecendo bem essa peste, sei que se eu tivesse subjugando a senhora, ou um de seus filhos, ele preferiria deixá-los morrer a ter de atender as minhas exigências.

Inaiá olhou ainda mais horrorizada para a escrava.

— Meu marido, não faça nada com ele, por favor. Eu lhe imploro.

— Só não farei se ele for bonzinho comigo. Se ele fizer tudo o que quero que faça por mim.

— Não farei nada por você, sua negra imunda.

— Imundo é você e cale essa sua boca se não quiser sangrar. Agora levanta, venha e saiba que sempre fui muito ágil com o facão.

Sem ver outra escolha, Roberto levantou-se e atendeu a ordem.

— Para onde quer que eu vá?

— Para o escritório, seu demônio.

— O que quer de lá?

— Você sabe...

Ele estremeceu de ódio.

— Não sei, não!

— Sabe sim. Quanto à sinhá, siga na frente, segurando a vela.

Diante da imobilidade de Inaiá, Madalena foi áspera:

— Quanto mais demorar, pior será para o seu marido.

— Por favor...

— Faça o que eu digo, rápido, antes que... Lembre-se que eu não tenho nada a perder.

— Faça o que ela diz, Inaiá – alterou-se Roberto, irritado.

Assim Inaiá seguiu à frente, iluminando o caminho com Roberto atrás dela e Madalena empunhando a ponta do facão nas suas costas. Chegando lá, a negra foi prática:

– Quero a minha alforria.

– O quê? Você acha que eu vou assinar...

– Vai assinar, sim, se quiser continuar vivo. Vamos, rápido.

– Os documentos não estão aqui.

Ela furou-lhe as costas de leve com a ponta do facão, fazendo-o gemer de dor.

– Quer que o fure mais?

Inaiá, desesperada, colocou a vela sobre a escrivaninha e foi até o cofre pegar os documentos.

– O que está fazendo, Inaiá?

– Quero você vivo, Roberto.

– Ora, sua...

– Aqui está – terminou ela, levando o papel até o marido.

– Obrigada, sinhá – agradeceu Madalena, transparecendo mais calma. – Agora assine o meu papel...

– Que papel, sua negra idiota?!

– A minha carta de alforria! Assine, vamos!

Roberto tentava ganhar tempo, acreditando que o capataz ou outro de seus homens aparecesse para dar fim a tudo aquilo. De repente, Homero entrou no aposento.

– Papai, o que está havendo por aqui? – perguntou ao ver o pai subjugado pela escrava.

– Afaste-se, Homero! – pediu Inaiá, desesperada.

O menino recuou. À luz da simples vela nada podia ser enxergado com clareza. Ouviu-se então a voz de Madalena ecoar no recinto:

– Assine a minha carta de alforria. E não tente me enganar porque vai ser pior para o sinhô.

Roberto quis se aproveitar da ingenuidade da moça e por isso assinou a carta de uma outra escrava. Assim ela fugiria dali com a carta errada e quando fosse detida pelas autoridades seria presa e devolvida a ele para que pudesse pagar por toda a humilhação que o estava fazendo passar naquele momento. Ao entregar para Madalena, a moça se enfezou:

– Pensa que não sei ler, seu demônio. Essa não é a minha. Na minha tem que constar meu nome. Vamos, pegue logo o documento.

Sem ter outra escolha, Roberto acabou assinando o documento em questão e entregou à moça. Decidiu atender a exigência não só para se ver livre daquilo o quanto antes, mas também porque suas costas doíam, a ferida aberta ali pela ponta do facão, sangrava.

– Muito bem – riu ela, matreira. Agora venha.

Os olhos dele se arregalaram de espanto:

– Como assim? Você disse que me soltaria se eu assinasse sua carta de alforria.

– Pois é, eu menti. Você virá comigo até onde eu quiser.

– Ora...

Inaiá interrompeu:

– Por favor, você já tem o que tanto queria, agora solte o meu marido.

– Não, sinhá. Ainda não.

Sem mais delongas ela forçou Roberto a seguir para fora do casarão. Nisso Mássimo e Matteo apareceram.

– O que está havendo por aqui?

Inaiá não respondeu, seguiu atrás de Madalena e de Roberto. Ao chegar à varanda descoberta, parou para observar os dois terminando de descer o lance de escadas em frente à morada. Juntou as mãos em tom de súplica. Foi bem nesse momento que Mássimo apareceu ali fora carregando a arma do pai.

– Mássimo! – surpreendeu-se Inaiá. – Onde conseguiu essa arma?

– É do papai.

Nisso Homero falou:

– Ela vai matá-lo! Ela vai matá-lo!

Mássimo empunhou a arma na direção de Madalena e Roberto e preparou-se para atirar.

– Não, Mássimo! Não atire! Você pode acertar seu pai.

O menino estremeceu diante do fato.

Então, num giro rápido, Roberto conseguiu se esgueirar da negra e correu de volta para a casa. Ela, enfurecida, foi atrás dele com o facão em punho, para fincar-lhe nas costas. O pé de Roberto enroscou numa moita e com isso ele foi ao chão. Madalena arreganhou ainda mais os dentes ao ver aquele que considerava agora sua presa, mais uma vez indefeso, na posição perfeita para ser dilacerado, sim, dilacerado pelo seu facão e a agilidade que ela aprendera a ter com ele.

186

– Vá para o inferno, seu demônio! – berrou ela.

Então um tiro varou a noite, naquela direção, acertando a escrava em cheio. Ela caiu por sobre as pernas de Roberto estirado ao chão que estremeceu ao ouvir o tiro e ao sentir o impacto da moça sobre ele.

Quando Roberto voltou os olhos para a varanda da casa, avistou Inaiá ao lado dos filhos. Não viu arma alguma na mão de nenhum deles, desmaiou sem saber quem havia atirado e lhe salvado a vida.

Capítulo 22

A nova geração

Nos quatro anos que seguiram desde os últimos acontecimentos, Cecília foi a primeira das meninas Corridoni a ficar mocinha. Quando isto aconteceu, a adolescente acordou com cólicas inusitadas. Ao deixar a cama ficou sem voz ao ver as manchas vermelhas no camisolão. Inaiá entrou no quarto naquele exato momento e ao ver o que havia acontecido, sorriu e procurou tranquilizar a filha.

— Isso acontece, Cecília, não se preocupe. Depois que tiver seu primeiro filho, você mal notará.

— Está doendo, como se fosse uma coisa fazendo pressão.

Inaiá balançou a cabeça:

— Eu sei, já passei por isso, toda mulher passa. Agora, deite-se novamente.

Nisso Florisbela e Josefina entraram no quarto.

— Cecília! — exclamou Florisbela. — Você se cortou? Onde?

— Calma vocês duas — pediu a mãe.

— Mas, mamãe...

— Sua irmã apenas menstruou. Sentem-se aqui, vou lhes explicar o que ocorreu, ou melhor, o que ocorre.

As filhas obedeceram. Inaiá puxou um banquinho de madeira e se sentou. A seguir, compartilhou com as filhas um trecho de seu passado:

— Eu tinha 14 anos quando menstruei pela primeira vez. Pensei que nunca fosse acontecer. Foi durante um almoço de domingo em família e tínhamos o padre como convidado. Eu usava um vestido azul claro lindo... O meu favorito na época. Mal pude acreditar quando meu irmão chegou a mim e disse:

"Você está sangrando!"

E eu respondi:

"Não estou, não! Só estaria se tivesse me machucado, me cortado com alguma coisa e isso, graças a Deus, não aconteceu."

"Você está sangrando, sim! Olhe para baixo!"

Quando vi meu vestido manchado de sangue, eu quis simplesmente morrer de medo e vergonha por me ver naquelas condições.

"Acalme-se, é natural que isso aconteça!", explicou minha mãe, surgindo repentinamente por trás de mim e me puxando para o quarto.

"Oh, mamãe...", murmurei chorosa.

"Eu e você vamos até o quarto onde você pode se lavar e trocar de vestido."

"O que será que houve? Onde foi que me cortei que nem percebi?", falei aflita.

Tinha a impressão de que todos em casa tinham visto o que me aconteceu e comentavam as minhas costas e pior, comentariam eternamente. Um horror.

– E comentaram? – agitou-se Cecília.

– Só se fizeram pelas costas, mas hoje já não me importo mais. Certas coisas, se quisermos ter paz, temos de aprender a deixar para trás, Cecília, compreendeu? É assim com tudo na vida, porque episódios desagradáveis podem acontecer e de que vale nos martirizar por eles eternamente?

– Episódios desagradáveis?

– É. Eles sempre acontecem. Para alguns mais do que para os outros, mas sempre vêm.

– Falando assim, a senhora me dá medo.

– É porque ninguém quer sofrer, Cecília. Ninguém.

Cecília, pensando na menstruação, opinou:

– Ser mulher não é fácil, não é mesmo, mamãe?

– Ser homem também não é, minha querida. Viver, em si, tem lá suas dificuldades, seus sacrifícios...

Cecília refletiu por instantes e comentou:

– Se eu tivesse o direito de escolha teria nascido homem.

Inaiá riu:

– Que bobagem.

Cecília defendeu-se:

– Eles são mais charmosos do que as mulheres.

Rindo, Inaiá explicou:

– Você pensa assim por ser mulher.

As duas continuaram conversando, trocando ideias, Inaiá respondendo às perguntas das três filhas, curiosidades naturais de meninas que se tornavam mulheres.

Minutos depois, Inaiá deixou o quarto para voltar em seguida trazendo-lhe um buquê de flores colhidos do canteiro em frente à casa.

– Agora que se tornou mulher deve agir como tal – disse ela. – Você tem muito que aprender sobre ser adulta, assim como eu continuo aprendendo.

Suas palavras a surpreenderam.

– Eu lhe trouxe estas flores como símbolo de sua passagem para o mundo feminino adulto. Para brindar o despertar dessa nova fase em sua vida. A mais profunda e desafiadora.

A filha abraçou o buquê e inspirou para sentir o delicioso perfume das flores.

– Hum... Que delícia!

Inaiá sorriu e sentou-se novamente ao lado da cama, no toco que servia como banco. Em seguida compartilhou com as filhas o que toda mocinha na idade delas, especialmente ela, a caçula, Josefina, deveria aprender sobre a vida.

– Nós, seres humanos, filha, somos movidos pelo desejo.

– Desejo?

– Sim, querida: desejo. O desejo de viver, prosperar, amar, ter filhos, o de viver experiências e o de conhecer lugares. Mas é o desejo sexual que fala mais alto dentro de nós. Ele é uma força, digamos assim, tão grande que, quando emerge de dentro de nós, é capaz de nos dominar muito além da razão, dirigir nossos passos e atos. Acontece tanto com o homem quanto com a mulher.

– Por que a senhora está me dizendo isso?

– Porque você se tornou uma mocinha... logo se apaixonará por um rapaz...

– Ora, mamãe, como pode saber que vou me apaixonar?

– Acontece com todos, filha. Todos, sem exceção. E a paixão é estimulada pelo desejo de estar ao lado de quem se ama e também de se entregar para quem se ama.

– A senhora quer dizer...

Cecília engoliu em seco, Josefina demonstrou interesse e Florisbela, idem.

– Sim, filha. O desejo de fazer sexo ou amor, como queira chamar, com quem se ama.

A menina fez ar de espanto. A mãe continuou:

– Na nossa sociedade é a mulher quem sempre paga mais caro por dar vazão aos seus desejos. Se ela gosta de um homem e se deita com ele, mesmo sendo solteira, será recriminada. Logo, será apelidada de vadia. Se é casada, será um ultraje para todos e malvista para sempre no meio em que vive. Se é viúva e se envolve com outro homem será tida também como indecorosa. Ainda que esteja livre para amar, viver uma nova relação amorosa será malvista.

Com o homem acontece completamente diferente. Ele pode se deitar com quantas mulheres quiser que seu ato será encarado como natural, chamado de "isso é coisa de homem". Ele pode até mesmo trair a esposa que também será tido como "normal", entre aspas.

Se a esposa descobrir que o marido a traiu e se rebelar contra ele, acabará vista por uns como pobre coitada e por outros como merecedora da traição, porque diz o ditado que o homem só vai buscar fora o que não encontra dentro de casa, com a esposa. Como vê, é sempre a mulher quem paga mais caro na nossa sociedade.

– Mas isso não está certo – protestou Cecília.

– Não está, mas infelizmente é assim que acontece no meio em que vivemos.

– Pois espero que um dia isso mude – opinou Florisbela que até então se mantinha calada, ouvindo tudo atentamente. Que o planeta regido por homens seja regido por mulheres.

Cecília se manifestou:

– Deus me livre! Vira essa boca pra lá, Florisbela!

– Por quê?! Você acha certo a mulher continuar a ser tratada como é tratada na nossa sociedade?

– Não, mas não quero assumir as responsabilidades dos homens. Quero deixá-los onde estão. Trabalhando nas plantações e colheitas, sob o sol a pino e muitas vezes sob chuva. Fazendo o trabalho pesado. Defendendo nossa casa, nossos filhos, sua mulher, com unhas e dentes! Não tenho muque para isso, Florisbela. Não sei nem pegar numa espingarda... Caçar, então, sou uma negação. Pescar?! Nem se fale.

Ela suspirou e prosseguiu:

– Detestaria ter de assumir aquilo que cabe ao homem fazer, quero mesmo é ficar dentro da minha casa costurando, cerzindo, bordando e cozinhando. E no futuro, criando meus filhos.

A mãe parecia se divertir um bocado com as filhas.

– Além do mais, ouvi dizer que o homem sempre morre mais cedo do que a mulher e da morte eu quero distância.

Florisbela parecia disposta a defender sua teoria com unhas e dentes:

– Temos de ser respeitadas, Cecília! Toda mulher tem de ser mais respeitada na nossa sociedade. Não quero que uma filha minha, caso eu gere uma num futuro próximo, sofra o que a mulher sofre hoje.

Inaiá opinou:

– E sofre mesmo. Em qualquer lugar do mundo.

– Pois nós deveríamos ser reverenciadas como deusas – continuou Florisbela, dramatizando a voz.

– Deusas?! – espantou-se Cecília.

Todas estavam espantadas com Florisbela, que parecia ter o dobro da sua idade.

– Sim, como deusas – continuou a garota de pouca idade –, pois somos nós mulheres que mantemos a vida. É por meio de nós que a raça humana continua existindo. Por meio do nosso ventre, abençoado ventre. Sem nós, não há procriação e sem ela não há humanidade. Por isso deveríamos ser respeitadas especialmente pelos homens, pois foi também de uma de nós que eles nasceram e podem comer, amar e rezar.

Josefina e Inaiá riram. Cecília se manteve séria e disse:

– Eu não quero assumir as responsabilidades masculinas; eu não, nunquinha! Quero ser respeitada, sim, mas sem ter qualquer tipo de responsabilidade masculina.

Inaiá e Josefina se entreolharam, achando graça da braveza e determinação de Florisbela, bem como da determinação de Cecília.

Foi nesse dia que Inaiá se perguntou mais uma vez: como pode três filhas, nascidas do mesmo ventre serem tão diferentes uma das outras?

E pensando nos meninos também chegou a mesma conclusão. O fato de que cada um nascia com uma natureza própria era incontestável, visível até para um deficiente visual.

Outras mudanças também ocorreram nesses últimos quatro anos... Mássimo Corridoni passou a cortejar Sílvia Calazans Frigeri, moça de fino trato, de olhos grandes, vivos, meio injetados. Era afetuosa e espontânea, e falava como uma matraca, o que aborrecia um bocado o rapaz, mas... foi a jovem que seu coração escolheu dentre todas que o pai lhe sugeriu.

Quanto a Sílvia, Mássimo foi sua terceira ou quarta opção, visto que outros bons partidos foram fisgados antes por outras moças tão ambiciosas ou até mais do que ela e sua mãe, porém, mais ágeis.

Matteo Corridoni, por sua vez, tornou-se um sujeito pouco atraente; de maneiras nervosas, incapaz de olhar direto no rosto de qualquer um; às vezes servil, noutras, truculento, pediu permissão ao pai de Catrina Gugliano para cortejar a moça que não se importou com o seu jeito abestalhado de ser, pois viu nele mais do que um homem que poderia fazê-la feliz, como sua própria mãe observou: nele havia também a garantia de uma vida abastada, algo que poucas mulheres tinham o privilégio de conhecer. Como podemos notar, a personalidade de Catrina não era muito diferente da de Sílvia Calazans Frigeri.

Quanto a Homero Corridoni, tornou-se um rapaz de cabelos pretos oleosos que chegavam a fazer cachos em sua nuca e sobre os olhos. Usava barba pelo simples propósito de deixá-lo com a aparência de um homem mais velho. Ser adulto, sem saber ao certo o porquê, era o que mais almejava desde que entrara na adolescência. Conhecera e se interessara ao mesmo tempo por Giselle Maringolo, um ano e meio mais velha do que ele, jovem de certa elegância, de modos calmos e eficientes. O cabelo era bem escovado e brilhante, derramado para trás. Não era bonita, mas tinha algo que os homens gostam, algo que somente eles podiam avistar no fundo de seus olhos.

Cecília Corridoni, por sua vez, começou a ser cortejada por Henrique Araújo que trabalhava com Roberto na prefeitura da cidade. O rapaz, de família humilde, recebera o consentimento do próprio Roberto para cortejar a filha, por conhecê-lo desde que começara a trabalhar ali, anos antes, quando ainda era um adolescente.

Quanto a Josefina e Florisbela, ambas ainda eram muito jovens para encontrar o que muitos chamam de "cara metade" ou "alma gêmea".

Foi a dedicação aos filhos que fez com que Inaiá, nesse período todo, ocupasse a mente, deixasse de pensar em Roberto com a amante. Esqueceu-se também, se é que era possível, do tiro que deu e matou, sem querer, Madalena, a escrava que para todos nascera mesmo só para sofrer. Seu consolo diante daquilo tudo era saber que Idausina, pelo menos ela, havia realizado o seu sonho de ser alforriada e poder viver ao lado da irmã, que tanto lhe queria bem, em meio a brancos que sabiam que todo ser humano, não importa a cor, casta ou religião são irmãos, pois são todos filhos de um mesmo Deus.

No começo de uma tarde primaveril, Cecília se preparava para receber Henrique na casa-grande da família. A jovem estava diante do espelho em seu quarto, girando de um lado para o outro, devagar, observando criticamente seu reflexo.

– Como estou, mamãe?

– Você está linda, filha.

– Mesmo?

– Mesmo.

– Não está dizendo isso só porque é minha mãe, está?

– Não, filha. Estou dizendo porque realmente você está linda.

A jovem acomodou-se diante da penteadeira e tentou ficar quieta enquanto a mãe ajustava o arco que prendia os cachos elaboradamente displicentes de seu cabelo.

– Será que o Henrique vai gostar, mamãe?

– É lógico que sim. Você ficou um encanto. Todos os olhares por onde passar, vão voltar-se para você.

– Só me interessa o olhar do Henrique.

Henrique estava parado na arcada da frente da casa a observar os campos esverdeados da plantação, que garantia e expandia a fortuna de Roberto Corridoni, quando a jovem apareceu.

– Henrique – chamou Cecília com sua delicadeza de sempre.

Quando ele a viu, seus olhos brilharam.

– Cecília, você está linda!

Ele tomou a mão da jovem, fez uma reverência e a beijou.

– Oh, Cecília... Sou um homem privilegiado por cortejar você.

A mocinha sentiu seu peito se inflamar. Em dado momento Henrique flagrou sua futura sogra observando-o com um sorriso orgulhoso no rosto. O coração de Inaiá palpitou de alegria por ver a filha ao lado de um moço íntegro, disposto a desposá-la e fazê-la feliz.

Cecília sentia-se flutuar diante das palavras românticas que Henrique encontrava dentro de si para cortejá-la. Aos 16 anos, Cecília havia se tornado uma adolescente de cabelos castanhos sempre presos no alto da cabeça num penteado de grande estilo no início do século dezenove; vestia-se muito elegantemente, fazendo uso de joias e broches. Sua voz era delicada, raramente variando de tom. Era o que podia se chamar de uma jovem mimosa e educada, porém, totalmente mimada.

Dias depois, na prefeitura, o rapaz de 18 anos, depois de muito tentar, finalmente encontrou coragem para pedir a jovem em casamento ao pai dela. Estava visivelmente tenso quando foi até Roberto pedir permissão para lhe falar:

– Senhor Corridoni, se o senhor tiver um minuto para mim, eu gostaria muito de lhe falar em particular.

– Pode falar, meu rapaz. Sou todo ouvidos.

– É sobre Cecília. Já faz um bom tempo que eu a venho cortejando e, bem, eu gostaria de pedir a mão dela em casamento.

Roberto mobilizou seu olhar nos de Henrique até fazê-lo desviar, sem graça.

– O senhor me desculpe se me apressei. Se pus a carroça adiante dos bois...

– Não, meu rapaz, não há do que se desculpar. Muito me estima o seu pedido, só quero que o faça na frente de todos, de minha família e de sua família amanhã na minha casa, à hora do jantar.

– Mas minha família é muito humilde, Senhor Corridoni.

– E desde quando humildade é problema? A meu ver é uma virtude.

Henrique sorriu.

– Amanhã estarei lá com meus pais.

Roberto assentiu.

No dia seguinte, à hora combinada, Henrique chegou com os pais à casa dos Corridoni. Inaiá, como toda boa anfitriã, esposa e mãe, fez questão de apresentar os filhos.

– Estes é Mássimo, meu filho mais velho, e sua noiva Sílvia Calazans Frigeri. Este é Matteo, gêmeo com Cecília, que vocês conhecem bem, de minha segunda gravidez...

– Quer dizer que Cecília é sua primeira filha? – surpreendeu-se a mãe do rapaz.

– Sim, a primeira, gêmea com Matteo.

Após a senhora fazer sinal de compreensão, Inaiá completou:

– E esta é Catrina Gugliano, a moça que Matteo vem cortejando e, com quem pretende se casar dentro em breve. Este é Homero e sua futura esposa Giselle Maringolo...

– Pelo visto – comentou a convidada com bom humor – esta casa em breve terá muitos casamentos.

– Sem dúvida – respondeu Inaiá, transparecendo ainda mais simpatia. – E, por último, aqui estão minhas filhas Josefina e Florisbela.

Todos cumprimentaram as visitas como mandava a boa educação. Em seguida a conversa correu solta. A mãe de Henrique estava realmente surpresa com a simpatia de Inaiá, conversando tão à vontade com ela que mais parecia uma velha amiga. Pareceu-lhe muito sincera quando elogiou seu vestido modesto que, comparado ao dela, mais parecia um trapo.

Minutos depois o jantar foi servido e, antes de ter início, Roberto pediu a todos:

– Antes de darmos início à refeição, oremos.

Diante do pedido do dono da casa, o casal Araújo teve certeza definitiva de que Roberto Corridoni era mesmo merecedor dos elogios que o padre lhe fazia durante as missas de domingo.

A seguir foi servido um jantar farto e saboroso.

Depois, quando se reuniram na sala, Roberto voltou-se para Henrique e falou:

– Chegou o momento, meu rapaz, de você... Você sabe...

– Venho esta noite aqui, na companhia de meus pais, pedir ao senhor, Senhor Corridoni a mão de sua filha Cecília em casamento.

Roberto, num momento raro de simpatia, sorrindo abertamente, respondeu:

– Muito me alegra o seu pedido, meu rapaz. Está aceito! Consinto que se case com Cecília e, com isso, entre para a família Corridoni.

Henrique Araújo mal podia se conter de alegria.

– E antes que me esqueça – completou Roberto, transparecendo grande satisfação – quero que saibam que vocês ganharão de mim uma casa para morar.

O sorriso no rosto de Henrique e Cecília se ampliou.

A seguir, todos brindaram o grande acontecimento.

– Não sei por que a Cecília vai se casar com esse moço – comentou Mássimo ao pé do ouvido de Josefina. – O papai disse que ele não tem onde cair morto.

– Mas terá, meu irmão, afinal, o papai é rico e pode deixá-lo muito bem financeiramente.

Mássimo torceu o nariz.

Dias depois, a mãe contou à Cecília todos os detalhes sobre a organização de uma casa, para que se tornasse uma jovem admiravelmente treinada para o casamento. Para se tornar uma boa dona do lar e uma boa esposa a jovem precisaria de tempo, de um bom tempo de prática até que estivesse realmente apta àquilo. Mimada como fora pela mãe e pelas escravas ao seu redor, que tudo faziam por ela, Cecília não desenvolveu as habilidades necessárias para administrar um lar, sozinha. E teria de fazê-lo, pois Henrique não tinha condições financeiras de comprar escravas para ajudar a esposa nos afazeres domésticos. Tudo o que ele podia lhe oferecer era uma vida modesta, extremamente modesta, na casa humilde que Roberto lhes daria para morarem.

Enquanto isso, os Nunnari viviam um dia triste pela morte de Lamartine Millenotti. Ao voltarem do sepultamento, Gianluza, as filhas, genros, a nora e os netos sentaram-se à mesa da grande copa da casa-grande para se servirem de pão com manteiga, leite, café e chá.

– Eu devo tanto a Lamartine... – desabafou Gianluza a certa hora. – Ele foi uma grande surpresa na minha vida... Um bem sem tamanho. Deu outro sentido a minha realidade, acolheu todos vocês como se fossem sua família de sangue. Ele foi, sem dúvida, um homem admirável.

Ela suspirou e, com certa tristeza, completou:

– Mas infelizmente, seu dia chegou. Assim terminamos todos nós, não é verdade?

Idausina, que também estava presente, perguntou:

– Do jeito que a senhora fala até parece que não acredita que exista vida após a morte.

– Acredito sim, minha querida, e tenho provas concretas disso. Vou lhe contar o que vivi anos atrás.

E foi assim que Idausina soube a respeito das cartas que o Senhor Filomeno Nunnari, pai de Gianni, escreveu para a esposa, fingindo ser o filho, e que Gianluza descobriu mais tarde terem sido ditadas por Gianni em espírito, pois não haveria como o senhor Filomeno saber da vida que ela levava com os filhos no Brasil, com tantos detalhes, senão por intermédio de um ser vivo no Além.

Idausina, surpresa e emocionada, comentou:

– Quer dizer que o sogro da senhora ocultou da esposa a morte do filho?

– Sim e até o final de sua vida. Fez o que fez para poupá-la do sofrimento que teria pelo resto da vida.

– Foi um gesto bonito, não acha?

– Sim. Uma mentira inocente, eu diria. Uma mentira compreensível.

Idausina concordou e, depois de breve reflexão, completou:

– A morte sempre me faz chegar à conclusão de que a vida é mesmo um ciclo infinito de histórias com começo, meio e fim. Uma história termina com a morte, mas outras, tantas outras recomeçam com a vida, por meio de novos nascimentos.

– Sem dúvida.

– Isso me dá a certeza de que a vida é mesmo infinita.

– Concordo com você – admitiu Gianluza, voltando os olhos para Gianni, seu neto querido, que ao perceber seu olhar, um de intensa admiração, foi até ela, abraçou e a beijou carinhosamente, externando todo o seu afeto.

Gianni já estava com 13 anos nesta época.

O final do ano de 1817 e começo de 1818 foi de muitos casamentos na casa da família Corridoni. Mássimo casou-se finalmente com Sílvia Calazans Frigeri, Matteo Corridoni, aos 17 anos, casou-se com Catrina Gugliano, Homero com 16, casou-se com Giselle Maringolo, com quase 18 anos completos e Cecília se casou com Henrique Araújo como ela tanto sonhava.

Não é preciso mencionar que todos os casamentos pararam a cidade de Serra Dourada e tiveram um grande *churrasco* para comemorar a data.

Nessa época os casamentos aconteciam após pouco tempo de namoro e, muitas vezes eram arranjados pelos pais ou incentivados pelos mesmos. Os que visavam a algum interesse financeiro tinham como extrema importância e urgência ver seus filhos e filhas casados com o que se chamam até hoje de um "bom partido".

Não entraremos em detalhes a respeito das famílias dos cônjuges que se casaram com os descendentes de Roberto Corridoni para não complicar a leitura, porque acarretam muitas ramificações. Falaremos somente daqueles que, de certo modo, foram importantes para o desenrolar da vida de cada um dos filhos de Roberto, que é o personagem central de nossa história.

Vale esclarecer que Roberto deu uma casa para cada filho morar na cidade. Foi graças a essa casa que Cecília pôde morar com o marido a sós, caso contrário teriam de morar com os pais do rapaz, pois Henrique não dispunha de dinheiro no momento sequer para se comprometer com o aluguel de uma casa.

Foi logo depois do casamento de Cecília que Josefina Corridoni conheceu Valério Buonvino, o moço que mudaria a sua vida. Ela havia acabado de deixar a paróquia onde um grupo de mulheres se reunia, pelo menos duas vezes na semana, para fazer orações.

Nem sua mãe, nem suas irmãs haviam ido com ela naquele dia à igreja. Deixaram-na incumbida de rezar por todas, o que era sempre mais fácil, visto que, desde essa época, já não se tinha muita paciência para rezar a não ser que se estivesse enfrentando algum problema muito sério na vida.

Aos 15 anos de idade, Josefina havia se tornado uma jovem de personalidade sensível e inteligente, revelando educação, contenção e uma habilidade muito rara nas pessoas: a arte de se pôr na pele dos outros antes de julgá-las, tal como fazia sua avó, Margarita Corridoni, nos áureos tempos de sua juventude. Fisicamente em muito se assemelhava a avó. A testa era quadrada, as orelhas e o nariz eram delicados... O traço que mais despertava a atenção eram seus olhos castanhos, de um castanho dourado. O cabelo no mesmo tom, naquele dia em especial estava bem preso numa rede. Sua voz era calma e sempre observava seu interlocutor com atenção.

Josefina caminhava em direção à charrete que a aguardava quando sentiu leves gotas de chuva. Ficou surpresa ao ouvir uma voz grave, chamando por ela:

– Senhorita.

Ela voltou-se para trás e avistou um homem, pelo menos uns dez anos mais velho do que ela, vindo na sua direção. Talvez fosse até mais velho, mas a aparência jovial o rejuvenescia. Ele tirou o casaco e entregou-lhe para se proteger.

– Cubra-se.

A chuva aumentou e foi isso que fez com que Josefina fizesse o que ele lhe pedira.

– Obrigada, você foi muito gentil.

Só então ela o encarou e, sem desprender mais os olhos dos seus, sentiu, pela primeira vez, seu peito se incendiar. Valério Buonvino era louro, de rosto sereno, que transparecia calma e inteligência no olhar. Depois de passar anos na faculdade de Medicina, dedicando-se totalmente aos estudos, acreditava estar pronto e livre para, finalmente, conceber uma família.

– Chamo-me Valério Buonvino – apresentou-se o recém-formado. – Acabo de me mudar para cá.

Valério Buonvino... ela já tinha ouvido aquele nome, só não se lembrava de onde.

– Sou médico. O mais novo médico da cidade.

– Ah, sim... Meu pai comentou a seu respeito. Sou a filha caçula de Roberto Corridoni.

– Seu pai é Roberto Corridoni?! Já tive o prazer de conhecê-lo. Um homem e tanto!

– É o que todos dizem, não?

Ela quis dizer: é o que todos dizem na sociedade, não dentro de nossa casa.

– Você vai se molhar todo.

– E você também, se não encontramos um lugar para nos abrigarmos.

– A charrete com o escravo era para estar aqui. Não sei onde foi parar. Será que o escravo fugiu?

– Bem... eu não sei.

Um novo sorriso de admiração despontou na face do médico recém-formado.

E foi assim que Josefina encontrou seu grande amor. O mesmo com relação a Valério Buonvino. Foi amor à primeira vista de ambas as partes. Ele tinha quase vinte e seis anos e, mesmo sendo uma década mais velho do que a jovem, Josefina não se importou com o fato. Já aprendera em vidas passadas que no amor não existe idade certa para um casal ser feliz.

Florisbela foi a primeira saber, por parte de Josefina, do encontro que acontecera naquela tarde entre ela e Valério Buonvino. Contou tudo, nos mínimos detalhes. Florisbela, com 14 anos nessa época, ouviu tudo com grande entusiasmo e atenção. Olhava para irmã com visível fascínio, curvando a boca em sinal de alegria ao ver a alegria também cobrindo a face da irmã adorada. Florisbela, assim como todos na casa, tinha uma predileção por Josefina, que com seu carisma, algo natural, um dom, conquistava todos. Como já foi dito, até Roberto Corridoni amolecia diante da jovem, era sempre mais paciente com ela, tornava-se um pai de verdade.

– Só há um problema – comentou Josefina após breve pausa.

– Problema? – assustou-se Florisbela.

– A idade...

– Idade?!

– Dele! Ele é uns dez anos mais velho do que eu.

– E isso importa para você?

– Não, em hipótese alguma. Mas para o papai...

– Não se preocupe, maninha. Se ele consentiu que Cecília se casasse com o pobretão do Henrique, vai consentir que você...

– Olhe lá, Florisbela, é muito cedo para eu e Valério falarmos de casamento.

– Talvez.

A irmã corou.

Florisbela deixou Josefina no seu quarto e foi, saltitante, para fora da casa respirar o ar puro que tanto lhe aprazia. Aos 14 anos, a filha caçula de Roberto e Inaiá Corridoni havia se tornado uma garota de pernas compridas, com uma juba de cabelos castanhos ligeiramente brilhantes, uma garota realmente feliz, sem a menor noção de tudo que a vida lhe traria ao longo dos anos. Travessias surpreendentes e maravilhosas, outras, desafiadoras e terríveis...

Quando Roberto soube que Josefina e Valério Buonvino haviam se conhecido, aceitou de prontidão o pedido que o médico lhe fez para cortejar a filha.

– Valério Buonvino, muito me honra tê-lo futuramente como meu genro.

– Também me sinto honrado em ter uma pessoa tão ilustre como o senhor como meu sogro.

Os dois trocaram um forte abraço. Um abraço *político*.

Josefina e Valério Buonvino casaram-se no final daquele ano e a família do noivo veio de longe para a cerimônia, dia de grande festa.

Capítulo 23

Solidão a dois...

Quando as festividades tiveram fim, tudo voltou ao normal na casa dos Corridoni onde só restou Florisbela, a caçula da família, morando com os pais.

— Só restou eu — murmurou a garota para a mãe. — De todos, só eu.

— Por pouco tempo, minha querida — respondeu Inaiá, procurando sorrir. — Por pouco tempo...

— Como assim por pouco tempo?

— Logo você encontrará um rapaz e também se casará.

— Não sei se quero encontrar um rapaz e me casar, mamãe.

Inaiá riu. Florisbela aproveitou, então, para perguntar à mãe o que há muito desejava saber:

— Já que fui a quinta gravidez da senhora, o sexto filho...

— Sim, o sexto filho, a terceira filha.

— Por ter sido a caçula, gostaria de saber se minha gravidez foi desejada.

Inaiá procurou não corar. Ainda se lembrava com exatidão do martírio que foi para ela engravidar de um filho atrás do outro como o marido a forçou fazer, arrastando-a, muitas vezes, para a cama, contra a sua vontade para fecundá-la, mesmo dando sinais de desgaste físico para uma nova gestação. Ela também se lembrava bem de quando ia à igreja pedir a Deus para que Ele intercedesse a seu favor, fizesse com que Roberto se contentasse com o número de filhos que já havia tido e não mais a forçasse a engravidar. Não, por ela não teria tido nem Homero, nem Josefina, nem Florisbela, mas depois de tê-los encarou seu desânimo do passado com revolta e acabou agradecendo a Roberto por tê-la fecundado como quis, caso contrário não teria gozado da alegria de conhecer e viver ao lado de filhos tão queridos como os três. Por isso, Inaiá respondeu que sim, que a gravidez da jovem havia sido muito desejada, infinitamente desejada.

— Que bom, mamãe... Que bom que foi desejada senão não estaria aqui.

— Sim, minha querida, é lógico que foi desejada e muito.

Inaiá beijou a filha e agradeceu a si mesma, novamente, por ter-lhe dado aquela resposta que tanto a fez feliz; o mínimo que podia fazer em troca de toda a felicidade que a menina lhe dava desde que nasceu no seio daquela família.

Quando Inaiá ficou a sós em seu quarto, ao se ver diante do espelho, assustou-se com seu reflexo. Há tempos que não se olhava a fundo. O que viu foi uma mulher triste, tentando mascarar a tristeza. O que Florisbela dissera há pouco voltou a ecoar na sua cabeça:

"Só restou eu... De todos, só eu."

E o que ela disse para a menina também se repetiu a seguir:

"Por pouco tempo, minha querida... Por pouco tempo..."

Inaiá encarou-se novamente no espelho e tristemente admitiu:

— Com Florisbela se casando, eu logo ficarei só nesta casa. Antes havia meus filhos para eu me distrair, agora haverá somente o nada, o vazio e a tristeza para me fazer companhia.

Ela se esforçou para não chorar, mas foi em vão. Lágrimas rolaram por sua face e não foram poucas. Diante da tristeza que foi se tornando cada vez mais aparente em sua face e no seu comportamento nos dias que se seguiram, Etelvina, sua escrava de confiança, perguntou-lhe:

— Desculpe, sinhá, sei que não devo me intrometer, mas... Algo está errado com a senhora. A sinhá me parece tão triste.

Inaiá mirou bem nos olhos da negra e desabafou:

— Ainda me julgo culpada por meu marido ter ido procurar outra, Etelvina.

— Não se culpe não, sinhá. Todo homem é assim. Basta um *rabo de saia* lhe dar trela que eles traem.

— Será mesmo que todos são assim?

— Bem, ouve-se dizer que a maioria é assim.

— Mas não deveria. Nós, esposas, somos tão dedicadas aos nossos maridos! Eu, pelo menos, sempre fui! Não é certo o nosso homem nos trocar só porque ficamos mais velhas, obesas e enrugadas.

— Não é, mas a natureza do homem é assim, sinhá, o que se há de fazer?

Inaiá suspirou:

– Sinto-me derrotada por não ter conseguido manter meu marido apaixonado por mim até o final dos nossos tempos.

– Não se sinta, sinhá. A senhora não tem culpa.

Inaiá baixou a cabeça e derramou algumas lágrimas. Subitamente, sentiu vergonha de estar se abrindo com uma escrava que imediatamente procurou alegrá-la:

– Não sei se a senhora sabe, mas...

– Diga.

– As mulheres negras têm poções para despertar a paixão, reacender o interesse de um homem por uma mulher! Se a senhora quiser...

– Não, não, não... Eu não posso! Sou católica! Isso seria um pecado mortal!

– Desculpe-me. Só quis ajudá-la.

– Obrigada.

Inaiá quis, mais uma vez, reconquistar o marido. Quem sabe, com ele e ela, morando praticamente a sós no casarão, a chama da paixão entre os dois não se reacenderia.

– Esse tempo seco não pode continuar por muito tempo – comentou ela, certa noite, tentando despertar um diálogo amigável com Roberto, pouco antes de ela se deitar ao seu lado.

Antes, admirou-se no espelho e sorriu de leve para si mesma. Há tempos que não se achava bonita, cheirou discretamente os braços e gostou da fragrância que usou. Fora indicação de uma escrava que dizia ter fórmulas para reativar a vida sexual de um casal.

Ela voltou-se para Roberto e o encontrou de rosto para cima, mas de olhos fechados. Então, deitou-se ao seu lado disposta a copular com ele aquela noite, sabia que ele gostava dela quando se perfumava e o acariciava. Ficou esperando que ele se entregasse ao ato, mas tudo o que fez foi dizer:

– Apague a vela, mulher.

Ela apagou a vela e continuou aguardando por ele, que virou a cabeça para o lado e, em questão de segundos, roncou alto, de uma forma quase insuportável.

Cismada, Inaiá tornou a acender a vela e, com cuidado, deu uma espiadela no marido que já dormia de boca aberta, babando e roncando alto. Quis despertá-lo e, para isso, começou a massageá-lo na altura dos ombros, fazendo-o despertar subitamente, assustado. Assim que notou a mão dela sobre si, tirou-a como um homem se livra de uma cobra indesejável. Jogando-a longe, sem nenhum tato, para feri-la mesmo!

Inaiá não soube o que pensar de sua reação, o melhor a se fazer era se entregar ao sono como fizera ele. Tentou dormir, mas não conseguiu, não havia mais dúvidas de que havia perdido Roberto totalmente para a amante e que ele, provavelmente, só não a assumira diante de todos por ser um político, por ter de manter as aparências diante da sociedade.

Tal constatação começou a arrastar Inaiá de volta para a depressão contra a qual lutava há anos. Dias depois, ela aguardou o marido deixar a prefeitura para segui-lo, para saber se ele ainda continuava se encontrando com a amante. Para seu desagrado, descobriu que sim e aquilo fez com que ela voltasse para casa, naquele dia, sentindo-se ainda mais arrasada, a mulher mais infeliz do mundo. Diante da tristeza em que mergulhou e que parecia não mais ter fim, o único fato que a alegrou foi a notícia de que seria avó dentro em breve. Tanto as noras quanto Cecília estavam grávidas de seus primeiros filhos.

Matteo e Catrina, Homero e Giselle, Cecília e Henrique Araújo tiveram filhas, sendo que a menina de Cecília foi chamada de Ofélia. A chegada das quatro netas fez com Inaiá se entusiasmasse um pouco mais pela vida.Os únicos a terem um varão foram Mássimo e Sílvia que o batizaram com o nome de César, deixando Roberto imensamente feliz, pois o neto daria continuidade à família Corridoni.

Enquanto isso, na humilde casa de Gorete Damasceno, a amante de Roberto, a mulheer permanecia de pé olhando pela janela a planície à distância. Ela tinha de falar com o amante, não podia mais deixar de tocar no assunto que era de extrema urgência. Fá-lo-ia na próxima vez em que ele aparecesse em sua casa. Dessa vez não sentiria medo de discursar a respeito, falaria e ponto final!

Enquanto isso, os Nunnari também viviam grandes emoções. Logo após o casamento de Giulio e Hercília, a moça descobriu que estava grávida. Ao contrário de muitas moças da sua idade, ela pouco se importou com a mudança que seu corpo sofreria por causa da gravidez, nada lhe importava mais do que dar à luz, viver a esplendorosa experiência de ser mãe. A notícia foi recebida por todos com grande alegria.

205

Enquanto os netos cresciam, Inaiá sofria, cada vez mais, com a indiferença de Roberto, indiferença que a deixava desestimulada para continuar viva. Suas rezas diárias já não lhe serviam mais de consolo para o mal que a afligia. Ao contrário, só faziam aumentar sua frustração, levando a concentrar sua atenção no vazio raivoso de seu estômago. Há muito que ela vinha se alimentando mal. Nos últimos meses era somente a pão e leite.

Foi o próprio genro, Valério Buonvino, quem examinou a sogra e constatou que ela sofria de algum tipo de doença degenerativa que estava atrofiando seus ossos e também gerando uma espécie de depressão.

Josefina aproximou-se da mãe e falou:

– A senhora precisa se alimentar, mamãe.

Inaiá respondeu sem muita vontade:

– Que posso fazer se não sinto vontade?

– Daqui a pouco a senhora ficará só osso e pele. Uma caveira ambulante.

– Vou me esforçar, Josefina, prometo.

Josefina não acreditou que a mãe se esforçaria. Quando a sós, na companhia do marido, indagou:

– Valério, o que será que houve com a minha mãe?

A resposta do marido não a convenceu:

– Ela adoeceu, Josefina. Foi isso!

– Assim, de uma hora para outra?!

– Assim adoecemos, meu bem.

– Não sei não, Valério... Para mim ela está deprimida com alguma coisa, algo que desconhecemos e precisamos saber urgentemente se quisermos salvá-la. Só me resta saber como. Vou falar com Cecília e com Florisbela.

Assim Josefina fez.

– Mamãe... deprimida? – espantou-se Cecília que parecia sempre muito por fora de tudo.

– Isso mesmo, Cecília.

– Deprimida com o quê? Não lhe falta nada!

– Será? As aparências muitas vezes enganam, minha irmã.

– Pode ser.

Voltando-se para Florisbela, Josefina, perguntou:

– E você, Florisbela, não diz nada? Está tão quieta hoje.

– Estava aqui concatenando as minhas ideias. Acho que o único modo de descobrirmos o que há de errado com a nossa mãe é conversando com ela. Mas eu já posso fazer uma ideia do que a está deixando tão terrivelmente abalada.

– Faz? Diga-nos então!

– Será que vocês duas são tão lentas para não perceberem que o problema é com o papai?

– Nosso pai?! – a exclamação partiu de Cecília. – O que tem feito ele contra ela?

– Como assim, Cecília, o que tem feito ele? Em que planeta você vive, minha irmã? Papai há muito ignora nossa mãe e a trata como se fosse um capacho. Só fico pensando se ele não tem outra por aí.

A resposta de Cecília foi, de certo modo, surpreendente para as irmãs:

– Sempre ouvi dizer que é muito natural um homem ter uma amante.

Florisbela, enfurecida, empinou o rosto para frente e falou com determinação:

– Pode ser natural para você, Cecília! Para você e outras mulheres! Se isso acontecesse com o meu marido eu o caparia.

Josefina e Cecília se arrepiaram.

– Isso são modos de falar, Florisbela? – repreendeu Cecília, amarrando o cenho.

Florisbela deu de ombros e Josefina opinou:

– Papai não se envolveria com uma amante. Ele sempre teve aversão a elas. Vovó contou à mamãe o porquê, lembram-se? Nosso pai pegou o próprio pai com a amante na cama. Mãe da tal Liberata que esteve aqui tentando comprar a escrava chamada Idausina, recordam-se?

– Quem poderia esquecer? – argumentou Florisbela.

– Eu não lembro – admitiu Cecília.

E Cecília, que só tinha atenção para o que se passava ao redor do seu umbigo, não se recordava mesmo.

– Eta cabecinha de vento a sua, hein, Cecília? – zombou Florisbela que aos 16 anos de idade parecia ser bem mais adulta que a irmã mais velha.

Cecília deu de ombros.

– O que posso fazer se não me lembro, ora?

– Está bem, está bem... – bufou Florisbela, procurando ser, mais uma vez, paciente com a irmã. – Mesmo assim, vou conversar com nossa mãe a respeito do papai e de uma possível amante.

– E você acha que ela vai falar alguma coisa? Sentir-se-á humilhada em tocar no assunto.

– Mas ela tem de falar, pôr para fora, entendem?

– Entendo – adiantou-se Cecília. – Agora, de que vai adiantar saber que o papai tem realmente uma amante? Se tocarmos no assunto com ele, ele é bem capaz de nos deserdar. Deixar a amante por nossa causa jamais fará. Papai não se curva a ninguém, lembram-se?

– Eu sei, mas alguma coisa tem de ser feita.

Cecília, crispando as mãos e mordendo os lábios, falou:

– Florisbela, pelo amor de Deus eu lhe peço: mexer com o papai é o mesmo que mexer com uma cachopa de abelhas. Se ele me deserdar por sua causa eu a mato, está ouvindo? Eu e o Henrique estamos contando com a herança para garantir o nosso futuro e o de Ofélia. Sendo Henrique de família humilde não temos com o que contar senão com a herança que o nosso pai vai nos deixar.

– Eu sei – suspirou a irmã caçula.

A seguir, Florisbela pediu licença e foi falar com Inaiá. Entrou no aposento pé ante pé para não assustá-la. Sentou-se na beirada da cama, pegou sua mão e disse:

– Como a senhora está passando, mamãe?

– Estou bem, filha. Na medida do possível, estou bem...

Foi visível o esforço que Inaiá fez para dar à filha aquela resposta.

Fez-se um breve silêncio até que Florisbela encontrasse força, coragem dentro de si, para conversar com a mãe a respeito do pai.

– Alguma coisa está aborrecendo a senhora, não é mesmo, mamãe?

– É apenas...

– Abra-se comigo, mamãe. Desabafe, vai ser melhor para a senhora. A senhora está assim por causa do papai, não é?

– Não, filha, é lógico que não! Seu pai é maravilhoso...

– Ora, mamãe, convenhamos, entre nós não precisa haver segredos.

A mãe se inquietou e a filha insistiu:

– Abra-se comigo, desabafe, vamos! Vai ser melhor para a senhora.

Diante da dificuldade de Inaiá, Florisbela a beijou na testa e declarou:

– Oh, mamãe eu amo tanto a senhora. Não queria vê-la sofrendo desse jeito. Não, mesmo. Quero tanto que melhore.

– Eu vou melhorar, vou sim, Florisbela... Você vai ver.

Por algum motivo, Florisbela duvidou que aquilo fosse possível.

Capítulo 24

Em nome do amor

O ar naquele dia tinha um cheiro agradável de chuva recém-caída. Andando depressa, Florisbela logo chegou à praça onde ficava a prefeitura da cidade e subiu a pequena e larga escadaria que levava ao interior do recinto com uma determinação de poucos.

Roberto prendeu a respiração ao vê-la, entrando na sua sala sem ser anunciada, sem bater à porta, sem pedir permissão.

– Florisbela?! O que a traz aqui?!

– Vim falar da mamãe, papai.

O rosto dele voltou a endurecer:

– O que tem ela?

– Tenho diversos motivos para acreditar que ela não está bem.

– Eu sei disso. Não é nenhuma novidade!

– Quero dizer, papai, que ela está pior do que pensamos.

– Tudo o que eu podia fazer por sua mãe eu já fiz, Florisbela. Chamei o médico, ele a está tratando.

– Não seria melhor a levarmos para uma cidade grande onde existem médicos e um hospital com melhores recursos para tratá-la?

– O Doutor Epaminondas disse que sua mãe não carece de cuidados maiores do que já está tendo. Melhor dizendo, ele deixou bem claro esse fato. Seu cunhado Valério Buonvino, que também é médico, concordou plenamente com o Dr. Epaminondas.

Florisbela esperava uma outra reação do pai com relação ao problema e aquilo a aborreceu profundamente.

– Às vezes penso que o senhor não se importa com ela – declarou, mirando fundo seus olhos.

– Meça suas palavras, Florisbela. Não lhe dou o direito de falar assim comigo.

– Certas coisas precisam ser esclarecidas, meu pai. Não podem ser deixadas de lado.

Os olhos grandes, intensos e escuros de Roberto Corridoni abriram-se um pouco mais e com austeridade, falou:

– Agora, retire-se, por favor, tenho mais o que fazer!

Vendo que não conseguiria nada além daquilo, Florisbela achou melhor partir.

Do alto da escada que dava acesso ao prédio da prefeitura, Florisbela, ao correr os olhos pela praça, observando as pessoas ali reunidas, notou que também estava sendo observada.

Um rapaz, sentado num dos bancos que havia ali, examinava a jovem com seus olhos vivos e cheios de interesse. Tão atento ficou a ela que o periódico que segurava escorregou para o chão sem que o percebesse.

Quem era ele?, indagou-se Florisbela. Como se atrevia a olhá-la como se pudesse enxergar sua própria alma?

A jovem ajeitou o vestido e desceu os degraus, recuperando sua vivacidade de sempre. Passou pelo estranho com um olhar vigilante e desconfiado como o de um gato. Dez passos adiante, virou-se para trás para revê-lo. Não pôde evitar. O sujeito havia se levantado, apanhado o periódico e seguia agora na sua direção. Era mais alto do que a maioria dos jovens que ela conhecera até então, esbelto, de ombros largos, rosto quadrado e bonito, cabelos jogados para trás e testa proeminente.

– Como vai? – perguntou ele assim que a alcançou.

Florisbela o encarou, levantando o queixo para impor superioridade. Do tipo "Estou ligada, não sou boba, estou atenta!".

– Por um momento pensei conhecê-la – comentou o estranho, procurando ser simpático.

210

Seus trajes eram bem simples: um terno marrom, sapatos lustrosos, nada extravagante, tudo muito simples. Não havia nada que chamasse a atenção e, no entanto... alguma coisa o distinguia dos demais. O rosto transparecia serenidade e jovialidade e Florisbela calculou que ele teria uns 20, 21 anos.

Depois de desviar os olhos dos dela, por timidez, talvez, o rapaz voltou a encarar seus olhos vigilantes e desconfiados, parecendo aguardar ansiosamente por uma palavra de sua pessoa. Visto que ela se manteve calada, ele, adquirindo uma expressão risonha, falou:

– Sempre fui da opinião que uma mulher que se preze é mesmo aquela que se faz de difícil.

A testa de Florisbela se franziu. Estaria ele zombando dela?, questionou-se.

– Desculpe-me, não quis ser rude.

– Mas foi.

– Mais uma vez minhas sinceras desculpas.

Ela fez ar de quem vai pensar no caso.

– Eu – continuou ele, procurando firmar a voz –, gostaria muito de poder revê-la...

A jovem surpreendeu-se com suas palavras.

– Rever-me?! Por quê?

– Porque gostei de você.

A expressão serena e franca de Florisbela fechou-se inesperadamente. Ainda assim, ele arriscou:

– Podemos marcar de nos reencontrar aqui mesmo se preferir.

– Como pode me propor algo assim se eu nem sei quem você é.

– Ah, mil desculpas novamente. Meu nome é Nirlando... Nirlando Sodré.

A expressão dela não se alterou.

– E o seu? Qual é o seu nome?

– Você sabe muito bem qual é.

– Ora, por que eu haveria de saber?

– Não se faça de cínico. Sabe bem que sou uma das filhas do prefeito.

– É mesmo! Admiro muito seu pai.

– Você é mesmo um descarado.

Os olhos dele avermelharam diante das palavras e Florisbela, estudando atentamente o rosto do rapaz, perguntou desconfiada:

– O que faz da vida?

A resposta do moço saltou-lhe à língua como se já esperasse por ela:

– No momento cuido do meu pai, nada mais. Ele precisa muito de mim, agora. Anda com a saúde precária. Sou o filho mais novo – deu um suspiro e correu os olhos pelas copas das árvores – meus irmãos já não moram mais aqui em Serra Dourada...

Só nesse momento, Florisbela pareceu se interessar pelo moço. Sentiu que ele falava a verdade e que não seria nada mal conhecê-lo. Percebeu que se não desse a oportunidade a ele e a si mesma, jamais poderia se envolver com um homem que pudesse fazê-la feliz.

– Está bem – disse ela após breve silêncio.

– Está bem... – estranhou ele. – Está bem, o quê?

– Podemos nos rever, se é isso que você realmente quer.

O rosto dele se iluminou.

– É, sim. Ficarei muito feliz se...

– Tá, tá, tá... Diga-me quando e onde.

– Quando você puder e onde você quiser.

– Pode ser aqui mesmo nesta praça, amanhã se preferir.

– Para mim está perfeito.

– Muito bem, nos revemos amanhã. Passar bem.

– Passar bem, Florisbela.

A jovem estava tão envolta pela emoção do momento que nem se ateve ao fato de ele tê-la chamado pelo nome sem ela ter-lhe dito.

Devido à reunião mensal no banco com fazendeiros da região, Roberto chegou à fazenda de sua propriedade, naquele dia, bem mais tarde do que o normal. Foi direto para o quarto da esposa.

– Veio saber como estou? – espantou-se Inaiá ao vê-lo entrando.

Há muito que ele não punha os pés ali, sua aparição a deixou feliz e radiante, foi como se tivesse recebido uma injeção de ânimo.

– Gentil da sua parte – continuou ela. – Estou...

Ele a interrompeu, grosseiramente, como sempre:

– Não vim saber como está! Estou aqui para tirar satisfações da sua pessoa. Quero saber por que encheu a cabeça de Florisbela de minhocas?!

– O quê?!

– É isso mesmo que ouviu!

– Por que enchi a cabeça de Florisbela de minhocas?

– Ela foi me procurar hoje na prefeitura para falar de você. Está preocupada, até compreendo suas preocupações, mas preocupação além da conta eu não admito! Não é normal! Isso só pode ser coisa sua!

– Juro que não, Roberto! Pelo amor de Deus acredite em mim!

– Bah!

– Por favor, meu marido, isso é coisa de Florisbela! Juro por Deus que não pedi para ela ir lhe falar. Quero que um raio caia na minha cabeça se estiver mentindo.

– Vocês mulheres... Haja paciência!

Sem mais delongas, Roberto deixou o quarto e Inaiá, que se mantinha ali acamada há meses, comprimiu o cenho tamanha a preocupação. O que ela menos queria era distanciar-se de seu marido, a quem amava de paixão. Todavia, por mais que se esforçasse, mais distante ele se tornava. Sozinha, entregue a um mal-estar insuportável, ela chorou, baixinho, sua dor.

Florisbela estava tão entregue aos seus pensamentos naquele dia que não se deu conta de que o pai falara alto com a mãe. Estava com a cabeça no mundo da lua, como se diz, rememorando o encontro que tivera naquela tarde com Nirlando Sodré. Nunca um rapaz havia mexido tanto com ela.

No dia seguinte, como combinado, a jovem foi se encontrar com o rapaz. Como companhia levou Josefina, que ficou aguardando na charrete do outro lado da rua enquanto o casalzinho conversava no banco da praça. Para passar o tempo, Josefina ficou de prosa com o cocheiro, um escravo idoso para a época, muito gentil e prestativo. Quis saber da sua história de vida, de seus antepassados, o que alegrou muito o homem, pois poucos brancos se interessavam por suas origens.

Enquanto isso, no banco da praça, Nirlando Sodré se abria um pouco mais com Florisbela. Aos quase 15 anos, a jovem tinha uma expressão inteligente e sensível no seu rosto gracioso, com olhos cinza-claros de uma intensidade penetrante e amorosa. Usava naquela tarde, um vestido vermelho-escuro que acentuava perfeitamente o seu corpo esguio. Um vestido feito com o melhor tecido da época. Havia se perfumado também para ir ao encontro, com um perfume trazido da França, usado somente em ocasiões especiais e para ela, aquela era uma delas. Sobre a cabeça, para se proteger do sol, havia um chapéu bonito, o melhor que uma mulher de posse poderia usar na ocasião.

Assim que Florisbela voltou para a charrete e se acomodou ao lado da irmã, desabafou:

– Oh, Josefina, minha irmã, o papai nunca concordará que eu me case com um pobre e miserável como Nirlando Sodré.

– Florisbela, maninha, o rapaz não me pareceu pobre nem miserável.

– Mas, é assim que o papai vai encará-lo! Para ele somente os homens de poder e filhos destes são queridos. Além do mais, o papai preza muito a origem de cada um. Se não tiver uma origem nobre como a dele, será ignorado!

– Talvez a mamãe possa ajudá-la.

– Mamãe, por quê?

– Porque ela é sempre mais complacente com tudo.

– Isso é verdade.

– Fale com ela quando voltar.

– Acha mesmo que devo?

– Não custa tentar.

O conselho de Josefina deixou Florisbela entusiasmada. Assim que chegou à casa-grande foi direto falar com a mãe.

– Não queria aborrecê-la com nada, mamãe... Sei que a senhora não anda lá com muita disposição para conversar.

– Para os filhos uma mãe está sempre disposta – respondeu Inaiá, fingindo disposição. – O que é, Florisbela? Fale.

– É a respeito de um rapaz que conheci... Seu nome é Nirlando... Nirlando Sodré e ele, bem, ele é...

Vale lembrar que desde muito tempo os brasileiros e os que imigraram para o Brasil vestiam-se à moda da Europa, algo totalmente inadequado, uma vez que a Europa era de clima frio bem diferente dos trópicos onde se situa o nosso país. Com esse pormenor já podemos compreender de onde vem a mania de os brasileiros imitarem os europeus, seguindo a sua moda e costumes, valorizá-los além do que se deve e considerá-los referência para tudo o que devemos fazer. Logicamente que a mentalidade de muitos brasileiros vem mudando ao longo do tempo, aprendendo a valorizar melhor o nosso país, ser o que "podemos" ser e não o que *lá fora* julgam ser o certo. (N. dos As.)

– Encantador?

A jovem arregalou os olhos e deixou o corpo ereto:

– Como é que a senhora sabe?

– Porque sou mulher e, como toda mulher, já vivi o que você está vivendo agora por esse rapaz, filha.

– Oh, mamãe...

– Acalme-se, Florisbela, é natural que isso aconteça. O nome disso é paixão! Você está se apaixonando e isso é maravilhoso!

– Mesmo?!

– Sim!

– Ah, tenho tanto medo de gostar dele e o papai...

– O que tem o seu pai?

– A senhora sabe como ele é... Quando souber quer o Nirlando é um rapaz de família humilde não vai aceitar...

A mãe a interrompeu com um gesto de mão e disse:

– Henrique Araújo também é de família simples e, nem por isso, seu pai se opôs que Cecília se casasse com ele.

O rosto da jovem se alegrou.

– A senhora tem razão.

– Você se preocupou indevidamente.

– A senhora está certa, mamãe, obrigada pela dica.

A mãe sorriu e a filha curvou-se sobre ela e beijou-lhe a testa.

– Eu a amo muito, a senhora sabe, não sabe?

– Sei sim, minha querida. Eu a amo da mesma forma, talvez até um bocado mais.

O sorriso bonito de Florisbela tornou a brilhar na sua face rosada, linda e apaixonada.

No dia seguinte, pela manhã, Florisbela não teve vontade de deixar a cama tão cedo como sempre fazia, sentia-se como que deitada nos braços de Morfeu. Despertou somente quando ouviu um toque na porta.

– Pode entrar – autorizou ela e, ao ver a irmã, exclamou: – Josefina?! Você por aqui, a essa hora?!

– Que horas você pensa que são? É quase meio-dia, maninha. Vim ver a mamãe e uma escrava acabou de me entregar isso. Alguém mandou para você.

215

– De quem será? – empertigou-se a jovem, mirando o bilhete com olhos ainda amassados pela noite de sono.

– Abra logo para saber – agitou-se Josefina. – Pode ser do tal rapaz que a deixou com a cabeça nas nuvens...

– Será?!

– Se for... Que bom, não é?

– S-sim... Que bom!

O coração de Florisbela batia acelerado quando abriu o recado. Ela, simplesmente, leu com voracidade as poucas linhas que estavam ali.

– Ele me convida para ir me encontrar com ele...

Josefina agitou-se e juntando as mãos em sinal de louvou, falou:

– Mesmo?! Que maravilha!

Com ar inquisitivo, Florisbela olhou para irmã como quem pede uma opinião quanto ao que deveria fazer. Josefina simplesmente balançou a cabeça, incentivando-a a ir em frente com tudo aquilo.

– Antes – respondeu Florisbela, séria –, eu acho melhor contar ao papai a respeito do Nirlando.

– Você acha mesmo que isso é necessário?

– Penso que sim.

Josefina assentiu, pensativa.

Naquele dia, na hora do almoço, Florisbela conversou com o pai.

– Qual é mesmo o nome desse rapaz? – indagou Roberto, enquanto examinava alguns documentos.

– Nirlando Sodré, papai.

O homem pareceu repetir em silêncio o nome em questão, enquanto fazia uma ligeira reflexão. Depois disse:

– Quero dar uma olhada nele antes de qualquer coisa.

– Quero que o senhor saiba desde já que ele é de família muito humilde e...

O pai mirou bem os olhos da filha e respondeu, em tom de alerta:

– Quem vai se casar com ele é você, Florisbela, não eu. Se o fato de ele ser pobre não importa para você, o problema é seu, não meu.

A jovem sorriu:

– Agradeço a sua atenção, papai. Pedirei a Nirlando que vá falar com o senhor na prefeitura ainda hoje.

– Ele que não me venha pedir emprego, hein? Estou farto de interesseiros.

– Ele não é desse tipo, meu pai. Pode ficar tranquilo.

Roberto riu, sarcástico, intrigando a filha.

– Se meu pai me permite, gostaria de saber o motivo dessa risada.

– Florisbela, você é mesmo uma tola como toda mulher. Como pode falar com tanta segurança a respeito do caráter de um homem se mal o conhece?

Um novo riso debochado escapou pelo canto dos lábios de Roberto Corridoni. Sem mais palavras, Florisbela foi contar as últimas para Josefina.

– Florisbela, minha querida – alegrou-se Josefina –, mas que notícia ótima!

A caçula da família sentiu o alívio da irmã quando a envolveu num abraço apertado e afetuoso. Josefina estava verdadeiramente feliz pela alegria de Florisbela que, finalmente, despertava para o amor, a paixão, tudo, enfim, que faz a vida valer a pena.

– Tudo correrá bem, minha irmãzinha – disse ela a seguir. – Tranquilize-se!

– Obrigada pelo seu apoio, Josefina. Muito obrigada!

As irmãs se beijaram nas bochechas e Josefina, como no passado, quando meninas, puxou-lhe a orelha num gesto brincalhão, despertando uma gostosa gargalhada.

Minutos depois, Florisbela compartilhava com a irmã a conclusão a que chegou depois de muito raciocinar a respeito:

– O fato do Nirlando ser pobre, Josefina, a meu ver não é problema. O papai é muito rico e com a herança que vai nos deixar poderemos ter uma vida digna.

– Sabe lá Deus quando isso vai acontecer, maninha. Papai é forte que nem um touro.

O tom de Josefina assustou Florisbela:

– Não me entenda mal, Josefina. Quero mais é que o papai viva por muitos anos. Quanto mais, melhor. Mas é bom saber que, por meio dele, teremos a oportunidade de vivermos com mais conforto e dignidade.

– Isso é verdade. Mas eu não conto com isso. Penso, na verdade, que ninguém deveria viver contando com uma herança. O mundo dá muitas voltas e vai que o papai, de uma hora para outra, perca tudo!

– Vira essa boca pra lá, Josefina! Não fale isso nem por brincadeira!

– Mas é verdade, Flor. A vida dá muitas voltas.

– Acontece que o papai é rico, muito rico. Ricos como ele jamais perdem o que têm. Além do mais, conta com o dinheiro que recebe na prefeitura e...

Novamente as palavras de Josefina surpreenderam e assustaram Florisbela.

– Você acha certo?

– O quê?

– Ele se aproveitar do dinheiro da prefeitura em benefício próprio?

– Será mesmo que ele se aproveita? Ele também merece ganhar pelo seu trabalho pela cidade.

– Isso é verdade. Só não gostaria de saber que ele se aproveita dos mais humildes.

– Papai é muito íntegro, não faria isso, tenho a certeza de que não faria.

As duas silenciaram por instantes.

– Agora só me resta ir ao encontro de Nirlando esta tarde e pedir-lhe que vá falar com o papai. Só falta ele não querer. Aí...

– Não se precipite em conclusões, minha irmã. Primeiro fale com ele, tenho a certeza de que irá.

– Seguirei mais uma vez o seu conselho, Josefina.

Josefina sorriu, feliz por poder ajudar a irmãzinha querida.

Nirlando Sodré compareceu à prefeitura como Roberto Corridoni havia pedido e, depois de meia hora conversando com o rapaz, Roberto aprovou seu namoro com a filha. Quando ele se reencontrou com Florisbela, naquela tarde, não fez suspense, revelou tudo de supetão:

– Seu pai deu seu consentimento para que eu a corteje, Florisbela.

Florisbela quis beijá-lo, abraçá-lo apertado, gritar de alegria, mas como isso não convinha para uma mulher, nessa época, foi obrigada a conter toda essa alegria dentro de si.

E foi assim que Florisbela Corridoni e Nirlando Sodré começaram o seu relacionamento.

Capítulo 25

A dor de uma decepção...

Dias depois, na humilde casa de Cecília Corridoni e Henrique Araújo, Henrique permanecia de pé, olhando pela janela o céu, vez ou outra, iluminado por relâmpagos. Ouviu, então, a voz da esposa, com toda delicadeza do mundo lhe perguntar:

— Você não vem dormir, querido?

— Vou, sim, querida. Estava apenas pensando, cá com os meus botões...

Ela o abraçou por trás e perguntou:

— Sobre o quê?

— Sobre aquela conversa que quero ter com o seu pai.

— Ah! Você pensa mesmo que deve falar com ele a respeito da herança? Ele pode se zangar, sabe como é meu pai.

— Pode e não pode. Ele já me conhece há um bocado de tempo. A uma hora dessas já deve confiar em mim, já criamos até certa liberdade de um para com o outro e, meu amor, seria muito bom que ele nos adiantasse parte da herança, para que pudéssemos ir fazendo o nosso pé de meia. Pudéssemos ter outros filhos... deixássemos de viver nessa miséria.

— Eu sei, meu amor, mas é que...

— Você tem medo do seu pai.

— Confesso que sim.

— Eu sei. Mas eu não envolverei seu nome na conversa que terei com ele. Deixarei bem claro que a decisão de conversar a respeito da herança partiu inteiramente de mim. Se ele, porventura, magoar-se, pedir-lhe-ei desculpas, católico como é, irá me desculpar com certeza.

– Você é quem sabe, Henrique.

Ele a beijou docilmente na testa. Ela, sentindo-se ainda mais amada, sugeriu:

– Quer que eu faça um chá de camomila para nós?

A ideia agradou ao marido. Assim, os dois foram para a cozinha iluminados pela vela no castiçal que Henrique empunhava à frente.

No dia seguinte, como prometera a si mesmo, Henrique foi conversar com o sogro. Como Roberto estava muito ocupado com os afazeres da prefeitura, teve de aguardar para ser recebido por ele por quase três horas. Quando recebeu a informação de que ele, finalmente, poderia recebê-lo em sua sala, Henrique suspirou aliviado, mas ao se aproximar da porta da sala do sogro, gelou. A apreensão e a ansiedade o dominaram por inteiro, ficara, subitamente, trêmulo e assustadoramente inseguro.

– Calma – pediu a si mesmo, procurando respirar fundo para relaxar.

Ao entrar, Roberto o mediu de cima a baixo e os dois trocaram cumprimentos. Henrique teve a impressão de que o sogro sabia o motivo que o levara até lá.

– Senhor – começou ele tentando parecer natural, mas por mais que se esforçasse transparecia mais e mais sua insegurança.

– Desembucha – ordenou Roberto com impaciência.

– É que...

– Não tenho todo o tempo do mundo para você, meu genro. Vá direto ao assunto.

– Bem, eu vim falar sobre a herança...

– Herança?!

– Sim.

– Sua herança eu suponho. A que receberá de seus pais.

– Oh, não, meus pais são muito pobres, nada me deixarão de herança senão uma casa caindo aos pedaços que terei de compartilhar com meus irmãos.

– De que herança veio falar então?

– Da que Cecília, sua filha, irá receber do senhor.

– Ah!...

As sobrancelhas de Roberto se arquearam inquisitivamente.

– Sinto-me constrangido em falar a respeito, mas é que precisamos de parte da herança para prosperar, especialmente agora que temos uma filha para criar. E...

– Meu genro, o que cabe de herança para Cecília já foi dado a ela.

– Já?! Ela não me disse nada.

– Sei lá por que não. O fato é que ela já recebeu tudo o que lhe cabia e vocês já estão usufruindo disso.

– Mas... Usufruindo o senhor disse?

– Sim. A casa onde moram é a herança de Cecília.

– A casa?

– Sim, senhor! Essa é a parte da herança que cabe a ela. Assim como para as minhas duas outras filhas. Cada uma receberá uma casa de herança e nada mais. Cabe aos maridos oferecerem às mulheres uma herança generosa e não o contrário. Pelo menos é a regra de minha família que passou de geração a geração.

– O senhor quer dizer...

– Quero dizer que só meus filhos homens receberão o grosso de minha fortuna. Terras, dinheiro e outros bens. Para minhas filhas será dada somente uma casa, a que já dei para Cecília e para Josefina, falta só a de Florisbela, que receberá assim que se casar.

O moço ficou por quase um minuto petrificado, com os olhos fixos no sogro. Roberto Corridoni despertou o genro de seu estado apoplético com uma tossidela.

– Terminou?

Henrique, ressurgindo para a realidade, falou, em meio a um risinho sem graça:

– Senhor Corridoni, o senhor é realmente um homem muito brincalhão. Brincalhão e convincente, por sinal. Por um minuto cheguei a pensar que estivesse falando sério.

– É mesmo?

– Sim, senhor.

– Por acaso você alguma vez me viu brincando com algo sério?

O moço corou.

– Repito a pergunta: alguma vez você me viu brincando com algo sério? Aqui, em meu banco, dentro de minha casa com a minha família?

221

– Bem... Não.

– Então...

O moço engoliu em seco:

– Quer dizer que o senhor está mesmo falando sério?

– Seriíssimo.

– Mas...

– Mas?

– Eu pensei que pela lei...

– Eu faço as minhas leis.

Henrique tornou a engolir em seco.

– Quer dizer que só mesmo seus filhos receberão...

– Fui bem claro, não?

– Foi, sim. Desculpe-me.

– Agora queira se retirar.

– Ah, sim.

O moço recolocou o chapéu e partiu, sem sequer fazer um aceno. Sentia-se com as pernas bambas, envergonhado por ter vivido aquele episódio tão esdrúxulo e hediondo com o sogro.

Estava tão aturdido que nem notou que Mássimo estava próximo à porta da sala de Roberto ouvindo, certamente, tudo o que se passava ali dentro. Mássimo Corridoni estava pasmo e, ao mesmo tempo, feliz com o que descobriu. Radiante e estupidamente feliz!

Ao chegar à casa, Henrique achou melhor deixar Cecília por fora do que se passara entre ele e seu pai. Não suportaria falar a respeito, queria mais era esquecer aquilo que tanto o aborreceu, o encheu de revolta e decepção. Tentou e tentou esquecer, com grande esforço, nos dias subsequentes, mas não conseguiu. Aquilo o foi deixando cada vez mais frio e distante de Cecília e da filha.

A moça percebeu que ele parecia estar o tempo todo com a mente longe, muito longe, num outro mundo. Diante de seu comportamento, decidiu alegrá-lo. Certa noite, depois de recolher a louça do jantar e guardar as sobras, foi até o quarto do casal onde Henrique se encontrava estirado sobre a cama, somente de ceroula, com os olhos voltados para o teto, olhos de vidro, imóveis.

– Quer uma massagem? – sugeriu ela, achegando-se a ele.

– Sim – ele respondeu, virando-se de bruços.

Enquanto os dedos delicados dela moviam-se com impessoalidade pelas costas do marido, um toque preciso e, ao mesmo tempo, suave, que poderia relaxar o corpo e a mente por completo, ela falou:

– Você me parece tão distante ultimamente. Alguma coisa o preocupa, não? O que é? Muito trabalho? Algum problema com seus pais?

Ele, bocejando, respondeu:

– Só estou um pouco cansado, só isso.

Silenciou-se novamente e quando a massagem teve fim, ele levantou-se da cama, usou o urinol e tornou a se deitar. Com os olhos pesados, murmurou, sonolento:

– Agora preciso dormir.

Não houve beijo de boa noite, não houve nada. Henrique Araújo simplesmente virou-se para o lado e fingiu dormir. Cecília levantou-se, levou o penico para fora da casa onde se desfez do seu conteúdo num lugar apropriado e voltou para o quarto do casal. Continuava preocupada com o marido, com o estranho comportamento que ele vinha tendo nos últimos dias.

No dia seguinte, ela foi até a barbearia do sogro.

– Bom dia – disse, assim que entrou no local.

– Cecília – saudou o homem alegremente. – Que surpresa agradável.

Os dois se cumprimentaram com simpatia. Então ela baixou a voz e disse:

– O senhor tem um minutinho para mim em particular?

O homem, que estava atendendo a um freguês e tinha mais outro aguardando, respondeu:

– Oh, sim... tenho sim.

Os dois foram para os fundos da barbearia onde Cecília explicou ao sogro o que vinha acontecendo com o marido.

– Vim falar com o senhor porque é pai dele, por isso deve conhecê-lo melhor do que eu.

– Eu realmente não sei o que está acontecendo com o Henrique, minha nora. Também tenho notado que ele anda diferente. Mas não se preocupe, falarei com ele.

– Só não diga, meu sogro, que eu vim falar com o senhor. Ele pode se zangar.

– Fique tranquila.

– Obrigada.

Cecília partiu da barbearia, sentindo-se um pouco mais tranquila do que quando chegou ali.

Enquanto isso em Santa Mariana, Gianni Nunnari Barcelos despontava para o amor. A moça por quem se apaixonou chamava-se Romilda e já estava com 16 anos enquanto ele já caminhava para os seus 17 anos de idade.

1820. Cecília levava a roupa que tirara do varal, num cesto para dentro da casa, quando avistou o sogro, chegando. Mesmo contra o sol, viu que o rosto do barbeiro estava pálido e tenso.

— O que houve, meu sogro? Aconteceu alguma coisa? Com Henrique?!

— Oh, minha nora. Eu nem sei como lhe dizer...

Ela depositou o cesto no chão e tornou a repetir:

— Diga, por favor. Não me deixe aflita.

— Henrique — respondeu o barbeiro tocando o ombro dela. — Ele partiu...

— Ele, o quê?!

— Ele partiu...

— O senhor está querendo dizer que o Henrique morreu? É isso?!

— Não, Cecília, estou querendo dizer que o Henrique foi embora da cidade. Da nossa vida e da sua vida!

— O senhor só pode estar brincando.

— Falo sério.

— Ele não pode ter feito uma coisa dessas para comigo. Não comigo que ele dizia amar tanto.

— Mas ele fez, eu sinto muito. Eu e minha esposa ficamos tão espantados quanto você está agora.

— De que adianta sentir muito, meu senhor?! Vocês, por acaso, não ensinaram o filho de vocês a ter juízo?

— Sim, mas... Nem tudo na vida acontece como queremos.

Ela suspirou e cambaleou, e se o sogro não tivesse sido rápido, ela teria ido ao chão.

— Acalme-se. Vou levá-la para casa.

— Por que, meu sogro, por que o Henrique teria feito uma coisa dessas comigo? Ele tem uma filha para criar. Ele só pode ter ido a algum lugar, alguma cidade nas proximidades fazer algum trabalho e volta logo.

– Segundo o seu melhor amigo, o Osvaldo Alcântara, eles sempre foram confidentes, você sabe, pois bem... Depois que seu pai deixou bem claro para ele que suas filhas receberão de herança nada além de uma casa, ele ficou muito decepcionado.

– Decepcionado?! Espere, o Henrique se casou comigo porque me amava ou por causa do meu dinheiro?

– Oh, filha, eu não sei... Sempre achei que ele a amava, mas agora, depois do que ele fez... Eu não sei o que dizer além de um "sinto muito".

Cecília dessa vez não aguentou, desmaiou nos braços do homem e logo pessoas que por ali passavam correram para ajudar o barbeiro a carregar a nora para dentro da humilde casa em que vivia. Quando voltou a si, ela dispensou o chá que a sogra havia feito para reanimá-la. A mulher fora até lá a pedido do marido, que mandara um amigo de rua avisá-la.

– Cuide da minha menina, por favor – pediu Cecília, seguindo aflita para fora da casa.

– Onde você está indo, Cecília? Espere!

Mas a moça não esperou, estugou os passos e, assim que encontrou um conhecido na rua, com uma charrete, pediu que a levasse até a prefeitura.

– Meu pai? – perguntou ela, aflita, assim que chegou no lugar. – Onde está ele?

– Talvez no banco, dona Cecília – respondeu a secretária.

Cecília nem agradeceu pela informação, simplesmente saiu do local e andou acelerada até o banco que ficava a poucas quadras dali.

– Meu pai? – perguntou ela, agoniada assim que adentrou o banco. – Onde está ele?

– Seu pai, Cecília, aqui não está! Talvez na prefeitura.

– Lá não está! Acabei de verificar.

– Então ele já voltou para a fazenda.

Ela suspirou fundo.

– Aconteceu alguma coisa?

Ela não respondeu, simplesmente correu para fora do edifício e pediu a alguém que a levasse até a fazenda de Roberto Corridoni.

A moça nem sabe como chegou lá. Estava tão atarantada que nem prestou atenção ao percurso, tampouco observou como subiu os degraus que levavam à varanda que dava acesso à porta da frente do casarão.

– Papai! – berrou a caçula assim que adentrou a morada. – Mamãe!

Ao ouvir o grito da filha, Inaiá se esforçou para se levantar da cama e ir até ela.

– Cecília, o que houve? Você está pálida, resfolegante.

– Cadê o meu pai?

A voz de Roberto soou então no recinto.

– O que foi Cecília? Qual a razão de toda essa balbúrdia?

Nisso, os irmãos que estavam na casa, de visita, Mássimo, Matteo, Homero e Josefina juntaram-se a eles. Florisbela também apareceu. Cecília queria falar, mas por mais que tentasse a voz lhe faltava:

– O Henrique, papai...

– O que tem seu marido? Desembucha.

– Ele me abandonou.

A sobrancelha da maioria dos presentes se arqueou de espanto.

– Abandonou? – balbuciou Inaiá, pasma. – Por quê?

Cecília respondeu num tom que nunca usara antes:

– Abandonou a mim e a minha filha por causa do papai! Única e exclusivamente por causa dele!

– Meça suas palavras, Cecília! – enfureceu-se Roberto. – Não lhe dou o direito de falar comigo nesse tom.

– Que tom o senhor quer que eu use neste estado em que me encontro? Estou desesperada, não está vendo?

– Cada um com os seus problemas.

Ela se arrojou aos seus pés e, em tom de súplica, pediu:

– Papai, por favor; dê-me a herança que me cabe.

O rosto do homem se transformou.

– O que lhe cabia de herança já foi lhe entregue, Cecília. Esqueceu-se?

– O senhor só me deu uma casa.

– E você acha pouco?

– O senhor é um homem rico. Mesmo que divida o que tem para cada um de nós, seus filhos, cada um ainda terá muito!

Ele se desvencilhou dela, dando-lhe um safanão com a perna que ela envolvia entre os braços.

– Você e suas irmãs não receberão de mim nada além de uma casa – explicou ele em tom ríspido e direto. – E deem-se por satisfeitas pelo que

226

receberam, pois na minha mais sincera opinião, não deveriam herdar nada, absolutamente nada de mim.

– Isso não é justo... – choramingou Cecília.

– O que não é justo é você ter se casado com um pobretão que, ao que tudo indica, só estava de olho no seu dinheiro. Querendo enriquecer às minhas custas! Vou repetir mais uma vez a lei que rege a família Corridoni há muitos anos, passando de geração a geração: somente os filhos homens é que herdam o patrimônio conquistado pelo pai. As filhas mulheres herdam somente uma casa e o que o marido delas herdou de seus pais. Se for muito, maravilha, se for pouco, problema delas, que tivessem escolhido um partido melhor para se casarem.

Cecília, pouco deu importância ao que ouviu. Desesperada, voltou a falar:

– Papai, eu preciso da herança, só assim o Henrique volta para mim! Por favor, eu lhe imploro!

– Cecília, você é mesmo uma estúpida! Se ele a amasse, ou pelo menos gostasse de você, não teria partido, pouco teria se importado com o fato de ter herdado muito ou pouco de mim.

– Mas eu o amo, papai, não vou saber viver sem ele ao meu lado. Nunca! Jamais!

– Nessa vida tudo se aprende.

– Sem Henrique ao meu lado, como vou me sustentar? Tenho uma filha para criar, sua neta!

– Torno a repetir: cada qual com os seus próprios problemas! Nunca fui atrás de ninguém para incumbi-los de arcar com os meus. Cada um com o seu! Essa é a lei da vida!

Ela voltou a se debulhar em lágrimas:

– Eu prefiro a morte!

Inaiá ajoelhou-se ao lado da filha, alisou seu cabelo e falou, quase chorando:

– Não diga uma tolice dessas, Cecília. Querer morrer é imperdoável para Deus.

A moça, batendo com os punhos fechados no chão de madeira, tornou a desabafar:

– Pois eu quero morrer mesmo assim!

Roberto foi ácido mais uma vez com a filha:

– Pois então que morra! Antes, porém, encontre um lugar para deixar a sua filha, porque esta casa não é orfanato, não! Está me ouvindo?

Sem mais delongas, Roberto Corridoni deixou a sala e Cecília, com a ajuda de Josefina e Florisbela, levantou-se.

– Calma, minha irmã – pediu Josefina. – Não torne as coisas piores para você.

Cecília chorou no seu ombro por um longo minuto. Quando se recompôs, voltou-se para os irmãos e falou:

– Um de vocês quer, por favor, falar com o papai a respeito da minha herança e fazê-lo mudar de ideia? Um de vocês quer, pelo amor de Deus, ajudar-me?

Foi Matteo quem respondeu primeiro:

– E você acha, Cecília, que o papai vai nos ouvir? Ele nunca ouve ninguém.

Mássimo deu seu parecer:

– Eu concordo com o papai quando diz que você está sendo estúpida. Onde já se viu, Cecília, chorar por um homem que só estava interessado no seu dinheiro? Muito conveniente para ele se casar com uma moça rica para enriquecer à custa do sogro, não? Não é à toa que os Corridoni têm por lema deixar herança somente para os filhos homens.

As palavras do irmão fizeram o sangue da moça subir:

– Cuidado, meu irmão – fez ela um alerta. – Muito cuidado! Assim como Henrique pode ter se casado comigo por interesse na minha herança, sua esposa também pode ter se casado com você por interesse no seu dinheiro.

Sílvia, esposa de Mássimo, que também estava presente, defendeu-se:

– Meça suas palavras quando falar de mim, Cecília!

As duas se enfrentaram com o olhar e Mássimo, sentindo-se ultrajado com o que fora dito, defendeu a ele e à esposa:

– Sílvia casou-se comigo porque me ama, Cecília! Por que me AMA! Você só está pondo em dúvida o nosso amor porque está revoltada, inconformada por ter sido largada por um homem que só se casou com você por causa da herança que supôs que iria receber.

Cecília avançou para cima do irmão e quando ia unhá-lo, ele segurou firme seu punho e o torceu.

Inaiá tentou acalmar os nervos dos dois.

– Foi Cecília quem começou, mamãe – defendeu-se Mássimo, espumando de raiva.

– Onde já se viu fazer isso com sua irmã? – atalhou Inaiá, tentando fazê-lo soltar a moça.

– Mas mamãe, ela ia me unhar.

Nisso, os olhos de Sílvia e Cecília novamente se encontraram e as duas se estranharam feito duas feras do mesmo sexo. Ninguém viu quem atacou primeiro. Quando os presentes deram por si, elas se estapeavam e tentavam descabelar uma à outra.

– Parem vocês duas, por favor! – berrou um deles.

Josefina tentou apartar a briga e também levou uma mãozada. Foi Matteo quem conseguiu segurar Cecília, enquanto Mássimo segurava a esposa.

– Calma, meu amor – disse ele ao seu ouvido. – Não se rebaixe.

Sílvia voltou-se para o marido, abraçou-o forte e disse:

– Desculpe-me, querido, perdi o controle.

Alisando sua cabeça, carinhosamente, Mássimo respondeu:

– Agora está tudo bem, acalme-se!

Forçando a voz para parecer frágil e vítima da situação, Sílvia Corridoni argumentou:

– A culpa foi dela, Mássimo. Foi dela... De sua irmã! Cecília perdeu definitivamente o juízo!

Ao ouvir aquelas palavras, Cecília quis se libertar das mãos de Matteo para poder agredir Mássimo e Sílvia novamente.

– Calma – pediu ele ao seu ouvido como faz um adestrador para acalmar um animal.

Então, ela subitamente virou-se para ele, abraçou-o e começou a chorar. Nisso ouviu-se novamente a voz de Roberto soar no recinto:

– Que barulheira é essa por aqui? Onde vocês pensam que estão? Num pardieiro? Quero todos longe desta casa, agora!

Josefina tentou falar:

– Papai...

– Agora não, Josefina. Depois.

Era somente com ela que ele tinha mais paciência e se preocupava verdadeiramente com o seu futuro.

229

Assim que Mássimo e Sílvia Corridoni chegaram à casa do casal na cidade, a moça desabafou com o marido:

– Sua irmã Cecília me ofendeu muito, Mássimo. Quem ela pensa que é para fazer isso comigo?

– Peço desculpas por ela, Sílvia.

– Desculpas?! Desculpas não revertem o quadro! Onde já se viu pôr em dúvida os meus sentimentos por você?!

– Cecília disse o que disse porque está com raiva, com ódio pelo marido tê-la abandonado. A meu ver, ela deveria agradecer a Deus por ele ter revelado a ela quem é de verdade

– Também penso assim.

Sílvia envolveu o marido e, amaciando a voz, falou:

– O importante é que você sabe que me casei com você porque o amo.

– Eu sei, meu bem.

Ele a beijou e ela completou:

– O amor nos uniu, Mássimo Corridoni. O amor...

– Eu sei...

– Detesto quando duvidam da minha integridade.

– Eu também não gosto que duvidem da minha.

Novo beijo. Após breve pausa, Sílvia voltou a falar:

– Agora me diga, é verdade mesmo o que seu pai disse a respeito da tradição da família Corridoni?

– É sim. Só vim a saber disso no dia em que Henrique procurou meu pai na prefeitura para falar sobre a herança. Fiquei tão surpreso quanto ele. Deveras surpreso.

– Eu imagino. Mas seu pai está certo, sabe... A tradição da família está certa.

– Eu também penso assim, Sílvia.

– Que bom!

Novo beijo entre os dois.

Sílvia estava realizada, quis porque quis se casar com um homem de posses, mas jamais pensou que conseguiria um com tantas como ficaria o marido após a morte do pai. Desde que ouvira a famosa frase "dinheiro nunca é demais", tornou-se adepta dela.

230

A mesma cena se repetiu na casa de Homero e Matteo Corridoni. As esposas estavam encantadas com a notícia, mais do que isso, estavam maravilhadas, estupefatas, realizadas. Quanto mais dinheiro, melhor, foi o que aprenderam com seus pais.

Homero estava tão contente que mal cabia de felicidade. Matteo, por sua vez, não deu tanta importância assim ao fato, bem diferente de sua mulher, que já começara a fazer planos mentalmente para manter e expandir a fortuna quando esta viesse parar nas mãos do casal.

Naquela mesma noite, Inaiá foi até o quarto do marido, o qual passara a ocupar desde que ela adoecera e entrou sem bater, para espanto dele.

– O que é isso? – repreendeu ele, dando um pulo na cama.

Ela, dessa vez, não se deixou intimidar pelo seu tom. Foi direto ao que vinha:

– É verdade, Roberto?

– Verdade, o quê?!

– É verdade o que disse a respeito da herança? É mesmo verdade?

– Você, por acaso, alguma vez me ouviu abrir a boca para falar asneiras?

– Não, mas... Não acho certo isso.

– O que você acha ou deixa de achar para mim pouco importa.

– Deveria importar-se sim, sou sua esposa.

– Bah.

– Eu não quero deixar minhas filhas desamparadas. Não morrerei sossegada se isso acontecer.

– Problema seu. Problema delas. Elas que tivessem escolhido melhor o marido com que iriam se casar.

– Você não sente pena delas?

– Sinto, sinto, sim, não vou negar. Mas a vida é muito clara: cada um deve arcar com suas escolhas. Ninguém deve arcar com escolhas dos outros, mesmo que os outros sejam seus filhos.

– Então será assim... Como manda a tradição de sua família?

– Será. E não quero mais tocar nesse assunto. Agora se retire, preciso dormir. Ao contrário de você que passa o dia inteiro estirada naquela cama, vendo o tempo passar, eu tenho de trabalhar, arduamente, para manter e ampliar a prosperidade desta família.

– Não estou na cama porque quero, Roberto. Estou porque adoeci.

– Pois para mim sua doença não passa de frescura de mulher.

Ela ia se defender mas ele não permitiu:

– Retire-se, vamos! Quero dormir!

Inaiá deixou o quarto, cabisbaixa e, assim que se fechou em seu aposento, jogou-se na cama e chorou feito uma criança.

– Que destino cruel foi o meu – lamentou em meio ao pranto. – Que destino mais cruel.

Voltando os olhos para o alto indagou:

– O que fiz eu para merecer um destino assim? O quê?!

Falou tudo baixinho para que ninguém do lado de fora do cômodo a ouvisse, especialmente Florisbela que se preocupava tanto com ela.

Capítulo 26

Pelo bem de todos

Levou quase uma semana até que Josefina procurasse o pai para ter uma conversa séria a respeito dos últimos acontecimentos que envolveram Cecília.

— Você é de todas as filhas a mais inteligente, Josefina – elogiou Roberto, orgulhoso.

— Obrigada, papai.

— Se veio aqui falar de Cecília, esqueça.

— Papai, ela tem uma filha para criar.

— Eu tive os meus e, mesmo durante os momentos difíceis de seca e geada, em que perdemos toda a colheita, eu me segurei. Está no sangue dos Corridoni se manter firme diante de qualquer imprevisto. Enfrentar surpresas e desafios.

— Isso muito me admira no senhor, mas...

— Cecília sabia o tempo todo que aquele palerma interesseiro do Henrique não passava de um pobretão. O que podia esperar de um filho de um barbeiro? Ah, convenhamos, Josefina, ela foi estúpida desde o início.

— O senhor não tem pena dela?

— Os Corridoni sempre ensinaram a seus descendentes que nunca se deve ter pena de ninguém, todos são capazes de superar os obstáculos que a vida impõe.

— Mas seu pai...

— O que tem meu pai?

– Ele teve pena daquela mulher com os filhos, lembra-se? Daquela senhora que perdeu o marido durante a viagem de navio para o Brasil. Ele os abrigou em sua fazenda...

O rosto de Roberto se transformou:

– E por isso, Josefina, meu pai, seu avô, pagou caro. Ele quebrou o pacto, a lei dos Corridoni, o que só serviu para desgraçar a vida de minha mãe e a minha, de certa forma.

– O senhor nunca lhe perdoou, não é mesmo?

– Certas coisas na vida, Josefina, são imperdoáveis. Mas eu lhe perdoei. A culpa não foi dele, foi daquela italiana despudorada. Ela é quem causou todo o estrago em meu pai e, ele, num momento de fraqueza, descumpriu os mandamentos de Deus.

Ele suspirou e completou:

– Regras são fundadas por uma família para serem cumpridas. Por isso honro as da minha família. O mesmo devemos aplicar às regras fundadas na nossa Igreja, as leis de Deus.

Ao fechar os lábios, Roberto sentiu um travo amargo na boca, como se tivesse bebido algo muito amargo. Josefina absorveu a frase do pai e perguntou a seguir:

– A mim não me importa que o senhor me deixe de herança apenas uma casa...

Ele, decididamente a interrompeu:

– Sabe por que você não se importa, Josefina? Porque se casou com um médico e, no íntimo, sabe que médicos sempre prosperam na vida. Logo, logo, vocês estarão muito bem financeiramente. Você verá!

– Mas será que isso é tão importante assim?

– Prosperar? Sim, Josefina, nesse mundo materialista quem não tem nada é um nada. Para não dizer um "bos...".

– Penso que há coisas mais importantes que o dinheiro.

– Você verá, Josefina, ao longo da vida, que nada, absolutamente nada, é mais importante do que o dinheiro.

A moça quedou pensativa. Estendeu-se um longo silêncio até ela dizer:

– Tenho uma notícia boa para dar ao senhor.

Roberto pareceu se alegrar.

– O que é, diga?

Ela massageou a barriga e sorriu. Um sorriso bonito e muito raro resplandeceu na face do pai:

— Você...

— Sim, papai... Estou grávida. Finalmente estou grávida.

— Meus parabéns, Josefina. Meus mais sinceros parabéns.

Há tempos que a moça queria engravidar e não conseguia. Agora, finalmente, o sonho dela e do marido de ter um filho estava se realizando.

Assim que deixou a prefeitura, Josefina se dirigiu para a casa de Cecília, onde encontrou a irmã largada numa cadeira, descabelada e mal cuidada.

— O que é isso, Cecília? Reaja.

— Estou acabada, Josefina.

— Não esmoreça.

— Como não esmorecer? Não tenho mais comida na dispensa... Henrique não voltou para a casa até agora.

— Você não pode viver aguardando pela volta dele, minha irmã. E se ele não voltar?

— Se ele não voltar, morrerei.

— Que nada. Você precisa reagir. Falei com o Valério e ele não se importou de lhe emprestar algum dinheiro.

— De que adianta emprestar? Como vou pagar?

— De algum jeito...

— Que jeito, Josefina?

— Você pode trabalhar para fora... Você...

Uma luz se acendeu no cérebro da moça:

— Já sei! Você pode lavar roupa para fora, que tal?

— Há escravos para isso.

— Nem todos possuem escravos.

— Mesmo assim...

— Você pode cozinhar para fora. É, fazer alguns quitutes para as tabernas e estalagens da cidade. Olha, eu e Valério não dispomos de escravos, então...

— Você quer me transformar numa escrava, é isso?

— Não, Cecília, é lógico que não! Quero apenas ajudá-la.

Nova luz se acendeu no cérebro de Josefina que entusiasmada falou:

– Como estou ajudando o Valério no consultório, minha casa tem ficado às moscas. Você poderia cuidar da roupa e da comida para nós e, em troca, pagaríamos a você um salário por mês.

– Você acha que isso daria certo?

– É lógico que sim. Nós precisamos de alguém e você precisa de trabalho!

– O Valério pode não gostar.

– Tenho a certeza de que aprovará minha ideia. Acredite. Falo com ele ainda hoje e amanhã lhe trago a resposta.

Ela soltou um suspiro pesado e disse:

– Quem diria que eu, a filha mais velha de Roberto Corridoni, acabaria lavando roupa para os outros para poder me sustentar.

– Eu não sou uma qualquer, Cecília. Sou sua irmã. Estará lavando roupa para mim. E eu também estou trabalhando agora que me casei com o Valério e sempre vou trabalhar, primeiro, porque ele precisa de ajuda, segundo, porque também dependo dele financeiramente. Não se esqueça de que eu também não herdarei nada do papai senão uma casa. Em terceiro, porque trabalhando me sinto útil e mais disposta. Nós não sabemos como vai ser o dia de amanhã, portanto, é melhor nos precavermos, aprendendo tudo o que estiver ao nosso dispor que possa nos ajudar no futuro.

Cecília, olhos lacrimejantes, estendeu a mão para a irmã e quando ela entrelaçou a sua, agradeceu:

– Obrigada, Josefina, Obrigada do fundo do meu coração por se preocupar comigo.

– Você é uma irmã querida, você sabe disso.

As duas se abraçaram.

– Agora – continuou Josefina, alegrando a voz –, tenho uma notícia boa para lhe dar.

Cecília pareceu se entusiasmar:

– Finalmente algo de bom! O que é, diga?

Ela massageou a barriga e sorriu.

– Você... – murmurou Cecília vertendo-se em lágrimas novamente.

– Sim, querida. Estou grávida. Finalmente estou grávida como há muito queria ficar.

– Oh, Josefina, essa é realmente uma notícia maravilhosa! Meus sinceros parabéns!

As duas tornaram a se abraçar, felizes.

Josefina voltou para casa sentindo-se mais feliz e Valério, ao reencontrar a esposa, abraçou-a, beijou-lhe os lábios finos e delicados e perguntou:
– Você está tão linda, hoje.
– Não é para menos, meu amor. A notícia de que estou grávida me deixou radiante e, radiante também fiquei por ter conseguido uma forma de ajudar Cecília financeiramente.
Ela lhe explicou sua ideia.
– O que achou?
– Excelente ideia, meu amor – empolgou-se Valério Buonvino.
O moço ficara realmente contente com a sugestão da esposa. Tanto que, a seguir, cobriu-a de elogios:
– Josefina, você tem uma alma tão boa. Penso ser isso o que mais admiro em você, meu amor.
Ele novamente a beijou, procurando transmitir, por meio daquele beijo, todo o amor que sentia por ela. Minutos depois, Valério perguntava, animado:
– Que nome daremos a nossa criança?
Josefina estranhou sua pergunta.
– Não acha cedo para pensarmos nisso?
– Pra que deixarmos para a última hora, meu amor?
– É, nisso você tem razão.
Novo beijo aconteceu seguido de sugestões e mais sugestões de nomes para o bebê que estava por vir.
– Se for mulher Maria... ou Julia... ou Marina...
– Se for homem Mario...
– Mario?
– Sim, uma homenagem para o meu avô. Se sou alguém, hoje, devo isso a ele. Ninguém é nada sem os seus antepassados.
Valério assentiu, surpreso, mais uma vez, com a perspicácia da esposa. A seguir, o casal dividiu um dos maiores prazeres que existem, que é o da escolha do nome para o filho. Algo único e inesquecível para quem logo se tornará um papai e uma mamãe.

Nas semanas que se seguiram, Cecília assumiu o comando da casa de Josefina e Valério. Era humilhante para ela ter de chegar à casa sob o olhar dos vizinhos e passantes, sabendo que falavam as suas costas, mas ela tinha de deixar tudo isso de lado para poder sustentar a ela e à filha. Era nela que tinha de pensar para amaciar seu ego e seu orgulho feridos.

Certamente que Cecília nunca mais pôs os pés na casa do pai quando ele estava por lá. Caso chegasse repentinamente, saía pela porta dos fundos para não ter de cruzar com ele. Mudava também de calçada toda vez que o via. Para ela, ele lhe fora tão injusto quanto Henrique, seu marido.

Capítulo 27

Reaprendendo a viver...

Cecília estava, mais uma vez, na casa de Josefina e Valério para iniciar seu trabalho diário, tomando café da manhã na companhia da irmã. Estava prestes a abocanhar um pedaço da fatia do pão, envolta por seus dedos delicados, quando Josefina arrancou-lhe o alimento da mão e, analisando seu rosto à luz da manhã, admirando seu perfil, comentou:

– Vejo a luz em torno da sua pessoa.

– Luz?! – espantou-se Cecília. – Como assim?! Que luz?!

Ela girou o pescoço em busca da claridade.

– É um brilho invisível, Cecília.

– Se é invisível como pode ver?

– Acho que só eu posso.

– Isso é muito estranho.

– Isso é maravilhoso! Às vezes vejo isso em torno das pessoas.

– Sério?! Por que nunca me disse?

Um sorriso singelo ligou as duas bochechas de Josefina antes de responder:

– Porque achei que me acharia tantã se dissesse. Como está me achando agora.

– É que... você há de admitir que não é uma coisa normal, concorda? Digo, ver luz em torno das pessoas...

– Pois para mim é sinal de que você vai melhorar. Vai dar a volta por cima, vai se surpreender consigo mesma, com o quanto é capaz.

– Josefina, não exagere.

– Exagero algum...

– Você não se cansa, não é mesmo? Não se cansa de encontrar meios para me alegrar, fazer-me novamente uma pessoa empolgada com a vida.

– Acho que não.

Elas riram. Então, subitamente, o rosto de Josefina se iluminou.

– Tive uma ideia ótima! – exclamou, radiante.

– Ai ai ai... O que foi agora?

A moça se levantou e disse:

– Vamos até o meu quarto.

– Para quê?

Josefina não respondeu, puxou a irmã pelo punho e seguiu até o cômodo. Lá, fez com que Cecília, rígida, sob suas mãos, sentasse diante do espelho da cômoda.

– Você pode me explicar o porquê de tudo isso? – agitou-se Cecília.

– Calma, você já vai saber – explicou Josefina, pegando um pente com o qual começou a pentear o cabelo da irmã, para lá e para cá. Depois, apanhou uma tesoura.

– O que você pretende fazer com essa tesoura? – assustou-se Cecília.

A resposta de Josefina foi rápida e precisa:

– Mudar o seu corte de cabelo.

– Nunca!

Ao fazer menção de se levantar, Josefina a impediu e disse:

– Experimente mudar o corte, vai fazê-la sentir-se uma nova pessoa. Acredite!

– Você acha mesmo?!

O mesmo brilho que transpareceu na voz de Cecília, transpareceu em seus olhos. Diante da ligeira empolgação, Josefina pôs mãos à obra e começou a cortar. Logo cachos grossos e rebeldes forraram o chão. Minutos depois, exclamou, contente:

– Assim está bem melhor!

– Deixe-me ver! Deixe-me ver – agitou-se Cecília, ansiosa.

Josefina posicionou o espelho atrás de sua nuca para que ela pudesse vislumbrar o corte e comentou:

– Ficou muito melhor assim, não?

Não havia dúvidas, admitiu Cecília. O novo corte realmente lhe caíra muito bem.

– Sim, Josefina – respondeu Cecília admirando-se no espelho. – Estou impressionada com você, minha irmã.

– Por quê?

– Porque falou que assim ficaria melhor e realmente ficou! Eu duvidei, confesso que duvidei que isso fosse possível, mas...

– É sinal que você precisa aprender a confiar mais na sua irmã.

Sorrindo, brilhantemente, Cecília concordou:

– Você tem razão.

– Amar é confiar – acrescentou Josefina, ainda olhando para Cecília com admiração.

– Até onde? – perguntou Cecília, readquirindo a expressão triste nos olhos.

– Como assim, até onde?

– Até onde devemos confiar em alguém, eu digo.

– Bem, eu não sei.

– Alguns dizem que devemos confiar desconfiando, não é mesmo?

– É... acho que já ouvi isso certa vez. Não era a vovó quem falava isso o tempo todo?

– Ela mesma

Breve pausa.

– Josefina...

– Sim?

– Você acha que um dia eu voltarei a vê-lo novamente?

Não foi preciso perguntar, Josefina soube de imediato que a irmã se referia ao marido: Henrique Araújo. Sua resposta foi a mais sincera, tinha de ser:

– E-eu não sei, Cecília... Eu juro que não sei.

– Eu gostaria tanto.

– Ao futuro tudo é possível e imprevisível, você sabe...

– Sim, eu sei... Eu mais do que ninguém sei o quanto é imprevisível. Nele não podemos confiar.

Ela suspirou e prosseguiu:

– Aí é que está. Voltamos ao tema da conversa: confiança. A vida tem nos ensinado que não devemos confiar no futuro. Vovó sempre nos disse que não devemos confiar totalmente nas pessoas... Todavia, você me pediu para confiar em você, quando me sugeriu um novo corte de cabelo, e me dá provas de que

241

posso mesmo confiar em você. É complicado viver assim, não? Sem saber ao certo em quem confiar...

— O importante é que podemos confiar uma na outra e em mamãe também. E em Florisbela. E em Homero...

— Em Florisbela, eu confio. Em Homero, não! Não plenamente, digo, não sei por que. Tenho a impressão de que ele, cedo ou tarde, vai complicar a nossa vida.

— Você implica com Homero desde que ele, quando criança, começou a encostar sua língua em sua orelha, quando você estava desprevenida!

— Eu odiava quando ele me fazia isso. Tenho trauma até hoje! Principalmente quando aquele danado me fazia isso quando eu estava dormindo. E eu acordava, ao sentir suas lambidas. Era um horror. Chego a me arrepiar até hoje só de lembrar.

Josefina riu. Cecília arrepiou-se. Ela realmente tinha trauma da brincadeira que o irmão lhe fazia na infância.

— Levante mais o espelho, por favor – pediu ela a seguir. – Quero ver a parte de trás e dos lados novamente. É, ficou mesmo muito bom. Parabéns!

Josefina fez uma reverência à moda das rainhas.

— Agora, venha – brincou Cecília, saltando do banquinho. – Sente-se aqui.

A irmã atendeu ao pedido, porém sem compreender a razão.

— O que quer de mim?

— Ora, Josefina, o que quero de você? Quero cortar os seus cabelos, maninha. Assim como fez com os meus.

— Cortar?!

Josefina arrepiou-se.

Cecília gargalhou.

— O que foi? – estranhou Josefina.

— Você não confia em mim! – brincou Cecília, fingindo-se de séria.

— Não para cortar o meu cabelo, maninha. Você não tem experiência. Para outras coisas, sim.

Cecília tornou a rir e disse:

— Essa é uma boa lição.

— Qual?

— Sobre confiança. Aprendemos que podemos confiar em quem amamos para algumas coisas, não para tudo. Não é verdade?

242

– O importante é que mesmo não tendo confiança total nessa pessoa que tanto amamos, continuamos a amá-la do mesmo jeito!

As duas se entreolharam, contentes pela descoberta. Minutos depois, Cecília falou:

– Ainda que não confie em mim, quero tentar fazer um penteado em você. Se não gostar é só desmanchar.

– Está bem, vamos ver no que vai dar.

Cecília examinou minuciosamente o cabelo da irmã antes de dar seu toque *especial*. O cabelo farto e brilhante de Josefina foi puxado para trás e atado com uma faixa, para que os cachos despencassem como uma cachoeira.

– O que achou?

– Quer minha mais sincera opinião?

– Ai... Acho melhor não.

– Está bem, ficarei calada.

– Será melhor.

Elas riram e Josefina se sentiu feliz por ter alegrado Cecília, a irmã querida, depois de tudo que vinha passando desde a partida de Henrique Araújo, seu marido amado.

Enquanto isso, na fazenda Millenotti, nascia o filho de Giulio e Hercília.

– Já que é um menino – disse orgulhoso o rapaz –, será batizado com o nome do meu pai. Chamar-se-á Maurizio Nunnari Neto.

Gianluza emocionou-se tremendamente diante da decisão do neto e, ao pegar o bisneto, teve a mesma sensação que teve quando acolheu em seus braços o próprio filho recém-nascido. Ao mirar o rostinho bonito do bebê teve a nítida impressão de que olhava para Maurizio, o filho que perdera ainda jovem, lutando pela abolição da escravatura no Brasil.

Ela não sabia, ninguém ali tinha condições de saber que o recém-nascido que recebera o nome de Maurizio Nunnari Neto era na verdade o próprio Maurizio Nunnari reencarnando mais uma vez para dar continuidade a tudo aquilo que o espírito pode galgar em termos de evolução espiritual por meio de reencarnações terrestres.

Portanto, Maurizio Nunnari e Maurizio Nunnari Neto eram o mesmo espírito. Que isso fique bem guardado para que o leitor compreenda os rumos que essa história tomará no futuro.

Serra Dourada, tempos depois...

O sol já seguia para o horizonte quando Josefina, grávida de 5 meses, reclinou-se nas almofadas do sofá de sua sala e deixou o bordado que fazia escorregar de sua mão. Cansada demais para pegá-lo, deixou-o ali mesmo e fechou os olhos, cansados.

– O que houve? – questionou Cecília, achando estranho o comportamento da irmã.

– Um cansaço repentino... – respondeu Josefina com voz cansada. – Uma falta de ar... Parece até que chegou a hora...

– Hora?

– Sim. De dar à luz a esta criança que gero em meu ventre.

– Calma, Josefina... Você só está grávida de cinco meses. Faltam ainda quatro meses para que você dê à luz a essa criança. E quando esse dia chegar você jamais se esquecerá, pois é um dos momentos mais marcantes da vida de uma mulher.

Um sorriso despontou no rosto cansado de Josefina que, segundos depois, adormeceu para acordar mais disposta.

Foi dois dias depois, ao cair da tarde, logo após Cecília partir, que Florisbela chegou para visitar Josefina.

– Ontem, quando Cecília apareceu na fazenda para visitar a mamãe, ela me disse que você não andava muito disposta. O que há? O que o Valério diz? Você falou com ele a respeito, não falou? Não se esqueça de que seu marido é médico, Josefina.

– Eu sei – respondeu a futura mamãe, achando graça das palavras da irmã caçula.

– Valério diz que é natural vez ou outra eu me sentir assim.

– Que bom! Assim me sinto mais tranquila.

– Eu também!

A seguir, Josefina pediu à irmã que servisse para ambas um doce de mamão muito saboroso que ela tinha ganhado da vizinha. Enquanto saboreavam a deliciosa sobremesa, Josefina falou:

– Sabe, Flor, desde que a vovó Margarita morreu, tenho pensado em algo que há muito queria comentar com alguém e...

244

– E?

– E não fiz até hoje por não saber quem seria a pessoa certa para eu fazer tal comentário.

O suspense involuntário de Josefina deixou Florisbela empertigada.

– O que é?

– Anteontem quando me vi tão sem vida, pensei... Devo fazer o pacto com alguém o quanto antes...

– Antes?

– Antes que eu morra.

– Ora, Josefina, não diga tolices. Você é muito jovem para morrer.

– Eu sei, ainda assim quero fazer o pacto e escolhi você para fazê-lo. O pacto consiste no seguinte: se eu morrer antes de você e houver vida após a morte eu tento lhe mandar um sinal. Se você morrer antes de mim e houver vida após a morte, você tenta me mandar um sinal.

Florisbela riu.

– Essa é boa!

– Aceita fazer esse trato comigo?

– Esse pacto?

– Sim, pacto ou trato, tanto faz.

– Se isso a fará feliz, minha irmã, sim, aceito! Mas espero de coração que tanto eu quanto você tardemos a morrer para cumprir esse trato.

– Eu também.

As duas riram e tornaram a abocanhar com prazer mais um delicioso pedaço do doce de mamão.

Semanas depois, a futura mamãe acordou com o bebê se movimentando dentro dela. Seu coração se acelerou em alegre excitação quando se deu conta do fato. Enfiou um vestido, torceu o cabelo num nó desajeitado e correu para a cozinha na esperança de ainda encontrar o marido ali, tomando o café da manhã para que ele presenciasse o fato. Por sorte, Valério ainda estava ali e, ao vê-la feliz, seu rosto também se iluminou.

– Josefina?! – espantou-se Valério ao vê-la entrando no aposento. – Acordada a essa hora?! Não é cedo demais para se levantar?

– Sim e não.

– Sim e não?

Ela riu.

– Acordei disposta esta manhã, sentindo o nosso bebê se mexendo na minha barriga. Quero que você testemunhe esse momento.

Valério, emocionado, deixou a esposa guiar sua mão até tocá-la na altura do ventre para que ele também pudesse sentir o bebê se agitando ali. Não levou muito tempo para que isso acontecesse.

– Eu senti! – exclamou ele, alegre. – Parece até que deu um chute.

– Exatamente!

Os dois riram e ele, então, encostou o lado esquerdo de sua face na barriga da mulher e fechou os olhos, deliciando-se da quentura gostosa que havia ali, a mesma que certamente envolvia o filho que dentre muito em breve nasceria. Foi um começo de dia muito diferente dos demais, inesquecível tanto para Valério quanto para Josefina Corridoni Buonvino.

O marido partiu, deixando Josefina admirando o dia esplendoroso, reluzente, com novos botões florescendo por toda parte. Vida nova em todo canto, sob o sol esplendoroso de primavera.

Naquele dia, Valério trabalhou com entusiasmo redobrado. Seus olhos simpáticos e encorajadores observavam seus pacientes enquanto ele descrevia e explicava com detalhes seus problemas de saúde. De vez em quando, ele balançava a cabeça em sinal de compreensão, fazia perguntas, orientava. Só de conversar com ele as pessoas se sentiam melhor, deixavam o consultório reanimados, com um passo mais firme, o rosto mais corado, a sensação de que não estavam tão doentes quanto pensavam. O ânimo redobrado vinha da alegria de que em breve, muito em breve, ele estaria tendo seu primeiro filho, o filho sonhado e almejado por ele e a esposa há muito, muito tempo. Um filho para alegrar a vida do casal, dar-lhes netos e continuidade a sua história.

Já era 1821 quando Josefina acordou tendo a terrível consciência de que havia algo úmido e pegajoso entre suas pernas. Ao examiná-las, avistou uma mancha vermelha sobre o lençol que fez com que gritasse forte e aflita. Cecília, que por sorte estava na cozinha, foi correndo atendê-la, ao ouvir seus berros.

– O que houve?

Não foi preciso dizer nada. Ao avistar a mancha de sangue sobre o lençol e o horror transparecendo na face da irmã, Cecília compreendeu muito bem o que havia acontecido.

– Acalme-se maninha, por favor – disse ela, estendendo as mãos para frente e procurando manter a voz calma. – Eu volto já. Só vou pedir para alguém ir chamar o Valério.

Ao notar que a irmã ia cair num choro profundo, Cecília foi até ela e a consolou.

– Calma, maninha. Respire fundo!

Diante do sangramento que parecia sem fim, Cecília correu para fora da casa, berrando por ajuda. Assim que encontrou o filho da vizinha, um moleque de não mais que oito, nove anos, pediu a ele que fosse até o consultório do Doutor Valério dizer-lhe que viesse para casa urgentemente. A seguir, Cecília voltou correndo para dentro da casa, para o quarto da irmã, para consolá-la em seus braços.

Haviam se passado apenas cinco minutos, mas a espera pela chegada do cunhado lhe pareceu uma eternidade. Onde estava Valério que não aparecia?, perguntava-se Cecília com voz entrecortada. O desespero fazia parecer que o tempo havia se transformado numa eternidade. Deveria ela fazer alguma coisa pela irmã naquele estado? Se sim, o quê? A pergunta só serviu para deixá-la ainda mais agitada e ansiosa.

– Ai meus nervos – desabafou com um suspiro pesado.

Enquanto isso, Josefina permanecia desacordada entre seus braços.

– Resista minha irmã. Resista, por favor.

O pedido deu vazão ao choro até então contido. Um choro de desespero. Apertando o rosto de Josefina, desfalecida, Cecília falava em tom de súplica:

– Você vai superar tudo isso, Josefina. Não esmoreça, você vai superar.

Por fim, quando o relógio já marcava dez horas da manhã, Valério, ofegante, chegou à casa. Fizera todo trajeto correndo. Com os braços trêmulos de fraqueza, soergueu o corpo da esposa, sentindo as mãos tremerem, ao tocar sua face. A visão lhe fez sentir um aperto na garganta.

– Josefina, por favor, Josefina... Estou aqui meu amor...

A seguir tomou as providências que um médico tomaria diante daquilo.

Ao notar que a cunhada tremia por inteira, tentou acalmá-la.

– Ela vai ficar boa, Cecília, você vai ver.

O jeito dele, entusiástico, não a convenceu.

– Ela me parece tão sem vida, Valério... Quase morta...

– Teve hemorragia interna... – explicou ele, tentando confortá-la com sua voz branda.

Mas seu jeito calmo em nada aplacou seus temores.

– Você tem certeza de que ela vai... – continuou Cecília em pânico.

– Sou médico, não sou? Se ajudo tanta gente a melhorar, a recuperar sua saúde, por que não haveria de fazer minha esposa melhorar?

– Você acredita mesmo no que diz? A meu ver está tão tenso quanto eu.

Ele suspirou fundo.

Nunca as horas se arrastaram tão lentas e tensas como naquele dia. Horas que culminariam no desfecho inesperado e triste demais para se suportar. Josefina e o bebê morreram durante o parto difícil ao cair da tarde.

Roberto chegou à casa da filha e do genro, espumando de ódio. Ao avistar Valério, foi até ele e berrou:

– Você é um médico de bosta! – sua vontade era pegar no colarinho do genro e prensá-lo contra a parede. – É isso o que você é! Não vale nada como médico! Não passa de um açougueiro!

– Eu...

Valério, ainda que em choque pela morte de esposa e do filho, tentou se defender, mas as palavras, por mais que tentasse, não conseguiam atravessar seus lábios.

– Papai – interveio Homero –, por favor, aqui não é lugar para...

Roberto deu um safanão no filho e continuou se dirigindo ao genro, da forma mais ácida que podia:

– Seu lugar é na cadeia, está me ouvindo? Entre grades por ter deixado que ela morresse!

– Fiz tudo que estava ao meu alcance, meu sogro – tentou se defender Valério, assustado com a reação de Roberto que subitamente recuou e procurou onde se sentar devido a uma dor repentina no peito.

Os filhos homens o cercaram e o abanaram.

– Acalme-se, papai.

Valério tentou ajudar:

– Posso examiná-lo?

O simples olhar de Roberto Corridoni transmitiu-lhe muito bem a resposta: "Não!".

Assim, o viúvo, arrasado pela súbita morte da esposa, recuou e foi se consolar com Cecília, que no momento era amparada por Florisbela.

– O papai está nervoso, não se afobe – explicou Florisbela, acariciando seu ombro.

Entre lágrimas, Valério admitiu:

– Seu pai está certo. Eu deveria tê-la salvado! Afinal, sou um médico, não sou?

Florisbela foi complacente mais uma vez:

– Os médicos só ajudam a prolongar a vida das pessoas, meu cunhado. A prolongar por um tempo a mais, não pela eternidade. Todos um dia hão de morrer de uma forma ou de outra, com uma idade x ou y, assim é a vida.

Ele bufou, desesperado. Horas depois, quando olhou para o caixão, sentiu novamente um aperto na garganta, como se houvesse um nó ali. Já havia experimentado muitas dores durante a vida, mas nenhuma como aquela. Ver a mulher amada, morta, tão jovem lhe era por demais dolorido. Era como uma punhalada nas costas.

O enterro de Josefina deixou a paróquia da cidade sob as fortes badaladas dos sinos da torre, que serviam também para anunciar a hora das missas. Depois seguiu pela rua principal da cidade, com todos os acompanhantes trajando preto como era de praxe na época. Os irmãos, mais funcionários da prefeitura e do banco se revezavam no transporte do caixão.

No cortejo até o cemitério havia gente enlutada de todo canto, vindos das fazendas e sítios da região, até mesmo de cidades vizinhas, amigos e conhecidos de Roberto Corridoni.

Roberto percorreu todo o trajeto, de olhos secos e rosto pálido, sem dizer uma palavra a ninguém.

Capítulo 28

Superando a dor da morte...

Naquele dia, depois do funeral, Florisbela achou melhor ficar com Cecília porque sabia o quanto ela estava arrasada. Ela poderia morrer de tanta tristeza pela morte da irmã.

– Lembra-se de quando nós, eu, você e Josefina, nos reuníamos para jogar conversa fora? – comentou Cecília, entre lágrimas sentidas.

– Se me lembro... Era tão divertido, não?

– Sim, tremendamente divertido.

Os olhos de Florisbela tornaram a lacrimejar.

– Por que tinha de acabar dessa forma, Florisbela?

– É a vida, Cecília. Só Deus sabe por que é assim.

– Deus e seus segredinhos... Ele me revolta às vezes, sabia? Por deixar que tanta coisa ruim aconteça. Os bons morrem cedo e os demônios permanecem vivos. Você acha que isso é certo? Acha?

– Não, não acho. Prefiro acreditar que Deus tem um propósito maior para agir como age.

– Você faz bem em pensar assim.

O silêncio caiu pesado entre as duas a seguir.

– Oh, Florisbela... – continuou Cecília minutos depois. – Não consigo deixar de pensar em Josefina.

– Pense nela como se ela estivesse viajando.

– Não consigo.

– Tente, tente repetidas vezes.

– Como pensar assim, se sei, muito bem onde ela está. A 7, 8 palmos abaixo da terra? É lá que Josefina está!

– Somente seu corpo está lá, Cecília. Seu espírito vaga longe, bem longe daqui.

– Que espírito, que nada!

– Você não acredita que o espírito sobreviva à morte?

– Eu não acredito em mais nada, Florisbela. Nada, nada, nada!

Ela mergulhou as mãos no cabelo num gesto desesperado e o cabelo despencou sobre sua face no mesmo instante em que ela caía num pranto assustador.

– Por que ela tinha de morrer, Florisbela? Ela era boa, boníssima. Isso não é certo.

Florisbela queria dizer mais alguma coisa, mas não conseguiu. Cecília continuou, revoltada:

– A morte é um horror. É coisa do demônio. Deus nos dá a vida e o demônio tira! Ah...

Novamente elas silenciaram.

– Pobre Valério... está acabado.

– Todos estão, de certa forma, Cecília. Até mesmo o papai.

– Será? Para mim ele não sente nada. Trata-se apenas de mais um que morreu, não importando se seja seu filho ou não.

– Ele se importa sim, Cecília. Por trás de toda aquela arrogância há sentimentos eu sei, eu sinto... Toda aquela sua grosseria e rispidez é para encobrir sua sensibilidade.

A irmã quedou pensativa. A seguir, disse:

– Você acha que ela sentiu alguma dor ao morrer? Será que alguém sente alguma dor quando morre? Só pode... se não, não morreria, não é mesmo?

Suspiros.

– Posso dormir aqui se quiser. Para lhe fazer companhia.

– Não, minha querida, vá ficar com a mamãe. Ela deve estar precisando imensamente de você. Quanto a mim, vou ver como o Valério está passando. Não podemos nos esquecer dele e do fato de ele não ter nenhum parente por aqui.

– Você tem razão, Cecília.

Florisbela ficou verdadeiramente surpresa com a perspicácia da irmã. A Cecília que conhecera no passado não se importava com nada além do próprio umbigo.

– E quanto a Ofélia?

– Minha sogra, que sempre fica com ela quando preciso trabalhar ou sair, prontificou-se a ficar com ela diante das circunstâncias. É nessas horas que percebemos que nem todos de uma mesma família são iguais. E de que nada teria adiantado eu me voltar contra meu sogro e minha sogra pelo que Henrique fez, afinal, cada um é um, não é porque são seus pais que não prestam como ele.

– É verdade.

No minuto seguinte, cada uma das irmãs seguiu o rumo desejado.

Cecília encontrou Valério encostado junto à parede do canto esquerdo da sala com os olhos voltados para a janela, de onde podia se ver o céu ao crepúsculo. Ela entrou em silêncio e permaneceu em silêncio até ele voltar-se para ela e agradecer-lhe por estar ali.

– Vim ver como está passando. Oferecer-lhe meus préstimos. Quero que saiba que não está só. Florisbela lhe mandou lembranças, queria vir, mas lhe pedi que fosse ficar com a nossa mãe. Não deve estar sendo nada fácil para ela!

Ele, balançando a cabeça em concordância, falou:

– Não está sendo fácil para ninguém que amava Josefina, Cecília. Nunca é!

Ela engoliu em seco, respirando fundo para conter novamente a vontade de chorar.

– Ela estava tão linda... mesmo morta continuava linda, você não achou? – comentou ela, minutos depois, inclinando-se para ajeitar as almofadas sobre o sofá.

A voz dele saiu arrastada:

– Josefina era o mundo inteiro para mim, Cecília.

Cecília sentiu novamente pena do cunhado. Sabia que ele estava sofrendo horrores pela morte de Josefina, apesar de ter convivido com ela por apenas três anos, que mais lhe pareceram duas décadas. A moça estava surpresa com sua força repentina para ir prestar solidariedade ao cunhado. Talvez estivesse sendo mais forte para lidar com a morte da irmã por ter passado o que passou nas mãos de Henrique. Depois do que ele lhe fez, ela, de certa forma, tornara-se mais corajosa para enfrentar a vida e aquilo estava lhe sendo a prova definitiva.

Enquanto isso, na fazenda dos Corridoni, Roberto continuava largado na poltrona. Desde que chegara à casa, ali sentou e não mais se levantou. Também não quis se alimentar, nem seu café habitual da tarde tomou. Inaiá, por sua vez, permanecia na cama, se já não tinha mais disposição para se levantar, com a perda da filha sua disposição cessou de vez. Para muitos, a impressão que se tinha era a de que ela não tinha mais muito tempo de vida.

Homero e Mássimo estavam ali fazendo companhia para o pai. A certa altura, Homero puxou Mássimo para a varanda, voltou-se para o irmão e falou:

– O papai está péssimo. Se quer a minha opinião, ele não vai muito longe.

– Eu também tive essa impressão – admitiu Mássimo, olhos astutos. – Isso significa, meu irmão, que logo, logo, tudo isso aqui estará em nossas mãos.

– Mássimo!

– Vai me repreender por antecipar os fatos? Encará-los como são? Um dia o papai teria de morrer, esse dia chegou, encaremos a realidade e preparemos os bolsos. Nós temos muito dinheiro para herdar. Não se preocupe com a morte do papai. Ele continuará existindo por meu intermédio. Continuarei sendo o prefeito da cidade, administrando-a com mãos de ferro da mesma forma que ele fazia.

– Você nasceu mesmo para isso, Mássimo.

– Sim, Homero, eu nasci para isso. O papai me incentivou e me estimulou a ser quem sou, desde que eu era um menino. Uma criança inocente.

Antes de seguir para a fazenda, Florisbela passou na casa do noivo, que não pudera ir ao funeral devido à enfermidade do pai.

– Desculpe por vir aqui a essa hora e sem avisar – disse ela, assim que Nirlando Sodré a recebeu à porta.

– Minha casa é também sua casa, Florisbela. Você pode vir aqui quando quiser.

Nisso, ouviu-se a voz do pai do moço perguntar:

– Quem está aí?

– É Florisbela, papai – respondeu o filho apressadamente.

– Quem?

– Florisbela – repetiu Nirlando, voltando-se para trás.

O pai estava ali.

– Boa noite – cumprimentou a moça.

– Boa noite – respondeu o homem, parecendo não reconhecê-la.

Nisso, como muitas vezes acontecia, urinou nas calças.

– Papai – exaltou-se Nirlando em tom reprovador.

– Desculpe-me, filho.

Diante da situação embaraçosa, Florisbela disse adeus e partiu. Pelo caminho foi pensando em Nirlando, em como os dois tinham algo em comum: ele era dedicado ao pai, adoentado e ela, à mãe adoentada.

A lua já ia alto no céu quando a charrete, trazendo Florisbela, estacionou em frente à casa-grande da fazenda Corridoni. Imediatamente ela foi ver como a mãe estava passando. Etelvina, a escrava dedicada à sinhá, mantinha-se ali ao seu lado, procurando confortá-la com palavras e calor humano. Inaiá mantinha-se estirada no leito, transparecendo calmaria e serenidade. Já não chorava mais a morte da filha, pelo menos naquele momento.

No dia seguinte, Florisbela voltou à casa de Nirlando para revê-lo e também falar-lhe sobre o casamento dos dois.

– Espero que me entenda, Nirlando, mas...

– Diga... – agitou-se o rapaz.

– Diante da morte de Josefina, nosso casamento terá de ser adiado. Não ficaria bem nos casarmos na data que havíamos combinado, isto é, daqui a dois meses. É muito pouco tempo depois da morte de um ente querido como minha irmã, para haver uma cerimônia alegre e festiva como a de um enlace matrimonial.

– Você tem razão, Florisbela. Toda razão.

– Que bom que você me compreende.

Ele sorriu e a beijou na testa.

– Além do mais, minha mãe e meu pai estão arrasados, precisam de tempo para se recuperarem do baque.

– Tempo lhes será dado, Florisbela. Remarcaremos a data do casamento para uma mais propícia.

– Obrigada por me compreender.

E assim foi feito...

Capítulo 29

Vida que não para

O sentimento de solidão e perda que Valério sentia nas decorrentes semanas após a morte de Josefina era quase insuportável. Em uma carta para seu pai, que morava no Rio de Janeiro, conhecida como a Corte na época, descreveu o último e desolado amanhecer em que acordou ao lado de sua amada esposa. Relatou também a revolta do sogro para com ele e sua própria revolta para consigo mesmo.

Na carta resposta, o pai aconselhava o filho a regressar para sua cidade natal e tentar a vida lá. Nada como uma mudança de endereço para esquecer o passado tão triste e traumatizante.

Na carta resposta à do pai, Valério explicava que não poderia regressar tão cedo, a cidade de Serra Dourada carecia de médicos, havia muitos pacientes em suas mãos. Continuar morando ali era o mínimo que ele podia fazer por aquela gente que o acolhera tão bem, mesmo sendo um recém-formado em medicina.

O pai respondeu que ele fizesse o que seu coração mandasse no momento, mas que não deixasse de lado a hipótese de voltar a morar no Rio, brevemente.

Era Cecília quem consolava o cunhado na maioria das vezes, e cuidava dele como se cuidasse de um filho, preparava-lhe o almoço e o jantar, a roupa... Continuou fazendo, enfim, sua função dentro daquela casa em troca de um salário mensal para poder sustentar a ela e à filha.

Inaiá, por sua vez, permanecia na cama, parecendo estar mesmo entre a vida e a morte. Mais para o lado da morte do que para o lado da vida.

O trabalho fez com que Roberto acabasse se recuperando do baque que teve com a morte de Josefina e Gorete, sua amante, acabou sendo de grande ajuda na sua recuperação. Estava sempre disposta a ouvir seus desabafos em relação à tragédia e cobri-lo de compreensão e palavras de encorajamento. Teve a impressão de que tudo o que aconteceu serviu para aproximá-los e de que em breve ele a assumiria diante de todos na sociedade, como sua legítima esposa. Esposa, sim, pois diante do agravamento do estado de saúde de Inaiá, em breve ela morreria, deixando o marido finalmente livre para desposá-la. Ao que tudo indicava, era só uma questão de semanas, talvez de dias, poucos dias.

Meses haviam se passado desde a morte de Josefina e lá estava Cecília, novamente, tentando confortar e alegrar o cunhado. (1821)

– Quando Josefina se foi, achei que meu coração fosse se partir – admitiu ele a certa altura da conversa.

– O mesmo digo eu, meu cunhado – afirmou Cecília com sinceridade. – Quando Henrique partiu, deixando-me sozinha para criar minha filha, pensei que fosse morrer. Mas estou aqui, viva! Por minha filha e também por mim mesma! Com o tempo percebi o quanto teria sido estúpido da minha parte morrer por aquele canalha, interesseiro de uma figa!

O comentário fez com que Valério risse, algo que não fazia há muito tempo.

– Que bom – comentou ela, também sorrindo.

Ele franziu o cenho, procurando entendê-la. Ela explicou:

– Que bom que sorriu. Estava fazendo falta um sorriso na sua face.

Ele tornou a esboçar um sorriso e agradeceu o elogio.

– Você tem sido formidável comigo, Cecília. Sem você aqui eu nem sei o que seria de mim.

– Um dia, quando mais precisei, Josefina me ajudou! É mais do que justo que eu cuide de você, por ela. Porque sei que se tivesse tido a chance de me pedir, antes de morrer, ela teria me pedido para cuidar de você.

– Eu só tenho a lhe agradecer, Cecília. Muito!

– Que Deus o abençoe.

– A todos nós.

Antes de pegar a filha na sogra, que fazia questão de cuidar da neta para que Cecília pudesse ir trabalhar sossegada, a moça passou em sua casa para apanhar uns trocados para pagar a mulher do leiteiro que lhe vendia queijos frescos. Assim que adentrou sua morada, Cecília teve a impressão de que havia alguém mais ali. Chegou a pensar que era apenas cisma, mas, em vez disso, viu-se examinando os cômodos.

Com as janelas fechadas tudo por ali ficava bastante escuro. Então um pensamento afugentou sua paz e sua coragem de vez: e se fosse um ladrão? Pior, um escravo fujão com ânsia de vingança? A moça ficou imóvel, com as mãos a mordiscar a renda de sua saia rodada. Saia já daí, disse a si mesma. Virou-se depressa e começou a andar em direção à porta quando ouviu uma voz feminina chamá-la:

– Cecília!

A moça voltou-se para trás feito um raio. Ela conhecia bem a dona daquela voz. Era a voz de Josefina, mas não podia ser, ela estava morta.

– Quem está ai? – perguntou Cecília, branca, erguendo o tom. – Pare já com essa brincadeira.

– Cecília... Cecília...

A voz de Josefina ecoou novamente até seus ouvidos até desaparecer sutilmente.

Então, ela teve a impressão de que a irmã morta corria seu olhar caloroso por sobre ela. Estremeceu.

– Se for você mesma, Josefina, diga-me mais alguma coisa, por favor!

Lágrimas agora riscavam o rosto de Cecília, trêmula da cabeça aos pés. Mas o pedido não foi atendido, tudo silenciou e ela acabou chegando à conclusão de que aquilo não passara de sua imaginação, provocada pelo trauma e a saudade da irmã que morrera tão prematuramente.

Assim que teve oportunidade, Cecília contou à Florisbela o que viveu em sua casa naquela tarde em que o espírito de Josefina tentou se comunicar com ela.

– Impressionante... – murmurou Florisbela. – Foi o sinal.

– Sinal? Que sinal? Do que está falando?

– Vou lhe contar tudinho. Eu e Josefina fizemos um trato.

– Um trato?

– Sim. Se ela morresse antes de mim e houvesse vida após a morte ela tentaria me mandar um sinal. Se eu morresse antes dela caberia a mim fazer o mesmo.

– Que você é meio maluca isso eu já sabia, Florisbela, mas que Josefina era maluca, isso, não! Definitivamente, não!

– Isso não é maluquice, Cecília. Foi apenas um trato sem maldade alguma. Assim como todos, tínhamos curiosidade em saber o que acontece a cada um de nós depois da morte.

– E já não basta o padre dizer, missa após missa, que a vida é eterna?

– Para mim não bastou! Pelo menos para mim.

– Sei.

Os olhos de Cecília se arregalaram a seguir.

– Quer dizer que você acha que...

– Acho não, tenho a certeza de que foi o sinal que ela me prometeu.

– Prometeu a você não a mim. Por que então enviou a mim?

– Bem... talvez tenha tentado se comunicar comigo e eu não percebi a mensagem. Com você deve ter sido mais fácil. Digo mais, ela sabia que você me contaria o que se passou.

– Mas você poderia duvidar do que lhe contei.

– Mas isso não aconteceu, Cecília. Acredito em você piamente.

Houve uma pausa até que Florisbela, pensativa, falasse:

– Só me pergunto se não há um motivo além desse para ter tentado se comunicar com você.

– Um motivo além?

– Sim. Foi algo que me ocorreu agora. Tenho a impressão de que ela a procurou por um motivo muito além de cumprir o trato que fez comigo.

– E qual seria esse motivo?

– Bem, até o presente momento eu não sei. Mas vou descobrir, ou melhor, nós duas, juntas, iremos descobrir.

Cecília fez ar de dúvida e, naquela mesma tarde, encontrou coragem dentro de si para contar a Valério o que viveu e também sobre o trato que Josefina fez com Florisbela e a conclusão a que a irmã caçula chegou, ao ouvir sua história.

– Estou pasmo – admitiu o médico, viúvo.

– Meu cunhado deve estar me achando uma boba, não é mesmo? Por isso eu não queria contar... Sabia que iria me achar uma tola... Onde já se viu...

258

Ele a interrompeu, polidamente:

– Estou achando tudo o que me contou admirável, Cecília. Sou-lhe muito grato por ter me revelado isso. Algo que dá forças para prosseguir, saber que nada na vida é em vão, que há um Além, uma vida no Além... Que não estamos sós... Que Deus realmente existe... Tudo o que me contou me alegra o coração e me reanima a viver.

– Mesmo?

– Sim, Cecília. Obrigado.

Ela, muito timidamente, respondeu:

– De nada.

Naquela mesma tarde, Florisbela contou a Nirlando Sodré a história. Ele, cético como muitos, desacreditou de tudo, mas por respeito à namorada não zombou abertamente de suas palavras, que no íntimo achou simplesmente fruto da imaginação de Cecília. Florisbela, percebendo sua descrença, comentou:

– Você não acreditou em nada do que eu lhe contei, não é mesmo?

– Sinceramente – admitiu Nirlando com certa impaciência – não! E confesso que fico irritado com essas histórias. Muito irritado. Porque todos sabem, é mais do que evidente, que não existe nada além da vida.

– Evidente?

– Sim, evidente! A vida é o que se vê, o que cada um de nós pode ver. O que não se vê é porque não existe.

Foi nesse momento que Florisbela ouviu uma voz feminina dizer em sua mente:

– Não se esqueça, meu caro noivo, que um cego não pode ver o que nossos olhos alcançam e não é porque ele não vê que não existe.

As palavras dela surpreenderam o moço e Florisbela foi mais além. Repetiu o que ouviu em seu mental a seguir:

– Não se esqueça de que passamos nove meses na barriga de nossa mãe e não lembramos de quando estivemos lá. Se ninguém não nos contasse e víssemos um bebê sendo gerado ali, desacreditaríamos que viemos da barriga da mamãe, todavia, viemos de lá, o que prova que há muito sobre a nossa origem espiritual que existe e vivemos, mas não nos lembramos.

Nirlando Sodré ficou mais uma vez impressionado com as palavras da noiva.

– Eu posso não ter provas concretas de que existe vida após a morte, mas você também não tem provas concretas de que não existe vida no Além.

E novamente o moço se surpreendeu com as palavras da jovem.

A caminho da fazenda, Florisbela voltou os olhos para o céu e disse:

– Sei que foi você Josefina, sei que foi você quem me disse aquelas palavras há pouco. Palavras que também me surpreenderam, tanto quanto surpreenderam Nirlando. Obrigada, muito obrigada por ter dito o que disse e por te cumprido o trato.

Um sorriso bonito, emocionado, cheio de satisfação brilhou em seu rosto por todo o trajeto iluminado pelo brilho tênue do pôr do sol.

Na noite daquele dia, por volta das vinte e uma horas, Florisbela foi ao quarto da mãe contar-lhe toda aquela história que tanto a impressionara, algo que deixou Inaiá tremendamente emocionada.

Nisso, Roberto, que tudo ouvira por detrás da porta, entrou no quarto e berrou com a filha:

– Onde já se viu encher a cabeça de sua mãe com mentiras descabidas como essa?

– Não são mentiras, papai – defendeu-se a jovem. – Cecília realmente ouviu Josefina...

Roberto a interrompeu grosseiramente:

– Cecília, depois que o marido a abandonou, ficou biruta.

– Isso não é verdade, papai.

Roberto deu um passo à frente e espumando de raiva, acrescentou:

– Pois eu perdi meus pais e nunca, em momento algum, vi um deles depois de mortos. Sequer ouvi suas vozes, falando comigo, nem por meio dos sonhos. Tudo o que ouvi foi um trecho de algo que me disseram do passado, algo trazido pela memória. O mesmo aconteceu com eles com relação aos pais deles, meus avós e assim por diante.

A voz de Roberto tornou-se ainda mais áspera quando completou:

– Morreu, morreu! Acabou! E já que a vida é uma só, temos de vivê-la intensamente!

– Mas, papai... O senhor é um homem religioso, frequenta a missa todos os domingos...

– Não quer dizer que eu acredite que há algo além.

260

Sem mais, Roberto deixou o quarto, batendo a porta do aposento com toda força assim que passou por ela.

Mãe e filha se entreolharam.

– Esse é seu pai, filha – murmurou Inaiá. – Genioso que nem ele só.

– Eu sei, mamãe. Só queria saber como reagiriam as pessoas que tanto o admiram se o vissem e o ouvissem falando assim.

Inaiá sorriu.

– Seria um choque – respondeu com graça.

Florisbela sentou-se na beiradinha da cama, passou a mão pelos cabelos da mãe e falou:

– Gosto de vê-la sorrindo, mamãe. Seu rosto se torna iluminado.

Enquanto isso na fazenda dos Millenotti/Nunnari...

Gianluza contava para Romilda, a jovem adorada de Gianni, a respeito das cartas que o sogro escrevera para a esposa, sua sogra, como se tivessem sido enviadas do Brasil pelo próprio filho que morreu durante a vinda para o Brasil.

– Ele fez isso para que ela não soubesse que o filho havia morrido? – espantou-se Romilda.

– Sim. Para poupá-la da tristeza que isso lhe causaria.

– Que gesto amoroso!

– Também achei. Foi uma mentira por amor.

– Sim, por amor.

– O fato é que quando cheguei à Europa para visitá-los, isso anos depois da morte de Gianni, meu marido, e fui ler as cartas que meu sogro escrevera fingindo ser Gianni, surpreendi-me com o conteúdo delas.

– Como assim?

– Nas cartas, meu sogro contava detalhes de nossa vida no Brasil que ele não teria tido condições de saber. Se o fez, como pôde ter feito? Essa era a questão. Concluí então que as cartas haviam sido ditadas por Gianni, meu marido falecido.

– E isso é possível?

– Até aquele momento achava que não, mas depois do fato... Foi algo impressionante e arrepiante ao mesmo tempo. Outro fato marcante se deu com minha sogra. Ela afirmou que Gianni havia ido visitá-la como ela tanto esperou, junto de mim, no meu regresso à Europa.

– Nossa!...

– Surpreendente, não? Desde então passei a ver a vida por outro ângulo.

Romilda estava deveras surpresa com o que ouvia.

– As palavras de Gianni que mais me surpreenderam foram as que lhe digo a seguir. Não é porque a vida continua além da morte que devemos abandonar essa vida daqui, deixar de fazer o melhor que podemos fazer no momento presente.

– Ele tem razão...

– Quem tem razão e no quê? – quis saber Gianni voltando até a moça e a mãe a quem tanto queria bem.

Gianluza explicou e Gianni se viu emocionado novamente com o que ouviu, algo que sempre o emocionava além do que julgava ser normal. Isso acontecia por ele ser a reencarnação de Gianni Nunnari, por ter sido ele próprio quem ditou as cartas para Filomeno, que era seu pai na reencarnação passada.

– E o casamento de vocês? – quis saber Gianluza a seguir. – Se demorarem muito para se casarem é capaz de eu não estar presente para assistir à cerimônia.

– Não diga isso, vovó – repreendeu o rapaz no mesmo instante. – A senhora vai viver ainda por muitos anos.

– Minha idade já está muito além da estimativa de vida de uma mulher.

– Para toda regra há exceções.

– Eu sei, ainda assim, mais hora menos hora, tenho de morrer, é o processo natural da vida. Por isso, se vocês dois realmente se amam, aconselho ambos a se casarem logo para que possam me dar bisnetos. Quero muito conhecê-los.

– Está bem, vovó, está bem... Eu e Romilda nos casaremos o mais breve possível. Só não farei se ela não quiser.

Romilda protestou no mesmo instante:

– Como assim, se eu não quiser? Gianni, o que eu mais quero é me casar com você, meu amor. Quanto mais cedo isso acontecer, para mim, melhor.

– Para nós, minha querida. Para nós será melhor.

Ela riu, ele também, pegando sua mão e lhe beijando o dorso. O mesmo gesto fez com a avó e quando ela sentiu o toque de seus lábios sobre o dorso de sua mão lembrou-se de Gianni, seu marido, do quanto o neto se assemelhava a ele, até mesmo no seu jeito meigo e carinhoso de beijá-la.

262

O casamento de Gianni Nunnari Barcelos e Romilda Leal foi marcado dias depois para total alegria de Gianluza.

Naquela mesma noite, Florisbela, já adormecida em seu leito há quase meia hora, despertou subitamente.

– O sinal... – murmurou. – Seria isso?...

Algo lhe ocorrera... Uma ideia, uma hipótese.

– Sim, só poderia ser isso mesmo o que Josefina estava tentando dizer a Cecília. Sim, isso mesmo!

Florisbela voltou a dormir, sentindo-se mais leve.

No dia seguinte, assim que encontrou Cecília, dividiu com a irmã a conclusão a que chegou na noite anterior:

– Eu sei por que Josefina em espírito foi procurá-la.

– Sabe?! Então me diga logo, não me mantenha mais em suspense, por favor. Agora estou curiosa.

– Ela a procurou pelo motivo que lhe falei, para cumprir o trato comigo, por ter tentado se comunicar comigo e eu, desligada, não percebi...

– E...

– E procurou você em especial para...

– Como diria nosso pai, Florisbela! Desembucha!

As duas riram e Florisbela finalmente explicou:

– Ela a procurou para pedir-lhe que fique com Valério.

– O quê?!!! Ficar com o Valério, o que quer dizer com isso?

– Em palavras sucintas e claras: que você se junte a Valério, case-se com ele. Assim tanto você quanto ele terão um cônjuge, um novo cônjuge, o que na opinião dela deve ser importante como é para todos, afinal.

Cecília riu, descontraída.

– Só você mesma, Florisbela, para chegar a essa conclusão.

– Você acha mesmo que estou errada?

– Sim, mocinha. Isso que supôs nunca irá acontecer. Valério me vê apenas como uma cunhada necessitada de ajuda, só isso.

– E se acontecesse, não seria bom?

– Não posso responder sobre algo que nunca refleti a respeito.

– Então reflita.

Cecília fez ar de mofa. Florisbela insistiu:

– Prometa-me que vai refletir a respeito, por favor.

– O amor, minha irmã, não é algo que se comanda, é algo que acontece. Pelo menos eu penso assim.

– Concordo com você, mas para o amor acontecer como deve, muitas vezes é preciso um empurrãozinho.

Cecília tornou a rir, achando graça da conclusão de Florisbela que se manteve séria, olhando indignada para ela. Estaria ela certa? Teria Josefina em espírito procurado a irmã realmente para esses fins? Só o tempo poderia lhes revelar!

Capítulo 31

Surpreendente revelação

Em mais um encontro entre Roberto e Gorete, a mulher se abriu com o amante:

– Assim que Inaiá morrer...

– O que tem? – Roberto estranhou o comentário.

– Quero saber se pode realizar o meu sonho... O de se casar comigo?

– Bem...

Então, subitamente, ela começou a chorar.

– O que foi? – alarmou-se Roberto.

– Eu... eu... – ela tentava falar, mas a voz não saía.

– Desembucha, mulher, o que houve?

– Eu... bem, nem sei como lhe dizer... Há muito tempo que quero lhe falar a respeito, mas me falta coragem... bem, eu...

– Desembucha, mulher.

Ela suspendeu o choro, mirou os olhos do amante e falou:

– Eu tive um filho seu.

Roberto pensou estar ouvindo coisas.

– O que foi que disse?

– Não me bata, Roberto, por favor – implorou ela, esgueirando-se para longe da cama.

– Repita o que disse! – ordenou ele, erguendo a voz e saltando da cama.

– Tive um filho seu! – respondeu ela, aflita. – Não contei antes por medo de que você me pedisse para abortá-lo.

265

– Um filho?!

– Sim, um filho! Seu nome é Mariano. Deixei com meus pais, para que você nada suspeitasse.

– Um filho?

– Sim. Ele já tem 17 anos. Fiquei grávida da primeira vez em que nos deitamos, muito antes de nos tornarmos amantes.

– Você não podia ter me escondido uma coisa dessas, Gorete! Não podia!

– Eu temi o que você pudesse fazer contra mim.

– Você foi uma estúpida! Uma estúpida como toda mulher!

– Roberto, não fale assim, isso me magoa. Eu o amo.

Ele mergulhou as mãos nos cabelos num gesto nervoso. Quando sentiu que seus nervos estavam mais controlados, voltou a falar:

– Quero conhecer o garoto.

– Você pode conhecê-lo, Roberto, desde que me prometa que nada fará contra ele.

– O que espera que eu faça, mulher? Que eu o mate? Não sou um assassino! Teria feito certamente se soubesse que ele ainda estava sendo gerado em seu ventre, mas agora... agora já é tarde demais.

– Você teria sido mesmo capaz de me pedir para fazer um aborto?

– Teria. Eu mesmo socaria sua barriga até abortar.

A mulher se arrepiou e entre lágrimas admitiu:

– Então fiz bem em esconder minha gravidez de você.

Ele nada disse a respeito.

– Mande trazer o garoto para cá. O quanto antes.

– Se assim você deseja, Roberto, assim farei.

Sem mais, o homem impiedoso partiu da casa da amante.

Se havia fofocas nessa época? Sim, certamente. Acho que elas já nasceram com o homem e a mulher, estão no DNA de cada um. Falava-se de Gorete Damasceno escancaradamente por toda a redondeza. As mulheres, as que se julgavam santas, referiam-se a ela como uma prostituta de um homem só. Pelas tabernas onde os homens se reuniam, chegaram a fazer piada do bordão criado pelas mulheres:

– Prostituta de um homem só? – zombavam. – E que homem, hein? Nada mais, nada menos do que Roberto Corridoni, o mandachuva da cidade.

Outro corrigia:

– O mandachuva da região, meu caro.

Outro da roda brincava:

– Até eu, se fosse mulher, gostaria de ser amante do homem, sô!

– Que vantagens levaria em ser? – retrucava outro. – O máximo que uma amante consegue tirar do amante é umas moedas e olhe lá.

O sarrista corrigiu-se:

– Então eu seria a esposa de Roberto Corridoni, homem de Deus! Essa, pelo menos, usufrui de tudo!

– Para que, se depois de ele embuchá-la cinco vezes deixou seu físico disforme, feio de dar dó?

– Então, meu caro, eu seria o próprio Roberto.

– Aí sim – riram todos. – Aí sim, fez a escolha certa!

– Quem dera pudéssemos escolher quem gostaríamos de ser. Aí a vida seria uma maravilha!

– Ô, se não seria!

Risadas.

Sim, nessa época também existiam as rodas de amigos, as fofocas entre eles, um sarrista e outro pessimista, um mais *capitalista* e outro *comunista*, um mais esperto, o outro mais pacato, um mais beberrão e outro intelectual. Reuniam-se sempre para jogar conversa fora, opinar sobre os últimos acontecimentos que envolviam a cidade e os mais importantes da cidade, fazer, enfim, a fofoca diária.

Certo dia, uma amiga foi dar um conselho à Gorete:

– Larga disso, minha amiga.

– Largar do quê?

– Você sabe do que estou falando. Do seu envolvimento com o Senhor Corridoni.

Os olhos cor de esmeralda de Gorete se arregalaram, surpresos. A amiga continuou:

– Todos falam do seu caso com ele pela cidade... Você sempre foi uma moça direita, não fica bem...

Gorete a interrompeu:

– As pessoas que digam o que quiserem. Mesmo que eu mude, não tardará muito para que encontrem outra coisa para falarem de mim. Sempre encontram mais motivos para falarem mal do que bem de alguém.

Isso também já era, nessa época, a mais pura verdade.

Como não podia deixar de ser, o bochicho acabou indo parar nos ouvidos de Florisbela. Foi durante uma visita ao pai do noivo que o homem começou a falar disparado sobre o caso.

– Isso é uma pouca vergonha! – desembestou a falar. – Uma pouca vergonha!

Nirlando Sodré procurou acalmar o pai e, depois, correu para a sala para falar com Florisbela.

– Não lhe dê ouvidos, Florisbela. Papai está caduco e...

– Pelo estado em que você ficou e que se encontra agora, sei que ele falava a verdade. Admita! É verdade, não é?

– O que é isso?

– Admita.

– Bem... – o moço limpou a garganta antes de prosseguir. – As pessoas comentam, mas não passa de fofoca barata, maldade de gente que não tem o que fazer, senão cutucar os outros, espalhando inverdades por aí, para ocupar o tempo ocioso que têm para não verem o próprio rabo. Desculpe meus termos.

Florisbela aquietou-se, pensativa por instantes, antes de voltar a falar:

– Eu cheguei a suspeitar que o meu pai tivesse uma amante, mas... Agora faz sentido, tudo faz sentido! Por isso minha mãe adoeceu, virou aquele caco. Por isso que não está sempre bem. É tudo tão óbvio, tão claro agora para mim.

– Não se precipite nas suas conclusões, Florisbela. Por favor.

– Não há precipitação alguma da minha parte, Nirlando. Disso estou cem por cento certa.

Naquele mesmo dia, ao chegar à fazenda, Florisbela foi falar com Etelvina.

– Oh, sinhazinha... – murmurou a escrava, tentando mudar de assunto.

– Você já sabia, não é mesmo, Etelvina? E a mamãe também sabe da tal amante do papai, não é mesmo? Confesse.

– Sabemos sim, sinhazinha. Por isso sua mãe adoeceu.

– Que horror! Que injustiça!

268

– Não se aborreça mais com isso, meu anjo. Não há o que fazer, apenas tente esquecer o que sabe.

– É tudo, a meu ver, revoltante.

Houve uma pausa até que Etelvina se dispusesse a contar mais sobre tudo o que Inaiá sofrera com aquela história.

– Quer dizer que mamãe desconfiou que a amante de papai era Liberata Nunnari?

– Sim! Chegou até a ir para Santa Mariana falar com a família dela, pedir para que ela se afastasse de seu pai. Só que o marido dela a ouviu e quis pegar a esposa em flagrante e, pelo que soube, assim foi feito, ele pretendia matar os dois, mas não era Liberata quem estava com seu pai, era uma outra mulher e, por isso, a desgraça foi evitada. Para poupar sua mãe do desgosto da verdade ele, o tal de Silas Barcelos, marido de Liberata, mentiu para ela, dizendo que seu pai visitava uma senhora inválida e não uma amante. Isso causou um grande alívio na sinhá, mas quando o tal Silas descobriu que fora seu pai quem comprou a escrava Idausina e se recusava a vendê-la, por saber que sua irmã era a viúva do irmão de Liberata, ele veio até aqui e pôs seu pai contra a parede, ameaçando contar para todos que ele tinha uma amante. Foi então que sua mãe ouviu tudo por trás da porta e soube que vinha sendo traída há anos. Foi um baque para ela, pobrezinha. De revolta, ela decidiu ajudar a escrava Idausina. Combinou com sua irmã Josefina para que a certa hora, uma hora propícia, fingisse ter caído da escada para tirar seu pai do escritório e assim, poder trocar os papéis que ele estava prestes a assinar. Atarantado pelo que havia acontecido a sua irmã, pelo que ele pensava ter acontecido a ela, seu pai não percebeu que estava assinando o documento com o nome de Idausina e, foi assim que, finalmente, ela pôde ser vendida. Seu pai ficou uma arara, sem entender o que aconteceu, acho que nunca passou pela sua cabeça que sua mãe tivera a coragem de fazer tal coisa.

– Nossa! – murmurou Florisbela, pasma. – Estou surpresa com a mamãe, jamais pensei que ela fosse capaz de tal proeza.

– Foi. A sinhá é mesmo uma senhora admirável.

Após breve pausa, Etelvina completou:

– Só que depois a pobrezinha foi adoecendo, de tristeza, por saber que seu pai preferia se deitar com a amante a ela.

– Imagino o quanto ela sofreu.

— E sofre, sinhazinha. A sinhá ama seu pai. Ama de paixão. É louquinha por ele, por isso sofre tanto.

— Bem dizia minha avó que o amor é mesmo uma faca de dois gumes.

No dia seguinte, assim que pôde, Florisbela foi falar com Cecília. Pediu ao cocheiro que fosse direto para a casa de Valério, pois era onde sua irmã estaria, visto que trabalhava ali todos os dias.

— Florisbela?! — espantou-se Cecília ao vê-la diante da porta. — Você...

A jovem passou por ela e disse:

— Sente-se, Cecília. Tenho um assunto muito sério para tratar com você.

A irmã atendeu prontamente o pedido da irmã caçula. Ouviu *tim-tim por tim-tim* toda a história que Etelvina havia lhe contado na noite anterior e os detalhes que descobriu sobre o pai e sua amante.

— Estou pasma! — admitiu a moça. — Jamais pensei que o papai fosse capaz disso. Tampouco que a mamãe teria coragem de fazer o que fez.

— Nem eu. O fato é que ela está sofrendo horrores por causa do papai e de sua amante e, para mim, isso não é certo.

— O que podemos fazer? Tratando-se do papai, a meu ver, nada!

— Quero muito ajudar a mamãe a se restabelecer. Deve haver um jeito. Vou descobrir.

Dali, Florisbela seguiu para a casa de Mássimo para lhe falar sobre o assunto. Só não expôs o que a mãe foi capaz de fazer para libertar a escrava de nome Idausina para não complicar a situação para ela.

— E se o papai tiver uma amante? — foi a resposta de Mássimo assim que encontrou uma oportunidade para debater. — Não temos nada a ver com isso, Florisbela! Além do mais, um homem tem suas necessidades e, você sabe... com a mamãe, doente como está há tanto tempo, o papai não pode contar...

A jovem deu um passo à frente e, sem pensar duas vezes, deu-lhe um tapa no rosto. Deixou a casa, pisando duro, espumando de raiva.

Naquela tarde, decidiu seguir o pai assim que ele deixasse a prefeitura, por volta das três horas da tarde, na esperança de que ele fosse se encontrar com a amante e, desta forma, pudesse descobrir mais a respeito do caso dos dois.

– Então é aqui – murmurou Florisbela quando a charrete parou em frente à casa do outro lado da rua. – Então é aqui que meu pai se encontra com a "outra". E teve ainda a pachorra de dizer que tinha aversão à traição.

O escravo cocheiro, que já sabia de tudo, pediu permissão para falar:

– Sinhazinha, sei que não passo de um escravo, ainda assim, ouça o meu conselho. Não provoque a ira de seu pai. Ele é impiedoso e pode se voltar contra a sinhazinha mesmo sendo filha dele. Ouça o conselho desse *nego*.

– Obrigada, meu bom José por sua preocupação comigo. Mas eu tenho de tomar uma providência, por minha mãe, pela saúde dela.

O negro assentiu, compreensivo.

Capítulo 32

Hora da verdade

Depois de muito refletir sobre o que deveria ou não fazer, Florisbela decidiu flagrar o pai, saindo da casa da amante.

– Pombinha! Cheguei! – falou Roberto assim que adentrou a morada.

Gorete correu até ele e o abraçou:

– Estou tão contente por vê-lo! – exclamou.

O rosto dele ficou ainda mais rosado quando ela o beijou suave e ardentemente. Quando o beijo teve fim, ela falou:

– Você hoje tem algum tempo para mim?

– E não tenho sempre?

– Para conversarmos, Roberto.

– Conversarmos?! E já não conversamos o suficiente enquanto...

– Queria lhe falar sobre outras coisas, abordar outros assuntos. Assuntos importantes, digo. De extrema urgência na minha opinião.

– Vamos pra cama, pombinha. Vamos!...

– Mas Roberto...

– Estou necessitado.

Antes que ela dissesse mais alguma coisa, ele a arrastou para o leito, deitou-a sobre ele e começou a despi-la.

– Roberto – tentou dizer ela mais uma vez.

– Shhh!!! – pediu ele, silêncio. – Não estrague o clima.

Ela tentou falar mais uma vez, mas ele a virou de bruços, prensando seu rosto, de lado, contra o colchão, de uma forma doce mas segura. Gorete já não

272

sentia mais prazer, há tempos que não, por querer abordar assuntos a seu ver de extrema urgência e por ele não lhe dar atenção.

Não demorou muito para que o ato fosse consumado e, como sempre, o amante não se importou se a amante chegara ao clímax tal como ele chegou. Na verdade, esse era um detalhe que Roberto Corridoni pouco levava em conta. Contando que ele atingisse o prazer desejado, estava ótimo. Era o que importava.

Ele sentou-se à beira da cama, respirou fundo, riu satisfeito e perguntou:

– Vai ficar deitada ai até quando, mulher? Cadê a minha cachaça? Vamos, sirva-me.

Gorete, como se fosse um zumbi, levantou-se da cama e, mesmo nua, foi providenciar o que o amante lhe pedia. Depois de lhe entregar a bebida, sentou-se ao seu lado e, amaciando a voz, falou:

– Roberto, preciso lhe falar do Mariano.

– O garoto está doente, por acaso?

– Ele não é mais um garoto, Roberto!

– O que há com ele?

– É sobre seus direitos.

– Direitos, que direitos?!

– Como filho seu. Somos pobres, você sabe... Se o Mariano não herdar nada do que é seu, continuará na pobreza.

O amante pareceu refletir.

– Preocupo-me com seu futuro – continuou Gorete esperançosa de que o amante finalmente tomasse uma providência em relação ao filho bastardo.

– Está bem... Vou providenciar para que o Mariano receba alguma coisa após a minha morte.

Ela, arrepiada, protestou:

– Que isso não tarde muito a acontecer! Não quero que morra, sem realizar o meu desejo. O meu maior desejo.

– Eta, mulher! Lá vem você de novo com essa história.

– O sonho de toda mulher é se casar, Roberto. Eu quis muito, só não tive sorte. Sonho com o dia em que você irá me desposar e terei uma casa para comandar.

Ele pareceu refletir novamente enquanto ela se expressava:

– Não quero terminar como toda amante que nunca passa de uma simples amante. Quero ser vista pela sociedade como uma mulher de respeito.

273

Ele soltou um risinho, um bem debochado.

– Mulher de respeito, Gorete?

– É, Roberto! De respeito.

Ela suspirou e continuou num tom desolado:

– Às vezes penso que você me procura só para saciar seus desejos... Longe da cama, de mim quer distância. É assim que todo homem casado pensa.

– Se sabia que seria assim por que se envolveu com um?

– Porque você me atraía muito. Imensamente, não sabe o quanto.

– Então se dê por satisfeita por me ter, mesmo que pelo tempo mínimo de um intercurso.

– Eu queria bem mais do que isso, Roberto. Será que não me entende?

– Mulheres – riu –, são mesmo todas iguais.

– Dê-me alguma esperança, Roberto. Por favor!

Ele tirou o ar dos pulmões, mirou os olhos dela, olhos que tanto o encantavam e disse, num tom de voz amável, raro de usar:

– Minha esposa não tarda a morrer. Na verdade, segundo o médico, era para ela ter morrido já faz tempo. Segundo ele, fez tudo o que podia por ela, mandou-a para o quarto para que morra deitada...

– No quarto de vocês?

– Sim, o que ocupávamos antes de ela adoecer. Agora ocupo outro na casa, porque não quero acordar ao lado de um defunto! Deus me livre! Pois bem, ela está lá, estirada naquela cama, não deve demorar para passar dessa para melhor. Aí então, eu farei o que me pede.

– Jura?!

O rosto da moça se iluminou.

– Sim, desposarei você e, finalmente, você terá uma casa digna para viver e comandar como sempre sonhou. Se vai ser vista como uma mulher de respeito na sociedade, isso eu não sei. A sociedade é muito preconceituosa, você sabe. Especialmente as mulheres em relação àquelas que se tornam amantes de casados... Todavia sou um homem rico e poderoso e, com isso, posso calar a boca de carolas e beatas e fazer com que a aceitem e a tratem com dignidade.

Gorete juntou as mãos em sinal de louvor:

– Você fala mesmo sério?! Não está querendo me iludir com esperanças, está?

Ele a beijou num lampejo e, enquanto lambia seu rosto, respondeu:

274

– Nunca falei tão sério em toda a minha vida, Gorete.

Ela o abraçou forte, suspirando:

– Você me excita tanto.

Novo suspiro.

– Eu a desejo tanto...

– Eu também, meu amor. Eu também. Ah... Nós vamos ser tão felizes naquela casa... Tão felizes...

Então, subitamente, o corpo da moça enrijeceu:

– E seus filhos?

– O que têm eles?

– Eles não vão me aceitar lá quando eu me casar com você.

– Meus filhos já estão todos casados, Gorete, esqueceu? Só mesmo Florisbela falta se casar e, isso não tarda a acontecer, portanto a casa ficará livre para nós fazermos dela o que bem quisermos. Se um de meus filhos não aceitar você, o problema é dele, eu o deserdo!

Risos.

– Oh, Roberto... Você é um homem maravilhoso! Você me enlouquece.

Ela novamente o abraçou forte e o cobriu de beijos. Ele, por sua vez, escorregou até seus pés macios e os envolveu com suas mãos fortes, acariciando-os e depois, beijando um a um com delicadeza e intensidade.

– Mariano vai ficar feliz quando estiver morando lá... – murmurou a mulher em meio aos suspiros de prazer. – Quando tiver mais contato com você, vai adorá-lo como pai.

Roberto nada respondeu, estava entregue ao prazer que sentia por fazer o que fazia, o que era seu único e verdadeiro propósito para com a amante. Prazer, prazer, prazer era somente isso que ele queria dela, nada mais, como a maioria dos homens quer de suas amantes.

Não era só Roberto Corridoni que tinha o que também podemos chamar de *teúda e manteúda*. Outros fazendeiros casados e endinheirados também tinham amantes. Até mesmo os não tão endinheirados tinham lá suas *pequenas*... Eram geralmente mulheres bem mais jovens do que eles, ou quando na idade dos trinta ou quarenta, com aparência considerada muito jovial.

As amantes chegavam a sumir debaixo dos corpos obesos dos quarentões e cinquentões. Nessa idade, a maioria adquiria uma pança enorme ou engordava por inteiro por passar a comer em demasia e não praticar uma atividade física ao longo dos anos. Atividade, neste caso, nesta época, era trabalho braçal e caminhadas.

Era com as amantes que esses homens casados faziam o que não se permitiam fazer com suas esposas por acharem um ato indecoroso. Sendo elas mães de seus filhos, passavam a tratá-las com o respeito que achavam que deveriam ter. Não ficava bem fazer certas coisas na cama com aquela que gerara seus herdeiros.

Outro motivo que levava muitos a pularem a cerca, como se diz no popular, ou manter uma amante fixa, era o fato de que as esposas depois de dar à luz aos filhos, perdiam o corpo esbelto que tanto atraíra o marido. Muitas acabavam se tornando desleixadas para consigo mesmas e, com isso, os olhos do marido cresciam, ao ver uma jovem de corpo bem feito disposta a copular com ele em troca de algum presente, fosse em dinheiro ou objeto, ou a esperança de vir a se tornar sua esposa num futuro próximo.

Outro motivo que levava um homem casado a buscar uma amante era o fato de que, depois da chegada dos filhos, ficava quase impossível ter uma vida sexual à vontade, como antes de eles nascerem. Os filhos acordavam chorando na madrugada, muitas vezes invadiam o quarto dos pais sem bater, pegando-os desprevenidos, certas vezes no meio do intercurso, ou batiam à porta, atrapalhando o momento, fazendo com que o clima romântico se dissipasse.

O fato de a mãe se dedicar demais aos filhos também acabava fazendo com que o marido fosse buscar fora, uma mulher que lhe desse novamente atenção, alimentasse seu ego e sua vaidade. E como toda mulher quer ser feliz ao lado de um homem, quer vê-lo realizado, as que não tiveram a chance de se casar, acabavam desempenhando esse papel.

Alguns homens davam conta de suas esposas e amantes e até mais de uma. Eram os tipos insaciáveis, loucos por sexo, e não tinham pudor algum, nem mesmo dentro da igreja, diante de uma mulher atraente e comprometida.

Os homens não se sentiam culpados por traírem suas esposas? Não! Porque acreditavam que para o homem isso era normal. As mulheres sofriam por se verem rejeitadas pelos maridos e chegavam a morrer de depressão por isso, como acontece até hoje? Sim. Também.

Muitas esposas fingiam não saber de nada a respeito das amantes do marido? Fingiam. Porque lhes era conveniente. Não tinham como se sustentar sem eles. Era uma questão de sustento que estava em jogo caso se rebelassem contra eles e suas amantes.

Era também pelos filhos, para manter um lar o mais sadio possível que muitas esposas se seguravam diante da traição. E, também, por influência da igreja, dos conselhos do padre.

Homens se faziam de pais devotados e moralistas diante da igreja e da sociedade e, entre quatro paredes, com suas amantes, tornavam-se uns pervertidos? Sim, sem dúvida!

E todo mundo ia à igreja aos domingos? Ia. E o padre dava conselho sobre moral e sexo? Dava. E todos ouviam? Sim! Por um ouvido e deixavam escapar pelo outro. Especialmente os homens. Eram mais as mulheres que ouviam os conselhos para suportar seus casamentos e não se sentirem tão feridas diante daquilo que seus maridos aprontavam quando longe delas.

E os padres tinham lá também seus desejos? Sim. Da mesma forma que um adolescente começa a ter, ao atingir a puberdade. A única diferença é que eles os reprimiam, ou se aliviavam pelo meio mais comum: a masturbação.

Chocante isso? Em absoluto. É a realidade da vida, nossa realidade diante do desejo, do que ele faz conosco.

Hipócrita seria deixarmos de falar sobre a vida como ela é, ou seja, dominada pelo desejo, o impulso e a atração sexual, lembrando a todos que foi e, ainda é, desses casos com amantes que o rumo da história de muitos de nós se fez. Como com Roberto, por exemplo. O choque de ele ter visto o pai, traindo a mãe com a mulher que considerava a melhor amiga, teve um peso total no rumo que ele deu a sua vida. Idem com sua amante, de quem não esperava ter um filho: Mariano.

E Don Pedro I, que já era um peralta na infância e na adolescência com o sexo oposto, continuava suas aventuras amorosas a ponto de muitos pais prenderem as filhas dentro de casa para não serem desvirginadas pelo Imperador? Sim, verdade. Desde que o mundo é mundo, o desejo que leva ao sexo uniu e desuniu casais; uniu e desuniu famílias; melhorou ou piorou o rumo da vida de cada um.

Voltemos agora para a nossa história.

Depois de um beijo final, Roberto moveu-se depressa para deixar a casa da amante. Não gostava nem um pouco de se estender ali, além do que se permitia. Ao mover-se, Gorete, segurando-o pelos ombros, pediu:

– Mais um beijo, meu amor.

O rosto dele se alterou, sua expressão também.

– Chega de beijos, Gorete! Já lhe dei mais do que o suficiente por hoje.

A seguir, enfiou a mão no bolso e de lá tirou uns trocados que arremessou sobre a cama.

– Deve dar para os gastos da semana.

Era sempre uma miséria, mas ela não reclamou. Era a esperança de que um dia ganharia bem mais do que aquilo que a mantinha calada, contendo sua indignação.

– Roberto, só mais uma coisa – disse ela.

Ele, enfezado, perguntou:

– O que é? Desembucha, mulher!

– Não se esqueça do que me prometeu.

Diante da perda repentina de memória, ela o lembrou:

– Sobre a herança do nosso filho!

Ao lembrar que ele não gostava que ela se referisse ao menino como seu filho, ela consertou:

– Sobre a herança do Mariano. Meu filho.

Ele, impaciente, respondeu:

– Farei isso, não se preocupe.

Roberto saiu da casa, sentindo-se satisfeito e realizado, como todo homem se sente após fazer sexo sem pudores com uma mulher. Nada o alegrava mais do que isso. Tomava a calçada quando avistou Florisbela recostada ao tronco da árvore que ficava quase diante do portão da casa. O susto e o impacto de vê-la ali foi notável, observou a moça.

– O que faz aqui, Florisbela? – perguntou ele, retomando sua rispidez de sempre.

Florisbela, balançando a cabeça como quem desaprova um ato, falou:

– Eu é que pergunto, meu pai. O que o senhor faz aqui nesta casa e com essa mulher?

– Eu nunca lhe dei liberdade para falar comigo nesse tom!

278

– Que tom? Minha voz continua a mesma, nela nada foi alterado.

– Eu não tenho nada para conversar com você. Além do mais, aqui não é local para conversas...

– Desse tipo?

– Sim! Desse tipo!

Nisso, a atenção dos dois foi desviada para o jovem que vinha pela calçada. Tratava-se de Mariano, o filho que Roberto teve com Gorete. Quando Roberto o viu, seu rosto se avermelhou feito um pimentão. Recuou para dar passagem para o rapazinho que muito polidamente tomou-lhe a mão, beijou-a e disse:

– Sua bênção, meu pai.

Roberto, afogueado, respondeu:

– Deus o abençoe, menino...

O rapazinho olhou bem para o pai, querendo entender o porquê de ele ter dito "menino". Era sempre "Deus o abençoe, Mariano!", nunca "Deus o abençoe, 'menino'...". Só então Mariano notou que o pai estava vermelho, transpirando e aflito. Pensou em dizer alguma coisa, mas Roberto, antecipando sua intenção, falou:

– Para dentro, Mariano! Agora, por favor!

O jovem atendeu ao seu pedido com prontidão. O que estaria acontecendo?, indagou-se. A mãe, sim, a mãe com certeza poderia ajudá-lo a compreender o que se passava com ele. Assim que o jovem entrou na casa, Roberto, enfurecido, voltou a se dirigir à filha:

– Vá para casa, Florisbela! Agora! Estou mandando!

– Aquele rapaz... – o comentário dela sou quase sem vida.

O rosto de Roberto tornou a se avermelhar.

– Aquele rapazinho, meu pai... Ele é seu filho, é isso?

– Eu não lhe devo satisfações da minha vida.

– O senhor teve um filho com uma amante?! Eu jamais pensei que chegaria a esse ponto!

– Eu estou mandando você voltar para a casa agora e calar essa sua boca!

Ela levou a mão ao peito e desabafou:

– O que mais dói em mim, meu pai – suspirou –, é saber que o senhor trata aquela mulher aí dentro dessa casa com bons modos, com fala macia e atenção... Cobre-a de beijos e abraços... Tudo, exatamente tudo, o que o senhor nunca deu para a minha mãe, nem para nós!

– Cale essa boca, Florisbela!

A jovem se transformou:

– Não calo!

A resposta saiu quase num berro.

– Não posso me calar diante dos fatos, fatos que me surpreendem e me chocam! Fatos que me deixam muito decepcionada com o senhor... com a vida e, até mesmo...

Roberto deu um passo à frente, fuzilando a filha caçula com o olhar e foi feroz:

– Se você não calar essa sua matraca eu sou capaz de...

Ela também deu um passo à frente:

– É capaz de quê? De me bater aqui na calçada, para todo mundo ver e ouvir, saber quem o senhor é na verdade? Um lobo em pele de cordeiro!

– Se você continuar me desobedecendo eu sou capaz de...

– De me deserdar? Deixar-me sem uma casa, uma casa mequetrefe como as que deu para Cecília e Josefina morarem? Ah, meu pai, hipocrisia tem limite!

– Pois você acha que uma casa é pouco, pois bem, nem essa casa mequetrefe você herdará de mim!

– Pois o senhor pode ficar com tudo que é seu, mas minha dignidade, o senhor jamais tomará de mim! A dignidade de uma mulher de respeito!

Roberto nunca se vira antes frente a frente a uma pessoa tão difícil quanto Florisbela. E o que mais o surpreendia era o fato de ela ser sua própria filha.

– O senhor acabou com a vida da minha mãe – continuou ela em tom choroso. – Não foi só pelo modo pelo qual a tratava que ela adoeceu. Eu pensei que era somente por isso, mas estava enganada. Ela adoeceu por saber que o senhor tinha uma amante, pobrezinha. Deve saber também da existência do filho bastardo. Quanta injustiça!

– Você não sabe nada da vida, Florisbela, nada! Sua mãe adoeceu porque as pessoas adoecem com a idade avançada. Eu nada tenho a ver com isso.

– Pois eu acredito que os nossos abalos emocionais é que nos fazem adoecer.

– Pois você está louca por pensar assim!

Ela engoliu em seco e completou:

– Eu não posso entender como é que Deus pode permitir que um homem enriqueça às custas de um povo ignorante, deixe uma mulher maravilhosa como minha mãe, que só bem fez ao próximo e a nós, seus filhos, até mesmo para o senhor, acabar numa cama entre a vida e a morte, enquanto o senhor goza de boa saúde e vive suas aventuras com sua amante ou amantes, sabe-se lá quantas há.

Roberto abrandou a voz por medo de ser ouvido pelos moradores da rua e transeuntes.

– Não sou o único homem a ter uma amante, Florisbela. Todos têm. Até mesmo seu marido, quando você o tiver, terá uma no futuro... É a natureza do homem. O homem é assim e a mulher tem de aceitar isso.

– O que mais me surpreende – continuou ela, impiedosa –, é saber que o senhor se voltou contra a família que o pai do senhor ajudou só porque ele se tornou amante da italiana, chegou a se vingar dela por meio da filha, em nome de sua mãe, minha avó e, mesmo assim, fez igualzinho ao que seu pai fez. O senhor é mesmo um hipócrita, um medíocre!

Sem pensar duas vezes, Roberto Corridoni lascou um tapa no rosto da filha. A jovem não se deixou abater, continuou, afiada:

– O senhor não tem nem nunca teve moral para falar do seu pai e daquela mulher que se tornou sua amante. Ainda que o caso tenha ferido sua mãe, o senhor com sua amante também feriu sua esposa, minha mãe. E agora, o que o senhor quer que eu faça? Que eu me cale diante dos fatos ou que eu me vingue da sua amante como o senhor fez no passado com a amante de seu pai, deixando a ela e aos filhos à míngua quando vendeu a fazenda e fugiu na calada da noite?

As últimas palavras deixaram Roberto alarmado.

– De onde foi que você desencavou essa história?

– A mamãe nos contou. Foi a vovó quem contou para ela certa vez.

Roberto estava perplexo, não esperava por aquilo.

A jovem continuou, enfurecida:

– Pelo menos seu pai não concebeu um filho bastardo, o que mostra que ele, pelo menos ele, tinha mais caráter e respeito que o senhor.

Novo tapa. Ela massageou a face e falou, contendo o pranto:

– O senhor iludiu e devastou o coração de Liberata Nunnari para se vingar da mãe dela por ter se tornado amante de seu pai. A moça quase morreu na época, e o senhor gostava dela. Gostava que eu sei, todos sabem...

O rosto dele murchou como uma flor. Uma lágrima vazou de seu olho direito quando disse:

– Fiz tudo por minha mãe. Para honrar seu nome, sua pessoa, sua alma. Ela era uma mulher frágil. Amava meu pai por demais.

– Minha mãe também é frágil tal como ela. Frágil como toda mulher que ama seu marido... Aposto que o senhor odiou seu pai por ele...

– Sim, Florisbela, eu o odiei, sim! Amava-o mais que tudo, tal e qual amava minha mãe. Talvez até mais, mas quando eu o encontrei nu, estirado com aquela mulher na cama, eu... Eu o odiei desde então... por tudo que ele fez minha mãe passar e a mim, principalmente. Ele não tinha que ter trazido aquela mulher com aqueles três filhos para a nossa fazenda. Esse foi o seu maior erro.

– E, no entanto, o senhor acabou fazendo o mesmo que ele.

Ele baixou a cabeça para esconder as lágrimas transbordantes.

– Pode chorar, meu pai. Não é vergonha nenhuma um homem dar vazão as suas emoções...

Ele rapidamente enxugou os olhos com um lenço, assoou o nariz e procurou se recompor. Respirou fundo e partiu sem dizer mais nenhuma palavra. Entrou na carruagem que o aguardava a uma quadra dali e mandou o escravo partir. Florisbela seguiu a pé para a casa de seu pretendente na esperança de que ele a levasse de volta para a fazenda.

De dentro da humilde casa, Gorete pôde ouvir toda a discussão entre pai e filha e temeu que as coisas para ela e Mariano agora se complicassem. Ela colocou sobre a cabeça o lenço de renda e se ajoelhou diante da imagem da Virgem Maria. Fez o nome do Pai e rezou pelo bem dela e do filho.

Pode parecer espantoso que uma mulher como Gorete Damasceno fechasse as mãos em louvor e orasse com afinco, mas isso é o que todos fazem, não importando que rótulo tenham na sociedade. Todos querem defender seus interesses com a ajuda do Além. O mesmo faziam os escravocratas, os abolicionistas, os que tinham amantes, que pisavam nos outros, que se julgavam melhores do que os outros, rico, pobre, preto, branco, hetero, gay, honesto, bandido, todos rezavam, rezavam e, rezavam pelos seus interesses, sempre para defender seus interesses.

Não tinham noção alguma do que é espiritualizar-se, ligar-se a Deus, elevar-se a Deus de fato. Isso é algo que poucos conheciam nessa época e até hoje, infelizmente.

Capítulo 33

Desforra

Assim que chegou à casa de Nirlando Sodré, Florisbela voltou-se para o namorado e falou em tom de desabafo:

— Meu pai tem mesmo uma amante como eu sempre suspeitei. Acabo de pegá-lo, saindo da casa dela. Chocou-se, ao me ver e eu, bem, lhe disse poucas e boas. Ele precisava, ele merecia ouvir. Enquanto ele permanece lindo e robusto, minha mãe está um caco, acabada, uma sombra do que era. Se você a visse como era... Enquanto ele vive momentos e mais momentos de amor com sua amante, a pobrezinha que o adora, o ama de paixão, falece aos poucos. Isso não é certo, Nirlando, não é...

Agarrando-a pelos ombros e nivelando os olhos com os seus, Nirlando declarou com uma certeza que vinha da alma:

— É melhor você não se voltar contra o seu pai, Florisbela. Se ele se zangar pode se voltar contra você e, com isso, deserdá-la.

— Já sou deserdada, meu caro Nirlando.

— Como assim?

Ela prestou melhor atenção nele e falou:

— Se espera se tornar um homem rico casando-se comigo, esqueça! Para meu pai, só os filhos homens recebem o grosso da herança. As filhas só ganham uma casa, uma casinha e olhe lá. Na concepção do papai é o marido quem tem de trazer o dote para um casal, não a mulher.

— Seu pai pensa assim?

– Pensa. Pensei que já soubesse desse pormenor. Se duvida, investigue a vida de minhas irmãs. O máximo que receberam foi uma casinha.

– Nossa, eu jamais pensei que... Você tem certeza realmente de que ele pensa assim, planeja fazer isso mesmo? Talvez esteja testando todos...

– Pelo visto esperava tornar-se um homem de posses se casando comigo, hein?

– É que...

Ela aguardou que ele terminasse a frase, com o olhar fixo em seus olhos vivos e bonitos que naquele instante rodopiavam, querendo fugir dos seus.

– É que? – ajudou ela.

– Quis dizer que é diferente... Geralmente as mulheres têm seus dotes.

– Papai não segue regras, faz as suas.

– É, pelo jeitão dele eu já deveria ter desconfiado. Mas você ainda tem um nome, ou melhor, um sobrenome que lhe dá status na sociedade.

– Tenho enquanto o papai está vivo, poderoso e endinheirado. O dia em que ele se for, tudo será diferente. Por isso, meu caro, se você esperava angariar alguns trocados se casando comigo, esqueça!

Agarrando-a pelos ombros e nivelando os olhos com os seus, Nirlando declarou, com uma certeza que parecia vir-lhe da alma:

– Eu não me importo com isso, Florisbela! Não mesmo, acredite! Para mim só você basta! O resto a gente conquista.

– Tem certeza? Você me parece decepcionado com o que acaba de descobrir. Não quero que se case comigo por pena.

– Eu jamais faria isso, Florisbela. Eu gosto de você.

– Antes você dizia "Eu te amo!". É a primeira vez que diz "Eu gosto de você!" e com certa insegurança na voz.

– Bobagem sua.

– Bobagem, nada.

– Bobagem, sim.

O rapaz silenciou por instantes. Parecia estar matutando sobre algo e, quando chegou a uma conclusão, expôs suas conclusões:

– O mais absurdo em toda essa história é saber que você, filha legítima de seu pai, não herda nada, enquanto as noras que não são do mesmo sangue é que vão se aproveitar de toda fortuna. Isso não está certo. Se um de seus irmãos morre, a viúva fica com tudo, tudo que era seu por direito.

– Sabe-se lá o que é meu por direito, Nirlando.

Ele a encarou e foi direto mais uma vez:

– Mas que é injusto, ah, isso é! Não resta dúvida.

– A vida, Nirlando, ao que me parece, é mesmo feita de injustiças. Quem pode mudar?

– Nisso você tem toda razão, Florisbela. A vida é mesmo feita de injustiças. Uns com tanto e outros com tão pouco. Não acho isso certo. Para mim todos tinham de ter por igual.

– Você diz isso porque está do lado da pobreza, meu caro Nirlando.

– Como assim?!

– Se estivesse do lado da riqueza nem se importaria com o fato. Isso seria, na verdade, para você, um mero detalhe.

– Você acha mesmo?

– Não acho, tenho certeza absoluta!

Ele tomou-lhe a mão e a beijou, doce e calorosamente:

– Ah, Florisbela... Florisbela... como eu gosto de você.

Ela lançou-lhe uma mirada rápida e disse:

– Deve ser terrível, não? Querer ser rico e saber que nunca será.

O rapaz amarelou diante do comentário.

Ela insistiu:

– Confesse, vamos!

Ele, olhando agora com tristeza e desilusão para ela, respondeu:

– Eu não havia pensado nisso até então.

Ela assentiu, mantendo firmemente o olhar sobre ele. Ele, agora, parecendo totalmente sem graça, pediu:

– Pare, por favor, de me olhar com olhos de pena. Isso me constrange, faz com que eu me sinta pior...

– Desculpe-me, não foi essa a minha intenção.

Florisbela pensou em passar na casa de Cecília para lhe contar tudo o que se passou entre ela e o pai, mas a conversa que teve com Nirlando a deixou tão desconcertada que preferiu voltar direto para a fazenda. Seguiu o caminho todo pensando no que dissera ao namorado, na conclusão que chegara: "Deve ser terrível, não? Querer ser rico e saber que nunca será."

Todavia, ao notar crianças pobres brincando com alegria, percebeu que a alegria era algo que a pobreza não podia retalhar; não, se não quiséssemos.

As crianças podiam ser felizes mesmo tendo muito pouco para se alimentarem, podiam, todos os dias, saudar o dia com grande satisfação e alegria mesmo não tendo a garantia de um futuro promissor, sequer o que comer no dia seguinte.

Ao prestar atenção ao escravo que guiava a charrete, Florisbela notou que ele assoviava e percebeu que mesmo ele e sua gente tendo sido tirada de seus mundos, trazidos à força em navios negreiros como se fossem animais enjaulados, em condições inumanas, escravizados contra a própria vontade, ainda assim, assoviavam felizes, dançavam e cantavam seus cânticos nas senzalas, ao redor de fogueiras, rituais que iam passando de geração a geração.

Não, certamente a pobreza, a miséria e a escravidão não podiam roubar de ninguém a felicidade, o prazer de ser um ser vivo, de lidar com o dia a dia com alegria. Era algo que estava dentro de cada um. Como um órgão vital.

Assim que Florisbela partiu, a mãe de Nirlando notou que o filho estava ausente, disperso, mais do que isso, vivendo um conflito interior.

– O que há, Nirlando?

– Nada não, mamãe.

– Você não está bem. Alguma coisa de ruim aconteceu.

– Nada não, mamãe.

– Você pode querer enganar qualquer pessoa, menos a mim que sou sua mãe.

Ele suspirou e riu. Por fim, acabou contando tudo o que conversou com Florisbela minutos antes.

– Filho, vou lhe dar um conselho. Jamais se case com uma moça por interesse financeiro.

– Não é interesse financeiro, mamãe. Eu gosto da Florisbela.

– Gostar é muito pouco. Você tem de amá-la. Você a ama ou apenas gosta dela?

Ele desconversou:

– Estou com dor de cabeça...

– Nirlando.

Ele olhou atentamente para a mãe.

286

– Responda a minha pergunta: você ama ou apenas gosta dela?

Ele engoliu em seco, limpou a garganta e, com dificuldade, respondeu:

– Eu pensava que a amava...

A mãe, ágil, completou a frase por ele:

– Até saber que ela não herdará uma grande soma do pai.

Os olhos dele arregalaram-se e fugiram dos dela.

– Admito que contava com isso, acho injusto da parte dele não deixar uma parte de sua fortuna para a filha... Para as filhas em geral.

– Meu querido filho... Isso prova que você não ama Florisbela Corridoni. Porque se a amasse realmente estaria pouco se importando com esse pormenor.

– Eu me importo sim, porque ela também vai sair prejudicada! Além do mais, é um direito dela herdar parte da fortuna do pai. É o certo. Quem ele pensa que é para deixar a herança somente para os filhos homens?

– Ele é o dono do dinheiro, o dono da fortuna, simplesmente é isso o que ele é! Sendo ele o dono do dinheiro, pode fazer o que bem entender dele. É assim que funciona a vida, Nirlando. Por isso que eu e seu pai nunca nos preocupamos em enriquecer nem nos sentimos inferiores por sermos pobres, porque sabíamos que o dinheiro confunde os gostares.

– Como assim?

– Faz com que gostemos da pessoa não por si mesma, mas pela soma que possui ou vai herdar.

– Se quer um conselho de mãe, de uma mulher que já viveu e viu muita coisa nessa vida, não se case com Florisbela se não a ama de verdade!

Ele suspirou e ela voltou a aconselhar:

– Ao deitar-se hoje, antes de pegar no sono, imagine-se ao lado desta moça sem ter um centavo, sequer a casa que o pai vai lhe dar ao se casar. Sinta, respire fundo e sinta! Se perceber que a ama sem ter nada, nadinha sequer de dinheiro, maravilha! É com ela que você deve ficar! Se perceber que não se sentirá bem com ela nessas condições, não se case!

– Ainda assim ela tem sobrenome respeitado.

– Chega, Nirlando! – sentenciou a mãe. – Faça o que lhe pedi! Antes que cometa uma grande besteira, a maior de todas na sua vida! Não quero vê-lo sofrendo, quero vê-lo feliz. Ouviu? Feliz!

O moço quedou pensativo.

Quando Roberto entrou na casa-grande de sua fazenda, parecia um homem alquebrado. Tomou o banho ajudado por escravas e depois de vestido foi jantar. Florisbela demorou a chegar, mas quando o fez, entrou na casa silenciosa. Depois das abluções foi para a mesa cear, antes, porém, teve o cuidado de verificar se o pai já havia se retirado do recinto. Não queria de forma alguma encará-lo novamente. Não, pelo menos naquele dia.

A noite se estendeu com ela repassando por diversas vezes o pequeno diálogo que tivera com Nirlando Sodré. Ela sabia que ele se decepcionara com o fato de ela não herdar nada, contava com uma herança gorda para mudar sua condição de vida... Infelizmente ela o amava, muito. Era louquinha por ele. Se não fosse, teria terminado o namoro, facilitando tudo para os dois. Facilitando, porque sabia que se ele não a amasse suficientemente, teria dificuldades para terminar o relacionamento.

Capítulo 34

Diante de uma encruzilhada

Pesando os prós e os contras, Nirlando Sodré chegou à conclusão de que o melhor mesmo era permanecer ao lado de Florisbela, pois de todas as moças disponíveis na cidade ela era a que tinha o sobrenome mais respeitado na região. E isso era melhor do que nada.

Dias depois, teve uma ideia, foi conversar com Roberto no seu local de trabalho.

– O que o traz aqui, meu rapaz? – perguntou Roberto com fingida amabilidade.

– É um assunto delicado, meu senhor. Podemos conversar a sós?

Roberto estudou por um momento o rosto de Nirlando e respondeu:

– Está bem. No meu gabinete.

Assim que entraram, Nirlando procurou relaxar. Quando Roberto lhe indicou a cadeira para ele se sentar em frente a sua grande e confortável escrivaninha, o rapaz agradeceu:

– Estou bem de pé.

– Então desembucha, que meu tempo é precioso.

Nirlando afrouxou o colarinho e falou:

– Sei que eu não deveria falar com o senhor a esse respeito. Nada tenho a ver com sua vida particular, mas...

– Desembucha! – Roberto se alterou.

– Sei que o senhor tem uma amante... – as sílabas pareceram amontoar as vogais.

O rosto de Roberto manteve-se intacto para a surpresa e decepção do rapaz.

– E daí? – respondeu Roberto com a maior naturalidade do mundo. – Todo homem da minha idade e, até mesmo da sua, tem uma. É muito natural.

Nirlando Sodré definitivamente não esperava por aquela resposta.

– Bem... é que Florisbela ficou muito chateada depois que soube que o senhor...

– Eu não devo satisfações da minha vida a ninguém.

O moço limpou a garganta e continuou:

– É que ela pode contar para a sua esposa...

Roberto foi curto e grosso na sua resposta mais uma vez:

– E daí? Inaiá está de cama, o que pode fazer contra mim? Nada!

– Mas ela pode piorar se souber que o senhor...

Roberto deu de ombros, Nirlando mal podia acreditar no que ouviu.

– O senhor não se preocupa com sua esposa?

– Inaiá já viveu demais. Já pôs filhos no mundo, cumpriu a lei de Deus: casai-vos e procriai-vos. Isso ela fez com supremacia, se fez, já pode...

A boca de Nirlando se abriu sem que se desse conta. Roberto continuou com toda a frieza do mundo.

– A vida é assim, meu caro. É a lei dos mais fortes.

O rapaz não sabia mais o que dizer. Diante da sua confusão mental, Roberto atacou:

– Terminou?

Nirlando respondeu que sim com a cabeça.

– Então, por favor, retire-se!

O rapaz deixou o local frustrado. Andava cabisbaixo, quase colidindo com as pessoas que vinham na direção contrária à sua. Falava consigo mesmo em voz alta:

– Era para ele ter ficado com medo de que a filha o delatasse para a esposa... Ele, então, iria lhe sugerir uma alternativa para calar a boca de Florisbela. Em troca ela herdaria parte de sua fortuna. Mas Roberto Corridoni não é fácil, definitivamente não é. Meu tiro saiu pela culatra!... E agora? O que faço? Florisbela Corridoni não herdará nada além de uma casa de seu pai... Nada senão uma casinha... Uma humilde casinha.

290

Depois de muito pensar, Nirlando acabou contando o que fez para a namorada e, Florisbela, zangada, respondeu:

— Você só fez isso porque estava preocupado com a herança, não comigo, não conosco! Muito menos com minha mãe por ser traída.

— Não foi!

— Foi, sim! Admita!

— Eu...

— Você não tem como se defender porque não sabe mentir. Assuma de vez que fez o que fez...

O rapaz se agitou:

— Está bem! Pode ter sido por isso que fui atrás dele, sei lá... Achei que poderia ajudar a garantir um futuro melhor financeiramente para você.

— E para você, também, caso se case comigo.

— Para nós! Que futuro posso lhe dar se não tenho herança?

— Podemos construir um futuro juntos.

— Quem consegue sem um empurrão?

— Meu avô veio da Itália tentar a vida no Brasil. Trazia consigo economias de anos e aplicou tudo aqui em terras que teve de desmatar, trabalhar de sol a sol... Em outras palavras, ele veio do nada e, mesmo assim, tornou-se o que se tornou: um homem endinheirado que permitiu a meu pai, com inteligência, triplicar sua herança, quadruplicá-la.

— Mas seu pai teve um empurrão.

— E teremos.

— Você considera uma simples casa um empurrão?

— Não, meu caro! O empurrão que eu me refiro virá de Deus! Porque nem essa casinha que você desmerece tanto eu herdarei. No dia...

— Quer dizer... — Nirlando estava visivelmente decepcionado.

Diante de sua reação, Florisbela usou de sinceridade, mais uma vez, para com ele:

— Você não nasceu mesmo para mim, Nirlando.

— Não diga isso. Eu gosto muito de você.

— E você continua dizendo "gosto de você".

— E é verdade.

— Antes era somente: "Eu te amo!".

291

– Eu te amo, se é isso que você quer ouvir.

– Não diga o que quero ouvir, Nirlando. Diga o que sente, o que verdadeiramente sente por mim.

– Eu a amo, Florisbela. Eu juro!

– Você fica péssimo, mentindo. Sua voz falha, seus olhos se tornam vagos.

– Ora.

– Por que não admite que ficou em dúvida quanto ao que sente por mim, depois que descobriu que não vou herdar parte da fortuna de meu pai?

O rapaz amarelou, ainda mais quando a jovem decretou:

– Acabou!

– Como assim acabou? Acabou o quê?!

– Acabou tudo entre nós.

– Como assim, Florisbela? Ficou maluca?!

– Nunca estive tão lúcida em toda a minha vida.

– Mas...

– Nem mas nem meio mas. Adeus, Nirlando.

Fingindo-se de forte, Florisbela virou-se para partir, mas a mão de Nirlando em seu ombro obrigou-a a dar meia-volta. Quando novamente seus olhos se encontraram, ele disse, parecendo sincero:

– Por favor, Florisbela, eu não tenho ninguém além...

A resposta dela saltou-lhe à língua como que por vontade própria:

– Além de mim para lhe dar status, é isso? Tem sim, Nirlando: a vida! Trabalhe bastante, torne-se um homem de direito, digno, e ganhará respeito e um nome e sobrenome respeitado pela sociedade.

– Eu dependo de você, Florisbela.

– Depende? Que palavra mais inadequada para expressar seus sentimentos por mim.

– Desculpe-me.

O silêncio caiu pesado entre os dois por mais um longo minuto. Foi ela quem deu um ponto final àquela história.

– Adeus, Nirlando. Que Deus o abençoe.

Ele quis ir atrás dela novamente, mas as palavras da mãe ecoaram em sua mente:

"Se quer um conselho de mãe, de uma mulher que já viveu e viu muita coisa, não se case com Florisbela se não a ama de verdade... Faça o que lhe pedi. Antes que cometa uma grande besteira na sua vida. Não quero vê-lo sofrendo, quero vê-lo feliz."

Sua mãe teria razão?, perguntou-se o rapaz. A resposta atravessou seu cérebro de lado a lado: "Sim! Total! Porque ela sempre tinha razão em tudo!".

Florisbela partiu acelerando os passos e, assim que entrou na charrete, pediu ao escravo condutor que partisse dali o mais rápido possível. Só quando não podia ser vista por ele nem por ninguém é que se permitiu derramar as lágrimas que queriam transbordar de seus olhos. Lágrimas que brotaram de sua primeira decepção afetiva, do seu primeiro choque com a paixão, a qual, todos, sem exceção, experimentam cedo ou tarde na vida.

Assim chegava ao fim o envolvimento de Florisbela Corridoni com Nirlando Sodré da mesma forma que chegam ao fim muitos e muitos relacionamentos que prometiam ser para sempre bem sucedidos e não foram além de um período, um período em que cada um dos envolvidos pôde aprender alguma coisa um com o outro.

A vida é repleta desses encontros em que nos unimos a pessoas que adoramos e acreditamos que nunca mais vamos nos desligar, seja por meio de um relacionamento afetivo, parentesco ou amizade, mas que depois, com o avanço do tempo, cada um segue para um lado, tornando os encontros esporádicos e, em muitos casos, raríssimos.

Com relação a essas pessoas, nós não iremos necessariamente nos ligar a elas numa próxima reencarnação. Encontros ou reencontros, podem acontecer caso haja condição de espaço e tempo universal para que isso ocorra. E, reconheceremos cada uma delas por meio da sensação imediata ou não, de sermos velhos conhecidos.

O leitor verá isso mais claramente na continuação desta história e, agora, retornamos a ela!

Naquela noite, quando Florisbela foi cear, espantou-se ao encontrar o pai ali ainda sentado, mesmo depois de já ter terminado a refeição. Ela, evitando olhá-lo diretamente, sentou-se. Já estava na oitava garfada de comida quando Mássimo apareceu.

– Assim que recebi o seu recado vim o mais rápido que pude, papai. Aconteceu alguma coisa?

293

– Preciso falar com o advogado, o testamenteiro, amanhã sem falta, Mássimo.

– Algum problema com o testamento?

– Nada... algo apenas superficial.

– Ah, bom!!!

Os olhos de Mássimo se encontraram com os de Florisbela. Voltando-se para o pai, o filho predileto, perguntou:

– Por que quer que o testamenteiro venha à fazenda? Por que o senhor não vai até ele amanhã pela manhã?

– Porque preciso da assinatura de sua mãe. Largada naquela cama como está... é melhor que ele venha até ela, não acha?

– Sim, é claro.

O filho observou melhor o pai e perguntou:

– O senhor está bem? Parece-me abatido.

– Estou um pouco cansado, só isso. Nada de preocupante.

Roberto arrastou a cadeira para trás e se levantou. Estava prestes a se afastar da mesa quando se voltou para Florisbela e falou:

– Quero aproveitar a presença de Mássimo aqui para testemunhar o que vou lhe dizer agora. De mim, você não terá nenhuma casa de herança. Ouviu? Se quiser morar embaixo de uma árvore, numa gruta ou num curral... fique à vontade... Você que se vire!

Ela o encarou, contendo-se para não chorar.

Sem mais, o pai se retirou e foi para os seus aposentos.

Mássimo, após encarar a irmã, aguardando por alguma explicação, rodou nos calcanhares e foi embora. Já havia montado o cavalo quando Florisbela chegou até ele correndo e esbaforida. Ele se assustou com sua chegada repentina e com seu desespero.

– Eu não sei o que você fez para o nosso pai deserdá-la, mas... – falou intensificando a voz.

– Cale essa sua boca e me escute, seu imbecil! – esbravejou ela.

Seu modo ríspido assustou Mássimo. A mocinha continuou, decidida:

– O papai... Sabe por que ele mandou chamar o testamenteiro? Porque ele vai deixar parte da herança para o filho que teve com a outra.

Os olhos de Mássimo se arregalaram.

– O que você está dizendo?

– É isso mesmo o que você ouviu, seu imbecil.

– Olha como fala comigo...

Ela deu de ombros. Mássimo, transpirando de tensão, falou:

– O filho da... outra, como você disse, eu sei muito bem quem é. Chama-se Mariano. Ele não é filho dela com o papai. Papai não faria uma coisa dessas!

– Mas fez. Esse tal de Mariano é filho bastardo do papai e é por ele que ele vai alterar o testamento.

– Ele não faria isso!

– Ele adora o jovem.

– Papai adora a mim!

– Você é mesmo um tolo, Mássimo. Sempre foi!

– Você está brincando comigo, Florisbela. Está, não está?

– Quem avisa amigo é.

– Você está com raiva do papai porque ele a deserdou.

– Por que acha que ele me deserdou? Porque eu soube de tudo e lhe disse poucas e boas. Ele está com o orgulho ferido.

Mássimo mordia os lábios de nervoso. Partiu, sem dizer uma só palavra à irmã. Pelo caminho exigiu o máximo do cavalo. Sentia ódio, muito ódio, só não sabia precisar de quem.

Capítulo 35

O testamento...

No dia seguinte, Roberto não foi trabalhar. Pela primeira vez, em muito tempo, não se sentia disposto a levantar-se da cama. Tudo o que Florisbela havia lhe dito, ia e vinha a sua mente, como se fossem as ondas do mar. Ondas fortes e explosivas. No íntimo, sabia que a filha tinha razão, mas não admitiria nunca. Era orgulhoso demais para aquilo. Estava tão imerso no seu conflito com a caçula que só se lembrou do testamenteiro lá pelas quatro da tarde.

– Onde estará esse homem, diacho? – resmungou entre dentes.

Teria Mássimo se esquecido de lhe passar o recado? Só podia. Se bem que não era feitio do filho se esquecer das coisas. Até onde se lembrava, nunca se esquecera de nada que lhe pediu em toda a vida.

Quando o outro dia raiou, Roberto decidiu ir, ele mesmo, atrás do testamenteiro na cidade. Os céus ameaçavam chuva, um temporal, para ser mais exato, ainda assim, ele quis ir à procura do homem. Espantou-se ao descobrir que o testamenteiro havia viajado para visitar o pai que subitamente adoecera, pelo menos foi isso que dizia o recado trazido de muito longe.

Logicamente que o recado fora forjado, viera de muito perto, escrito por Mássimo Corridoni de próprio punho e mandado ser entregue por um mensageiro qualquer. Ele tinha de ganhar tempo para pensar no que poderia fazer para impedir que o filho bastardo recebesse parte da fortuna que seria sua. Sentia tanto ódio que seria capaz de mandar matar o jovem numa emboscada, se preciso fosse, somente para impedir o pai de dividir a fortuna em quatro partes.

– Ninguém tasca o que é meu. Ninguém! – sibilava Mássimo com discrição para não ser ouvido.

Quando o pai apareceu a sua porta na sala que ocupava na prefeitura para lhe contar a respeito do advogado, Mássimo fingiu espanto:

– Pobre homem, papai.

– Pobre homem?! – estranhou Roberto.

– Sim, deve estar sofrendo um bocado com a doença do pai. Nenhum filho quer ver seu pai doente.

Um novo trovão ribombou nos céus. Mássimo, voltando os olhos para a janela, falou:

– Vai chover pesado.

– É melhor eu ir. Antes preciso passar no banco.

– O senhor acha mesmo que deve? Se eu fosse o senhor partia agorinha mesmo para a fazenda se não quiser pegar esse toró.

– Não se deve deixar os afazeres para depois, Mássimo. Nunca!

Mássimo, fingindo submissão, abaixou a cabeça e concordou com Roberto.

– O senhor tem razão, papai. Como sempre, o senhor tem toda razão.

Somente depois de averiguar se tudo estava nos conformes no banco, que era com o que Roberto mais se preocupava, é que ele tomou a carruagem de volta para a fazenda. O céu naquela hora já estava tomado de nuvens pretas que transformaram o dia em noite. A chuva desabou assim que o veículo tomou a estrada que levava à propriedade dos Corridoni. O escravo condutor voltou-se para o patrão e disse:

– Senhor, é melhor estacionar até que a chuva melhore.

Roberto, impaciente mais do que o normal, respondeu:

– Prossiga. Quem diz quando e onde devo parar sou eu, escravo insolente.

Diante da resposta, não restou outra escolha para o pobre homem senão prosseguir. Mas a chuva fustigava seus olhos e dos animais; os pobres coitados só continuavam diante das chicotadas, caso contrário também parariam.

A tempestade fez com que a memória de Roberto fosse reativada, voltasse ao dia em que o pai deixou o vilarejo de Santa Mariana acompanhado de Gianluza Nunnari e enfrentou o mesmo tipo de temporal.

Tudo havia acontecido por causa daquela maldita chuva, que transformou as estradas num lodaçal que parecia não mais ter fim.

297

Voltou a sua memória, a seguir, o dia em que ele avistou o pai, seguindo na direção da humilde casa onde vivia a italiana e seus filhos. Ele podia se lembrar até do que pensou naquele momento.

Veio-lhe então a cena traumatizante: ele chegando à casa de Gianluza, adentrando furtivamente pela porta entreaberta e pegando o pai e a amante na cama. O que viu, ainda que somente revivido na memória, ainda lhe provocava arrepios. Arrepios e ânsia de vômito.

A chuva continuava torrencial, mas Roberto Corridoni não se atinha a ela, estava dominado pelas lembranças, revisitando o passado que para ele nunca passou.

– Liberata... – murmurou ele sem perceber. – Umbelina e Maurizio...

Vieram a seguir as proezas que os quatro aprontavam pela linda fazenda do pai nas proximidades de Santa Mariana.

E novamente seus pensamentos se concentraram em Liberata.

– Liberata Nunnari... – sibilou.

Ele não a via desde que tentara comprar a escrava Idausina, mas a sentia muito próxima dele, talvez porque um lado seu nunca se distanciou dela, a manteve guardada em algum lugar do âmago do seu ser.

Havia lágrimas em seus olhos agora, lágrimas que escorriam e se misturavam às fortes e grossas gotas de chuva.

Voltando os olhos para o céu, Roberto relembrou a mãe que tanto adorava: Margarita Corridoni. A mãe que idolatrava como a uma santa. Ele a adorava, oh, sim, ela sempre fora tudo para ele.

Roberto só se deu conta de que haviam chegado à fazenda quando o escravo o chamou:

– Senhor.

Grosseiro como sempre, dispensou a ajuda do negro para descer do veículo.

– Sai pra lá.

Assim que adentrou a casa, ordenou às escravas que lhe preparassem urgentemente um banho quente; antes que adoecesse por ter ficado exposto àquela tempestade fria e assustadora.

Ao passar em frente ao quarto que destinara à esposa para que morresse em paz, Roberto se irritou ao perceber que ela sobrevivia como que amparada por uma força do Além. A seguir, lembrou-se da conversa que tivera com a amante:

"Minha esposa não tarda a morrer. O médico fez tudo o que podia por ela, mandou-a para o quarto para que morra deitada..."

"No quarto de vocês?"

"Não, sua estúpida, noutro quarto da casa. Eu lá quero acordar ao lado de um defunto? Deus me livre. Pois bem, ela está lá, estirada naquela cama, não deve demorar para passar dessa para uma melhor. Aí então, eu farei o que me pede."

"Jura?!"

"Sim, a desposarei e finalmente você terá uma casa digna para viver e comandar como sempre sonhou. Se vai ser vista como uma mulher de respeito na sociedade, isso eu não sei; a sociedade é muito preconceituosa você sabe. Especialmente as mulheres com relação àquelas que se tornam amantes de casados... todavia sou um homem rico e poderoso e com isso posso calar a boca de carolas e beatas e fazer com que a aceitem e a tratem com dignidade."

"Você fala mesmo sério? Não está querendo me iludir com esperanças, está?"

"Nunca falei tão sério em toda a minha vida, Gorete."

O forte abraço que ela lhe deu ficou bem cravado em sua memória, tal e qual o que disse a seguir, suspirando.

"Você me excita tanto!"

Ao que ele respondeu, também em meio a um suspiro:

"Eu a desejo tanto..."

"Eu também meu amor. Eu também. Ah... Nós vamos ser tão felizes naquela casa... Tão felizes... Meus filhos já estão todos casados, os que ainda não, já estão noivos, em breve casarão, portanto, a casa ficará livre para nós fazermos dela o que bem quisermos. Se não aceitarem o problema é deles, eu os deserdo."

A vida que Gorete sonhava ter ao seu lado alegrou Roberto imensamente, deixando-o novamente entusiasmado com a vida. Um amigo seu já havia dito:

"Não há nada que estimule um homem a viver feliz do que trocar o tribufu da esposa por uma com a metade da idade dela. Trocar por uma ou duas de corpinho lindo, o mesmo que a esposa tinha antes de *embuchar* e engordar feito uma porca."

Ele ainda podia ouvir a gargalhada dos colegas à sua volta depois de terem ouvido o conselho.

Roberto voltou a se concentrar em Mariano. Não podia se esquecer de adicioná-lo ao testamento. Ser-lhe-ia imperdoável se morresse sem deixar uma fatia de sua fortuna para o jovem cujo nascimento fora uma surpresa, contra a sua vontade, mas que ele aprendera a amar de paixão.

Enquanto isso, na fazenda Millenotti/Nunnari, Gianluza admirava os céus, derramando a bendita chuva por sobre a fazenda que agora era de sua propriedade, ao lado dos filhos e netos. A paz entre todos reinava como muitos desejavam entre seus familiares e poucos conseguiam obtê-la. Estavam ao seu lado, Glória e Idausina, Giulio, Hercília e o filho Maurizio, Gianni e Romilda, Liberata e Silas, Umbelina, Humberto e Elaine Corridoni Domingues.

Haviam se passado dias desde que Roberto apanhara a forte chuva que lhe rendeu um resfriado, que logo se tornou uma pneumonia, obrigando-o a ficar sob cuidados médicos em sua própria casa. Quando se percebeu muito mal, pediu ao médico para chamar Mássimo, o filho com quem tinha mais intimidade.

– Estou aqui, papai – disse o moço, curvando-se sobre o pai acamado e beijando-lhe o dorso da mão direita, uma mão quase sem vida.

– Estou morrendo, Mássimo – respondeu Roberto indo direto ao assunto.

– Não diga isso, papai! O senhor ainda é muito moço para morrer.

– Sei que estou morrendo. De hoje não passo.

– Papai, por favor.

Roberto mudou o tom de voz a seguir, era um tom de desabafo quando disse:

– Não é justo que um homem como eu, que tanto dinheiro soube juntar, acabe morto. Mortos deveriam acabar os pobres e inúteis, os escravos e animais. Os ricos jamais deveriam morrer, pois somos diferentes, sim! Temos mais tutano na cabeça. Se Deus existe, ele é um injusto, um desleal, pois deveria prestigiar os mais evoluídos, os mais inteligentes, os que conseguiram juntar mais dinheiro, os que tomaram o poder nas mãos, não, os perdedores. Nós mostramos a Deus que somos melhores do que os outros e, mesmo assim, Ele não nos privilegia. Isto não é certo. Não é!

Tudo foi dito em meio a fortes crises de tosse. Seu peito arfava como se fosse explodir.

– Agora acalme-se, papai, por favor.

Roberto fechou os olhos, respirou fundo e falou:

– Eu mandei sua mãe para aquele quarto, Mássimo, porque tinha a certeza absoluta de que ela iria antes de mim. Bem antes... Mas esta vida é mesmo muito injusta...

Nova forte crise de tosse.

– Papai...

Roberto fez força para firmar a voz e disse algo que só quem estivesse muito perto dele poderia ter ouvido. Por estar muito fraco, sua voz também estava fraca.

– Meu filho Mariano, Mássimo...

Mássimo Corridoni se alarmou.

– Meu filho bastardo, compreende? – continuou Roberto. – Não tive tempo de deixar nada para ele em testamento. Providencie para que ele receba uma parte de minha herança.

Mássimo pensou que ouviria qualquer coisa do pai, menos aquilo. Para ele tal pedido foi um delírio de moribundo.

– Prometa-me, Mássimo, que vai cuidar do rapaz.

– Prometo, papai. Prometo, sim – concordou o moço, de olhos baixos. – Com certeza!

– Só assim morrerei em paz – completou Roberto com voz sumida.

– Eu prometo – jurou Mássimo tomado de súbita emoção.

Não houve tempo de Roberto Corridoni dizer mais nada, segundos depois, aos 41 anos (1822) ele falecia sob os olhos chorosos de seu filho predileto, o primogênito: Mássimo Corridoni.

Foi o próprio Mássimo quem se prontificou a dar a notícia à mãe. Num instante, atravessou o quarto onde ela se encontrava acamada, inclinou-se sobre a cama, sustentando o seu olhar e tentou falar, mas as palavras lhe fugiam. Os olhos de Inaiá perscrutaram seu rosto, ansiosos.

– O que houve? – afligiu-se ela.

Ele engoliu em seco e falou:

– Não lhe trago notícias boas, mamãe.

Ela imediatamente endireitou o corpo.

– O que foi?

– O papai...

O filho não conseguiu terminar a frase, o pranto não lhe permitiu. Um suspiro, que mais pareceu de alívio, escapou do peito de Inaiá.

– Quer dizer que Roberto...

Entre lágrimas, Mássimo Corridoni respondeu:

– Sim, mamãe. Ele morreu há pouco...

O filho ajoelhou-se rente à cama e curvou-se sobre a mãe, deitando sua cabeça no seu peito. De longe, mais parecia uma criança de onze anos, querendo um afago da mãe, carinho e compreensão num momento de desespero.

– Eu sinto muito, Mássimo.

O filho chorou ainda mais alto dessa vez.

– Eu o amava tanto. O papai foi tudo para mim. Tudo!

Inaiá, engolindo em seco, repetiu:

– Eu sinto muito, filho. Muitíssimo.

Ela afagava o cabelo do moço com ternura enquanto seus olhos estavam vivos, colados no teto sem derramar uma lágrima sequer.

Quando Gorete Damasceno soube da morte do amante, tudo o que ela disse para o filho foi:

– Só espero que ele tenha tido tempo de fazer o que me prometeu, filho.

– Não é hora para pensar nisso, minha mãe. Meu pai está morto.

– É hora de pensar nisso, sim, Mariano! Você é filho dele tanto quanto os outros e me preocupo com o seu futuro. Roberto me jurou que lhe deixaria em testamento parte de sua herança. Ele tem que ter deixado. Tem! Não lhe perdoarei se não o tiver feito.

– Se ele não o fez é só pedirmos, não?

– Àquela corja?! Os filhos homens do seu pai com a "outra" são uma corja, um ninho de cobras. Fique longe deles, Mariano. Bem longe. Para o seu próprio bem.

A mulher silenciou. Pouco tempo depois, desabafou:

– Então Roberto está morto... É inacreditável... Pensei que seria ela, a "outra" quem morreria primeiro, mas foi ele... Ô, desgraça... nada do que eu sonhei viver com ele um dia, acontecerá. Que tola fui eu em ter a esperança de que um dia, esse dia chegaria. Nasci mesmo para ser a "outra", vivi como a "outra" e morrerei sendo apenas a "outra".

O filho consolou a mãe em seu peito. Ela o abraçou forte e falou, entre lágrimas:

– Eu gostava dele, sabe? Ele era bom para comigo. Foi o único homem que se interessou por mim, o único que prestava, digo, que tinha algum dinheiro... Eu sempre quis um que tivesse muito... porque acreditei que assim seria uma mulher rica... Hoje sei que certos sonhos nunca acontecem. Por que será?

– Por que será?

– É. Por que será que para alguns os sonhos nunca se realizam e para outros, sim?

– Eu não sei, mamãe. Se soubesse...

– Oh, Mariano, você é a melhor coisa que me aconteceu na vida. Eu juro.

O filho beijou a testa da mãe e intensificou o abraço.

Quando Liberata, ao lado da irmã, contemplava os últimos raios de sol sobre a pequenina cidade de Santa Mariana teve um pressentimento que a fez arrepiar-se.

– O que foi? – preocupou-se Umbelina.

– Roberto...

– Roberto?... Você se refere ao demônio?

Ela assentiu com a cabeça e completou:

– Ele mesmo! Ele, bem... está morto.

Umbelina arrepiou-se toda.

– Roberto Corridoni?! Como pode saber?

– Tive uma visão.

Umbelina, arrepiando-se novamente, deu sua mais sincera opinião:

– Se morreu, já foi tarde.

Os olhos de Liberata aos 38 anos de idade nessa época tornaram-se vagos.

303

O funeral de Roberto Corridoni foi esplêndido. Dúzias de pessoas enlutadas lotavam a paróquia, carregando buquês de flores colhidas de seus humildes jardins para homenagear o morto. Foi preciso muita gente ficar do lado de fora, pois o local não comportava todos.

Havia, obviamente os puxa-sacos. Acompanhar o cortejo era, como se diz nos dias de hoje, *politicamente correto*. Interessados em conseguir ou garantir seus empregos na prefeitura, no banco ou tirar algum proveito dos Corridoni, de algum modo.

Durante o funeral, um ponteado após outro se ajoelhava diante do altar, depois se erguia para enaltecer o líder falecido.

Havia também as carpideiras, pelo menos oito delas, que o próprio Mássimo contratou por receio de que faltasse choro à altura da morte do pai. Elas soluçavam; mordiam os lábios; chegavam a ficar mortalmente pálidas, com os punhos cerrados junto ao corpo do morto.

Cecília derramou algumas lágrimas. Florisbela, idem. As noras de Roberto choraram porque ficava bem chorar, mas foram Matteo e Mássimo quem mais sentiram a morte do pai. Ambos choraram mesmo, pra valer, a dor da perda.

Gorete estava sentada num canto afastado da paróquia, calada, absorta em seus pensamentos. O filho se mantinha ao seu lado, mordendo os lábios, esforçando-se para conter o pranto. Se ele sentiu a morte do pai? Sim, muito.

Finalmente o padre terminou a missa de corpo presente. Digo, finalmente, porque o dia estava abafado e ficar em meio àquele aglomerado de pessoas dentro de uma igreja que mais parecia uma capela era o mesmo que fazer uma sauna em conjunto. Houve até suspiros de alívio que escaparam sem querer do peito de muitos dos presentes quando ele deu por encerrada a missa.

O brilho do sol se refletia no sino da torre da humilde e única paróquia católica da cidade quando o caixão deixou a igreja, ladeado por uma guarda de honra. A família do morto seguia atrás do caixão carregado pelos filhos e outros que lhe queriam bem.

O padre seguiu à frente do cortejo, puxando o terço, até o cemitério da cidade, que mais parecia um jardim abandonado sendo consumido por ervas daninhas.

– Ave Maria cheia de graça...

Volta e meia alternava com um Pai Nosso:

– Pai Nosso que estais no céu, santificado seja o Vosso nome...

Mais à frente, um Salve Rainha.

– ...levai as almas todas para o céu e socorrei os que mais precisarem.

Até crianças acompanhavam o enterro, muitas ainda de colo. Havia gente de todas as classes, dos mais pobres aos mais abonados. Era, digamos, um grande acontecimento na cidade e região, e como na época não havia grandes acontecimentos como nos dias de hoje, um funeral era encarado como a chegada de um show de um grande cantor do exterior ao país.

As ervas daninhas que cresciam no lugar gozavam de total liberdade e alegria até que houvesse um sepultamento. Então eram esmagadas sem dó pelos que seguiam o enterro, ficando amassadas e sendo, muitas vezes, arrancadas por terem se enroscado nos sapatos dos presentes.

Na hora do sepultamento, um velho conhecido de Roberto, que tinha o dom da oratória, leu em voz alta e ressoante o que um colega, metido a poeta, escrevera sobre o falecido. Era o que chamamos de elegia.

– Aqui jaz um homem de brio... De caráter... Que soube honrar a família como Deus manda! Honrou a esposa e os filhos dando-lhes bom exemplo, uma educação sadia e um moral cristão. Roberto Corridoni foi antes de mais nada um lutador... Que chegou a essa cidade com o intuito de transformá-la numa grande cidade, trazer o progresso para nós *cidadães*...

Após um rápido cutucão do amigo poeta, o narrador se corrigiu:

– Trazer o progresso para nós, cidadãos de Serra Dourada. Algo do qual todo morador desta cidade muito se orgulha. Roberto Corridoni foi, além de tudo, um exemplo para toda a cidade. Um religioso, frequentador assíduo das missas de domingo, onde só os verdadeiros cristãos comparecem... Um defensor dos oprimidos e acima de tudo...

O homem ergueu a voz ainda mais:

– Um patriota!

Uma salva de palmas ecoou pelo local, assustando ainda mais os pombos, que só faltavam rodar a cabeça sobre seus corpinhos emplumados diante da voz esquisita e retumbante do orador.

– Para encerrar este *grande momento!*

O poeta deu outro cutucão no braço do orador.

– Desculpem-me – corrigiu-se o homem, limpando a garganta. – Devido a forte emoção troquei as palavras.

Ele tornou a limpar a garganta antes de prosseguir:

– Para encerramos esse momento tão triste, de adeus...

As carpideiras aproveitaram o momento para chorar aos berros, provocando comoção em alguns e risos contidos em outros. O interlocutor retomou a fala com voz embargada:

– Que Deus receba essa alma boa, essa alma de brio, essa alma cristã – ele suspirou, enxugou as lágrimas e complementou – em seus braços!

As carpideiras tornaram a se esgoelar de tanto chorar.

Mássimo então caminhou devagar até o esquife, passou as mãos suavemente pelo rosto do pai pela última vez. Seus dedos chegaram a abrir os lábios do morto. Com a ajuda dos irmãos, foi afastado para que fosse concluído o sepultamento.

Florisbela chegou a suspirar quando percebeu que tudo chegara ao fim. Olhou para a multidão reunida; muitos choravam convulsivamente. Foi então que avistou Gorete abraçada ao filho; quando seus olhos se encontraram, um furor subiu por seu peito, tal e qual atingiu o peito da "outra".

Ela então abriu caminho entre a multidão na direção em que eles se encontravam, e quando Gorete percebeu sua aproximação, puxou o filho para longe dali, temendo que a jovem a achincalhasse na frente de todos.

A própria Florisbela não sabia o que faria quando chegasse até ela e concluiu, depois, que foi melhor que ela e o filho bastardo tivessem se retirado do local às pressas.

Depois do funeral, quando todos estavam reunidos na sala da sede da fazenda, Florisbela voltou-se para Mássimo e quis saber:

– Você estava ao lado do papai quando ele morreu...

O moço, ainda vertendo lágrimas, assentiu. Florisbela foi adiante:

– Ele disse alguma coisa? Digo, no leito de morte?

Mássimo, abanando a cabeça em concordância, respondeu:

– Encarregou-me de cuidar de tudo após sua morte.

Ela olhou bem para o semblante do irmão para saber se aquilo era realmente verdade, mas para sua tristeza não soube definir se sim ou não.

Matteo aproximou-se dos dois e falou:

– Sem papai aqui, nada mais será como antes.

Mássimo se inflamou com o comentário. Em um segundo voltou a ser o que era: a imagem e semelhança do pai recém-falecido:

– Como pode saber, Matteo? É visionário, por acaso?

– Calma, maninho, foi apenas força de expressão.

– Papai me ensinou tudo para que quando partisse eu o substituísse à altura e é o que vou fazer.

Matteo não tinha dúvidas quanto àquilo, aliás, ninguém dali tinha, nem a própria Florisbela.

Capítulo 36

Assombro

Nos dias que se seguiram, os cristais da casa-grande dos Corridoni, misteriosamente começaram a se partir de um dia para o outro para espanto de todos. A escrava fez um alerta à patroa:

– Isso é coisa de espírito mau, sinhá.

Inaiá, olhos arregalados, voltou-se para ela como um raio:

– O quê?!

– Essa história de cristal quebrar no meio da noite é coisa de espírito mau. Sinal de que o espírito de um morto ronda a casa. Pode ser o do falecido.

Inaiá, inesperadamente, riu para a surpresa da negra e dela própria.

– Pois que ronde – respondeu Inaiá, entre risos. – Quebre todos os cristais, o que for. Compro outros e com o dinheiro dele.

Sua resposta também causou espanto em ambas.

– Sinhá, a senhora está bem?

– Pensando bem, Etelvina, nunca estive melhor. Ajude-me a levantar desta cama. Estou há tanto tempo aqui que minhas pernas estão fracas para me manter em pé.

– Será que a sinhá deve mesmo se levantar?

– Ajude-me, mulher, e feche essa matraca.

Com a ajuda da negra, Inaiá ficou em pé e, ainda que sentisse suas pernas bambas, arriscou um passo, depois outro e outro e logo estava andando de um lado para o outro do aposento.

– Sinhá, a senhora está andando, que maravilha!

A negra juntou as mãos em louvor.

– Sim, Etelvina. É uma maravilha.

Pensativa, completou:

– Sinto-me viva novamente.

– Como assim, sinhá? A sinhá nunca morreu.

Inaiá riu e explicou:

– Quis dizer que me sinto cheia de vida novamente. E isso é maravilhoso, pelo menos para mim.

Quando os filhos souberam da melhora da mãe, houve certa comoção. Inaiá abraçou as filhas e beijou-as com muito carinho. Quanto aos filhos, após um beijo, mirou cada um e disse, afiada:

– Sei que já contavam com a minha morte. Que a uma hora dessas o caixão já deve ter sido encomendado e só está no meu aguardo, mas, como veem, ainda estou bem sadia e não pretendo morrer tão cedo.

– O que é isso, mamãe? – foi Mássimo quem falou. – É com grande alegria que recebemos a notícia de sua melhora. Só não acho que deva abusar de sua saúde.

– Ninguém mais me diz o que devo fazer, Mássimo Corridoni. Ninguém mais!

Os cinco filhos acharam estranho o tom que a mãe usou, um tom de voz que nunca havia usado em toda vida.

Quando Inaiá se recolheu a seu quarto naquela noite, lembrou-se do que Etelvina havia lhe dito: "Essa história de cristal quebrar no meio da noite é coisa de espírito mau. Sinal de que o espírito de um morto ronda a casa. Pode ser o do falecido."

O mesmo sorriso sinistro daquela hora surgiu em seus lábios. Um sorriso que demorou um bocado a desaparecer. Quando seu rosto retomou a seriedade, ela voltou-se para um canto qualquer do quarto como se houvesse alguém ali, alguém em carne e osso, mas não havia vivalma, a olhos nus.

Porém, de certo modo, para ela, ele estava ali. O marido, em espírito. E ainda que sua mente a lembrasse de que ele não poderia estar ali, pois estava morto e, os mortos não perambulam por entre os vivos, e que a uma hora daquelas Roberto Corridoni deveria estar no inferno que era seu lugar de direito, pelos pecados que cometera, ainda assim, ela o sentia presente. Talvez porque quisesse senti-lo ali. Para ficar face a face com ele, peitá-lo com o olhar como nunca teve coragem de fazer em vida e dizer-lhe o que há muito estava entalado na sua garganta:

– Diga-me, Roberto Corridoni! Que moral você tinha para criticar seu pai se fez igualzinho a ele?

Outro riso sinistro escapou-lhe pelo canto direito da boca. Ela foi em frente, destemida:

– Hipócrita! Como você foi hipócrita!

Novo riso.

– Agora preste bem atenção em mim, Roberto. Observe-me por inteira e veja como estou. Nunca me senti tão bem em toda a minha vida.

Ela tornou a rir sinistramente e continuou:

– Agora sei que o meu mal era você. V-o-c-ê que eu tanto amei! Para quem me entreguei por inteira em quem acreditei ser o homem que me faria feliz, feliz – ela tornou a rir, um riso triste dessa vez – mas você só me fez infeliz... uma mulher infeliz como muitos da sua raça fizeram com suas esposas. Tratando cada uma delas feito um capacho para limpar as botinas sujas de barro e esterco. Você foi mau, muito mau, como muitos da sua laia. Homens que pensam que gostam da mulher, mas no íntimo as desprezam, tratam como mero objeto...

O riso tornou a soar triste:

– Eu que tanto afeto lhe dei, que suportei seu mau humor, suas grosserias... Você nunca soube me amar como eu deveria ser amada. Como eu merecia ser amada... Nunca!

Ela suspirou e enxugou a lágrima que vazou de seu olho direito.

– Mas não acabou! – prosseguiu, austera. – Não pense que acabou. Você pode ter sobrevivido à morte, mas nesse mundo daqui você não tem mais poder. Agora eu estou livre para fazer o que bem entender da minha vida.

O riso voltou a ser sinistro.

– Aguarde-me Roberto Corridoni, aguarde-me!

Nisso ouviu-se um toque na porta. Inaiá, ligeiramente assustada, respondeu:

– Quem é?

– Sou eu, mamãe – respondeu Florisbela.

– Ah, sim, minha querida. Entre.

Florisbela entrou no aposento, examinando o local.

– Mamãe, estava, por acaso, falando sozinha?

– Não, filhinha – respondeu Inaiá, abrandando a voz – falava com os anjos...

Os olhos da filha se iluminaram e se arregalaram quando a mãe corrigiu a si mesma:

– Não, espere, falava mesmo era com os demônios.

– Demônios?

– Um demônio em particular, seu pai.

– Papai, um demônio?!

– Não finja espanto, Florisbela, por favor. Sei que sabe muito bem quem era seu pai no íntimo. Um lobo em pele de cordeiro.

– Infelizmente eu sei, mamãe. Infelizmente.

Prestando melhor atenção ao semblante da mãe, Florisbela comentou:

– A senhora me parece tão melhor agora.

– Estou mesmo me sentindo bem melhor. É como se tivessem aberto as portas do curral e me deixado escapar, eu, uma fera, livre, novamente livre para correr por aí por onde eu bem quiser.

– A senhora se sentia oprimida com o papai ao seu lado, não?

– Não só eu, filha. A maioria das mulheres se sente assim, porque o homem tende a se tornar bronco e grosseiro com o tempo, um verdadeiro carrasco para com sua esposa e nós, mulheres, não podemos nos rebelar porque dependemos deles para nos sustentar. Deus queira que essa condição da mulher um dia mude.

– Deus queira.

– Ocorreu-me agora que nós, mulheres, a maioria, pelo menos, somos como escravas, escravas que vivem com mais dignidade, com certeza, mas ainda assim, escravas, pois estamos algemadas aos maridos; deles não podemos nos libertar porque se fizermos, não teremos como nos sustentar. Somos escravas brancas cuja alforria só se recebe quando o marido morre. Como é sempre a mulher quem morre primeiro, então...

– Com a senhora foi diferente...

– Sim, Florisbela comigo foi diferente. Seu pai morreu antes de mim. Eu quase morri antes dele e acredito que ele, intimamente, rogou por isso, para poder ficar livre para viver com sua amante, mas, por sorte, porque Deus quis, sei lá, eu sobrevivi. E isso é maravilhoso, pelo menos para mim!

– A senhora acha mesmo que o papai chegou a desejar a morte da senhora para...

– Tanto ele quanto ela.

– A senhora diz...

– A amante! Sim, ela mesma! Com a minha morte ela teria a oportunidade de deixar de ser uma simples amante.

– Mas é horrível saber que alguém deseja a morte do outro para se beneficiar...

– É humano, Florisbela. O homem é assim. Sempre visando a seu interesse próprio em primeiro lugar.

– Que horror!

– Sim, um horror. Mas agora quero que faça algo por mim.

– O que a senhora me pedir.

– Quero que vá a Santa Mariana e traga aquela família para cá. Para passarem um dia comigo, é um convite meu.

– Família?! A senhora se refere...

– Aos próprios. Os Nunnari.

– Mas mamãe, o papai odiaria se soubesse...

A mãe não deixou a filha terminar a frase:

– É exatamente por isso que os quero aqui. Especialmente Liberata Nunnari.

– A senhora acha mesmo que deve?

– Sim, faça isso, por favor.

A filha assentiu e depois do boa-noite, quando já se retirava do quarto, parou diante da porta, voltou-se para trás e perguntou:

– Será que ela já sabe de sua morte?

– Seu pai era um homem bastante conhecido na região. A uma hora dessas, com certeza, já devem estar sabendo.

– A senhora não acha que deveria esperar pelo menos mais alguns dias? O papai morreu há menos de duas semanas.

– Não espero mais nenhum minuto para fazer nada por ele, Florisbela... Nem mais um minuto.

Um olhar esquisito apareceu no rosto de Inaiá.

– Você não vai me julgar?

Florisbela olhou para a mãe e soltou uma exclamação:

312

– Quem sou eu para julgar a senhora, mamãe? A senhora, para falar a verdade, aguentou o papai por demais.

– Você acha mesmo? – disse após pensar um pouco.

– Sim, mamãe. Acho que sim.

Inaiá sentiu-se menos culpada diante da observação da filha.

Florisbela partiu atrás da família Nunnari na manhã do dia seguinte. Tanto Umbelina quanto Liberata ficaram surpresas com sua visita e, especialmente, com o seu convite. Depois de conversarem com seus maridos e a mãe, as duas responderam que iriam até lá. Glória e Idausina também foram convidadas.

Glória voltou-se para a irmã e perguntou:

– Acha mesmo que devemos ir àquela fazenda depois de tudo o que você passou naquele lugar?

– Sim, Glória. Não se esqueça de que foi Dona Inaiá quem conseguiu minha liberdade. Sem ela eu ainda estaria nas mãos daquele Senhor Corridoni. Poderia já estar morta a uma hora dessas.

– Nem me diga.

Houve uma breve pausa até que Glória perguntasse à irmã:

– E então, vamos?

Idausina respondeu com um meio sorriso:

– Vamos, sim! Nada melhor do que encarar o que tanto nos traumatizou de cabeça erguida.

– É assim que se fala, maninha.

As duas se abraçaram.

Inaiá recebeu todos em sua casa, em grande estilo. Compareceram, Gianluza e Idausina, Liberata e o filho Gianni, Umbelina e a filha Elaine, Glória e o neto Maurizio. Quem diria que o pequeno Maurizio, que fora Maurizio Nunnari na vida anterior, estaria ali, na casa que Roberto Corridoni tinha como uma fortaleza? O mesmo que Roberto deixou de estender a mão quando mais precisou.

– É um prazer ter vocês aqui. Agora sim, posso recebê-los em minha casa como se deve – explicou Inaiá, esbanjando simpatia. – Quis fazer isso antes, mas Roberto, meu finado marido, não me permitia, vocês sabem.

– Meus pêsames pela sua morte – falou Gianluza acompanhada das filhas, noras e netos.

313

– Obrigada.

A seguir, Inaiá se pôs a falar de Margarita, sua sogra, do seu significado para ela e o quanto ela se importou com todos eles, os Nunnari, arrependida também pelo que Roberto a forçara a fazer. Nesse ínterim, Idausina reviu Etelvina, escrava de quem fora muito amiga e confidente, com quem trocou um forte e demorado abraço.

Quando Mássimo, Homero e Matteo chegaram à casa e viram um verdadeiro banquete sobre a mesa posta, rodeada por aquelas mulheres, Mássimo falou:

– O que está acontecendo aqui, mamãe?

– Cadê sua educação, Mássimo? Não vai cumprimentar as senhoras?

Só então ele percebeu quem era a negra sentada à mesa.

– O que essa escrava está fazendo sentada a nossa mesa?

A resposta partiu da própria Idausina:

– Não sou mais escrava, meu senhor. Sou livre.

– Ainda assim é uma negra!

Inaiá interveio:

– Cale-se, Mássimo.

– Calo-me não, mamãe! Esta casa é minha!

– Enquanto eu ainda estiver viva, esta casa me pertence e exijo respeito dentro dela e diante dos meus convidados.

– Convidados?! A senhora convidou essa gente?! A senhora sabe que o papai...

– Seu pai agora está morto, Mássimo. Morto e enterrado. Esqueceu-se?

Mássimo voltou-se para Homero e Matteo, mas nenhum ousou dizer alguma coisa. Florisbela adorou o estado patético em que os três irmãos ficaram, especialmente Mássimo e Homero, que eram os mais turrões.

Assim que os três partiram, Inaiá pediu desculpas a todos pela inconveniente interrupção. E quando voltaram a se acomodar na sala novamente foi que ela pediu desculpas a Idausina pelo que fez direta e indiretamente a Madalena.

– Eu só quis proteger meu marido, Idausina.

– Eu sei, Dona Inaiá.

314

— Atirei sem medir as consequências. Estava tão nervosa que jamais pensei que o tiro mataria Madalena. Foi um horror para mim descobrir que a havia matado. Jamais pensei em matar alguém em toda a vida, mesmo para proteger alguém ou a mim mesma e, no entanto...

— A senhora não precisa se explicar, eu entendo perfeitamente o que houve. Foi uma fatalidade.

— Mas eu não queria que aquilo tivesse acontecido. Madalena não merecia. Ela já sofrera por demais. Por isso quero lhe pedir perdão como se você, por ela, pudesse me perdoar.

— Conhecendo bem Madalena, tenho a certeza de que ela lhe perdoaria, Dona Inaiá.

— Você acha mesmo?

— Sim, acredite.

Inaiá assentiu, deixando escorrer novas lágrimas. A seguir, Idausina pediu a ela que lhe permitisse visitar a senzala, pedido que foi atendido prontamente. Assim, Idausina pôde rever os amigos que fizera ali, os que ainda se mantinham vivos desde que ela deixara de ser propriedade de Roberto Corridoni. Foi só então que ela soube que o maldoso capataz havia cometido suicídio após descobrir que Madalena havia sido morta acidentalmente pela patroa. A dor que sentiu pela sua morte foi insuportável, dor originada do afeto que tinha pela escrava, algo que até então até ele desconhecia.

Quando a visita teve fim, abraços e lágrimas foram trocados na despedida. Assim que a carruagem tomou o caminho de volta a Santa Mariana, Gianluza comentou com as filhas:

— Quem diria que um dia nós seríamos recebidas desta forma na casa que fora de Roberto Corridoni?

Umbelina, com certo desdém, comentou:

— Só queria ver a cara dele se pudesse nos ver do inferno que é onde deve estar agora. Arderia ainda mais de ódio pelo seu fim tão trágico.

— Arder ainda mais... – murmurou Liberata com bom humor. – Quando e onde é possível arder ainda mais em meio às labaredas do inferno?

Umbelina levou pelo menos um minuto para rir da observação pertinente da irmã.

315

Naquela noite, Gabriela, ainda que menina, consolou o pai. Mássimo estava fulo da vida pelo que a mãe havia feito naquele dia. Diante de sua revolta, Sílvia comentou:

– Sua mãe deve ter perdido definitivamente o juízo. Só pode.

– Pois eu também penso assim, Sílvia. É duro para um filho admitir, mas minha mãe está gagá.

Gabriela continuou acariciando a mão do pai a quem tanto amava.

Quando Inaiá se recolheu a seus aposentos naquele final de noite, voltou a falar com marido:

– Se os cristais da casa estão sendo mesmo quebrados por você, Roberto, então você deve estar me vendo. Pois bem, quero que assista, sem perder nenhum detalhe, tudo o que estou fazendo, e se contorça de ódio pelo que vê.

Ela suspirou pesado e acrescentou:

– Só uma coisa para mim não faz sentido: se seu lugar é no inferno, por que ainda não foi para lá?

Ela falava com ódio, profundo ódio que a fazia palpitar e tremer.

– Deus não pode ter tido piedade de sua alma imunda. Não pode!

Inaiá voltou-se para Deus e desabafou:

– Pode ser pecado dizer uma coisa dessas, mas... encarei a morte de Roberto com grande alívio. Não suportava mais encará-lo, tampouco me deitar ao seu lado, sabendo que dormia com outra, pondo-me em risco de contrair uma doença venérea...

Agitou os cílios em direção a imagem de Deus projetada em sua cabeça. Só não sabia que Florisbela estava ali perto, podendo ouvir tudo às claras.

Ao ver a filha, Inaiá ficou alarmada, perdeu a fala, os olhos avermelharam-se de desespero e vergonha.

– V-você... – murmurou ela –, você ouviu o que eu disse, não ouviu?

O simples espasmo nos olhos da jovem responderam que "sim".

– Oh, filha, você deve me achar uma pessoa horrível, não? Uma esposa desnaturada?

Florisbela demorou para responder, mas quando o fez foi com grande ênfase:

– Não a culpo não, mamãe. Não, mesmo!

Os olhos da mãe piscaram, inundando-se d'água. A jovem continuou, enérgica:

– Papai poderia ter deixado saudade como marido e até mesmo como pai. Mas ele não se esforçou nem um bocado para que isso acontecesse. Nem um bocado.

Após um momento de hesitação, Inaiá concordou.

Ao avistar um maço de rosas murchas sobre a cômoda, Florisbela fez menção de perguntar o porquê delas ali. Inaiá antecipou a resposta antes mesmo da pergunta ter sido feita:

– É para levar para o cemitério, para pôr sobre o túmulo do seu pai.

Diante da expressão de surpresa e choque no rosto da filha, Inaiá explicou:

– Seria uma pena depositar flores tão lindas e cheias de vida para serem queimadas no inferno que é onde, com certeza, ele se encontra agora. Não acha?

Florisbela conteve o riso súbito que aflorou em seus lábios, mas logo gargalhou como há muito não fazia. Inaiá acabou rindo com ela, rindo a ponto de se chacoalhar inteira.

Capítulo 37

Flores mortas...

Quando o sol raiou forte e bonito sobre a cidade, Inaiá foi finalmente visitar o túmulo do marido. Etelvina a acompanhou. Antes de deixar a casa, a viúva pegou todas as flores murchas de dentro dos vasos que havia em sua morada e as levou consigo para depositá-las sobre o túmulo do falecido.

– Você não pensou que receberia outro tipo de flor, pensou? – disse ela diante do local. – Mas seus espinhos ainda estão todos intactos e eles devem alegrá-lo mais do que as flores porque você era um deles. Um em forma de gente. Um espinho para ferir qualquer um que ousasse tocá-lo.

Etelvina e o escravo cocheiro se entreolharam, baixaram a cabeça e se afastaram do local, deixando a sinhá a sós com seu desabafo.

– Podia ter sido tudo tão diferente entre nós dois, Roberto – continuou Inaiá. – Tudo... Eu e você com nossos filhos, nossa casa, felizes! Pena que você não me amou como eu o amei. Que pena que a vida é tão curta, se fosse mais extensa, quem sabe, nós teríamos a chance de nos entender, descobrir que podemos ser amáveis uns para com os outros. Que pena que a vida é uma só, deveria ser várias para que tivéssemos a chance de poder viver o que não pudemos, por uma questão de espaço e tempo. Por sua ignorância, suas grosserias, sua estupidez e sua insensatez.

Ah, Roberto eu o amei tanto que muitas vezes esqueci-me de mim. Amei tanto, tanto, tanto que cheguei até a me perder de mim. Virei uma ilha deserta, solitária e infeliz... Quantas vezes eu desejei que o sol trouxesse alguma novidade para o nosso convívio, uma luz que espantasse a escuridão do seu coração... Que a noite derramasse o seu luar sobre sua alma, deixando-o mais bonito e mais sereno... Que pena...

Ela suspirou, voltou-se para trás e disse:

– Vamos embora, Etelvina.

– Sim, sinhá.

– A vida é muito curta para desperdiçarmos num lugar tão triste como este.

– A sinhá está certa.

Assim as duas partiram, seguidas pelo escravo cocheiro. Assim que se foram, o lugar tornou a ficar vazio. Vazio como o túmulo onde o grande e poderoso, genioso e impiedoso Roberto Corridoni estava sepultado. Toda sua glória, poder e dinheiro, tudo, enfim, que conquistou, fazia agora apenas parte de um passado que cercava aquelas terras onde pessoas e mais pessoas viviam e viriam a reencarnar.

No domingo seguinte...

Todos haviam acabado de almoçar, já haviam deixado a mesa, encontravam-se na sala, tomando um licor, quando Etelvina, a escrava de confiança de Inaiá, apareceu e pediu permissão para falar:

– Sinhá há um rapaz aí querendo falar com a senhora.

– Comigo? Eu o conheço? Já esteve aqui antes?

– Que eu me lembre, não, sinhá.

Mássimo agiu:

– Pode deixar, mamãe, que eu falo com ele.

– Não, Mássimo. Eu mesma falarei. Mande-o entrar.

Assim fez a escrava. Minutos depois, Mariano Damasceno entrou no aposento. Trazia o chapéu na mão, o qual torcia sem se dar conta. Estava visivelmente nervoso.

– Boa tarde – ele cumprimentou todos num tom inseguro.

Apenas Inaiá respondeu:

– Boa tarde. Quem é você, o que o traz aqui?

O rapaz achou melhor ir direto ao assunto, sem floreios. Limpou a garganta e se apresentou:

– Sou Mariano Damasceno.

Logo notou que aquele nome não significava nada para ela. Depois de quase um minuto em silêncio, à espera de que um dos membros da família, pelo menos um deles, dissesse alguma coisa, Mariano explicou:

– Sou filho de Roberto Corridoni com Gorete Damasceno.

O espanto foi notável. A expressão do rosto de Homero e de Matteo se alterou gravemente.

– Mas que petulância – inflamou-se Homero – vir aqui, assim...

Matteo opinou:

– Você se diz filho do meu pai, mas como podemos saber se isso é verdade?

Homero concordou:

– É isso mesmo! Como?!

Não era preciso provar nada, Mariano era o pai cuspido e escarrado. De todos, era o que mais se assemelhava a ele. Ainda assim, muito humildemente, Mariano respondeu:

– Sei que sou filho dele pela palavra de minha mãe...

Mássimo o interrompeu mais uma vez:

– Palavra de sua mãe?! E o que vale a palavra de sua mãe?! Uma mulher da vida!

– Minha mãe não é uma mulher da vida.

– Pois amante e mulher da vida são a mesma coisa para mim! Em termos de caráter, não têm nenhum. Se fosse uma mulher direita, jamais teria se envolvido com um homem casado. Mesmo sabendo que meu pai era casado, ela se deitou com ele e gerou você.

Empunhando o dedo na direção do rapaz, Mássimo completou:

– Você não passa de um filho bastardo. Nada além de um filho bastardo!

– Ainda assim, sou filho de Roberto Corridoni.

– Isso ninguém nunca vai conseguir provar.

Nova agitação na sala e então Inaiá tomou a palavra:

– O que o traz aqui, meu rapaz?

Ele tornou a limpar a garganta e falou, procurando manter a voz firme:

– Venho procurá-los para lhes dizer que meu pai estava disposto a me reconhecer como filho, digo, de papel passado e, assim, deixar algum dinheiro para mim.

Mássimo interrompeu o jovem novamente com uma risada, propriamente uma gargalhada dessa vez:

– Dinheiro, dinheiro, dinheiro... É por isso que você veio, então? Acreditou mesmo que conseguiria tirar algum de nós? Por acaso está escrito aqui na nossa testa "Otários"?

– Mas meu pai falou... Verifiquem a documentação... ele deve ter deixado algum documento, provando que sou seu filho e que herdei algum dinheiro. Não quero muito, só um tanto que dê para comprar uma casa para minha mãe e eu morarmos.

Inaiá voltou a falar:

– Eu nada sei a respeito e nada posso fazer por você. Fui obrigada a assinar documentos a mando de meu marido quando eu estava entre a vida e a morte, talvez um deles...

Mássimo interrompeu a mãe:

– Eu vivia praticamente as 24 horas do dia ao lado do meu pai e ele nunca mencionou o desejo de deixar algo para você! Nunca! Ainda que você seja filho dele, você nasceu contra a sua vontade, é um filho bastardo! E filho bastardo é bastardo, herança é somente para os filhos legítimos.

A decepção no rosto do rapaz era notável. Homero falou:

– Agora, pare de nos aborrecer com essa ladainha.

O queixo de Mariano tremia, parecia que ia chorar.

– Vai chorar, bebê? – zombou Mássimo, rindo.

Sílvia, esposa de Mássimo, Homero e sua esposa Giselle, também riram com ele. Catrina, esposa de Matteo também zombou do rapaz com uma risadinha de escárnio.

– Eu... só queria justiça – balbuciou o jovem.

Mássimo se inflamou:

– Quer justiça, é? Vou lhe fazer justiça.

Ao seu sinal, Homero pegou o rapaz por um braço e Mássimo pelo outro e o arrastaram para fora da casa-grande. Quando lá, o empurram até cair ao chão. Curvando-se sobre o moço, pondo o dedo indicador diante do seu nariz, Mássimo falou com todas as letras:

– Nunca mais ponha os pés aqui! Nem repita por aí que é filho de Roberto Corridoni. Está ouvindo?

– Você pode dizer o que quiser... – defendeu-se Mariano. – Pode até me ameaçar de morte, ainda assim, sou filho de Roberto Corridoni.

Mássimo o pegou pelo colarinho e bramiu:

– Feche essa boca! Feche, agora, antes que eu chame um escravo, um dos mais fortes, para esmurrá-lo e arrebentar todos os seus dentes.

O rapaz tremeu visivelmente diante da ameaça.

– Deixe-o, Mássimo – sugeriu Homero. – Antes que ele borre as calças de medo. Esse aí já aprendeu a lição, nunca mais há de nos afrontar.

– Acho bom mesmo.

Mariano Damasceno deixou a fazenda Corridoni trêmulo. A expressão "partiu com o rabo entre as pernas" é a melhor para descrever sua retirada.

Assim que Mássimo e Homero voltaram para dentro da casa, a família se manteve reunida na sala.

– Esse pirralho não nos dará mais problemas – informou Homero, juntando-se à esposa.

Florisbela quis defender o meio-irmão, mas mudou de ideia ao se lembrar do quanto sua mãe, a amante de Roberto, fez Inaiá, sua mãe, sofrer, levando-a quase à morte. Desejando, acreditava ela, que morresse para ocupar seu lugar. Por isso ela se manteve quieta diante de tudo aquilo.

Cecília também se manteve em silêncio, pois se ela nada herdara do pai não era justo que um filho bastardo herdasse alguma coisa.

Inaiá também teve pena do rapaz, mas conteve-se, o que favorecesse a ele favoreceria certamente a sua mãe, a amante, a quem ela tanto odiou por tê-la feito sofrer, levando-a quase à morte de tanto desgosto.

– Será que o pai... – começou Matteo, medindo bem as palavras.

Todos olharam para ele com atenção.

– Será que o pai não deixou mesmo nada para esse... moço?

Foi Mássimo quem respondeu:

– Não, pode ficar tranquilo.

– Como sabe?

– Porque eu sei, acredite, eu sei!

E Mássimo sabia mesmo. Providenciara para que o advogado não conseguisse chegar à fazenda para atender ao pedido do pai. Para ele, aquele fora o único momento, em toda vida, que Roberto transpareceu insanidade. Afinal,

322

onde já se viu querer deixar uma parte de sua fortuna para um filho bastardo? Um filho que mal conheceu por viver distante dele?

Quando Mariano chegou a sua casa, Gorete percebeu de imediato que algo havia lhe acontecido. Seu rosto estava transfigurado e a roupa suja e amassada.

– O que houve? – agitou-se ela ao seu redor.

Mariano contou o que fez e toda a humilhação que passou na frente da família Corridoni.

– Oh, meu querido... Meu amado...

A mãe abraçou o filho e o consolou em seu peito. Ele então chorou, chorou como uma criança desesperada.

– Eu sinto muito, Mariano – desculpou-se a mãe, também vertendo lágrimas. – Peço-lhe perdão por ter-lhe dado uma vida dessas. Por tê-lo trazido ao mundo por meio de um amante. Eu jamais deveria ter feito uma coisa dessas... Eu sinto muito, meu querido. Muito mesmo.

Mariano, subitamente se desvencilhou dos braços da mãe, olhou bem para ela e falou, revoltado:

– Isso que eu passei nas mãos daquela família e estou condenado a passar pelo resto de minha vida é uma punição pelo pecado da carne, minha mãe. Pela senhora ter sido amante... amante de um homem casado. Onde já se viu fazer uma coisa dessas?

– Mariano, não se revolte contra mim, por favor!

– Como não me revoltar?! Eu nunca poderei ser reconhecido como um homem íntegro.

A mãe, quase ajoelhando-se ao seus pés, falou:

– Perdoa-me, eu lhe imploro. Errei sim, quem nunca errou?

O filho voltou-se para a parede e deu socos nela com o punho fechado.

– Que ódio! – gritou. – Que ódio eu fiquei daquela gente!

– Perdão, Mariano. Perdoa a esta mãe que só lhe quis bem.

O rapaz manteve-se caladão, meio minuto depois, apanhou seu chapéu e saiu. Gorete correu atrás dele:

– Você está todo amassado.

– O que importa? Já nasci todo amassado.

323

Gorete ficou a chorar enquanto observava o filho seguindo, apressado, pela rua de chão batido. Ela temeu que ele bebesse na taberna para afogar suas mágoas, como muitos faziam. Pensou em ir até lá para impedi-lo, mas não ficaria bem, seria uma vergonha para ele. O jeito foi procurar se acalmar por meio de uma oração.

Duas horas depois, Mariano voltava para a casa.

– Filho! – alegrou-se Gorete, ao vê-lo entrando. – Que bom que você voltou!

Ele, com os olhos vermelhos, quase transbordantes d´água, olhou-a e falou:

– Eu estava nervoso, mamãe. Estou arrependido do que lhe disse e peço-lhe desculpas.

A mãe, entre lágrimas, falou:

– Pois eu lhe perdoo, filho. É lógico que eu lhe perdoo.

Ela abriu os braços, convidando o rapaz para um abraço e quando ele aceitou, ambos choraram um no ombro do outro.

– Num caso como o nosso – desabafou Gorete, minutos depois –, a sociedade só vê um lado, o da esposa traída, jamais o da amante.

Mariano procurou consolar a mãe, adensando o abraço.

Foi na segunda-feira, ao cair da tarde, que Florisbela foi até o quarto da mãe convidá-la para um passeio.

– Venha, mamãe – disse, estendendo-lhe a mão. – Vamos dar uma volta pelos arredores da casa, onde há ar puro e vida pulsante.

A mãe agarrou firme a mão da filha e disse:

– Sim, Florisbela, vamos! A vida é muito curta para desperdiçarmos com amarguras.

Foi nessa hora, enquanto as duas caminhavam ao redor do casarão, que Inaiá soube do triste destino que Roberto havia reservado para a filha caçula.

– E quanto a sua casa, Florisbela, a que seu pai lhe deixou de herança? Você nada me falou sobre ela. Pouco comentou. Na verdade não fez até hoje comentário algum a respeito, pelo menos comigo. Onde fica a casa?

– Depois falamos a respeito, mamãe. Vamos ver como anda o jantar. Parece-me que Etelvina vai fazer rabanada e a senhora sabe que eu adoro rabanada.

Achando estranho o comportamento da filha, Inaiá perguntou:

— Você está me escondendo alguma coisa, Florisbela?

— Eu?! Não, mamãe, é lógico que não!

— Está sim, posso ver por meio do seu olhar. O que é?

— Não é nada...

— Florisbela, por favor.

A jovem não queria contar à mãe que fora deserdada, a notícia deixaria Inaiá abalada novamente, a ponto de remetê-la outra vez à cama. Diante da sua insistência não houve outro jeito senão expor a verdade.

Inaiá, boquiaberta, indignou-se:

— Quer dizer que seu pai não lhe deixou sequer uma casa de herança?

— Não. Mas eu não me importo.

— Como não? Você tem um futuro pela frente, sem casa vai viver aonde?

— Para tudo se dá um jeito, mamãe! Só para a morte que não!

— Isso não está certo.

— Não se amofine por isso.

— Como não me amofinar?!

O clima pesou entre elas. Houve uma longa pausa até que Inaiá perguntasse:

— Por que ele a deserdou, Florisbela? Deve ter tido um bom motivo para isso. O que foi? Abra-se comigo. Sou sua mãe, vamos!

— Foi depois que eu descobri que ele tinha uma amante e um filho com ela e lhe disse poucas e boas. De raiva, ele decidiu não me deixar de herança sequer a casa que prometeu para cada filha. Chamou Mássimo até aqui na mesma noite para testemunhar sua decisão. Mas eu não me importo. Se o preço para dizer a ele tudo o que estava entalado aqui na minha garganta era uma casa, paguei um preço justo. Justíssimo!

— Quer dizer que você enfrentou seu pai?

— Enfrentei e o enfrentaria de novo se fosse preciso; não sou de me calar diante do que é errado.

Inaiá, admirando ainda mais a filha, disse:

— Isso não vai ficar assim. Vou falar com seus irmãos e uma casa pelo menos você há de herdar. Se eu não tivesse assinado aqueles malditos papéis... Mas seu pai me obrigou, você sabe como ele era.

— Se sei.

Naquela mesma hora, Inaiá Corridoni mandou chamar os filhos. O recado dizia que queria cada um deles presente à noite para dirimir um assunto de extrema urgência. Mássimo e Homero ficaram empertigados, Matteo, por sua vez, nem tanto, ao contrário de Catrina, sua esposa, que fez questão de ir à reunião na companhia do marido por receio de que o fizessem de bobo com relação a alguma coisa. A personalidade de Catrina era forte, bem diferente de Matteo que para ela, depois de casados, descobriu que não passava de um bonachão.

Assim que chegaram a sua fazenda, Inaiá foi direto ao assunto.

– Portanto, é mais do que justo que Florisbela receba a casa que lhe foi prometida.

Os filhos se entreolharam enquanto a nora mediu Inaiá da cabeça aos pés, com desdém.

– O que me dizem?

Catrina, esposa de Matteo, tomou a palavra:

– Minha sogra, devo lembrá-la de que não se deve...

Ela não foi além disso, Inaiá não lhe permitiu. Encobriu sua fala dizendo, austera:

– A pergunta foi dirigida aos meus filhos, Catrina, não a você!

– Mas sou esposa de Matteo – defendeu-se a moça.

– Pois para mim você não apita nada. Aquiete-se, por favor.

Catrina quis simplesmente subir pelas paredes feito uma lagartixa ensandecida. Voltando-se para os filhos, Inaiá repetiu a pergunta:

– Então, meus filhos, o que me dizem? É ou não é mais do que justo que Florisbela receba a casa que lhe foi prometida?

Dessa vez foi Mássimo quem tomou a palavra:

– Sou da opinião, minha mãe, que se o papai não queria deixar para ela uma casa de herança...

– Uma simples casa... – acrescentou Inaiá.

– Sim, uma simples casa, seu desejo não deve ser desfeito. Deve ser cumprido até o final.

– Não posso estar ouvindo direito, Mássimo – horrorizou-se Inaiá. – O que é uma casa para vocês três que herdaram mais de mil alqueires de terra cada um, além de posses e dinheiro?

– A senhora não me leve a mal, mas eu não vou contrariar o papai. Ainda que esteja morto, vou respeitar sua decisão.

326

Homero também opinou:

– Estou com Mássimo, mamãe. Eu sinto muito.

Voltando-se para o irmão, ambos apanharam seus chapéus para partirem.

– E quanto a você, Matteo? – perguntou Inaiá a seguir.

Ele não teve a chance de responder, a esposa falou por ele:

– Matteo também seguirá o que o pai ordenou.

O moço tentou falar:

– Mas meu bem, uma casa de fato não seria muito...

Ela virou-se para ele como um raio.

– Shhh! – fez com um bico enorme. – Matteo... Matteo... Aqui quem apita sou eu!

Ao completar a frase lançou um olhar desafiador para a sogra. Sem mais, todos se levantaram e quando estavam para partir, Inaiá, lacrimosa, falou:

– Eu dei vida a todos vocês. Se não fosse por mim, nenhum de vocês estaria aqui a essa hora. Carreguei cada um em meu ventre por nove longos meses, sofri durante a gestação e durante o parto e, passei muitas noites sem dormir por causa do choro incessante de vocês, devido a uma cólica, prisão de ventre ou dor de ouvido. E ingratidão é o que essa mãe recebe em troca! Diante de um simples e único pedido. Sim, um simples e único pedido, pois jamais lhes pedi nada em toda a vida, recebo um não! É muito egoísmo da parte de vocês negar uma simples casa à irmã de vocês! Perto do que herdaram, uma casa modesta para vocês não passa de um cisco. Vocês são uns pobres miseráveis. Fazem com que eu tenha vergonha de ser mãe de vocês.

Eles foram saindo sem baixar a *crista*.

Inaiá tornou a falar, erguendo o tom:

– E só para lembrar, caso tenham se esquecido. Esse dinheiro também é meu.

Florisbela acudiu:

– Acalme-se mamãe, não se aborreça mais com isso.

Inaiá bufou. Era a expressão de decepção e de contrariedade em pessoa.

– Passamos poucas e boas para criar os filhos e só recebemos ingratidão no final de tudo. E tudo por causa do dinheiro, sempre por causa do maldito dinheiro! Ah, se eu não tivesse assinado aqueles papéis. Como fui estúpida!

– Não se amofine mais com isso, mamãe, por favor.

– O que vai ser de você, minha linda?

– Só Deus sabe...

– Oh, minha querida...

A mãe tomou a mão da filha e a beijou, externando seu carinho imenso por ela.

Desse dia em diante os filhos raramente apareciam na fazenda, foi como se tivessem esquecido a mãe, como se estivessem dispostos a pôr os pés ali somente para carregar seu caixão quando fosse a hora.

Era com Cecília e Florisbela que Inaiá passava as horas, ia à missa e recordava-se dos bons momentos que viveu. Dos netos, os mais próximos se tornaram Ofélia, filha de Cecília e Gabriela, filha de Mássimo e Sílvia. Gabriela sempre fora muito carinhosa para com a avó, apesar de Sílvia incutir na cabeça dos filhos que eles deveriam se dedicar mais aos seus pais e a Roberto enquanto vivo, obviamente por causa do poder que usufruía em vida.

É lógico que Inaiá chamou o advogado para conversar sobre o testamento, para ver se não podia mudá-lo, pelo menos o que lhe cabia a favor das filhas. O homem, entretanto, subornado por Mássimo, a convenceu de que nada mesmo podia ser feito com relação àquilo. Sendo Inaiá leiga no assunto, tanto ela quanto as filhas e a maioria das mulheres naquela época, deram-se por vencidas.

Restou a Inaiá rezar para que Florisbela encontrasse um homem digno que tivesse interesse em desposá-la e rápido, pois depois dos vinte anos de idade, uma mulher, nessa época, já era considerada velha para se casar.

Certa manhã de domingo, ao reencontrar os filhos na missa, Inaiá aproximou-se e disse com pesar:

– De que adianta virem à igreja todos os domingos, comungar, ouvirem o sermão do padre, se longe daqui continuam sendo egoístas e miseráveis? Quanta hipocrisia!

Diante dos achaques da mãe, a esposa de cada um dos homens puxava o marido para o lado, apressando a saída da igreja. Elas acreditavam piamente agora que sogra era realmente o que já se falava há muito tempo: um tormento na vida de qualquer nora!

Pelo visto, muita coisa do século dezenove não era diferente de agora.

Capítulo 38

Um novo amanhã

No ano seguinte à morte de Roberto, ou seja, 1823, Gianni Nunnari Barcelos, filho de Liberata e Silas Barcelos, reencarnação do próprio Gianni Nunnari, pai de Liberata, Umbelina e Maurizio Greco Nunnari, que fora na sua última reencarnação marido de Gianluza, casou-se. O rapaz tinha apenas 19 anos nessa época e a jovem escolhida para ser sua esposa chamava-se Romilda. Uma jovem alta, bonita, de certa elegância, com o cabelo bem escovado e brilhante, bonito, de modos calmos e eficientes.

Logo o casal teve seu primeiro filho (1824), uma menina, e por sugestão da árvore genealógica da família, Gianni decidiu batizar o bebê com o nome de Chiara. Em homenagem à bisavó. O que nem ele nem ninguém sabia é que Chiara era a reencarnação da própria Chiara Nunnari que outrora fora sua mãe e agora reencarnava como sua filha para que juntos pudessem viver o que não puderam viver na vida passada, por Gianni ter desencarnado subitamente enquanto atravessava os mares para ir tentar a vida no Brasil, no ano de 1793. O porquê da vida tê-los unido novamente é muito fácil de se compreender. Por que ambos queriam muito viver esse reencontro na Terra.

No ano seguinte (1825) Gianni e Romilda tiveram outra menina que foi batizada com o nome de Filomena em homenagem ao bisavô de Gianni. Filomena era a reencarnação de Filomeno Nunnari que fora pai de Gianni e, agora, reencarnava como sua filha e irmã de Chiara que na vida passada fora sua esposa. Como irmãs podiam continuar lado a lado, desfrutando do amor que os uniu

329

outrora. Só que dessa vez, um amor vindo à tona por um elo diferente como acontece com todos nós por meio das reencarnações.

Em relação à reencarnação de Filomeno Nunnari como mulher, quando se relata algo do tipo, muitas pessoas ficam indignadas, acreditando que para um homem, um machão, especialmente, deve ser terrível ter de reencarnar como mulher, mas a verdade do espírito, segundo o Espírito da Verdade é uma só: vamos reencarnar como mulher, homem, gay, preto, branco, índio, mulato, mulçumano, brasileiro, nordestino, carioca, rico, pobre, de todas as formas porque só provando a vida por diversos ângulos se podem conhecer a VIDA profundamente, a si mesmo na vida, como espírito e seu poder dentro dela, e o mais importante: compreender que todo e qualquer tipo de racismo e preconceito é uma tremenda besteira, a prova mais concreta de mediocridade e ignorância.

"Ah, mas eu não quero, não quero, não quero reencarnar desse ou daquela forma!", alguém pode berrar, espernear, chorar e se descabelar, não importa, a vida continuará sendo para todos de todas as formas porque para saber viver de fato é preciso viver de todas as formas para compreender, considerar justa toda forma de ser e amar.

A única a perceber os elos espirituais foi Gianluza que, desde que viu seus bisnetos, teve a nítida sensação de que as crianças eram velhas conhecidas suas. Chegou a pensar se de fato não seriam elas próprias que de alguma forma haviam renascido, mas afastou de si tal pensamento, pois aquilo para ela e para todos era inconcebível, um desatino da mente, uma ilusão, uma quimera.

Mas por que Chiara e Filomeno não voltaram a reencarnar por meio de seus pais se, afinal, tal como eles se apegaram ao filho, certamente se apegaram aos pais. Aí é que está a diferença: nós nos unimos a quem muito, mas muito mesmo almejamos nos unir novamente. Em relação aos pais deles na vida passada, Chiara e Filomeno deram-se por satisfeitos pelo tempo que passaram lado a lado naquela reencarnação em questão.

Mas Chiara e Filomeno não haveriam de querer reencarnar ao lado dos parentes, primos, tios, tias, amigos, todos que conheceram na última reencarnação? Não há como juntar todos novamente no mesmo local e, na mesma condição, para que isso possa ser revivido.

Além do mais, nós aceitamos o tempo que nos é concedido ao lado dessas pessoas que logo, logo conseguimos superar suas mortes. Por isso que, ao reencarnamos, encontramos pessoas, em diferentes localizações e famílias, com quem nos identificamos e temos a sensação de sermos velhos conhecidos seus. Com essa gente formamos o que chamamos de amigos, a "família" que criamos e, com ela, muitas vezes, temos mais afinidade do que com os membros da nossa própria família de sangue.

Por isso que a vida atual, a que temos no momento na Terra, torna-se tão importante e deve ser respeitada, bem dirigida e valorizada, por cada um de nós, pois quando desencarnamos perdemos tudo que fazia parte dela no agora. Se não fosse assim, o ser humano pouco valorizaria o seu momento atual. Se não houvesse por que valorizar a vida daqui, não haveria o porquê de virmos para cá.

Em resumo, viver, reencarnar é como um intercâmbio em que você parte para um outro país onde estuda e faz novas amizades e quando volta perde o contato pelo menos com a maioria. Mesmo que volte para lá, sua experiência já será diferente da que viveu, pois cada um seguiu o rumo que achou melhor dar para a sua vida.

Lembrando o leitor que estamos falando de uma vida que se passa no início do século dezenove onde não se tinha conhecimento algum sobre o Espiritismo que explicava os processos de reencarnação.

Final de 1826, na fazenda Millenotti/Nunnari...
Quando Gianluza adoeceu, Liberata descobriu que a realidade tinha um rosto bonito, mas sempre encontrava uma forma de mostrar que seu rosto também poderia ser feio. E a morte era sempre o que a tornava indescritivelmente feia. Diante da cama onde Gianluza jazia, Liberata meditou em como era verdade que, quando morremos, é só a concha que nos resta. Toda a nossa personalidade viva, ardente e impulsiva desaparece, esvai-se como pó ao vento.

Diante dos olhos tristes da filha, Gianluza falou:

— O corpo padece, Liberata. A mente não. Ainda sinto que é a mesma de quando eu era muito jovem. Mas se me perguntarem se valeu a pena viver depois de tantos trancos e barrancos, respondo com sinceridade: sim, valeu! Valeu imensamente! Se a vida não fosse o que é, talvez não teria a graça que tem.

Gianluza suspirou e prosseguiu:

— Estava certo também quem disse que quando chega essa hora nos sentimos ansiosos por deixar este corpo tão gasto, tão envelhecido, tão inútil. Ansiamos por sermos libertados desse corpo que mais parece agora uma prisão para o espírito.

A italiana tornou a suspirar.

– Quando eu morrer, não chorem. Deem, na verdade, graças aos céus, por meu espírito ter se libertado desta prisão.

– Ainda assim, mamãe, não queríamos que partisse.

– Eu já vivi bastante, Liberata. Muito mais do que a estimativa de uma mulher atualmente. Sessenta e dois anos não são dez, nem vinte, são sessenta e dois anos.

Gianluza, voltou os olhos para a janela de onde podia avistar o céu e disse:

– Se errei, meu Deus, perdoa-me. Quem nunca errou? Quem nunca quis ser desejada, amada e feliz? Quem nunca se sentiu só e carente e, por isso, entregou-se a um amor, muitas vezes, insano e indecente? Sou humana... Não sou, nem nunca fui santa... Se fosse, talvez não estaria aqui... Não teria por que ter vindo parar na Terra.

Sou humana e todo ser humano é cheio de imperfeição assim como a vida segue em meio a imperfeições, abalos, surpresas que nos tiram do prumo e do sério, e que nos fazem, muitas vezes, nos perguntar se vale a pena viver, para que tudo isso...

Uma vida que por mais fé que tenhamos muitas vezes a fé parece não surtir efeito e, então, vem o desânimo, a sensação de estarmos sós e daí a necessidade de ter alguém do nosso lado para nos amparar e, por isso, nos entregamos a um amor insano e impróprio.

O que eu quero dizer com tudo isso, meu Deus, é que é muito difícil viver sem cometer erros, sem sentir desamparo, raiva, solidão e desespero. Que é muito difícil querer ser perfeito num mundo cuja perfeição é algo raro de se encontrar.

Por tudo isso eu lhe peço compreensão, pois o Senhor fez a vida e por tê-la feito, sabe o porquê deslizamos, cometemos faltas e, por compreender, pode nos conceder o perdão.

Por tudo isso eu lhe peço perdão, Senhor...

Gianluza tornou a suspirar, mirou os olhos da filha e com o que lhe restava de vida, falou:

– Obrigada, Liberata. Obrigada por ter sido minha filha, uma filha maravilhosa. Por ter me dado um neto lindo... Por ter me feito bem durante todos esses anos. Estenda meu agradecimento a sua irmã, a Glória, Idausina, Gianni, Giulio, a todos, enfim...

Ela tornou a suspirar e, então, seu espírito finalmente se desprendeu de seu corpo físico.

– Mamãe – choramingou Liberata curvando-se sobre o corpo de Gianluza.

Nisso, Gianni entrou no quarto e ao ver a avó morta, também achegou-se a ela, ajoelhando-se ao lado da cama e chorando convulsivamente sua perda.

Gianni tinha 22 anos de idade quando Gianluza cumpriu sua missão de vida, a missão que Deus lhe deu durante aquela reencarnação. Um período de aprendizado para o seu crescimento pessoal e espiritual.

Maurizio, neto de Gianluza, também sentiu muito a morte da avó. Foi também um momento triste de desapego para a criança que na reencarnação anterior fora seu filho primogênito.

Liberata, depois da morte da mãe, percebeu que suportava todas as amarguras da vida por tê-la ao seu lado. Ela era o seu esteio. Viu-se também num redemoinho de perguntas sobre a vida. Perguntas que certa noite, dividiu com Silas, seu marido:

– E agora? O que me resta fazer? É como se uma parte de mim mesma tivesse sido tirada de mim! Na verdade, foi.

Silas, pensativo, deu sua mais sincera opinião:

– Mas Deus nos fez capaz de superar a morte de nossos entes queridos, Liberata. De nos reerguermos por mais árdua que seja essa passagem.

Liberata, pesando bem suas palavras, respondeu:

– Não sei se serei capaz. Éramos tão próximas.

Ele achegou-se a ela, passou o braço por suas costas, puxou-a para mais perto de si e falou, com aquela voz que vem direto do coração:

– Você precisa se dar coragem, Liberata. Coragem...

– Sei lá... Sinto-me tão sem rumo.

– Eu estou aqui para confortá-la. Você pode contar comigo para o que der e vier.

– Eu sei, meu amor. Eu sei que posso contar com você. Obrigada por estar comigo, por se preocupar comigo.

No dia seguinte, diante de seu desolamento pela perda da mãe, Umbelina conversou com Liberata:

– Lembre-se do quão forte foi nossa mãe quando o nosso pai morreu durante a nossa vinda de navio para o Brasil, maninha. Ela teve de ser muito forte. Por nós.

– É verdade... Ela foi o que foi, especialmente por nós.

– Pois bem, agora é a sua vez de ser forte, Liberata. Por seu filho e seus netos.

Liberata apreciou o conselho, sorrindo de leve para a irmã que tanto lhe queria bem. Minutos depois, fazia um novo desabafo:

– Umbelina...

– Diga.

– Você acha que a mamãe foi para o céu?

Os olhos de Umbelina se arregalaram, havia espanto também na sua voz quando respondeu:

– Sim, Liberata, é lógico que a mamãe foi para o céu.

– E seus pecados, seu maior pecado?! Não teria seguido para o inferno por causa dele?

– Você diz...

– Sim, Umbelina. Por ela ter se tornado amante do Senhor Mario Corridoni.

– Não pense mais nisso, Liberata.

– Penso, sim, Umbelina. Pobrezinha, não queria vê-la sofrendo.

A irmã abraçou a outra e sugeriu:

– Resta-nos orar.

Liberata assentiu e falou:

– Queria tanto que alguém me respondesse com exatidão para onde a mamãe foi.

Umbelina voltou a irmã para ela, para que ficassem face a face e declarou:

– Liberata, minha querida... Só saberemos desses detalhes quando lá chegarmos. Quando for nossa vez de passar para o lado de lá da vida. Quando nos reencontramos.

– Você acredita mesmo que possamos nos reencontrar? Digo, nós com a mamãe?

– Sim. É melhor acreditar que sim do que não. Acreditar nisso nos faz sentir melhor!

Liberata absorveu com atenção o novo comentário de Umbelina. Depois disso, falou, pensativa:

— Só de pensar que podemos ir parar no inferno me apavora.

— O inferno é só para os maus.

— E se cometermos um mal sem saber que fizemos mal? Qual é o critério de julgamento?

— Não pense nisso agora, Liberata.

— Vou pensar nisso quando, Umbelina?

Umbelina calou-se, já não sabia mais o que dizer. Havia esgotado seus argumentos. Liberata continuou, entristecida:

— A pior parte vem agora. Ter de voltar para a casa e doar todos os pertences de mamãe.

— Eu ajudo você, Liberata, não se preocupe.

— É abominável só de pensar.

— Penso que tudo acontece como decidimos encarar. Essa é a verdade. Se optarmos por encarar tudo de uma forma mais positiva, menos dor sentiremos.

Mais tarde, naquele mesmo dia, as duas irmãs encontravam-se diante do guarda-roupa da mãe. Diante da insegurança de Liberata e Umbelina, Glória e Idausina tomaram a dianteira.

— Deixa que eu faço isso, Liberata – prontificou-se Glória.

— Isso mesmo – ajudou Idausina. – E quanto a você e Umbelina, vocês duas sentem-se aqui.

Não restou escolha para Liberata e Umbelina senão aceitarem a sugestão das duas irmãs. De onde estavam, acompanharam dentre lágrimas todo o processo de recolhimento das roupas pertencentes à Gianluza para serem doadas para quem precisasse. Foi um momento de difícil superação, que no final acabou sendo menos dramático do que o começo.

Nesse ínterim, no plano espiritual, Gianluza questionava seu guia espiritual:

— Por que passamos tão pouco tempo ao lado de quem tanto amamos?

O guia, gentilmente, explicou:

— Não é tão pouco tempo assim se você for pensar bem. Foi na verdade o tempo suficiente para que você pudesse usufruir da companhia um do outro com supremacia. Se fosse infinito, talvez, não tivesse a importância que tem e que tanto fascina os encarnados.

Gianluza viveu 29 anos ao lado dos pais, 13 anos e meio ao lado de Gianni Nunnari, contando o período de namoro, mais 22 anos ao lado de Gianni Nunnari Barcelos que era o próprio Gianni que reencarnou como seu neto adorado; 43 anos ao lado de Umbelina e 42 anos ao lado de Liberata, suas filhas na reencarnação em questão; 27 anos ao lado de Maurizio, seu filho, 24 ao lado de seu neto, Giulio e mais 7 anos ao lado de Maurizio reencarnado como seu bisneto. Ao lado de Lamartine foram cerca de 14 anos.

Esses anos podem parecer muito pouco para quem ama, nunca o suficiente, mas, pouco ou muito, foi o melhor que cada um pôde ter para passar lado a lado na reencarnação em questão. Se fosse concedido a todos um tempo ilimitado, o tempo em questão não seria valorizado devidamente e, portanto, não aproveitado como merece ser ao lado de quem se ama. Muitos de nós, inclusive, só percebe que poderia ter aproveitado melhor o tempo que a vida nos concedeu para vivermos ao lado de quem amamos, quando perdemos quem tanto amamos, por motivos diversos ou de mudança de plano. Portanto, o tempo é, como é, por uma razão muito sábia, como tudo mais que existe criado por Deus, para valorizarmos cada minutos, cada segundo, cada milésimo de segundo ao lado de quem tanto amamos.

No dia seguinte, após a novena que realizavam toda tarde pela alma de Gianluza, Liberata e seu filho Gianni, também questionaram o tempo que se tem para viver ao lado de quem se ama enquanto na Terra.

– Por que, mamãe? Por que passamos tão pouco tempo ao lado de quem amamos?

Foi como se uma luz tivesse sido acesa no cérebro de Liberata, a resposta que atravessou seus lábios surpreendeu tanto a ela, quanto o filho. Ela repetiu a mesma explicação que o guia espiritual deu para Gianluza. O fato se deu porque Gianluza estava ao seu lado, fora ela quem lhe ditou aquelas palavras que tanto fizeram sentido para eles.

Liberata agora estava com o "espírito" mais tranquilo porque compreendera de que haveria um reencontro com todos que tanto amava quando as arestas do tempo lhes permitisse.

Aprendera também que não deveria chorar por acreditar que poderia ter aproveitado melhor o tempo ao lado dos amados e queridos, compreendera que fez o seu melhor, o que achou melhor na época e, que se um dia a vida os uniu, haveria de uni-los novamente, ainda que por elos diferentes, mas de uma forma bonita onde todos poderiam matar a saudade e usufruir juntos novas experiências terrestres e espirituais.

Foi a dedicação aos filhos e aos cônjuges, as obrigações para com a casa, trabalho, a sociedade e a religião que fizeram com que Liberata e Umbelina superassem a perda da mãe. Algo que ajuda todos nós diante dessa travessia, dessa ruptura tão difícil.

Silas, Gianni e Giulio continuaram administrando a fazenda de muitos alqueires que ficou para a família, herança deixada por Lamartine Millenotti. Como Gianni não teve filho homem, apegou-se demais a Maurizio, filho de Giulio, seu primo. Lembrando que Maurizio era na verdade o próprio Maurizio Nunnari, filho de Gianni, na reencarnação passada.

Os dois tinham verdadeira adoração um pelo outro, tanto que Gianni considerava o menino como um filho seu. Giulio, por sua vez, alegrava-se com a relação dos dois e afirmava, satisfeito, que o garoto nascera com a sorte de ter dois pais, um de sangue e outro espiritual.

E foi assim que Gianni Nunnari (Gianni Nunnari Barcelos) matou a saudade e a vontade de viver ao lado do filho que tanto amou e não pode viver por muito tempo ao seu lado, na reencarnação passada. O mesmo em relação aos seus pais adorados Chiara e Filomeno que reencarnaram como seus filhos.

Enquanto isso em Serra Dourada...

Diante do desgosto da mãe e da condição precária em que passaram a viver depois da morte de Roberto, Mariano, já mais moço e responsável, percebeu que a única solução para melhorar sua condição de vida bem como o de sua mãe seria mudar para outra cidade.

Gorete desde a perda do amante passou a ser esnobada e rechaçada pelas mulheres que julgavam uma outra que se tornava amante de um homem casado, nivelando-a à mesma condição de prostituta. As casadas queriam distância dela por receio de que viesse a dar em cima de seus maridos agora que estava só, uma preocupação descabida uma vez que seus maridos já tinham suas amantes e quando não uma fixa, levavam suas escravas, as que mais os atraiam para o canavial ou cafezal e faziam ali mesmo o que o desejo lhes ordenava. E as moças aguentavam tudo caladas; diante de qualquer rejeição ou grito seriam punidas com açoites. Um dos casos mais famosos na época foi o da negra que mordeu o membro do patrão quando este a forçou fazer sexo oral. De vingança, o homem a deixou presa ao tronco, por dias, a pão e água e a coitada só não morreu porque à noite era alimentada pelo capataz que lhe queria bem e via o ato do patrão como desumano, mas nada podia fazer contra ele se quisesse manter seu emprego.

Durante as confissões com o padre, o mesmo fazendeiro falava de si com grande pompa como se fosse na Terra o exemplo de homem mais cristão. Como a maioria fazia e ainda faz, na igreja se tornavam um, vestiam o papel de bom sujeito e fora, transformavam-se noutra pessoa. Quando o padre o questionou sobre o incidente com a escrava, pois soubera por meio de fofocas que nessa época já corriam ao vento, o fazendeiro se defendeu:

– Que importância isso tem, padre? Escravos são animais e nós, filhos de Deus, fazemos deles o que bem quisermos, não é mesmo? Foram postos na Terra para nos servir e nos alimentar.

Não pense leitor que essa podridão era algo inédito nessa época. Não, isso já vinha de muito tempo, na Roma Antiga os escravos brancos eram obrigados a fazer de tudo que os brancos no poder lhe exigissem. Maldade e subordinação já vêm desde muito tempo e, infelizmente, vira ano, vira século, vira milênio, a alma humana ainda continua presa a uma ignorância que lhe cega a visão da alma, do caráter e do moral.

Voltemos a nossa história...

Mariano encontrou, por acaso, um amigo na rua que havia se mudado com a família para Santa Mariana e perguntou-lhe se não havia um emprego para ele naquelas bandas. O rapaz de bom caráter, amigo verdadeiro, falou:

– Há sim, meu bom Mariano. Nossa fazenda está prosperando e o papai está precisando de um novo capataz.

– Mas ainda sou muito jovem para ser um capataz.

– Todos têm de ter um começo, não?

– Talvez seu pai queira alguém experiente.

– Papai sabe que ninguém pode se tornar experiente numa profissão se não receber uma chance para adquirir experiência. Ele até prefere os leigos, pois, assim, molda da forma que lhe apraz. Arrume suas coisas e partamos.

– Tenho minha mãe, você sabe.

– Sim, eu sei.

– Preciso levá-la comigo.

– Será muito bem-vinda. Mamãe não só precisa de companhia, como também de quem a ajude dentro de casa com a comida. As escravas que arrematamos em leilão ainda não sabem cozinhar muito bem e mamãe, na verdade, não as quer fazendo comida, pois teme que elas, de raiva dos brancos, cuspam nos alimentos que estão preparando ou até ponham veneno ali como já ouvimos falar de muitos casos.

Mariano se alegrou.

Depois de combinar o dia e a hora que o amigo mandaria uma charrete para apanhá-lo com a mãe, Mariano correu para a casa para dar a notícia a Gorete.

– Você acha mesmo que esse é o melhor a se fazer, filho? – questionou ela, incerta quanto à mudança que estava para ocorrer em suas vidas.

– Sim, mamãe! Lá a senhora começará uma vida nova. Não mais será julgada pelo seu passado, pois lá ninguém a conhece.

Aquilo alegrou Gorete imensamente.

E foi assim que os dois foram embora da cidade. E Gorete levou dali apenas o desejo de pôr uma pedra em cima do seu passado.

Nesse mesmo período o esperado aconteceu. Valério, superando parcialmente a morte da esposa, percebeu que poderia ser feliz ao lado de outra mulher e a mulher escolhida foi, certamente, Cecília, que se dedicara totalmente a ele desde a morte de Josefina. Foi numa tarde, ao se despedirem, que ele lhe fez a proposta de casamento o que a surpreendeu e a fez responder sim, seguido de um beijo terno e apaixonante. Quem também ficou feliz com a união dos dois, foi Ofélia que amava o tio como a um pai.

Capítulo 39

Mudanças...

Entre o final de 1826 e o começo de 1827

Mariano e Gorete logo se adaptaram a vida que passaram a ter na fazenda perto de Santa Mariana. O passado tão marcante, só voltava atazaná-los se o trouxessem de volta à memória. Ao perceberem que tinham o poder de controlar os ecos do passado, mudavam o pensamento quando percebiam que iam ser importunados por ele.

Tudo ia bem para a mãe e o filho até que a dona da fazenda descobriu que Gorete era a tal famosa amante de Roberto Corridoni e, exigiu que o marido a pusesse para fora do lugar. O homem reagiu:

— Se você não gosta da mulher, tudo bem, eu até lhe peço para deixar a fazenda. Quanto ao rapaz, Mariano é um bom sujeito, aprende tudo com facilidade e, sabe, como poucos, acatar ordens e cumpri-las.

— Então ela vai e ele fica! Mas não a quero visitando o rapaz aqui nem morta.

— Assim será.

A notícia pegou Gorete de surpresa, jamais pensou que a mulher com quem fizera amizade se voltaria contra ela por causa de seu passado. Mariano, ultrajado com a exigência da proprietária da fazenda, falou:

— Se não é mais permitido que a senhora, minha mãe, continue morando aqui na fazenda ao meu lado, então eu também partirei.

Gorete argumentou no mesmo instante:

— Você precisa desse emprego, filho. Fique e eu vou morar na cidade. Deve haver um lugar para eu me estabelecer.

Depois de se acalmar, Mariano levou a mãe para Santa Mariana na esperança de encontrar um local para ela morar. Visto que o patrão tinha urgência de sua volta, pois estavam na fase de plantio, ele largou Gorete na estalagem que abrigava viajantes e visitantes, partiu, prometendo voltar no dia seguinte, assim que tivesse oportunidade. Voltou *correndo* para a fazenda.

Gorete não poderia morar no local, pois o preço cobrado por um quarto na estalagem era exorbitante demais para eles pagarem. Não contaram também que o local estivesse lotado naquele dia e, como não tinha aonde dormir, ela se viu obrigada a dormir no banco da praça da cidade. Uma praça humilde e pequenina, o único rencanto de Santa Mariana para os jovens fazerem o *footing*.

Da janela entreaberta da loja de secos e molhados de propriedade de Humberto e Umbelina, alguém assistiu a todos os movimentos de Gorete e do filho. Viu quando Mariano chegou à estalagem, trazendo a mãe, deixando ali certamente para pernoitar, viu quando ela ali entrou e logo saiu carregando sua trouxa de roupas que ao que parecia estava bem pesada, pois volta e meia, parava para descansar, pondo-a no chão.

Essa pessoa era Liberata e foi ela quem estendeu a mão para Gorete Damasceno aquela noite.

– Olá – disse Liberata ao se aproximar do banco em que Gorete pretendia dormir aquela noite.

– Olá – respondeu a mulher com certa timidez.

– Meu nome é Liberata – apresentou-se a italiana.

– O meu é Gorete... Gorete Damasceno.

– Muito prazer – respondeu Liberata, procurando deixar à vontade a mulher que até então era uma total estranha para ela. – Percebi que pretendia pernoitar na estalagem, não é mesmo?

– Sim, mas infelizmente está lotada.

– O que é raro.

– Mesmo?!

– Sim. Pelo menos é o que o seu Manoel diz. O português deve estar radiante por estar com seu estabelecimento lotado.

– Bom para ele, péssimo para mim – riu Gorete.

– Faço ideia... Por isso vim falar com você. Percebo que pretende dormir neste banco do jardim...

– Sim, é minha única alternativa.

– Não é não! Vim lhe oferecer um lugar mais aconchegante para pernoitar. Minha irmã é dona daquela loja de secos e molhados ali do outro lado da rua e há um quartinho lá com uma cama onde você pode passar a noite se quiser, é lógico.

Gorete emocionou-se com o gesto prestimoso da italiana.

– Você se incomodando com uma estranha...

– Incômodo algum. Se preferir, pode ir dormir na minha casa que fica numa fazenda nas proximidades.

– Que gentil da sua parte...

– Aceita meu convite?

– Aceito, sim! Se não for incômodo para você.

– De jeito algum. Vamos!

– Vamos! – Gorete levantou-se e apanhou sua trouxa de roupas.

– Vou preferir dormir na loja se não se importar, assim posso estar aqui, logo pela manhã, caso meu filho apareça. Vai ficar desesperado quando não me encontrar na estalagem.

– Certamente.

Ao adentrarem o estabelecimento, Liberata apresentou Gorete para Elaine, sua sobrinha, filha de Umbelina e Humberto, e a escrava que ajudava na loja.

Umbelina havia viajado para a Corte na companhia de Humberto para fins políticos. Por isso, ela ficara cuidando da loja na companhia de Elaine e da escrava.

Assim que Gorete foi levar suas coisas para o quartinho, acompanhada da escrava, Elaine voltou-se para a tia e perguntou, baixinho:

– Titia, a senhora acha mesmo que deve acolher uma estranha aqui?

– Sim, minha querida sobrinha.

– Mas a senhora nem a conhece... Nunca a viu...

– Sei disso, Elaine, mas o aspecto dela e do filho me transmitiram segurança. Tenho de lhes dar um voto de confiança. Lembrando que amigos, até mesmo os grandes amigos, já foram estranhos para nós um dia.

– É... olhando por esse ângulo a senhora tem razão. Toda razão.

– Por isso, minha querida, relaxe.

Elaine procurou seguir o conselho da tia.

No dia seguinte, quando Mariano chegou à estalagem e não encontrou a mãe, desesperou-se.

– Mas ela tem de estar aqui! – falou, alto, com o dono do local.

– Mas não está, meu rapaz! É surdo, por acaso?

– Mas eu deixei minha mãe aqui ontem para pernoitar.

– Veio de fato uma senhora aqui ontem em busca de um quarto para pernoitar, mas como estávamos lotados, acabou indo embora.

– Para onde? – agitou-se Mariano, desesperando-se ainda mais.

– Eu não vi. Sinto muito. Agora queira se retirar que está assustando e perturbando a minha freguesia.

Mariano deixou o local, torcendo o chapéu que segurava entre as mãos num gesto nervoso. Foi então que avistou a mãe, atravessando a praça, vindo na sua direção.

– Mamãe! – exclamou, correndo ao seu encontro.

Os dois se abraçaram.

– Fiquei tão preocupado quando não a encontrei na estalagem.

– Estou bem, Mariano, não se preocupe. Uma mulher muito generosa me estendeu a mão em meio ao imprevisto que passei, ao descobrir que a estalagem estava lotada.

– Quem?

– Seu nome é Liberata. Vou levá-lo até ela.

Pelo caminho, Gorete contou detalhes de como Liberata chegou até ela oferecendo-lhe abrigo. Ao chegarem à loja, apresentações foram feitas.

– Obrigado – disse o rapaz com sinceridade –, muito obrigado por ter acolhido minha mãe.

– Por nada – respondeu Liberata impressionada com a fisionomia de Mariano, em como ele lembrava Roberto Corridoni quando jovem.

Foi então que Elaine juntou-se a eles e Mariano a conheceu. Foi o que podemos chamar de amor à primeira vista. Os dois adultos se encantaram um pelo outro de forma tão explícita que até mesmo a escrava e duas freguesas que estavam na loja naquele momento notaram.

– Muito prazer – enfatizou Mariano, tomando a mão delicada de Elaine para beijá-la.

– O prazer é todo meu – respondeu Elaine, sem conseguir despregar os olhos do rapaz.

Diante do acontecimento, Liberata ficou muito feliz. Desde que a sobrinha perdera o noivo que ficara acamado por quase dois anos e meio, culminando na sua morte, ela nunca mais se encantara ou permitira se encantar por outro moço. Todavia, o luto pela morte do rapaz com quem na adolescência pensou que se casaria e viveria feliz até os últimos dias de sua vida, parecia finalmente ter chegado ao fim com o surgimento de Mariano em sua vida.

Mariano, por sua vez, mantivera-se solteiro até então por muitas mães desaconselharem suas filhas a se envolver com ele por sua mãe (Gorete) ter sido amante de um homem casado. Mesmo em Santa Mariana, Mariano ainda não havia se interessado por uma jovem que realmente o estimulasse a pedir ao pai dela a mão em casamento.

O encontro terminou com Liberata, convidando Gorete para morar em sua casa até que ela e o filho tivessem condições de encontrar um local melhor para abrigá-la. Mariano cobriu Liberata de agradecimentos, assim como sua mãe. E foi assim que Gorete Damasceno foi morar na casa de Liberata e Silas na fazenda que Lamartine Millenotti deixara de herança para seus enteados.

Levou tempo para que Liberata e Gorete soubessem um pouco mais uma da outra. Quando Gorete contou toda a sua história, Liberata ficou surpresa ao saber que abrigava a amante de Roberto em sua casa e que o filho que, volta e meia, vinha visitá-la era o filho bastardo de Roberto Corridoni.

Logo, Liberata percebeu que seria melhor deixar Umbelina por fora do conhecimento a respeito do passado que envolvia Gorete e Mariano Damasceno. Temeu que se ela soubesse que Mariano era filho bastardo de Roberto, forçaria a filha a se afastar do rapaz, que pretendia, assim que seus pais voltassem para a cidade, pedir-lhes o consentimento para cortejá-la. Nada poderia separar o casal na opinião de Liberata, pois os dois viviam aquilo que poucos têm o privilégio de experimentar na vida: um amor à primeira vista. E mais, Elaine já sofrera demais com a perda de seu noivo, que morrera antes de consumar o casamento, deixando-a por anos fechada para o amor. Por isso a jovem não se casara até então.

Capítulo 40

Novas mudanças

Já haviam se passado quatro anos desde a morte de Roberto Corridoni e Florisbela, já com quase 22 anos nesta data, já era considerada velha para conseguir se casar. Quase cinco anos sem ninguém se interessar por ela e, sem que se interessasse por ninguém, concluía-se que terminaria a vida solteira. Passava os dias dedicada à mãe e sua sobrinha, Ofélia, filha de Cecília.

Perdeu o contato com os irmãos, a única sobrinha com quem trocava algumas palavras, ao final da missa, quando os pais não estavam ao seu lado, era Gabriela que sempre lhe pareceu ter uma personalidade de ouro.

Gostava da menina por um motivo que não sabia explicar, todavia, Sílvia, mãe da garota, repreendia a filha toda vez que a pegava de tetê à tetê com a tia ou descobria que ela fora à fazenda visitar a avó. Nem para fazer uma visita a Inaiá, Sílvia Corridoni permitia que um dos filhos (César, Doralice e Gabriela) fosse à fazenda, exigindo deles distância de Inaiá e Florisbela e também de Cecília e de Ofélia, sua filha. Mássimo, por mais surpreendente que pudesse parecer, apoiava sua decisão.

Ainda assim, Gabriela sempre encontrava um jeitinho de ir até a fazenda passar pelo menos meia hora na companhia da avó que sempre se alegrava muito com a sua visita. Para isso ela pegava carona na charrete, guiada por Florisbela, toda vez que ela ia à cidade e a qual se incumbia de levá-la de volta.

– Gabriela, querida! – exclamava Inaiá, ao ver a neta chegando.

Trocavam um forte abraço e Inaiá dizia a Florisbela:

– Peça a Etelvina que faça o bolo de milho predileto de Gabriela.

– Não precisa se incomodar, vovó.

– Etelvina faz questão!

E quando o bolo era servido, todos sentavam-se à mesa e se fartavam com deliciosas fatias ainda saindo fumaça por ter sido retirado do forno há pouco.

– E seu pai? – perguntava Inaiá, por querer bem ao filho que nunca mais apareceu para visitá-la.

– Do mesmo jeito de sempre, vovó – respondia Gabriela, polidamente.

– E sua mãe? – perguntava Inaiá por educação.

– Também do mesmo jeito de sempre.

A menina umedeceu os lábios com um pouquinho de chá, voltou-se para avó e perguntou:

– A senhora acredita, vovó, que as pessoas podem mudar ao longo da vida? Digo, tornarem-se mais...

– Gentis? – sugeriu Florisbela que também estava ali.

– Sim, titia... Gentis.

Inaiá refletiu por instantes antes de responder:

– Algumas sim, outras não. Muitas de nós são como um pau que nasce torto. Como diz o ditado: pau que nasce torto, morre torto.

Gabriela apreciou intimamente aquela comparação.

A pergunta seguinte partiu de Florisbela:

– Minha sobrinha já tem algum pretendente?

A menina enrubesceu diante da pergunta.

– Pelo visto, sim.

– Sou ainda muito menina para pensar nisso e ele, bem, ele também é ainda muito menino para o mesmo, mas gosto dele e acho que ele já sabe disso.

Florisbela sorriu, Inaiá também.

Quando já não havia mais esperança de encontrar alguém, um homem que a fizesse feliz, Florisbela conheceu Altivo Gallego, um sitiante que se interessou por ela.

Sua voz era grave, com um leve sotaque que ninguém ao certo conseguia identificar. Ele tinha uma beleza meio rude e era muito alto, possivelmente uns 20 centímetros a mais do que ela. Havia também alguma coisa de familiar nele...

– Boas tardes, moça.

346

– Boas tardes.

Algumas rugas ladearam a boca do homem quando ele sorriu. Era um sorriso para se admirar, observou Florisbela consigo mesma.

– É da cidade? – perguntou ele, olhando-a atentamente.

– Sou, sim. E o senhor?

– Eu, não.

– Está só de passagem?

– Venho fazer compras aqui, vez ou outra. Moro longe, dona. Não venho muito porque sou da opinião que os *porco* só *engorda* diante dos olhos do dono, por isso não fico longe das minhas terras por muito tempo. Quem ama, cuida, não é verdade?

– É, sim – respondeu ela, balançando a cabeça de leve.

Ele, sem tirar os olhos dos dela, falou de supetão:

– Gostei de você.

Ela enrubesceu. Ele continuou:

– Desculpe a franqueza, mas... certas coisas devem ser faladas e rápido. Rapidinho. Eu cortejaria a senhorita, mas como moro longe, não poderei fazer.

Os olhos de Florisbela se entristeceram.

– Por isso tenho uma proposta para a moça – continuou Altivo Gallego. – Caso com a senhorita se quiser e se também puder morar longe daqui.

– Longe... daqui?

– É...

Florisbela amarelou. O moço foi rápido mais uma vez com suas palavras:

– Sei que é estranho fazer-lhe uma proposta destas, mas... Em certos momentos da vida temos de ser rápidos e práticos.

Prestando melhor atenção à moça, Altivo Gallego perguntou:

– *Ocê* gostou de mim, não gostou? Pelo seu olhar percebo que sim.

Ela, um tanto sem graça, respondeu:

– Gostei, sim, não nego.

– Então, vamos ser práticos?

Ela quedou, pensativa. Ele sugeriu:

– Leve-me até sua família. Penso que seria melhor, eles me conhecerem.

– Sim, isso seria bom. Especialmente minha mãe.

Ele deu o braço para ela e completou:

– Vamos?

Seu gesto a fez rir e ele gostou de vê-la, rindo dele.

– Vamos! – concordou Florisbela, exclamando alegremente e se sentindo tão bem ao lado de Altivo que parecia conhecê-lo de longa data.

Pelo caminho, Florisbela explicou:

– Meu pai já é morto. Morreu já faz alguns anos. Em casa ficamos morando apenas eu e minha mãe. É lógico que os escravos estão por lá o tempo todo...

– Eu sinto muito.

– Sente?

– Em relação a seu pai.

– Ah!... Não sinta, não! Papai era um demônio. Um carrasco para com todos nós. No meio da sociedade era um santo, dentro de casa, um demônio. Apesar de ser meu pai, eu o odiei muitas vezes... Às vezes penso que ainda o odeio. Muito!

– Não deveria falar assim do seu pai.

– Nunca fui de tapar o sol com a peneira.

– Ah!

– Agora quem tem que se desculpar pela franqueza, sou eu. Mas é bom que saiba o que penso, assim me conhece por inteira. Para que saiba bem, muito bem, desde o primeiro instante, com quem está se envolvendo.

– Eu sei muito bem como você é. Como reage às situações, o que sente...

– Sabe, como?!

– Não sei explicar, mas assim que a vi, disse a mim mesmo: essa aí é *fogo!* Não leva desaforo para a casa, o que tem de dizer diz, e é pau pra toda obra. Acertei?

Ela riu, com certo constrangimento, respondeu:

– É verdade.

Finalmente a carruagem chegou à fazenda dos Corridoni.

– Uma bela fazenda – comentou Altivo, abrangendo tudo com um baita olhar de admiração.

– Não se empolgue.

– Com o quê?

– Se casar comigo, não conseguirá herdar nada daqui.

– E quem disse que eu quero?

– É que...

Florisbela explicou-lhe os porquês. Minutos depois adentravam a casa-grande em busca de Inaiá. Apresentações foram feitas e após breve pausa, Florisbela contou à mãe sobre a proposta de Altivo Gallego.

Inaiá, sorrindo, respondeu:

– Fico muito lisonjeada por tê-lo como genro, senhor Gallego.

– E eu me sinto também lisonjeada por ter uma senhora tão simpática como sogra.

A empatia entre os dois foi imediata.

Mássimo Corridoni, que nesse período de tempo, havia procurado a mãe, voltado às boas com ela, para aliviar o sentimento crescente de culpa que tinha por ter ficado de mal com ela e ludibriá-la com mentira que forçou o advogado testamenteiro lhe dizer, ao saber da novidade envolvendo Florisbela, deu sua opinião, mesmo sem ninguém pedir:

– Florisbela é louca por querer se casar com um homem que mal conhece e, pior, que mora longe daqui! Se precisar de ajuda a quem vai recorrer?

– E por que eu haveria de precisar de ajuda? – indagou Florisbela, entrando na sala de surpresa.

– Porque seu pretendente pode ser um demônio.

– Eu não me surpreenderia se fosse – riu ela –, afinal todo homem é.

– Vá, vá!!! – irritou-se o irmão.

Florisbela continuou, ácida:

– Você, Mássimo, é um demônio, Homero também, Matteo está indo para o mesmo caminho! Assim como o papai era um demônio.

– Não fale assim do nosso pai!

– Falo! Falo, sim! E com todas as letras! Papai era um demônio, um injusto, um grosseirão, além de ladrão!

Mássimo, cuspindo ódio, foi até ela e falou:

– Eu não bato na sua face porque...

Florisbela empinou o queixo para frente e o desafiou:

– Pois pode bater, Mássimo, vamos!

– Pois tomara que seu futuro marido seja pior que nós todos, especialmente pior que o papai!

– Então, você admite que ele não era flor que se cheire.

– Chega, Florisbela. Chega!

– Está para nascer o homem que vai me mandar calar!

Inaiá tentou pôr *panos quentes* na situação:

– Vocês dois querem se acalmar?

Os dois bufaram.

– Pois ouça o meu conselho, Florisbela – argumentou Mássimo Corridoni impostando a voz. – Você não deveria se casar com esse sujeito, ele pode ser perigoso.

– Que escolha tenho eu, meu querido e mercenário irmão se para mim o papai não deixou nada?

– É por isso, então? Por isso que você abomina tanto o papai?

– Não é, não! Mas posso dizer, com toda a convicção do mundo, que você, Matteo e Homero idolatravam o papai, melhor dizendo, ainda o idolatram, por ele ter deixado herança para vocês. Só queria ver a reação de vocês três caso não tivessem herdado nada!

Ela umedeceu os lábios com a língua e prosseguiu:

– Mas um dia as filhas de vocês três crescerão e vocês, se tiverem algum sentimento por elas, correndo em suas veias, sentirão na pele o que eu, Cecília e Josefina sentimos.

– Posso amar minhas filhas, Florisbela – defendeu-se Mássimo no mesmo instante –, mas de mim elas nada receberão além de uma casa de herança. Que se casem com maridos que tenham condições financeiras de lhes oferecer uma vida digna, para ela e os filhos que tiverem com eles. Só meu filho César herdará o que é meu, o que herdei de meu pai, como manda a tradição dos Corridoni. Doralice e Gabriela só herdarão uma casa e assim tenho dito!

Florisbela, estupefata mais uma vez com a teimosia do irmão, preferiu encerrar o assunto de uma forma pacífica:

– Que você seja muito feliz, Mássimo Corridoni. Que Deus o abençoe bem com a sua família.

Ele nada respondeu, apenas empinou o queixo para cima e mirou seus olhos com superioridade. Florisbela já ia deixando o aposento, quando o irmão lhe perguntou:

– Só mais uma coisa. Ele sabe, não sabe?

Ela voltou-se para ele, alerta.

– Ele quem?

– Esse tal de Altivo Gallego.

– Sabe, o quê?

– Que você só está se casando com ele porque foi o único que se interessou por você depois do canastrão do Nirlando Sodré. Que ele é, na verdade, sua única opção, se não tivesse aparecido, acabaria como uma solteirona enrugada, gagá e infeliz.

– Eu não vou responder... Recuso-me a responder.

– Disse a ele, por acaso, que é por ele ter algum dinheiro que você também se interessou por ele?

Ela respirou fundo, procurando conter os nervos e, ponderando a voz, devolveu o ataque:

– Você e o papai são idênticos.

– Queria o quê? – riu Mássimo, pedante e autoconfiante como nunca. – Sou filho dele!

O riso virou uma gargalhada ardida.

– É... – admitiu Florisbela –, infelizmente. Senão teria outro caráter.

O riso desapareceu no mesmo instante da face bronzeada do moço de 29 anos de idade nessa época (1829). Florisbela, estudando bem seus olhos, voltou a atacá-lo:

– Se houver justiça nessa Terra e, queira Deus que exista, você e o nosso pai hão de pagar por todo desrespeito com que tratam o próximo. Ele, a uma hora dessa já deve estar pagando, no inferno. Aguardando por você!

Sem mais, a jovem deixou o aposento.

Mássimo crispava as mãos e bufava de ódio, queria esganar Florisbela, por sua audácia de querer enfrentá-lo daquela forma tão despudorada.

Quando se lembrou da mãe ali presente, o primogênito da família voltou-se para ela e perguntou em tom de reprimenda:

– E a senhora, não vai dizer nada em defesa de seu marido?

– Não há como defender ninguém diante da verdade, Mássimo.

Bufando, ele apanhou o chapéu, encaixou-o com ferocidade na cabeça e partiu, pisando duro.

Duas semanas depois, Florisbela e Altivo se casaram em uma cerimônia simples, somente para os mais íntimos.

Chegou então o momento mais difícil para Florisbela Corridoni. A hora de se despedir da mãe.

– Oh, mamãe... Só tenho a lhe agradecer por tudo o que fez por mim.

– Fiz o que fiz com muito gosto, Florisbela. Porque sou sua mãe, porque a amo muito.

– A senhora foi sempre tão paciente comigo, para com todos nós.

– Seria outra vez se preciso fosse, se você, Cecília e Josefina, por um milagre, voltassem novamente a ser crianças. Cuidaria do mesmo modo, com o mesmo carinho, até mesmo de seus irmãos que foram tão ingratos comigo depois da maioridade. Coração de mãe não guarda rancor, filha. Não de um filho, por mais ingrato que ele seja. Você um dia irá me compreender, quando tiver os seus.

– Tem certeza mesmo de que não quer ir morar comigo?

– Agradeço imensamente o convite, mas meu lugar é aqui, Florisbela. Minhas raízes estão aqui, minhas irmãs, primas e primos, eles, pelo menos não me abandonaram como fizeram seus irmãos. Além do mais há Cecília e Valério, eles estão sempre comigo, você sabe, sempre que podem e... bem... há também Etelvina sempre tão dedicada a mim quanto os demais escravos. Estarei bem amparada, acredite.

– Mas eu não queria deixá-la só.

– Não estarei só.

A mãe pegou no punho da filha, apertou-o delicadamente e disse, mirando fundo seus olhos:

– Está na hora, Florisbela, de você viver uma nova etapa em sua vida. Uma etapa que só poderá mesmo descobrir longe de mim... Apesar de ser audaciosa e corajosa, ter essa personalidade forte, você no fundo é frágil e muito apegada a mim, só mesmo morando longe é que vai crescer e aprender a contar consigo mesma.

– Oh, mamãe...

– Chegou a hora de você se desgrudar da barra da minha saia, filha. Viver novos horizontes... Explorar novos horizontes. Tornar-se verdadeiramente uma mulher. E isso só acontece quando nos casamos e vamos viver sob o mesmo teto com o homem que se tornou nosso marido.

Novas lágrimas brilharam nos olhos da jovem.

– Oh, mamãe...

– Eu a amo muito, Florisbela. Muito...

– Eu também, mamãe... Muito.

A mãe beijou a mão da filha e se silenciou. Minutos depois, Florisbela voltava a falar:

– Promete, mamãe – seu tom era sério. – Promete que não vai partir sem que eu a veja pelo menos mais uma vez?

– Como posso prometer-lhe uma coisa dessas, minha querida? Só Deus sabe a hora da nossa morte.

A moça chorou.

– Não chore, por favor.

– A senhora fez tanto por mim. Preocupou-se tanto comigo...

– Que mãe não se preocupa com o filho?

A filha envolveu novamente a mãe.

– Até breve, minha querida.

– Até breve, mamãe.

Novo abraço envolto de lágrimas.

Na charrete partindo, Florisbela perguntou a Altivo:

– Você acha que existe justiça nessa vida?

– A justiça aqui é muito falha, Florisbela. É comandada pelos poderosos e, portanto, não pode ser justa como deveria.

– Eu digo... Uma justiça divina. Uma justiça no Além? Além desta vida.

– Você quer dizer?...

– Sim. Além da morte.

– A igreja diz que sim, mas ninguém sabe ao certo.

O marido, prestando mais atenção à esposa, perguntou:

– Você está chorando?

– Sim. Nessa vida nada se ganha sem perder algo... O que é uma pena. Não deveria ser assim.

– Se a Igreja está certa, Deus faz o que faz porque assim deve ser.

– Pois eu gostaria, sinceramente, de ter uma palavrinha com Deus.

Altivo Gallego riu, gostoso:

– Essa foi boa. A melhor que já ouvi em muito tempo.

Ela sorriu, mas seu rosto logo retomou a tristeza. Novo desabafo:

– Nesta fazenda, eu deixo para trás parte da minha história. Os momentos felizes de minha meninice e adolescência. Mas deixo também as tristezas, as decepções que tive com meu pai. Eu nunca, nunca hei de perdoar o que ele fez com minha mãe. O que ele fez para nós... O modo como nos tratava enquanto lá fora tratava os outros com doçura. É dentro de casa que conta. Não fora!

O casal deixava a cidade quando Florisbela avistou a casa onde moraram a amante e o filho bastardo do pai. Pôde até visualizá-los ali, em frente à morada, olhando para ela até perdê-los de vista. Deveria ou não contar ao marido a respeito deles? Decidiu deixar para depois. Ao pensar no irmão bastardo, percebeu que tanto ele quanto ela não herdaram nada do pai. Ficaram entregues ao destino, ao misterioso e imprevisível destino, muitas vezes cruel e insensato.

Capítulo 41

Revolta

Enquanto isso, em Santa Mariana, aconteciam os preparativos para o casamento de Elaine Nunnari Domingues, filha de Humberto e Umbelina Nunnari com Mariano Damasceno, filho de Gorete e Roberto Corridoni.

Umbelina estava atendendo na loja quando a mãe do amigo de Mariano, que o empregava em sua fazenda, contou-lhe sobre o passado do rapaz.

– Como foi para você saber que o jovem é filho bastardo de Roberto Corridoni?

Umbelina fez ar de interrogação.

– O que disse?

– Oh, minha querida – continuou a mulher louca para pôr lenha na fogueira –, pelo visto você não sabia, não é mesmo?

Umbelina se agitou.

– Sabia o que?! A senhora pode ser mais clara, por favor.

– A mãe de seu futuro genro foi amante de Roberto Corridoni em Serra Dourada.

– A senhora disse: Roberto Corridoni?

– Sim, senhora. Aquele mesmo que a senhora está pensando.

– Não pode ser...

– Mas é. Depois da morte do amante, Gorete e o filho vieram para cá. Roberto não teve tempo, segundo soube, de deixar parte da herança para o filho bastardo. Quando procurou a família, é lógico que eles se recusaram a repartir com ele parte da fortuna.

355

– Nossa... eu... não sabia de nada disso.

– Pois é, minha querida. Quando meu filho trouxe a mãe e o filho para morarem na minha fazenda, aceitei por não saber quem era ela, mas quando soube, não permiti que continuasse morando lá. Poderia seduzir meu marido, mulheres desse tipo não têm pudor, se já foram capazes de ser amante de um homem casado, podem muito bem voltarem a ser, por isso, exigi que se retirasse da minha propriedade. O rapaz continuou, afinal, ele não tem culpa de nada, mas ela...

Umbelina, pasma, repetiu sem se dar conta:

– Quer dizer, então, que Mariano Damasceno é filho bastardo de Roberto Corridoni?

– Sim, sim. Pensei que já soubesse.

– Não, eu não sabia.

Assim que a mulher partiu, Umbelina correu para sua casa em busca da filha. Ao descobrir que ela havia ido para a fazenda, dirigiu-se para lá. Entrou, pisando duro, com os nervos a flor da pele, na casa-grande onde todos estavam reunidos.

– Umbelina?! – exclamou Idausina, surpresa com a sua chegada.

– O que houve? – assustou-se Glória ao ver a cunhada naquele estado.

Umbelina teve dificuldades para falar.

– Diga, Umbelina – insistiu Liberata preocupada. – Aconteceu alguma coisa?

– Aconteceu!

– O quê? Fale!

– Acabo de descobrir que Mariano Damasceno é filho bastardo de Roberto Corridoni, aquele demônio.

As mulheres se entreolharam. Diante da reação das três, Umbelina foi franca:

– Vocês já sabiam, não é?

Gloria, Idausina e Liberata admitiram que sim.

– Por que não me contaram?

Foi Liberata quem respondeu:

– Porque temíamos que tivesse essa reação.

– Vocês não deveriam ter escondido de mim esse fato.

Glória deu sua opinião:

– Não é porque o rapaz é filho de Roberto que puxou ao pai.

– Glória, Glória, Glória... Filho de peixe, peixinho é! Todo mundo sabe!

– É o mesmo que dizer que todo branco é mau, todo preto é revoltado – opinou Glória. – Cada um é um, Umbelina.

– E a influência do pai não conta?

– Ele teve muito pouco convívio com o pai, Umbelina. Roberto só aparecia na casa para... você sabe... Nunca teve contato direto com o rapaz... Segundo Gorete, ele já era mocinho quando foi apresentado para Roberto, até então fora criado pelos avós, pais da moça.

Idausina deu seu parecer:

– Roberto deve ter trocado com Mariano não mais que uma dúzia de palavras.

– Ainda assim... – murmurou Umbelina, desgostosa –, eu não quero que minha filha adorada se case com o filho daquele demônio.

– Você está sendo preconceituosa – observou Liberata.

– Seja o que for... Só sei que esse casamento não acontecerá. Não pode. Não é certo!

– O rapaz não tem culpa por ter tido como pai Roberto Corridoni, Umbelina.

– Não importa.

– Elaine e Mariano se amam, não é justo que sejam separados por algo do passado, algo de que não tomaram parte.

– Não importa.

– Não seja radical, minha irmã. Lembre-se de que Elaine, depois da perda do noivo, nunca mais se interessou por rapaz algum. Você mesma temia que ela terminasse a vida, solteira. Mariano foi o único rapaz por quem ela, depois da tragédia, interessou-se. Não lhe roube a chance, a única, a meu ver, depois de anos, de ela voltar a ser feliz.

Umbelina fixou os olhos em Liberata.

– Você deveria ter me contado a verdade, Liberata.

– Se não fiz, foi para poupá-la de todo esse transtorno que vive agora.

Sem mais delongas, Umbelina levantou-se, pegou seu chapéu, amarrou-o sobre a cabeça e voou para fora da casa.

– Umbelina, espere!

Ela continuou apressada.

Idausina sugeriu, exasperada:

– É melhor irmos atrás dela.

– Você tem razão, Idausina – falou Liberata, pondo-se a caminho.

Tomaram a charrete, dispensando a ajuda do cocheiro.

Assim que Umbelina se viu diante da filha contou tudo o que descobriu a respeito de Mariano e sua mãe e os motivos que ela tinha para pedir que não se casasse com o moço.

– Quer dizer, mamãe... – falou Elaine quando teve oportunidade. – Que não devo me casar com Mariano por causa do que o pai dele fez a vocês e a muita gente. É isso?

– É isso mesmo! – respondeu Umbelina, resoluta.

– Eu já fui tão infeliz no amor... Ninguém mais do que a senhora sabe o que foi ter meu noivo em tratamento por uma doença que os médicos não conseguiram identificar, preso a uma cama, por quase três anos, adiando o nosso casamento, um casamento que nunca pôde ser realizado por causa de sua morte tão prematura...

– Eu sei o quanto sofreu e é por isso que estou aqui, suplicando a você que desista de Mariano para não vir a sofrer dobrado mais uma vez.

– E desde quando a senhora pode prever o futuro?

– Elaine, minha filha, eu sinto que esse moço não a fará feliz. Todas as circunstâncias apontam para esse futuro.

– Ninguém pode prever o futuro, minha mãe. Ainda que esteja certa, vou arriscar me casando com Mariano.

Umbelina se inflamou ainda mais:

– Pois saiba que estará se casando contra a minha vontade.

Nisso, Liberata, Glória e Idausina chegaram a casa e, assim, puderam presenciar o chilique de Umbelina.

– Saiba também, Elaine – berrou ela, à beira de uma síncope – que eu não estarei presente à cerimônia do seu casamento. Nem morta eu apareço por lá.

Liberata ousou pedir calma à irmã.

– Que calma, que nada, Liberata! – enfureceu-se Umbelina. – Roberto diante disso tudo, mesmo que no inferno, deve estar adorando me ver nessa situação.

– Umbelina, não exagere... Mesmo irmãos de sangue, não são iguais nem aos irmãos nem aos pais.

A mulher não disse mais nada, simplesmente correu para o quarto e se fechou lá, batendo a porta com toda força.

Restou as três recém-chegadas consolar Elaine.

No dia do casamento, Umbelina estava mesmo decidida a não ir à cerimônia de casamento da filha.

– Você não vai mesmo? – indagou Humberto quando já estava todo arrumado, prestes a partir.

– Não posso ir, Humberto. Não vou dar esse gostinho para o demônio do Roberto. Você não sabe o que passamos nas mãos daquele ordinário.

– O rapaz não tem culpa pelos atos do pai.

– A mãe dele tem... Não sei como Liberata pôde, mesmo sabendo quem era ela, abrigá-la em sua casa! Eu não o faria jamais.

– Ela também não tem culpa pelas atitudes do amante, Umbelina.

– Não importa quem tem culpa ou não, só sei que não concordo com esse casamento e, por isso, não irei.

– Que assim seja. Eu já vou indo. Se mudar de ideia, estaremos na igreja. Até.

Umbelina amarrou ainda mais o cenho.

O casamento começou nos conformes, com a igreja tomada de convidados, uma vez que Humberto tornara-se o que viria a ser o prefeito da época de Santa Mariana. Foi quando o padre perguntou:

– Se houver alguém aqui que saiba de algo que pode impedir esse matrimônio, que diga agora ou se cale para sempre.

Foi então que a voz de Umbelina ecoou e ressoou, para espanto de todos, pelo interior do local.

– Elaine, filha – disse ela, entre lágrimas.

– Mamãe, por favor – suplicou a jovem, também vertendo-se em lágrimas.

Umbelina foi até o altar, pegou no punho da filha e a arrastou dali.

– Precisamos conversar, a sós.

Quando Humberto fez menção de impedir a esposa, Liberata fez sinal para que ele não interferisse. Mãe e filha se fecharam na sala coligada ao altar.

– Sabe quanto eu esperei por esse momento, mamãe? – desabafou Elaine. – A vida toda. É o sonho de toda mulher se casar de véu e grinalda e a senhora está estragando esse dia que era para ser tão feliz.

– Faço isso para protegê-la, Elaine.

– Não, mamãe. A senhora está fazendo isso porque não sabe perdoar, porque está presa à mágoa, ao rancor e ao ódio. Está agindo assim porque rotula todos com o mesmo caráter. E isso não é verdade, cada um é um. Há brancos bons e maus, pretos bons e maus, ricos bons e maus, pobres bons e maus, homens bons e maus, mulheres boas e más. Rotular cada um é cometer um tremendo equivoco porque cada um é um, uma história, um caráter.

Umbelina foi até a filha e a beijou.

– Eu quero a sua felicidade, Elaine.

– Minha felicidade está ao lado de Mariano, mamãe.

– É isso mesmo o que você quer? – Umbelina perguntou, mirando bem os olhos lacrimejantes da filha.

– Sim, mamãe, é isso mesmo que eu quero. Casar-me com Mariano Damasceno Corridoni.

Sem ver outra escolha, pensando agora única e exclusivamente na felicidade da filha, Umbelina acabou concordando:

– Está bem, então volte para o altar e termine esse casamento de uma vez por todas.

– Não, sem levá-la comigo.

– O quê?

Mesmo sob protestos, Elaine puxou a mãe pelo punho até o altar, a colocou ao lado do pai, voltou a ocupar seu lugar ao lado do noivo e disse:

– Desculpe-me, padre. Agora o senhor pode continuar.

O *zum-zum-zum* entre os presentes cessou e assim a cerimônia religiosa de casamento teve fim, terminando com a saída dos noivos da igreja sob uma forte chuva de arroz. A seguir houve um churrasco para celebrar a união do casal. Foi então que Liberata teve a oportunidade de elogiar a irmã:

– Parabéns, Umbelina. Estou admirada com você, com a sua resolução.

– Você...

– Tenho a certeza de que a nossa mãe se estivesse aqui lhe diria o mesmo. estaria orgulhosa por você ter agido como agiu, permitindo que sua filha fosse finalmente feliz ao lado de quem ela escolheu para ser feliz.

– Ainda assim tenho medo de que ele a faça infeliz, como Roberto fez tanta gente infeliz.

– Só o tempo poderá nos revelar se isso realmente vai acontecer. Mas para que se torturar com o que não se sabe se vai ou não acontecer? A vida já é cheia de torturas, não procuremos por mais.

Umbelina, entre lágrimas, assentiu e abraçou Liberata, a irmã que tanto adorava. E foi assim que Elaine Nunnari Domingues encontrou finalmente a felicidade ao lado de um moço e o mesmo aconteceu com Mariano em relação a uma mulher. Casaram-se e foram muito felizes ao lado dos filhos que conceberam ao longo dos primeiros anos de matrimônio.

Diante da alegria do rapaz, Gorete Damasceno já com quase 40 anos nessa época soube que agora sim, poderia morrer em paz. A vida de certo modo havia feito justiça ao filho que nascera de uma forma indevida aos olhos da Igreja e talvez de Deus, mas que era inocente diante de tudo aquilo.

Capítulo 42

Perdas e ganhos

Inaiá morreu no dia 15 de setembro de 1832. Aos 49 anos. Foi de morte natural, ou seja, o coração simplesmente parou e sua travessia para o Além foi serena e tranquila. Quando acontecesse pensou que estaria desgostosa com a vida, por morrer deixando sua filha caçula desamparada financeiramente, mas depois que Florisbela se casou com Altivo Gallego ela sabia que poderia morrer em paz e foi exatamente isso que aconteceu.

Até os empregados e escravos choraram sua morte. Inaiá foi uma daquelas pessoas que quando partem, deixam saudade, realmente saudade em muitos.

Quando Altivo sentou-se ao lado da esposa na varanda da casa onde viviam, onde ela, naquele momento, admirava os raios do sol, incidindo nas montanhas ao longe, Florisbela simplesmente perguntou:

– Ela morreu, não foi?

A pergunta soou num murmúrio. Quando o marido usou ambas as mãos para segurar as suas, ela soube que estava certa.

– Ainda hoje pensei nela – confessou emocionada. – Se daria tempo de revê-la, abraçá-la, matar a saudade que já estava sentindo dela há muito.

– Eu... Eu sinto muito...

Em silêncio, Altivo puxou-a para junto dele e, ao ser enlaçada, chorou um pranto que parecia infinito.

– Mamãe sempre procurou ser uma boa mãe e uma mulher humana, disposta a compreender o problema dos outros e ajudá-los. Agora, eu lhe pergunto, meu marido: você acha justo que os bons terminem da mesma forma que os racistas, preconceituosos e intolerantes? Corruptos, desalmados e infiéis?

Altivo não respondeu porque não sabia o que responder naquele caso. Apenas apertou um pouco mais a esposa contra o seu peito, externando seu carinho e solidariedade diante do luto.

Minutos depois o casal partia para Serra Dourada para o sepultamento de Inaiá Corridoni. Depois do funeral, Etelvina, a escrava devotada a Inaiá, quis ter uma palavra com Florisbela.

— Quero lhe falar de sua mãe, sinhazinha.

Florisbela acariciou o rosto todo riscado de lágrimas da negra que sempre fora fiel a sua mãe.

— Fale, meu anjo. Pode falar.

— Ela teve uma palavra bondosa para cada um de nós antes de... você sabe – explicou a mulher, com voz rouca. – Deixou um recado para você quando percebeu que...

O choro novamente foi inevitável para ambas.

— Declarou todo o seu amor – continuou Etelvina –, e desejou-lhe muita alegria nesta vida.

Florisbela abraçou a negra e disse ao pé de seu ouvido:

— Mamãe era formidável... Nunca me esquecerei dela...

— Nem eu, nem ninguém, sinhazinha.

Naquela noite, quando restaram somente Florisbela e o marido na casa-grande da fazenda dos Corridoni, ambos foram para a varanda de onde se podia contemplar a lua em meio ao tremeluzir de estrelas cintilantes. Altivo enlaçou a esposa por trás, querendo lhe transmitir afeto e ternura. Ela, então, desabafou:

— Então é assim... Depois do esplendor da vida, o fim.

— É... – confirmou ele, sem drama. – Se bem que muitas civilizações acreditam em reencarnação. Tal como os orientais e indianos.

— No que? – surpreendeu-se ela.

— Reencarnação – repetiu ele, sereno.

A seguir, deu-lhe a devida explicação. Ao final, perguntou:

— Faz sentido, não faz?

— A meu ver, não! – respondeu ela, friamente. – Para mim a vida é uma só. Temos de aproveitar cada momento porque quando acaba... acaba!

— Mas se você pudesse voltar... para cá...

– Reencarnar?

– Isso! Não seria ótimo?

– Talvez...

– Você não vê a importância de reencarnar porque é feliz... E os que não foram? Como ficam os que não foram?

– Tal como minha mãe, por exemplo?

– Sim e tantos outros.

Ela refletiu antes de opinar:

– Penso, sinceramente, que nem meu pai foi feliz.

– Pois bem... Como fica a vida para esses que não conseguiram encontrar a felicidade ou a encontraram e foram privados dela por força maior? Isso me leva a crer que essa tal de reencarnação seria o único modo realmente de haver justiça para todos. Uma oportunidade para poderem reparar os erros e encontrar a tal felicidade.

Florisbela refletiu mais uma vez e opinou:

– Que regressem a Terra somente os infelizes, então.

– Os felizes também devem voltar, minha esposa.

– Ora, por quê?

– Porque só quem descobriu a felicidade, o equilíbrio pessoal, a paz de espírito pode ensinar ao próximo como obtê-la. Eu que me considero um homem feliz e realizado estou decidido, sim, decidido a voltar.

Florisbela Corridoni Gallego se surpreendeu mais uma vez com o esposo.

– Você fala sério?

– Muito sério! Penso, sinceramente, que todos devem voltar!

O que Florisbela não sabia é que aquele já era um de seus regressos a Terra. Ela já havia reencarnado muitas vezes, sendo sua última reencarnação, como Mario Nunnari.

Com o passar dos dias Cecília Corridoni Buonvino retomou sua vida costumeira ao lado do marido e da filha. A tristeza pela perda da mãe e a saudade que, inevitavelmente surgiu, foi amortecida pelos afazeres do dia a dia, pelas alegrias que a filha lhe trazia, pelo modo afetuoso com que era tratada pelo marido.

Valério lhe era sempre extremamente gentil e afetuoso. Fugia à regra dos homens em geral: não tinha amante fixa nem esporádica e, as más línguas, dos homens, principalmente, diziam que era por ele não ter tempo, sendo médico

364

estava constantemente ocupado, mas a verdade era que ele não sentia necessidade alguma de ter uma amante, pois encontrara em Cecília seu esteio, o complemento de sua alma.

Florisbela levou mais tempo para se recuperar da perda da mãe, mas foi também com a ajuda dos afazeres do dia a dia, o carinho do marido para com ela, o carinho dos filhos, a necessidade deles de sua atenção que o luto foi superado.

Então vale dizer, sim, que Deus ao criar o mundo, a morte inevitável, criou também uma forma de amortizar a dor e a saudade que sentimos de nossos entes e pessoas queridas que partem para o outro lado da vida.

Mássimo, Homero e Matteo logo se recuperaram da perda da mãe pelos mesmos motivos. Também por serem mais frios e racionais.

No momento certo, a fazenda foi finalmente dividida em três partes como ditava o testamento. Uma para Mássimo, outra para Homero e outra para Matteo Corridoni. Mássimo e Homero sentiam-se radiantes por terem finalmente nas mãos a herança a que tanto almejavam. Foi Catrina, esposa de Matteo, quem mais apreciou o fato do que o próprio herdeiro. Matteo não era, nunca foi, nem nunca seria um materialista nato.

Um mês depois, Mássimo chamou os dois irmãos na prefeitura para lhes fazer uma proposta.

– Vamos logo, Mássimo – pediu Homero um tanto impaciente –, agora que as terras passaram a ser administradas por mim, ando atarefado.

– Eu faço ideia, meu irmão. Faço ideia.

– Então desembucha.

– Bem... – era visível que Mássimo se sentia inseguro para abordar o assunto diretamente.

– Desembucha, Mássimo, vamos! – insistiu Homero, ríspidamente.

– É sobre o banco que quero lhes falar – disse o irmão mais velho, enfim. – Quero comprar a parte de vocês dois.

As sobrancelhas de Homero e Matteo se arquearam, jamais pensaram que o encontro se daria por aquele motivo.

– Sei que você, Homero, prefere dedicar seu tempo à fazenda – continuou Mássimo – e que você, Matteo, também prefere o mesmo. Nunca foram ligados ao banco do papai e, por isso, achei melhor comprar a parte que lhes cabe no negócio.

365

Expondo um documento, Mássimo explicou:

— Pedi ao advogado Munhoz que fizesse uma avaliação do banco para saber quanto cabe a cada um de vocês, quanto seria a parte de vocês para eu poder comprá-las e aqui está o resultado.

Homero examinou o papel.

— Só isso?! — exclamou, enviesando o cenho.

Mássimo puxou a cadeira e se sentou.

— O banco não tem dado muito lucro. Na verdade temos enfrentado altos e baixos, mais baixos do que altos, só que essa informação é velada. Se os nossos credores descobrirem, são capazes de querer fechar suas contas e, com isso, o banco quebra de vez.

— Por que então pretende comprar nossa parte?

— Porque pretendo me dedicar ao banco, reestruturá-lo, reerguê-lo.

— E isso é possível? — a pergunta partiu de Matteo.

— Sim, com dedicação e persistência, sim! Mas o que vai me estimular a fazer isso é sendo o único proprietário do local. É um risco que quero tomar, um risco que vai me estimular a seguir em frente. Compreendem?

Matteo respondeu primeiro:

— Compreendo, sim. Onde é que eu assino?

Mássimo sorriu e indicou o local.

— Bem aqui.

Homero segurou a mão do irmão e falou:

— Matteo, meu irmão, não seria melhor confirmar primeiramente esses dados, conversar com sua esposa...

Mássimo levantou-se num salto e enfurecido, falou:

— Você está por acaso duvidando da minha palavra, Homero?

— Bem, é que...

— Saiba que sua desconfiança me fere muito.

Homero, estudando bem o semblante do irmão, por fim disse:

— Está bem. Eu também venderei minha parte para você, o banco nunca foi mesmo do meu interesse. Não sei nada sobre ele e duvido que eu consiga tempo para cuidar de dois negócios ao mesmo tempo.

Mássimo respirou aliviado e Homero acrescentou, olhando com certo desdém para ele:

– Não sei também como você encontrará tempo para se dedicar ao banco, à prefeitura e as suas terras, mas se quer correr o risco...

Mássimo fez ar de quem diz: "sim, quero correr o risco". Os dois homens finalmente assinaram o documento cujo conteúdo fora totalmente forjado pelo advogado a pedido de Mássimo em troca de uma bela quantia para rechear sua conta bancária. Algo que, em momento algum, passou pela cabeça de Homero ou de Matteo Corridoni.

Ao cair do crepúsculo daquele dia, Mássimo brindava com a esposa o que fizera naquela tarde.

– Os dois caíram como dois patinhos, Sílvia – comentou ele após molhar a boca com uma dose generosa de licor.

Sílvia beijou o marido e o elogiou:

– Você é esperto, Mássimo, muito esperto... Isso é o que mais me encantou em você.

Ele a beijou.

– Papai, mamãe... – comentou Gabriela, ao entrar na sala. – Vocês estão tão felizes. O que houve?

Mássimo, que era só sorrisos para a filha, estendeu-lhe a mão e disse:

– Venha cá, Gabriela.

A garota foi até ele. Ele a envolveu em seus braços e explicou:

– Consumei hoje um grande negócio, filha, por isso é que eu e sua mãe estamos comemorando.

– O senhor deve ter feito mesmo um negócio e tanto, pois há tempos que não o vejo assim tão radiante.

– E foi mesmo, Gabriela. Um negócio e tanto. O banco que era de propriedade de seu avô e que foi herdado por mim e seus tios pertence só a mim, agora.

– E isso é bom?

– Se é bom? É maravilhoso!

Nisso, César, o varão da família, chegou acompanhado de Doralice, a filha mais velha do casal Mássimo e Sílvia Corridoni.

– Meus filhos – falou Sílvia, entoando a voz alegremente. – Cumprimentem seu pai pois ele hoje fez um grande negócio.

– É mesmo? – entusiasmou-se César.

– Sim, meu filho.

O pai abraçou a ambos e explicou.

– Nossa, papai – exclamou César –, mas que maravilha!

– Sabem o que isso significa, meus filhos? Significa que seu pai é hoje um homem ainda mais rico do que era ontem.

– Parabéns, papai – congratulou César novamente. – O senhor é mesmo um homem próspero. Sinto orgulho do senhor.

– Obrigado, meu filho. Muito obrigado. Fiz o que fiz por você, César, e por vocês duas também, Doralice e Gabriela.

Pai e filho se abraçaram. A seguir, Mássimo abraçou novamente Gabriela, a filha por quem tinha visível predileção.

– Oh, minha Gabriela, querida...

– Eu o amo muito, papai. Muito, o senhor sabe.

– Sim, Gabriela, eu sei.

E ele tinha certeza mesmo do amor que a filha sentia por ele, era uma certeza que vinha da alma, e talvez, por isso, sentia-se mais ligado a ela do que ao próprio filho e a outra filha.

Assim que o casal se recolheu ao quarto, Mássimo voltou-se para a esposa e falou com sinceridade:

– Hoje estou disposto a comemorar, Sílvia.

Ela, fazendo-lhe um cafuné, respondeu:

– Eu gostaria tanto, querido... Mas estou com uma enxaqueca daquelas.

– Você e suas enxaquecas. Toda vez que a desejo me diz que está com enxaqueca. Assim vai acabar me forçando a procurar uma amante.

As palavras dele deixaram Sílvia inflamada:

– Não ouse arranjar uma amante, Mássimo. Se o fizer e eu descobrir eu o mato. Eu simplesmente o mato!

Naquela noite a esposa acabou cedendo aos desejos do marido.

Nas semanas que se seguiram, diante da personalidade forte da esposa, Matteo foi se sentindo cada vez mais sufocado dentro de sua casa, como homem e como ser humano. Sentia-se um inútil, visto que era sempre ela quem ditava as regras, ofuscando assim sua masculinidade. Com isso, passou a beber além da conta e perder dinheiro na jogatina. Quando a esposa descobriu, quase o comeu vivo. Matteo Corridoni morreu de cirrose ainda na flor da idade: tinha apenas 33 anos de idade quando aconteceu. (1834)

Sua esposa então assumiu de vez os negócios da família como já fazia há muito tempo, exercendo o papel que sempre gostou: o de mandar, ordenar, exigir, mostrar que a mulher não deve ser submissa ao homem em qualquer circunstância.

Passou a ser chamada de mulher macho e o apelido não tinha nenhuma conotação homossexual, era, sim, pelo fato de ela querer assumir o papel do homem da casa.

Diante do rumo que a vida de Matteo e sua esposa tomaram, Florisbela comentou com o marido:

– Inacreditável, não?

– O quê? – interessou-se Altivo. Tudo que a esposa dizia despertava seu interesse, pois eram comentários sempre muito perspicazes.

– Todo o dinheiro que o papai obteve com sua fazenda e com corrupção, acabou indo parar nas mãos de uma estranha e eu e minha irmã ficamos sem nada. Justo nós, que éramos suas filhas de sangue. Se o papai visse o que aconteceu, certamente seu esqueleto se reviraria dentro do caixão. É injusto, não acha?

– Infelizmente é injusto, sim. Mas você não tem com o que se preocupar. Tudo que é meu é seu também, Florisbela.

– Eu sei, meu amor. Mas não me importo com seu dinheiro ainda que uma mulher tenha de se importar, pois sem um marido o que somos nós na sociedade em que vivemos, se não temos o mesmo direito ao trabalho?

Ela suspirou e acrescentou:

– Quanta injustiça! É quase impossível viver sem nos revoltar contra o sistema adotado pelos homens.

– Se você pudesse voltar à vida, num futuro próximo, aposto que lutaria pelos direitos da mulher.

– Não só pelos delas, como os de todos os injustiçados! Fracos e oprimidos!

– Vejo que você também herdou a veia política de seu pai.

Ela achou graça do comentário e o beijou carinhosamente. Subitamente, quis saber por onde andava Mariano, o filho que o pai teve com a amante.

Pois ele se encontrava muito bem casado com Elaine Nunnari Domingues, trabalhando com afinco na fazenda da família de seu melhor amigo, mostrando que tinha garra para muito mais, o que fez com que o dono da fazenda o encaminhasse para a vida política. Tratava-o na verdade como a um filho, sem provocar ciúme nos demais. Todos lhe queriam muito bem, como a um irmão, e apoiavam a atitude do pai de tratá-lo daquela forma carinhosa e paterna.

Gorete, por sua vez, continuava morando na casa de Liberata e Silas, ocupando-se com muitos afazeres da casa por vontade própria. Foi a forma que encontrou para agradecer ao casal que a acolheu quando mais precisou.

– Se não fosse você, Liberata – agradeceu ela, mais uma vez, àquela que lhe estendeu a mão. – Você foi a única que me viu despida de preconceito, sem levar em conta o meu passado.

– Gorete, minha amiga – respondeu Liberata, ponderada como sempre no uso das palavras. – A vida me ensinou que do passado devemos preservar na memória somente os bons momentos e os aprendizados, nada além disso. Viver preso a ele, viver só de passado não faz bem nem para o físico nem para a nossa alma.

Gorete assentiu, apreciando intimamente as palavras da amiga.

Capítulo 43

Revés do destino

Mássimo Corridoni, sem o pai, foi como se tivesse ficado sem os pés e as mãos. Até então não se dera conta de que era Roberto quem lhe garantia o sucesso pessoal e financeiro. Ele não tinha tino comercial, tampouco sabia administrar suas finanças como era preciso ser feito para garanti-las em ascensão. Seu declínio logo se tornou inevitável.

Quando o banco estava prestes a falir, recorreu à fonte que a seu ver nunca se secaria: a prefeitura. Como não havia fiscalização e leis para evitar a corrupção como há nos dias de hoje e, mesmo assim, os políticos ainda roubam descaradamente, ele conseguiu evitar a ruína do banco.

Na eleição seguinte, Mássimo Corridoni foi acometido de um medo súbito e cruel: o de perder a eleição para prefeito, garantir seu poderio e sua fonte de renda. Apesar de seus oponentes serem, na sua opinião, muito fracos diante dele, entrou em pânico e gastou boa parte de suas economias para garantir sua reeleição. Distribuiu alimentos de graça, promessas que jamais cumpriria e sapatos para homens e mulheres cujo par só receberiam após a eleição, se ele fosse eleito. Foi o que aconteceu e todos puderam ir à missa calçando, finalmente, sapatos novos. Naquele dia, foi um desfile de sapatos.

Com a perda da safra seguinte, a segunda consecutiva, mais os gastos para se reeleger e o rombo no banco, que parecia não ter fim, Mássimo começou a ficar deveras preocupado com a sua situação financeira.

– O senhor está chateado com alguma coisa, papai? – quis saber Gabriela, a filha por quem Mássimo tinha verdadeira adoração, que contava 16 anos nesta época. (1835).

– Estou sim, filhinha. Venha até aqui.

O pai deu espaço para a filha se sentar junto a ele na poltrona e, alisando seus cabelos longos, lindos, desabafou:

– A vida é muito injusta, Gabriela. Eu, um homem de bem, trabalho, trabalho, trabalho, dia e noite, noite e dia, frequento a missa todos os domingos, mesmo assim, não sou poupado de injustiças e deslizes financeiros. Deus deveria ter piedade de mim, sabe, minha querida. Piedade.

– O senhor tem rezado direitinho? Com os pensamentos voltados para Deus? Mamãe disse outro dia para mim que muitas pessoas vão à igreja, mas não prestam atenção ao que o padre diz. Ouvem sim, mas entra tudo por um ouvido e sai pelo outro.

Mássimo riu.

– É verdade. Mas com seu pai é diferente. Presto atenção a tudo o que o padre diz e procuro usar no meu dia a dia, nos meus atos.

Gabriela beijou carinhosamente a testa do pai e Mássimo, sentindo-se revitalizado com seu afeto, falou:

– Você logo será uma mocinha, sabia?

– Já sou uma mocinha, papai.

Os olhos de Mássimo se arregalaram.

– Não pode ser.

– Mas sou. Que idade o senhor pensa que eu tenho?

Ele voltou o rosto dela para encará-lo.

– Deus meu, como o tempo voa. Para mim você ainda é uma menina.

Ela riu e disse em meio ao seu sorrido bonito:

– Feliciano da Cruz já me propôs até casamento, papai.

Feliciano da Cruz era o rapaz que vinha cortejando a jovem desde os seus catorze anos. Recebera aprovação de Mássimo e Sílvia Corridoni para o feito por ser filho de um dos fazendeiros mais ricos da região, obviamente. O fato era que Gabriela o amava, tinha verdadeira loucura pelo moço de 18 anos na data em questão.

– Já lhe propôs casamento?!!! – espantou-se Mássimo. – Mas você é ainda uma menina... Uma adolescente...

372

– E quantas jovens da minha idade não se casam, papai? A mamãe mesmo casou-se com o senhor quando tinha dezesseis para dezessete anos, não foi?

– Acho que sim. Não me ative a esse detalhe.

A filha tornou a beijar o pai.

– Para mim – continuou Mássimo, carinhosamente –, os filhos jamais deveriam crescer, para que ficassem sempre na companhia dos pais. Eternamente.

– Mas não é assim que acontece, papai... O senhor e a mamãe um dia quiseram seguir o rumo de suas vidas da mesma forma que eu quero seguir ao lado de Feliciano.

– Você ama mesmo esse jovem?

– Sim, papai, eu o amo. Muito. Ele é carinhoso para comigo, sinto-me uma moça sortuda por tê-lo ao meu lado, por ser cortejada por ele, por ele querer passar o resto da vida junto a mim, por querer construir uma família comigo.

Dessa vez foi o pai quem beijou a testa da filha.

– Quero que seja muito feliz ao lado de Feliciano, Gabriela. Muito, mesmo!

– Serei, papai. Serei, sim, o senhor verá.

Nisso, César e Doralice chegaram à casa. Ao ver o pai junto à irmã, Doralice falou com certo sarcasmo:

– Veja, César! Gabriela junto ao papai. Ela é ou não é sua filha predileta?

César, com bom humor, respondeu:

– E você ainda tem dúvidas, maninha?

Os dois riram.

– Venham cá, seus enciumados – falou Mássimo, também esbanjando humor. – Venham cá e me deem um beijo.

Gabriela mostrou-lhes a língua e se afastou para que os irmãos pudessem fazer um agrado no pai. César e Doralice não estavam enganados. Mássimo Corridoni tinha realmente certa predileção por Gabriela. Sempre tivera, desde que era uma garotinha.

Depois de quase duas semanas sem que Feliciano da Cruz aparecesse para cortejar Gabriela, a jovem, preocupada com o seu sumiço, decidiu ir à fazenda da família ver o rapaz.

Assim que o avistou, pulou do lombo do cavalo e correu até ele com um sorriso radiante a iluminar seu rosto. Seu sorriso se ampliou ao tocá-lo e sentir seu perfume quando o abraçou forte, esquecendo os bons costumes da época.

– Meu querido... – murmurou ela junto a seu cabelo. – Que saudade eu estava de você.

Lágrimas de felicidade marejaram seus olhos.

Ele segurou firme em seu ombro e a afastou de si.

– Comporte-se, Gabriela! Não fica bem uma moça de respeito agir assim com um homem.

Ela não lhe deu ouvidos, estendeu a mão, acariciando a covinha de seu queixo, querendo muito beijá-la.

O rapaz baixou a cabeça e quando seus olhos de pálpebras pesadas se voltaram novamente para ela, pousando em seus olhos amendoados, brilhando de felicidade por revê-lo, ele disse, austero:

– Eu não posso mais me casar com você, Gabriela.

– O quê?!

Por um minuto ela pensou estar ouvindo tudo distorcido.

– É isso mesmo que você ouviu – respondeu ele ainda mais sério. – Não posso mais me casar com você. Eu sinto muito!

– Não?!!! Por que não?! Até o mês passado você me amava.

– Na nossa família há uma regra bem clara com relação aos casamentos. Devemos nos casar para somar, não para dividir.

– Não entendo.

– Não sou eu quem vou lhe explicar.

– Mereço uma explicação.

Houve uma pausa antes de ela perguntar:

– Você disse que não pode se casar comigo. É diferente de dizer "eu não quero me casar com você". Disse "não posso" porque é uma condição imposta por alguém, não pelo seu coração, não é mesmo?

Ele voltou a encará-la para responder friamente:

– Eu também não quero me casar com você.

Esta última frase foi como se uma flecha tivesse perfurado o peito da jovem. Incomodado com aquele encontro desagradável, o jovem achou por bem encerrá-lo o quanto antes. Disse friamente:

– Adeus.

– Adeus?! Como assim, adeus, Feliciano?!

Ela se agarrou a ele. Ele, com suas mãos firmes a fez desgarrar-se dele e voltou para os seus afazeres na fazenda, deixando a jovem aos prantos. Nada restou à Gabriela senão montar seu cavalo e partir dali, exasperada, com as lágrimas rolando ao vento.

Quando adentrou sua casa, encontrou Doralice e César ao lado da mãe, discutindo planos sobre o futuro. Ao verem a jovem, chegando naquele estado desesperador, Sílvia levantou-se e foi até ela.

– Gabriela! O que houve?!

Ela voltou o rosto vermelho e riscado de lágrimas por tanto chorar e explicou o motivo. A mãe tentou consolar a filha.

– Gabriela, acalme-se. Feliciano não é o único rapaz das redondezas para você se casar.

– Mas é o único que eu gosto, minha mãe.

– Mas ele não lhe quer! Em minha opinião, você não deve se rebaixar, desesperar-se por um homem que não lhe quer! Nunca!

– Eu amo Feliciano, minha mãe.

– Você deve amar quem ama você, Gabriela.

Nisso, Mássimo Corridoni chegou a sua casa e, ao ver a filha naquele estado, desesperou-se. Abraçou a jovem, que chorou em seu peito feito uma menininha assustada.

– Oh, papai...

– Acalme-se, Gabriela... Acalme-se. Você vai ficar bem.

– Eu amo tanto Feliciano, papai. Não entendo por que ele não me quis mais.

A pergunta seguinte partiu de César:

– Ele não lhe apresentou nenhum motivo?

Doralice enfatizou a pergunta:

– É, Gabriela... Feliciano não lhe disse por que não lhe querer mais?

A jovem recuou o rosto do peito do pai e explicou:

– Ele disse: "Na nossa família há uma regra bem clara com relação aos casamentos. Devemos nos casar para somar, não para dividir." E quando lhe pedi que esclarecesse suas palavras, ele me respondeu: "Não sou eu quem vou lhe explicar."

A jovem fez um gesto espontâneo com as mãos, um gesto bem dos italianos e indagou:

– Não entendi o que ele quis dizer, papai... Juro que não!

Foi César quem falou a seguir:

375

– Papai... Por que o senhor não explica a ela?

Mássimo enviesou o cenho, estava fulo com a atitude de Feliciano.

– Aquele rapaz há de pagar pelo sofrimento que está lhe causando, Gabriela.

Ela procurou enxugar as lágrimas e se recompor.

– Papai – disse, calmamente – o César disse que o senhor pode me explicar o porquê de Feliciano ter me dito aquilo. Por favor, explique-me.

César adiantou-se na resposta:

– Irmãzinha, seu querido Feliciano deve ter descoberto que na família Corridoni somente os filhos homens herdam a herança do pai. As filhas herdam apenas uma casa.

Gabriela, tomada de espanto, indagou:

– É verdade?!... Papai, isso é verdade?

Mássimo foi curto e grosso:

– Sim, Gabriela. É verdade. E se foi mesmo por esse motivo que seu amado Feliciano não a quis mais, é sinal de que ele só estava interessado em você por causa do seu dinheiro. Da herança que pensou que herdaria de mim após a minha morte.

Gabriela não mais sabia o que pensar. Doralice também estava perplexa com a notícia.

– Quer dizer que... – murmurou sem se dar conta. – Por isso titia Cecília não tem terras... Agora entendo o porquê.

– Sua tia Cecília e a finada Josefina herdaram de meu pai nada além de uma casa. Sua tia Florisbela, por exemplo, não herdou sequer a casa, porque desrespeitou o meu pai. Desrespeitou-o gravemente.

O rosto de Gabriela estava transformado. Seus lábios estavam brancos e o queixo tremia.

– Gabriela – acudiu Sílvia – você há de encontrar um novo amor. Acredite-me!

Ela, secamente, respondeu:

– Eu quero Feliciano da Cruz, minha mãe. Nenhum outro rapaz senão ele!

Sem mais, deixou a sala, estugando os passos, em direção ao seu quarto onde se jogou na cama e chorou o seu drama.

Daquele dia em diante, Gabriela nunca mais foi a mesma. Tornou-se uma jovem fria para tudo a sua volta, revoltando-se cada dia mais contra as injustiças que até então não havia percebido existirem na sociedade em que vivia.

Esperou que o pai, que dizia adorá-la tanto, fosse até ela e lhe dissesse que não seguiria a tradição de sua família, que ela também seria herdeira de sua fortuna, ela e Doralice e não somente César seu irmão, para que assim ela pudesse se casar com Feliciano da Cruz. Mas ele não fez nada disso. Estava disposto a manter a tradição que passava de geração a geração na família Corridoni e isso a revoltou totalmente.

Ela suportou sua revolta calada até não mais se conter. No dia em que percebeu que iria explodir por dentro, pegou suas coisas, fez uma trouxa e partiu da casa em busca de alguém que pudesse levá-la embora para um lugar bem longe de Serra Dourada.

Logo encontrou um viajante que passava de cidade em cidade, vendendo mercadorias. Tinha um nome estranho, por isso todos o chamavam pelo sobrenome Arcanjo.

— Preciso de uma carona – explicou ela, procurando se fazer de forte.

— Uma carona? – espantou-se o homem, olhando bem para Gabriela e, depois para os seus seios.

— Sim.

— Para onde?

— Para a cidade mais longe desta daqui que o senhor conseguir me levar.

O homem novamente baixou os olhos para os seios da jovem e assentiu.

— Está bem. Monte na carroça. Não há muito espaço, pois está cheia de mercadoria como pode perceber, mas... se não se importar...

— Eu não me importo.

Sem mais delongas, soltou as rédeas com um puxão e estalou o chicote. Os cavalos dispararam, quase derrubando a moça do banco onde se sentara, o que a obrigou firmar os pés e, agarrar-se ao assento para não despencar dali. Gabriela procurou ser indiferente ao odor desagradável que o sujeito exalava, pelo seu cabelo ensebado pôde perceber que não tomava um bom banho há dias.

Passavam a galope pelas ruas arborizadas de Serra Dourada que conduziam para fora da cidade, quando Gabriela avistou a prefeitura com toda a

377

sua pompa, o que lhe deu certeza, uma certeza estranha de que nunca mais haveria de pôr os pés ali.

Quando chegaram à cidade mais distante em que o vendedor fazia suas vendas, o homem disse:

– Chegamos, moça.

Ajudou-a descer e ficou um instante parado, contemplando seu rosto. Gabriela girou o pescoço e disse:

– Então essa é a Corte. Pensei que era uma cidade limpa.

– Em alguns pontos é.

Delicadamente, ela assentiu.

– Tem algum conhecido na cidade?

Ela o olhou com um vago sorriso, pairando nos lábios.

– Tenho, sim... – respondeu, enfim – O diabo!

A resposta assustou o homem.

– Que Deus ilumine seus passos.

– Não conte com isso, meu caro. Deus e o demônio não se misturam tal como óleo e água.

E essa foi a última vez que aquele sujeito, cheirando a suor, viu Gabriela Corridoni e que mais alguém por ali ouviu falar dela.

Quando Mássimo Corridoni descobriu que a filha havia fugido de casa, enlouqueceu.

– Ela não pode ter feito isso! – berrou, enfurecido e desapontado ao mesmo tempo.

– Mas ela fez, Mássimo – respondeu Sílvia ainda se sentindo ultrajada com a atitude da filha. – Gabriela foi uma ingrata conosco. Isso não se faz, não se faz! Depois de tudo o que fizemos por ela...

– Para onde ela foi?

– Eu não sei... ninguém sabe...

– Alguém tem de saber... A cidade não é tão grande assim... Alguém deve tê-la visto...

Nisso chegou César, trazendo informações.

– Segundo me informaram, papai, Gabriela foi vista, partindo com um viajante... um desses homens que passam de cidade em cidade, vendendo mercadorias diversas para lojas em geral...

– Isso significa que ele pode tê-la levado para qualquer lugar.

– Sim.

Fez-se um breve silêncio. Foi César quem o rompeu, questionando:

– O que o senhor pretende fazer, papai?

Mássimo ponderou antes de responder:

– Nada. Não farei nada. Gabriela logo voltará para casa, não vai suportar viver longe de nós, ainda mais sem ter como se sustentar.

Voltando-se para Doralice, Mássimo inquiriu:

– Você sabia dos planos de sua irmã, Doralice? Do que ela estava pretendendo fazer?

– Não, papai. Eu juro que não! Gabriela e eu nunca fomos confidentes. Ela foi sempre muito reservada comigo.

Ele assentiu e voltou a silenciar. O rumo que Gabriela havia decidido dar para sua vida pegara Mássimo Corridoni desprevenido. Jamais pensou que a filha, que tanto adorava, fosse capaz de fazer o que fez, abrindo em seu peito aquela profunda dor de decepção, choque e tristeza ao mesmo tempo.

Só que o tempo passou e Gabriela não voltou, como o pai acreditava que faria. Nunca mais se teve notícias dela para total desespero de Mássimo que simplesmente amava a filha de paixão.

Capítulo 44

Decepção, desgosto...

Foi no mesmo ano em que Gabriela partiu que Homero Corridoni descobriu que fora ludibriado pelo irmão mais velho na transação da venda de sua parte no banco, que fora de propriedade de seu pai. Assim, a forte ligação dos dois teve fim.

De raiva, Homero vendeu suas terras, as que herdou do pai e que ficava justamente entre a parte que coube a Mássimo e Matteo. Com isso, a enorme e linda propriedade dos Corridoni foi quebrada ao meio criando inúmeras complicações para sua administração.

Dois anos depois (1838), diante da dificuldade em administrar o banco, Mássimo baixou a crista e foi tentar uma reaproximação com o irmão mais novo. Homero o recebeu com frieza e total desinteresse.

– Oh, meu irmão, quanto tempo – falou Mássimo, procurando ser agradável.

Homero muito sério, perguntou:

– O que o traz aqui, Mássimo?

– É assim que recebe seu querido irmão?! O que é isso, dê-me um abraço, vamos!

Mássimo ficou com os braços abertos prontos para dar-lhe um abraço de político, mas tudo que seus braços conseguiram envolver foram o ar seco do dia.

– Desembucha, Mássimo! – ordenou Homero, impaciente. – Não tenho tempo a perder! O que o traz aqui? Não venha me dizer que foi saudade, porque o conheço bem.

O cenho de Mássimo se fechou e sua voz perdeu a candura. Seriamente respondeu:

– Não, Homero, não foi a saudade. Vim para lhe pedir ajuda. Que colabore comigo. Estou precisando de um braço direito na administração do banco e também na prefeitura. Não posso deixar essa área nas mãos de qualquer um. Você poderia me ajudar.

Homero mediu o irmão de cima a baixo.

– Venho lhe pedir em nome do papai.

Homero riu, descaradamente:

– Em nome do papai? Papai está morto há muito tempo, Mássimo.

– Eu sei... Quando falo em seu nome, falo em termos de consideração.

Homero levantou-se, deu meia volta pela sala e só, então, respondeu:

– Vou ser franco com você: Não estou interessado!

– Como não?! Pagarei pelos seus préstimos!

Homero zombou:

– Pagará?!

– É lógico, assim que as finanças estiverem reestruturadas.

O irmão, encarando o outro com olhos de desdém, reforçou:

– Não estou interessado mesmo!

– Somos irmãos, Homero. Papai sempre dizia que irmãos devem permanecer unidos...

– Eu não me lembro de tê-lo ouvido falando isso.

– Não importa, o que importa é que...

Homero o interrompeu:

– O que importa, meu caro irmão, é que você me tapeou na venda do banco e, isso, eu nunca engoli direito. Ou melhor, nunca engoli.

– Quantas vezes vou ter de lhe dizer que fiz o que fiz porque você mesmo me disse que não tinha interesse naquilo?

As sobrancelhas de Homero se arquearam.

– Disse, é?

Houve uma longa e desagradável pausa até que Mássimo voltasse a falar:

381

– E então, pode me ajudar? Pelos velhos tempos. Pelo sangue do papai que corre em nossas veias? Pelo próprio papai.

Homero pareceu refletir e, por fim, disse:

– Eu não posso, mas sei quem pode.

Mássimo se entusiasmou:

– É de confiança? – quis saber, ansioso.

– De extrema confiança – afirmou Homero olhando seriamente para ele. – Extrema confiança, acredite-me!

Os olhos de Mássimo brilharam.

– Serei eternamente grato a você, meu irmão. Eternamente grato.

– Levarei você até essa pessoa. Aguarde-me em frente a sua casa na cidade que em uma hora eu passo para apanhá-lo.

Novamente os olhos de Mássimo Corridoni brilharam.

– Estarei aguardando, Homero. Estarei aguardando por você!!!

O homem partiu da casa, respirando com mais tranquilidade.

Uma hora depois, como haviam combinado, Homero passava para apanhar o irmão. Fora a cavalo e levou Mássimo na sua garupa até o destino que escolhera. Chegando lá, desmontaram.

Mássimo Corridoni, girando o pescoço ao redor, perguntou:

– A pessoa que você vai me indicar... você marcou aqui com ela?

Homero fez que sim com a cabeça.

– Nossa!!! – arrepiou-se Mássimo. – Há tanto tempo que não ponho meus pés aqui.

– Eu também, meu irmão. Eu também.

Ele estavam no humilde cemitério da cidade.

– Já que estamos aqui – falou Mássimo, rompendo o súbito silêncio constrangedor –, vou fazer uma visita à sepultura do papai enquanto a tal pessoa não chega.

– Eu vou com você.

Os dois caminharam até lá. Diante do túmulo, Mássimo tirou o chapéu, fez o nome do Pai e ajoelhou em uma perna só. Ao perceber que o irmão permaneceu em pé, com o chapéu preso à cabeça, falou em tom de represensão:

– Esses são modos de se portar em frente ao túmulo do papai, Homero?

A resposta do irmão foi direta e reta:

– E eu lá vou tirar o chapéu e me ajoelhar diante de um bando de ossos, Mássimo? Ossos podres?!

Mássimo levantou-se num salto.

– Não fale assim dos mortos, Homero! Não fica bem.

– Não fica bem você ir me procurar para me torrar a paciência com os seus problemas. Você cavou sua cova, agora se enterre nela!

Mássimo, respirando apressadamente para se conter, falou:

– Você deveria ter mais respeito pela memória do nosso pai.

Homero limpou o catarro da garganta e cuspiu longe. Disse:

– Chega de conversa fiada.

Mássimo, também impaciente, falou:

– Isso mesmo, chega! Essa pessoa que você vai me indicar para me ajudar na administração do banco e da prefeitura, onde está? Por que está demorando tanto para chegar?

Homero, em meio a um sorrisinho matreiro, respondeu:

– Ela já está aqui, Mássimo!

Mássimo girou o pescoço em torno e perguntou:

– Aqui? Onde?!

Homero foi cruel:

– Enterrada aí nesse túmulo.

O rosto de Mássimo Corridoni se converteu numa máscara de horror. Homero continuou, ácido:

– Estava falando do nosso pai. Não era ele quem sempre o protegia sob suas asas? Pois bem, peça a ele ajuda para tirá-lo da *merda* em que você se atolou.

O rosto de Mássimo branqueou e seu queixo agora tremia visivelmente.

– Você só pode estar brincando comigo, Homero – argumentou, trêmulo.

– Não estou, não!

Homero, rindo, irônico, continuou:

– Você só era alguém, Mássimo Corridoni, porque vivia à sombra do papai. Quando ele partiu, você se apagou. E sabe por que se apagou? Porque nunca teve brilho algum.

A tolerância de Mássimo atingiu seu limite. Não podia suportar mais aquilo, por isso saltou sobre o irmão e o levou ao chão com murros e pontapés. Mas Homero logo se defendeu e, sendo mais forte do que o irmão mais velho, ganhou a briga. Os dois rolavam por entre os túmulos, chegando a rolar por sobre eles, espirrando sangue de seus narizes, bocas e feridas que se abriam diante dos socos. A cena era dantesca.

Homero só parou quando percebeu que o irmão estava todo ensanguentado, vomitando sangue e que morreria se continuasse a esmurrá-lo. Então, recompôs sua pessoa, apanhou seu chapéu e disse antes de partir:

– Nunca mais me procure, seu besta!

Mássimo voltou os olhos inchados para o irmão, os quais já não enxergavam com a mesma nitidez e falou, com voz entrecortada:

– Nós... eu e você éramos unidos... O que houve?

A resposta de Homero saltou-lhe à boca, cheia de ódio:

– Sua ganância, Mássimo. Sua ganância nos separou... cortou nossos elos para sempre!

– Mas irmãos... irmãos nunca devem se separar... o sangue sempre fala mais alto, é o que todos dizem.

Homero curvou-se sobre ele, até ficar a dois palmos de distância do rosto nocauteado do irmão e falou com um ódio mortal:

– Você só se lembrou de mim agora, porque precisa de ajuda, do contrário nunca mais teria me procurado como fez desde que nos desentendemos. Eu poderia morrer que você sequer iria ao meu velório. Sequer derramaria uma lágrima...

– Isso não é verdade.

– É verdade, sim. Não seja hipócrita. Hipocrisia tem limites!

Homero endireitou o corpo, ajeitou o chapéu, tornou a enxugar o rosto com o lenço, tirou o sangue escorrido do nariz com o dorso dos punhos da manga e partiu.

– Homero! – chamou Mássimo com voz fraca. – Não me deixe aqui.

Mas Homero não se deixou condoer pelo irmão.

– Homero, por favor...

Homero se manteve firme na sua marcha em direção ao cavalo, que deixara amarrado a um tronco de árvore, no qual montou e partiu.

Mássimo encolheu-se na posição fetal e se pôs a chorar feito um bebê. Estava sobre a sepultura do pai e quando percebeu o fato, virou-se para a placa de bronze onde estava escrito seu nome e falou:

– Por que me deixou sozinho, papai? Por quê? Diga-me, vamos!

O choro se intensificou. De ódio e revolta, ele batia com os punhos fechados sobre a lápide.

– O senhor não podia ter morrido... Não podia ter me deixado aqui sozinho! Meti os pés pelas mãos... Oh, pai, desculpe-me... Desculpe-me por lhe falar assim. Pela falta de paciência... pelo desespero... por estar nessa situação calamitosa em que me encontro... sou um banana mesmo. Homero tem razão... toda razão. Vivia sob a sua luz, sem o senhor, a minha luz se apagou porque eu nasci mesmo desprovido de luz.

Naquele dia, foi preciso que Mássimo Corridoni se arrastasse para fora do pequeno e humilde cemitério de Serra Dourada. Pelo caminho, em direção a sua casa, encontrou Heraldo, um de seus opositores, que lhe ofereceu carona na garupa do cavalo que montava. Foi assim que ambos ficaram amigos e Mássimo convenceu o fulano a passar para o seu lado, pondo-lhe nas mãos, já que era bom com números, a administração da prefeitura e do banco que surrupiara aos irmãos.

Capítulo 45

Derrota

Final de 1838

Na eleição seguinte Mássimo Corridoni fez dívidas e mais dívidas para garantir sua reeleição, mas desta vez sua derrota foi inevitável. Heraldo, o rapaz que fora seu opositor na eleição passada e que aparentemente havia passado para o seu lado, assumindo a administração da prefeitura, entregou a todos provas de fraude, desvio e lavagem de dinheiro que há muito vinham sendo feitas no local a favor da família Corridoni. Isso lhe garantiu os votos necessários para ganhar a eleição e tornar-se, assim, o novo prefeito da cidade de Serra Dourada. A derrota deixou Mássimo Corridoni acamado por semanas devido a uma forte depressão.

Com a falência do banco, as geadas que acabaram com suas safras, a mania de gastar bem acima do que ganhava anualmente, a destituição do cargo de prefeito, a fonte que Mássimo Corridoni pensou que nunca secaria, secou, deixando-o com uma mão na frente e a outra atrás. Grande parte das terras que ele herdou do pai tiveram de ser vendidas para pagar as dívidas e, diante da total falta de renda, não houve escolha para ele senão ir trabalhar na Corte onde teria mais chances de conseguir um emprego a sua altura graças a um amigo de seu pai dos áureos tempos de política. Foi a única saída que encontrou para poder continuar sustentando sua família.

Diante da situação, Sílvia Calazans Corridoni, esposa de Mássimo, forçou Doralice, sua filha mais nova, a se casar com um rapaz por quem não se interessava, mas que era de família rica o que garantiria sua ascensão financeira.

Doralice, por sua vez, apaixonou-se mesmo por um sapateiro e quando sua mãe descobriu, trancafiou a jovem dentro da casa para que ela não pudesse mais encontrar o moço.

Quando Mássimo voltou em suas férias para visitar a família, encontrou a filha mais jovem adoentada, em pele e osso e quis saber a razão. Sílvia lhe deu a devida explicação sem temer que o marido a recriminasse por sua atitude.

– Fiz bem ou não fiz bem em trancar nossa filha dentro de casa, Mássimo? Onde já se viu querer se casar com um sapateiro? Filho de um sapateiro! Pensei que somente Gabriela fosse a desmiolada da família!

– O problema, Sílvia, é que ela está definhando, presa aqui na casa e isso me preocupa um bocado.

– Nós erramos na educação de nossos filhos, Mássimo... Deveríamos ter-lhes dado muito mais surras do que lhes demos. Ou melhor, do que eu dei, afinal você nunca se manifestou nesse sentido. Agora é tarde para se lamentar...

– Como dizia minha avó "Não se deve chorar pelo leite derramado!"

– Como se não bastasse Gabriela nos dar o desgosto que nos deu, Doralice querendo se casar com um sapateiro, o que só fará sobre o meu cadáver, César, seu filho, está apaixonado pela prima.

– César?! Prima?! Qual delas?

– Filha de Catrina e Matteo, pode uma coisa dessas?

– Oh, Deus...

Fez-se um breve silêncio até que ela perguntasse:

– E você como tem passado longe de nós?

Mássimo gostou de ouvir a esposa, demonstrando preocupação por ele o que há muito parecia não ter.

– Estou fazendo o possível e o impossível para me adaptar, Sílvia.

– Espero, Mássimo, que não esteja gastando tudo o que ganha com suas despesas na Corte.

– Não, Sílvia, não estou...

– Espero que não, mesmo! Pois temos muitos gastos aqui, você sabe.

– Sim, Sílvia, eu sei.

No segundo seguinte ela desembestou a falar de seus problemas e frustrações por não ser mais rica. Era tudo o que Mássimo menos queria ouvir. Estava cansado, cansado de tentar seguir em frente com sua vida.

Com o passar dos dias, Mássimo Corridoni percebeu que a filha mais velha estava morrendo.

– Ela não está morrendo, Mássimo! – revidou Sílvia impiedosa. – Isto é coisa da sua cabeça. Se esmorecermos agora de nada adiantará o que fiz para impedir Doralice de se casar com o sapateiro.

– Pois eu vou tomar uma atitude, Sílvia!

– O que pretende fazer?!

– Você verá!

Sem mais delongas, Mássimo partiu em busca de Valério Buonvino, seu cunhado duas vezes: por ter se casado com Josefina e, depois de enviuvar-se, ter se casado com Cecília. Os dois não tinham uma relação amistosa porque Cecília ainda guardava ressentimento de Mássimo e dos irmãos por não terem concordado com Inaiá em deixar para Florisbela pelo menos uma casa como herança e, também por terem tratado a mãe com indiferença nos últimos anos de sua vida.

– Mássimo – espantou-se Cecília ao vê-lo diante da porta da casa onde morava com o marido e a filha.

– Olá, Cecília. Achei que encontraria Valério em casa a essa hora por ser domingo.

– Sim. Ele está aqui, é seu dia de folga.

Quando Valério apareceu, Mássimo despencou num choro agonizante. Tudo o que conseguiu dizer foi:

– Pelo amor de Deus, Valério, salve a minha filha!

Valério pegou no ombro do cunhado e falou, firmemente:

– Farei o possível, Mássimo. Leve-me até ela, agora, por favor.

Minutos depois, os dois chegavam à casa de Mássimo e logo Valério era conduzido ao quarto da sobrinha. Não precisou examiná-la por muito tempo para compreender que a jovem estava acamada por depressão.

– No estado em que se encontra ela não durará muito tempo.

– O quê? – assustou-se Sílvia. – Como assim?

– Simplesmente assim. Há quanto tempo essa jovem não se alimenta direito? A falta de alimento a deixou fraca, completamente desnutrida. Como se não bastasse a desnutrição, há a depressão...

Sílvia o interrompeu sem cerimônia:

– Ela tem de se alimentar! Deve haver um alimento que desperte o seu apetite, não há?

– Eu vou cuidar da filha de vocês... Mas a meu ver, o melhor a se fazer diante do estado precário de saúde em que ela se encontra é procurar alegrá-la. Fazer algo que a alegre muito, que faça renascer o ânimo em sua pessoa. Não basta só rezar nem chamar um padre para abençoá-la ou uma benzedeira...

– O tal rapaz... – balbuciou Mássimo entre lágrimas.

– Rapaz? – exaltou-se Sílvia – De que rapaz está falando, Mássimo?

Sem mais delongas, Mássimo fez um aceno para Valério, para que ele o aguardasse ali e partiu.

– Mássimo! – berrou Sílvia, perdendo de vez a compostura. – Onde você está indo, seu desmiolado?

Mas o marido não respondeu. Ela, crispando as mãos, espumando de ódio, voltou-se para Valério e indagou:

– O que será que deu nele?

Minutos depois, Mássimo voltava à casa, trazendo consigo o rapaz cuja profissão era a de sapateiro como seu pai, um exímio sapateiro, por sinal, por isso, o mais procurado da cidade.

– O que esse moço está fazendo aqui?! – exaltou-se Sílvia, olhando indignada para o marido e depois enojada para o recém-chegado.

– Doralice está doente por causa dele, Sílvia. Com sua visita ela pode melhorar.

Sílvia amarrou o cenho e a voz:

– Você que não ouse entrar no quarto de nossa filha acompanhado desse... desse... sapateiro vulgar.

O marido enfrentou a esposa como há muito não fazia:

– Pois eu entrarei. E ninguém vai me impedir!

Mássimo passou por ela, puxando o rapaz pelo braço. Valério, que ficara ali ao lado da jovem acamada, levantou-se de onde se encontrava sentado para dar passagem para os dois.

– Doralice – falou Mássimo, procurando despertá-la. – Há uma visita para você.

Quando a moça avistou o moço por quem era apaixonada, seus olhos brilharam entre lágrimas e um sorriso discreto se insinuou na sua face pálida e esquálida.

– Doralice, ouça bem o que eu tenho a lhe dizer – continuou Mássimo também emocionado. – Você e esse moço têm o meu consentimento e a minha bênção para se casarem.

O moço ajoelhou-se junto à cama, pegou a mão da jovem acamada, beijou-a ternamente e falou:

– Ouviu, Doralice? Ouviu o que seu pai disse, meu amor? Ele está consentindo que nos casemos. Está abençoando o nosso casamento.

Outro meio sorriso se insinuou na face da jovem. E quando ele beijou sua testa, algo que fez espontaneamente, o beijo pareceu trazer a jovem novamente, totalmente, de volta à vida. Como um príncipe que ao beijar a princesa num conto de fadas quebra o feitiço que a prendia ao leito.

Valério Buonvino também emocionado, falou:

– Quando a doença é uma doença de amor, só mesmo o amor pode curar.

Mássimo gostou do que ouviu, sorrindo, entre lágrimas, para ele.

– Você acha que agora ela vai melhorar?

– Acredito que sim. Mas devem insistir para que se alimente e tome um pouco de sol. Que não permaneça mais trancafiada neste quarto.

Mássimo assentiu e, minutos depois, disse:

– Agradeço por ter vindo aqui, Valério... Agradeço muito... Só não tenho dinheiro para lhe pagar pela consulta... Pelo menos por hora. Você sabe... com certeza deve estar sabendo da péssima situação financeira em que me encontro.

Valério segurou firme o ombro do cunhado e disse:

– Doralice é minha sobrinha, Mássimo. Você, meu cunhado... Não cobraria de vocês meus honorários.

– Nem sei como lhe agradecer.

– Um simples obrigado é o suficiente.

– Obrigado.

Quando Valério partiu, Mássimo voltou à sala para enfrentar o furacão chamado Sílvia Calazans Corridoni.

– Você não podia ter feito uma coisa dessas, Mássimo! – repreendeu-o, chorosa.

– Pelo visto você preferia ter sua filha morta a se casar com um moço só porque é sapateiro.

– Não é só porque ele é sapateiro, Mássimo! É porque ele é pobre! E da pobreza quero distância! Já basta o que estamos enfrentando depois de sua falência. Doralice poderia muito bem se casar com um rapaz cujo pai tem muitas posses... Há um interessado nela, mas... Ela foi gostar desse bendito sapateiro. É uma estúpida mesmo! Mas ela vai se arrepender, você verá, Mássimo. Ela vai se arrepender e quando isso acontecer, virá até a mim chorando, afirmando que eu tinha razão, toda razão quando me opus ao seu casamento com o sapateiro e irá até você, condenando-o por ter consentido no casamento dos dois.

– Será?

– Pois tenho certeza. Absoluta certeza.

Houve uma breve pausa até que ele perguntasse:

– Alguma notícia de Gabriela?

– Não, Mássimo, nenhuma.

Ele, pensativo, afirmou:

– Eu a amava tanto, ela não podia ter feito isso conosco.

– Esqueça-se daquela ingrata, Mássimo.

– Como posso me esquecer, Sílvia, se ela é minha filha? Desde quando um pai que ama seus filhos se esquece de um assim de uma hora para outra?

– Não é de uma hora para outra. Já se passaram anos desde o ocorrido.

– Ainda assim, não me acostumei à ideia. Penso nela todos os dias. Se está bem, se está passando por alguma necessidade.

– Pois eu, há muito a ignoro. Onde já se viu ter agido como agiu conosco que tanto amor lhe demos? Gabriela foi uma ingrata, a pessoa mais ingrata que conheci.

Mássimo preferiu não mais opinar. Percebeu que o silêncio era o melhor a se fazer naquele momento.

Foi no penúltimo dia de férias de Mássimo Corridoni que Doralice Corridoni se casou com Lúcio Mauro, o sapateiro. Foi um dia feliz para os noivos e para a família do rapaz. Dos Corridoni, somente Valério, Cecília e Ofélia estiveram presentes, além, é lógico, de Mássimo e César Corridoni. Sílvia Calazans Corridoni se recusou a ir ao casamento da filha, ainda que boa parte de sua família tenha comparecido à cerimônia. Foi certamente um baque para Mássimo perceber que seus aliados na política, aos quais, por muito tempo, considerou amigos, não estiveram presentes à cerimônia, sequer enviaram o tradicional presente para os noivos. Quando se está por cima, percebeu Mássimo mais uma vez, é bem diferente de quando se está por baixo.

Corte, Rio de Janeiro, 1840...

Depois de perder tudo o que tinha por causa das geadas e gastos excessivos, Mássimo Corridoni precisou de um bocado de esforço para continuar entusiasmado com a vida. Diante do seu estado deplorável de ânimo, seu amigo barão de Bragança fez-lhe uma sugestão:

– Você precisa se alegrar, homem de Deus. Vou levá-lo ao melhor prostíbulo da cidade.

– Há tanto tempo que não faço sexo que nem mais sei o que é isso – respondeu Mássimo sem faltar com a verdade.

– Mas, meu caro...

– Depois da depressão, perdi o interesse. Minha esposa também. Há muito que me evita com desculpas. Deve ter sido também por ter perdido o interesse.

– Uma mulher se desinteressar por sexo é, na minha opinião, até compreensível, mas um homem... Ah, isso não! Sexo é o que alimenta os homens! Renova o espírito! Depois de uma ou duas horas no tal prostíbulo de que lhe falei, você se tornará um novo homem. Acredite-me!

– Será mesmo, Barão?

– Pode ter certeza.

– Obrigado. Muito obrigado por se preocupar comigo. É sempre tão solícito para com minha pessoa. Sou-lhe eternamente grato por tudo que vem fazendo por mim.

– Meu caro Mássimo! Apanhe seu chapéu e vamos nos divertir. Essa noite é sua!

Pelo caminho traçado pela carruagem, Mássimo Corridoni observou o Rio de Janeiro dos meados do século dezoito.

Diante da dona do bordel, o Barão de Bragança falou:

– Marjorie! Que bom revê-la, minha doçura.

– Barão! – exclamou a mulher. – O prazer é todo meu!

Os dois se abraçaram. Recuando o passo, o barão puxou Mássimo para frente e o apresentou à cortesã de luxo.

– Este é Mássimo Corridoni, um grande amigo meu.

Cumprimentos foram trocados. O barão voltou a se aproximar da exuberante mulher e perguntou entusiasmado:

– Belezura está disponível esta noite?

– Por enquanto, sim.

– Por isso cheguei mais cedo! Quero presenteá-la ao meu amigo.

Medindo Mássimo de cima a baixo, a cortesã de luxo falou:

– O preço dela é três vezes mais do que o das outras, Barão.

– Eu sei. Vou pagar para o meu querido amigo. Está precisando de uma mulher para elevar seu moral.

– Belezura é ideal para elevar o moral dos homens.

– É de uma dessas que ele precisa, Marjorie.

– Vou levá-lo até ela. Já se encontra na suíte máster do nosso recinto.

– Pois vá, vá logo! Este sujeito aqui precisa se animar!

Mássimo, um tanto encabulado, seguiu a cortesã. Já não era o mesmo Mássimo Corridoni, dono de uma invejável autoconfiança que transparecia ter no passado. Era um homem encabulado, de olhar e gestos inseguros, de atitude insegura.

Assim que chegaram ao local, Marjorie abriu a porta e disse:

– Belezura, querida! Tem um cavalheiro para você dar um trato, elevar seu moral.

Mássimo Corridoni hesitou, inseguro, diante da porta. Engoliu em seco, receoso de que não desse conta da tal mulher. Deprimido, achou que poderia fracassar diante dela, o que seria visto por ambos como vergonhoso, especialmente para ele.

Diante do seu impasse, Marjorie Segal encorajou-o a entrar:

– Vamos lá, homem! Relaxe! Não é a sua primeira vez, é? Está mais parecendo um adolescente que é trazido para cá pelo pai para viver seu primeiro intercurso com uma de minhas meninas.

Com delicadeza, ela o puxou para dentro do cômodo e saiu fechando a porta atrás de si. Com dificuldades para encarar a formosura de mulher deitada, nua em pelo sobre uma cama com lençóis de cetim, ele a cumprimentou:

– Olá... Belezura é seu apelido, não é?

– Sim, querido – respondeu a linda criatura com voz macia.

– E-eu... – continuou ele, mas não foi além disso, quando seus olhos se encontraram com os dela, o choque foi inevitável. Diante de Mássimo Corridoni estava sua filha adorada Gabriela Corridoni.

Capítulo 46

Desgosto

O choque fez Mássimo Corridoni recuar, recostar-se contra a porta do aposento, fechar os olhos, espremendo as pálpebras, como se isso pudesse apagar a realidade a sua frente.

Os olhos da jovem se prenderam aos seus, cintilando, verdes e luminosos. Apesar de pintados à moda antiga, eles não precisavam de artifícios para se tornarem lindos. Gabriela ergueu as sobrancelhas num cumprimento particular que despertou calafrios na espinha do pai. Seus joelhos tremeram de assombro. Durante todo aquele movimento frenético seus pensamentos rodopiavam.

– Não pode ser... – murmurou ele em choque.

Ela, recuperando-se rápido, falou:

– O que não pode ser, papai?

– Você... uma prostituta...

– Por que não?

– Porque eu não a eduquei para isso!

– O que o senhor esperava que eu, uma jovem mulher, fizesse da vida, numa sociedade regida por homens, senão a prostituição para pelo menos, forrar meu estômago de comida?!

O ódio na voz dela era evidente.

– Você deveria ter se casado, ter se tornado uma mulher de respeito...

– Quem eu quis, não me quis.

– Escolhesse outro, ora.

– E desde quando se escolhe a quem amar? O amor simplesmente acontece! Eu poderia ter ficado casta, sofrendo calada a minha desilusão amorosa se tivesse herdado alguma coisa do senhor, mas... Nada me seria deixado senão uma casa... Uma humilde casa... Foi o senhor mesmo quem me disse, recorda-se?

– É a tradição de minha família, Gabriela...

– Pois eu respeitei a tradição, papai... Por isso estou aqui neste prostíbulo, defendendo o meu pão de cada dia. Uma casa de herança poderia me abrigar da chuva, mas não forrar diariamente o meu estômago de comida!

– Casando-se, você teria um marido para sustentá-la.

– O senhor não ouviu o que eu disse há pouco, papai?! Quer que eu repita?

– Mas você tinha Feliciano da Cruz, Gabriela! Ele a queria como esposa!

– Queria a mim como esposa até o momento em que descobriu que eu herdaria do senhor somente uma casa. A tradição da família dele é somar e não dividir.

– Que estupidez...

– Tão estúpido quanto a tradição dos Corridoni, papai.

Ele baixou a cabeça, fazendo grande esforço para não chorar.

– Eu a amava... – desabafou, lacrimejando.

Ela, ácida, respondeu:

– Se me amasse mesmo, teria me deixado algum trocado pelo menos. Um trocado da fortuna que o senhor torrou como lenhas numa fogueira.

O horror nos olhos dele se intensificou.

– Como soube?

– As notícias correm, meu pai. Correm com o vento.

O silêncio pairou pesado entre os dois. Um silêncio também desconfortante.

– Vista-se! – ordenou ele, minutos depois, recuperando a postura de pai de antigamente. – Você vai embora daqui agora!

– Para onde? – questionou ela num tom amargurado. – Para o pardieiro em que o senhor mora? Para aquela casa que nem mais é sua em Serra Dourada? Não, meu pai. Permanecerei aqui, agradando os homens, realizando os seus desejos, suas fantasias e juntando alguns trocados para a minha velhice.

Mássimo, voltando a tremer por inteiro, falou entre dentes:

396

– Você é uma imoral.

Ela manteve-se quieta, peitando-o com o olhar.

– Você é uma...

– Pecadora? – adiantou-se ela. – É isso o que o senhor ia dizer?

– Isso mesmo – confirmou ele, enojado.

– Eu sou bem mais do que uma pecadora e uma imoral, meu pai. Sou um ser vivo, tentando sobreviver nesse mundo de *mer...* para o qual o senhor me trouxe. Esse mundo de gente podre, interesseira, que só pensa no próprio umbigo, em satisfazer-se sexualmente, não importando ferir os sentimentos de quem ama, especialmente os de uma mulher. Um mundo podre que com meu charme e beleza tento mascarar, deixá-lo com algum encanto.

Ela se levantou.

– Pelo menos cubra a sua nudez diante de mim que sou seu pai.

Ela deu de ombros.

– O senhor me viu tantas vezes nua, qual o problema de me ver agora?

Ele ia responder, mas desistiu, sabia que qualquer réplica seria confrontada. Gabriela parou diante de uma caixinha de prata na penteadeira e levou até o pai. Diante dele mostrou o que havia ali: inúmeras joias, braceletes, colares, anéis, brincos e broches de muito valor.

– Veja, papai. Quantas joias eles me dão. Além do dinheiro, é claro. Joias e dinheiro de suas mulheres...

Ela riu, debochada e completou:

– Já recebi até proposta de casamento de um fazendeiro rico da região.

– Case-se com ele e abandone essa vida, Gabriela.

Ela girou o pescoço ao redor enquanto seus olhos se encheram d'água.

– Sou feliz aqui, meu pai. Ao me ver desejada por tantos homens, chego a esquecer que um em especial não me quis. Com tantos homens me dando dinheiro, chego a esquecer que o senhor pretendia me deixar sem nada...

Ela tornou a rir, mas agora o riso era tão triste quanto o seu olhar:

– Que ironia do destino, não, papai? O senhor, por uma tradição besta de família, me deixou sem um centavo e, no entanto, quem acabou mais pobre do que eu, foi o senhor.

Ele levou a mão ao peito.

– Espere – pediu ela, erguendo a voz.

Ela pegou a mão dele e depositou sobre ela alguns trocados:

– Fique com isso.

Ele voltou os olhos lacrimejantes para o chumaço de dinheiro entre seus dedos.

– O senhor está precisando que eu sei – completou ela. – E, por favor, papai, pare de bancar pose, ouviu? O senhor agora é tão pobre e miserável quanto o filho bastardo que seu pai teve com a amante.

Ele pensou em lhe responder algo, mas as forças pareciam tê-lo abandonado naquele instante.

– Gabriela... – foi tudo o que disse.

A voz dela se sobrepôs à dele:

– Adeus, papai! Adeus...

Os olhos dele baixaram-se, submissos e, sem mais delongas, Mássimo Corridoni deixou o quarto. Com os pés de chumbo, ele se dirigiu para o grande salão do local; onde tudo lhe parecia agora carregado de intensa nuvem negra. Quando o Barão o avistou, foi até ele.

– O que houve, meu caro? – indagou, intrigado com o rosto ruborizado do amigo.

Mássimo, por mais que tentasse, não conseguia falar.

– Aconteceu alguma coisa? Ah, já sei... brochou?! Não se preocupe, acontece com todo homem mesmo diante de uma delícia daquelas. O que achou dela, hein? Linda, não? Um mulherão. Bendito os pais que puseram essa criatura no mundo. Bendito o dia em que ela se decidiu a alegrar, nós, os homens de bem, por dinheiro.

O Barão gargalhou. Mássimo apenas engoliu suas salivas amargas, com gosto de fel.

Quando Marjorie, minutos depois, reencontrou Gabriela, perguntou:

– O que houve? Você me parece abatida. O cliente a agrediu ou coisa assim?

A jovem voltou-se para ela com seus olhos vermelhos e lacrimejantes e após certa hesitação, respondeu:

– Ele é meu pai, Marjorie. Meu pai.

A cortesã não soube o que dizer. Poucos saberiam, numa hora dessas. E os meses se passaram felizes para alguns e arrastados para outros.

Capítulo 47

Fim do apogeu

Quando Mássimo Corridoni morreu aos 42 (1840), Sílvia Calazans Corridoni ficou sem ter onde morar, por isso foi pedir abrigo na casa da nora que tinha ajudado a conquistar seu filho. Para sua surpresa, a moça não a quis morando com eles. Na rua da amargura, só lhe restou ir bater à porta da casa da filha, a que rejeitou por ter se casado com o sapateiro e foi ele, com bondade infinita, sem jamais guardar rancor no coração, quem lhe deu abrigo, um novo lar.

César Corridoni quis muito ajudar a mãe, mas como dependia agora financeiramente da esposa, não quis contrariá-la, pedindo-lhe alguns trocados. A esposa do rapaz era tão radical quanto sua mãe Catrina, que vinha a ser sua sogra e sua tia ao mesmo tempo, afinal ele havia se casado com sua prima, filha de Matteo e Catrina Gugliano Corridoni. O moço manteve-se subjugado à esposa até o final de sua vida. Para tudo que ela ordenava, dizia-lhe "amém" por medo de ela enjoar-se dele e deixá-lo à mercê da miséria. Era uma negação para dinheiro, mas um bom pai para seus filhos.

No começo de 1841, aos 22 anos, Gabriela abandonou a vida no prostíbulo e voltou para Serra Dourada para rever os pais e dizer que estava prestes a se casar com um homem bem de vida e que poderia ajudá-los financeiramente, abrigando-os na casa na Corte, onde morariam depois de casados. Quando a mãe foi informada de sua presença na casa, Sílvia Corridoni pensou duas vezes antes de se dirigir à sala.

– Olá, mamãe – cumprimentou Gabriela.

Sílvia mediu a filha da cabeça aos pés, transparecendo ódio e repugnância.

– Onde está o papai?

– Onde está o papai? – balbuciou Sílvia cheia de ódio.

– Sim, mamãe. Onde está ele? Tenho ótimas notícias para lhe dar. Para dar a todos.

A mãe empinou o rosto para trás, olhando com superioridade para a filha e disse:

– Seu pai está morto, Gabriela. Morto!

O choque que a moça levou foi inevitável, pois seu maior estímulo em abandonar o prostíbulo fora o de alegrar o pai, mostrar-lhe que seguira seu conselho.

– Morto, a senhora disse?

As palavras mal conseguiram ser articuladas. Sílvia foi áspera com a jovem mais uma vez:

– Está surda por acaso?

A filha se apoiou na mesinha de canto, uma espécie de console, diante da repentina tontura que sentiu. Depois de respirar fundo por algumas vezes, conseguiu voltar a falar:

– Quando aconteceu?

– Foi logo depois que descobriu que você...

Os olhos da moça se arregalaram:

– Então ele contou para a senhora?

A mãe olhou com mais nojo e gravidade para a filha.

– Quero que saiba, minha mãe, que...

Sílvia Corridoni rompeu-se num berro agudo:

– Fora daqui sua...

Gabriela se arrepiou diante da reação da mãe. Sílvia, descontrolada, continuou:

– Você desonrou o nome da nossa família. Por sua causa padecemos. Por sua imoralidade! Por ter se tornado uma imoral e pecadora desgraçou a nossa família. Fora daqui, vamos! Fora!

Sílvia acreditava piamente no que afirmava; desconhecia os verdadeiros motivos que levaram Mássimo à ruína financeira. Fez da filha o bode expiatório para esconder de si mesmo que tudo o que fazemos na vida, de bom ou de ruim, volta para nós!

Ao encontrar o homem que pretendia se casar com ela e que ficara do lado de fora da casa aguardando, Gabriela desabafou:

— Acho melhor você me levar de volta para o prostíbulo. O que me estimulou a mudar de vida foi meu pai e... agora que ele está morto...

— Eu amo você, Gabriela, sei como está se sentindo, mas por favor, dê-me uma chance, pelo menos uma chance de mostrar que posso também ser um estímulo grandioso para fazê-la mudar de vida.

— Minha mãe está certa... Sou mesmo uma pecadora, uma imoral; por minha causa, pelos meus pecados, minha família padeceu, minha família foi à desgraça.

— Quem nunca errou que atire a primeira pedra, disse Jesus.

— Jesus... Há tanto tempo que não penso nele.

— Pois deveria.

— Que moral tem você para falar de Jesus se me encontrou num prostíbulo?

— Não somos perfeitos, Gabriela. Tentamos ser um pouco a cada dia. Como eu disse há pouco: Quem nunca errou, que atire a primeira pedra, disse Jesus.

— É... Talvez você tenha razão.

Ele a forçou a olhar para ele e repetiu:

— Eu amo você, Gabriela, dê-me a chance de mostrar que eu posso também ser um estímulo grandioso para fazê-la viver uma nova vida.

— Antes de partirmos, quero visitar o túmulo de minha família.

— Está bem.

Minutos depois, o casal se encontrava em frente ao local.

— Meu avô Roberto foi um homem poderoso. Poderoso e perverso. Aproveitou-se desta cidade para enriquecer... Explorou pessoas, foi vingativo, desumano para com os escravos, para com minha avó que só lhe queria bem. Foi-lhe também infiel... E como todos, no final, foi vencido pela morte. Deve estar no inferno a uma hora dessas... Só pode.

O homem a seu lado absorveu o comentário em silêncio.

— Espero mesmo que haja um inferno... para que os maus paguem pelo que fizeram. Se bem que... meu pai foi uma réplica de meu avô. Se foi também, deve estar no inferno e, mesmo sabendo que ele foi desonesto para com a cidade e para com seus irmãos e quis deixar a mim e a minha irmã com apenas uma casa de herança, por causa de uma tradição besta de família, eu não queria, não queria que ele fosse para o inferno. É meu pai, sabe... Eu sempre o amei, muito.

– Eu a compreendo, Gabriela.

Ela voltou-se para ele e foi sincera:

– Obrigada, obrigada por me compreender.

Sem mais, os dois partiram do local.

Gabriela Corridoni encontrou a felicidade ao lado de Herval De Albuquerque, de família nobre carioca que provou de fato que ela poderia voltar a amar outro homem e recomeçar a vida mesmo depois de ter sido uma prostituta, uma das mais cobiçadas da Corte.

Dos filhos que Mássimo Corridoni concebeu com sua esposa Sílvia, Doralice foi a mais feliz, casando-se com o sapateiro. Sílvia Calazans Corridoni viveu com eles por quatro anos, morreu nos meados de 1844, de desgosto pelos rumos estranhos que sua vida tomou.

Catrina Gugliano Corridoni, a esposa de Matteo Corridoni, descobriu nos meses que se seguiram que o poder e o dinheiro não eram tudo. Um de seus filhos adoeceu gravemente e ela foi capaz de prometer a Valério Buonvino que se ele salvasse o filho da morte, pagar-lhe-ia o dobro do que cobrava por seus serviços.

Valério empenhou-se ao máximo no seu propósito de salvar o rapaz, não por dinheiro, mas por ser humano, por ser sua obrigação como médico; infelizmente o paciente morreu. Catrina, revoltada, agrediu Valério e Cecília com as palavras mais baixas que se usavam, na época, para ferir alguém.

A fazenda que Catrina tanto estimava e tinha orgulho de ter herdado do marido, ficou. O dinheiro também. O luxo, as posses, tudo enfim, mas o que lhe tinha um valor inestimável perdeu-se, provando, mais uma vez, que nada vale mais do que a vida de quem se ama.

Com o avanço da idade, Homero se sentiu cada vez mais culpado por seus dois filhos terem nascido com retardos e deficiência física, o que, segundo a medicina da época, ocorrera em consequência de algum tipo de doença venérea contraída em suas aventuras com prostitutas. Sua prole morreu jovem como acontecia com todos que nasciam com esse tipo de problema de saúde na época. Ele próprio morreu jovem para um homem daquela época, com apenas 38 anos.

Desgostosa com tudo, sua esposa vendeu por ninharia a fazenda que o marido herdara do pai. Foi comprada por um homem que tinha muitos filhos e que dividiu a fazenda em lotes, doados em vida, para cada um poder se erguer financeiramente.

Conclusão: as terras que Roberto Corridoni tanto se orgulhava de ter comprado ao longo da vida com parte do dinheiro honesto que seu pai juntou e mais o que furtou da prefeitura e da exploração de pessoas humildes, desmembrou-se com o tempo. Em menos de meio século já não pertencia mais a nenhum de seus descendentes. Todos eles agora eram tal e qual os pobres e miseráveis, ignorantes e sem cultura, coitados, iguais aos que Roberto se aproveitou durante anos para enriquecer.

De todos os Corridoni, somente Cecília e Florisbela conseguiram ficar bem de vida... Valério Buonvino prosperou financeiramente por esforço próprio e Ofélia, sua enteada, tornou-se sua herdeira e só lhes deu orgulho e alegria. Florisbela, por sua vez, acabou muito bem financeiramente por Altivo Gallego, seu marido, ter-se tornado um homem de muitas posses.

Enquanto isso, na fazenda dos Millenotti/Nunnari...

Chiara, Filomena e Maurizio encontravam-se ao lado de Liberata, que adoentada lhes disse:

— Estão vendo aquela árvore?

Os netos olharam para lá.

— Pois bem, somos todos como folhas de uma árvore gigantesca. Quando as folhas caem, apodrecem e são sugadas pela terra; nutrem a árvore que dará novas folhas, então, as folhas que virão são as mesmas que caíram num eterno ir e vir...

— Não havia pensado nisso... – confidenciou Filomena.

— Só me pergunto se com o ser humano não acontece o mesmo.

— A senhora quer dizer... – tornou a neta.

— Sim. Viemos da terra e para a terra voltaremos, tal como as folhas de uma árvore, que voltam a nutrir o solo que mantém vivas as árvores já existentes e as que ainda nascerão.

— Será que podemos voltar à vida, vovó? Segundo esse raciocínio, podemos.

— Sim, minha neta. Segundo esse raciocínio, podemos.

Nisso chegou Silas, que sorriu para a esposa e sentou-se ao seu lado. Logo mais, chegaram Umbelina e Elaine. Liberata, cercada pela família se sentiu ainda mais confortada pelo amor que sua família sentia e demonstrava por ela. Dias depois, quando já não lhe restava mais muito tempo de vida, o marido lhe pediu perdão por ter duvidado dela e tê-la abandonado no começo da vida de casados. Ela lhe perdoou e lhe agradeceu imensamente por ter se casado com ela e tê-la feito tão feliz. Ele, emocionado, beijou-lhe os lábios, quase sem vida, que depois do beijo murmuraram:

– Eu o amo, Silas... Sempre o amei muito.

Foi um dia triste para todos quando Liberata desencarnou. A morte, por mais que todos saibam ser inevitável, é sempre chocante e revoltante para muitos. Gorete chorou a perda da mulher que tanto a ajudara como se tivesse perdido uma filha. Ela realmente era extremamente grata a Liberata por tudo que fizera por ela e Mariano.

Depois do funeral, Gianni desabafou com todos: as filhas Chiara e Filomena, a esposa, a tia, Umbelina e o tio Humberto, as tias Glória e Idausina e os primos, Maurizio e Elaine.

– Quando morre alguém que tanto se ama é inevitável não sofrer. Por mais forte que queiramos parecer é inevitável não sofrer. Especialmente quando esse alguém foi tão bom, fez tanto por alguém, pela família e pela sociedade...

É inevitável não se perguntar: por que os bons morrem ao invés dos ruins? Dos que nada têm a acrescentar para a raça humana? Por que quem tanto quer viver, falece e quem não quer, sobrevive? É, a meu ver, um contrassenso. Uma loucura.

Glória opinou:

– Temos de lembrar a nós mesmos que as respostas as nossas perguntas, pelo menos, para essas, não virão. Pelo menos, por ora... E que é preciso prosseguir, desenvolvendo o seu potencial, aquele que Deus nos deu, com dignidade e respeito a si próprio, à vida, a Deus, ao bem. Porque é muito baixo, na minha mais modesta opinião, deixar de fazer tudo isso por causa do ódio e da revolta pela morte.

Idausina também compartilhou com todos sua opinião:

– Concordo com Glória. É uma tolice deixar-se abalar tanto pela morte. O melhor a se fazer é deixá-la no seu devido lugar e, junto dela, todas as perguntas sem respostas. Todo o mistério que gira ao seu redor! É preciso voltar a atenção para a vida, para que possamos fazer dela uma vida melhor para todos. É só o que nos resta.

Todos concordaram.

Naquele mesmo dia, Umbelina quis ir visitar o ribeirão. Quando lá, ao lado do marido e da filha, olhando para o horizonte, comentou:

– Até parece que foi ontem que vínhamos aqui brincar e nadar nessas águas cristalinas. Deus meu, como o tempo passa... Ainda me lembro como se fosse ontem quando eu, mamãe e meus irmãos chegamos a estas terras trazidos para cá pela bondade de Mario e Margarita Corridoni. Foi difícil, foi sim, para todos nós, mas vencemos dessa maneira todas as dificuldades e isso é uma vitória, a meu ver, da alma.

Umbelina suspirou e acrescentou:

– De todos os que vieram da Itália só restou eu. Jamais pensei que seria a última a morrer. E agora me ocorre algo muito interessante: o que é a vida sem a morte? É por ela que apreciamos melhor a vida, que nos entregamos de corpo e alma para a vida, que procuramos fazê-la valer a pena, valorizamos cada segundo seu, amamos intensamente o próximo, damos-lhe o devido valor. A morte não é só uma bênção para os doentes necessitados de paz física e mental, é também o elixir da vida.

Humberto pegou na mão direita da esposa e Elaine na sua esquerda.

– Vamos para casa, Umbelina – disse ele, amável como sempre. – A vida continua...

– Sim, mamãe – enfatizou Elaine. – A vida sempre continua.

Assim, os três voltaram caminhando para a casa-grande da fazenda, deixada de herança para eles por Lamartine Millenotti.

Silas Barcelos, o marido de Liberata, morreu um ano depois da esposa.

Gorete Damasceno faleceu a seguir de câncer provocado pelo ressentimento com tudo a que se sujeitou na vida para tentar ser feliz. Pela tristeza que sentiu por Roberto ter morrido sem deixar parte de sua herança a seu filho e também pelo sentimento de culpa por ter-se tornado amante de um homem casado, tido um filho com ele, receosa de que ele se voltasse contra ela e o menino se o descobrisse. Tudo enfim que nos abala emocionalmente e nos leva a adoecer física e mentalmente.

Humberto foi o próximo a desencarnar, seguido por Umbelina. Em cinco anos, cinco membros daquela família morreram, o que deixou todos muito abalados. Mas a vida tinha de continuar porque as novas gerações dependiam dos mais velhos para crescerem e se estruturarem na vida.

Nesse ínterim, Florisbela, aos quarenta anos, descobriu que estava grávida. A notícia a pegou, tanto ela quanto ao marido, totalmente desprevenidos.

– Grávida?! – espantou-se Altivo.

– Sim, meu querido.

Ele, subitamente, não sabia mais o que dizer.

– Só há um problema...

– É que...

– Diga.

– É que é uma gravidez de risco.

– Foi o médico quem disse?

– Foi. Deixou bem claro que ter um filho na minha idade é muito perigoso. A criança pode morrer durante o parto ou eu. Ou os dois.

Altivo abraçou a esposa e disse:

– Então...

Ela se desvencilhou dos braços dele e foi bem clara:

– Não, Altivo! Um aborto nem pensar.

– Mas neste caso, Florisbela...

– É contra os princípios de Deus.

– Há casos e casos... No seu é para poupar a sua vida.

– Apesar disso, estou decidida a ter essa criança ainda que eu morra para tê-la.

– Você tem certeza?

– Absoluta.

Altivo tornou a abraçar Florisbela e expressar sua inquietação:

– Oh, Deus... Eu não quero perdê-la, Florisbela... Não, não, não... Nunca!

– Com a graça de Deus nós dois sobreviveremos, Altivo. Você verá!

– Com a graça de Deus?

– Por que o tom de deboche?

– É porque já contei com Deus antes e, bem, ele falhou comigo.

Ela refletiu por segundos e disse, determinada:

– Terei essa criança, Altivo. Terei sim, estou decidida.

– Oh, meu amor...

– Não se preocupe... Tudo vai acabar bem.

Massageando o ventre, declarou:

– Seremos muito felizes ao lado de mais este filho.

Altivo procurou sorrir, mas no íntimo, mantinha-se preocupado com a gravidez de risco da esposa adorada.

Meses depois, Florisbela dava à luz ao bebê.

– Se eu não sobreviver – disse ela ao marido – crie nosso filho ou filha com o mesmo amor que criou os outros. Por favor, eu lhe imploro.

– Você vai sobreviver, Florisbela, acredite.

Ele apertava com ternura a mão da esposa.

Pela graça de Deus, Florisbela e a criança sobreviveram. Era um menino forte e sadio.

– Que nome poremos nele?

– Se não se importar, meu querido... eu gostaria de chamá-lo de Roberto em homenagem ao meu pai. Assim que bati os olhos nele me lembrei dele, sabe? Muito.

– Está bem, meu amor. Nosso filho caçula se chamará Roberto Corridoni Gallego em homenagem ao seu pai.

Florisbela sorriu e olhou com ternura para a criança adormecida em seus braços. Linda, fofa e que, por um motivo que não sabia explicar, lembrava, e muito, o pai que tanto amou e odiou ao mesmo tempo.

E foi assim que Roberto Corridoni reencarnou novamente. Dessa vez, porém, com o nome de Roberto Corridoni Gallego.

Epílogo

Nos anos que se seguiram, uma nova mania começou na Europa, precisamente, em Paris, a cidade que desde o início de 1850 ganhava ares cosmopolitas, com novos parques e a construção de bulevares e avenidas largas que convergiam no Arco do Triunfo, símbolo da força da modernidade e da nova burguesia francesa.

Era tempo da revolução industrial e descobertas científicas, que tornavam o homem capaz de explicar e interferir nos fenômenos ao seu redor. Ou em quase todos. A cidade se preparava para virar o século como a Cidade das Luzes.

Foi ali que o francês Hippolyte Léon Denizard Rivail fundou o que viria ser a doutrina Espírita. Nascido em 3 de outubro de 1804, em Lyon, na França, e filho de Jean Baptiste Antoine Rivail e Jeanne Louise Duhamel, Hippolyte, após realizar seus primeiros estudos em Bourg, partiu para a Suíça, em 1814, por vontade dos pais, onde ingressou no instituto de Yverdon, cujo diretor era Jean-Henri Pestalozzi.

Ali, se colocavam em prática princípios que revolucionaram a pedagogia e fizeram do local o mais célebre instituto pedagógico de toda a Europa, na época, atraindo estudantes de todos os cantos do continente.

Em Yverdon a responsabilidade cabia ao aluno e o estudo era motivo de prazer. Nesse clima de aceitação e respeito, o jovem Hippolyte assimilou virtudes que muito contribuíram na formação de seu caráter.

Diplomou-se em 1818, deixando o instituto com excelente preparo intelectual e notável formação moral. Falava inglês, alemão e holandês, além do francês, sua língua nativa.

Alguns anos após ter deixado Yverdon, fundou uma escola que seguia a linha Pestalozzi, que usava métodos mnemônicos para não cansar o aluno e fazê-lo aprender com facilidade e rapidez.

Casou-se em 1832, com Amelie-Gabrielle Boudet, de quem recebeu o mais irrestrito apoio, tanto como brilhante pedagogo como na missão de codificador Espírita que surgiria a seguir.

Hippolyte, depois de ouvir falar a respeito do fenômeno das mesas girantes, mesas que, além de se moverem, respondiam ao que se perguntava, decidiu ver com os próprios olhos se tudo aquilo era mesmo verdade.

As primeiras experiências observadas pelo francês se deram na residência da Senhora Plainemaison, à rua Grange-Batelière n° 18, numa terça-feira de maio, à noite. Impressionado com o que viu, Hippolyte decidiu estudar o fenômeno mais profundamente.

Foi assim que começou a descobrir, por meio do contato com o espírito que se apresentava com o nome de Espírito da Verdade, fatos muito interessantes sobre a vida. Como por exemplo:

"Se não obtiver resposta alguma de um ente querido por meio das mesas giratórias, não quer dizer que ele não esteja vivo no Além, mas simplesmente que nem todos os espíritos têm condições de se comunicar com os vivos, por motivos diversos, no momento."

Desse contato nasceu o *Livro dos Espíritos*, assinado com o pseudônimo de Allan Kardec, publicado em 18 de abril de 1857, com 501 questões, impresso em duas colunas, uma com as perguntas e a outra com as respostas dos espíritos.

Nos anos subsequentes, de 1857 a 1869, Hippólyte se dedicou inteiramente ao Espiritismo. Fundou a Sociedade Parisiense de Estudos Espíritas (01/04/1858), criou a Revista Espírita (1858), estabeleceu um formidável sistema de correspondência com vários países. Viajou, fez conferências, estimulou a criação de novos centros e, complementando a sua missão de codificador, levou ao prelo os seguintes volumes que compõem, juntamente com "O Livro dos Espíritos", o chamado Pentateuco Kardequiano:

O Livro dos Médiuns (1861)

O Evangelho Segundo o Espiritismo (1864)

O Céu e o Inferno (1865)

A Gênese (1868)

Hippólyte desencarnou em 31 de março de 1869, provavelmente vitimado por um acidente vascular cerebral, à rua Sainte-Anne n.º 25, onde vivera nos dez últimos anos. Tinha 65 anos incompletos.

Foi sepultado no Cemitério do Père-Lachaise, uma célebre necrópole da capital francesa. Junto ao túmulo, erguido como os dólmens druídicos, escreveu-se em francês seu lema:

"Nascer, morrer, renascer ainda e progredir sem cessar, tal é a lei".

Em seu sepultamento, seu amigo, o astrônomo francês Camille Flammarion proferiu o seguinte discurso, ressaltando a sua admiração por aquele que ali baixava ao túmulo:

"Voltaste a esse mundo donde viemos e colhes o fruto de teus estudos terrestres. Aos nossos pés dorme o teu envoltório, extinguiu-se o teu cérebro, fecharam-se-te os olhos para não mais se abrirem, não mais ouvida será a tua palavra... Sabemos que todos havemos de mergulhar nesse mesmo último sono, de volver a essa mesma inércia, a esse mesmo pó. Mas, não é nesse envoltório que pomos a nossa glória e a nossa esperança. Tomba o corpo, a alma permanece e retorna ao Espaço. Encontrar-nos-emos num mundo melhor e no céu imenso onde usaremos das nossas mais preciosas faculdades, onde continuaremos os estudos para cujo desenvolvimento a Terra é teatro por demais acanhado. (...) Até à vista, meu caro Allan Kardec, até à vista!".

Sua obra desde então ganhou diversos adeptos, sendo que no Brasil do século seguinte atingiu o ápice, por meio de Chico Xavier.

Durante esse mesmo período, Florisbela procurou educar o filho temporão, Roberto Corridoni Gallego, com total empenho. Visto que os demais já estavam crescidos, o garoto tornou-se o centro de sua atenção.

– Sabe para que servem as histórias, Roberto? Para aprendermos com elas, procurarmos não cometer os mesmos erros.

– Por que a senhora está me dizendo isso?

– Porque os pais são bons conselheiros.

– Todos?

– Bem... a maioria. Tentam ser, pelo menos.

– O pai da senhora? Ele foi?

– Na medida do possível. Muito do que nos aconselhou, ou o modo como nos tratou foi por trauma, ignorância da época. Às vezes cometemos besteiras e sabemos que estamos errados, mas não queremos admitir. Este é o nosso pior equívoco. Mas eu quero ser aquela mãe que diz coisas para um filho que fiquem gravadas na sua memória para sempre e possam ajudá-lo a ter uma vida feliz, a lidar melhor com os imprevistos ou desafios que a vida lhe trouxer.

– Imprevistos? Desafios?

– Sim, Roberto. A vida é feita de muitos imprevistos e muitos desafios. Para alguns mais do que para outros, mas é assim.

– Por que para alguns há mais desafios do que para os outros?

– Isso, eu não sei explicar, mas um dia saberemos de muito que não sabemos hoje. De muito que não temos condições de compreender, atualmente.

– E de que adiantará para nós saber disso tudo no futuro se já estaremos mortos?

– Você tem razão, mas, pelo menos, os meus e os seus herdeiros serão beneficiados com a informação.

– De que vale eles serem beneficiados e eu não, a senhora, não, o papai, não?

– A vida é assim... Esse é o processo.

– Mas está errado. Pois todos deveriam se beneficiar das descobertas.

– Não se revolte contra a vida, Roberto!

– Por que não? O que tenho a perder? A senhora fala dela como se fosse uma pessoa que pode se vingar de mim. Vida é apenas vida, não tem cérebro, não tem nada. NADA! Compreendeu?

– Mas vida é uma palavra que muitos usam para se referir a Deus sem perceber que é um sinônimo de Deus.

– Pois então, minha mãe, se me permite, refaço a frase sem nenhum receio: A vida, Deus está errado. Pois todos deveriam se beneficiar das descobertas. E Deus ao que me parece não tem cérebro, não tem nada. NADA! Compreendeu? Porque se tivesse, agiria com justiça para com todos nós. JUSTIÇA!!!!

– E como fez você, eu torno a repetir, substituindo palavras: Não se revolte contra a vida, nem contra Deus, Roberto!

– Por que Ele vai se vingar de mim?

– Não. Penso que Deus não se vinga de ninguém.

– Qual o problema então de eu me revoltar contra Ele?

– O problema consiste no fato de que viver sem contar com Deus, mesmo Ele não dando provas de que irá ajudá-lo, é muito mais difícil de se viver. Crendo em Deus, parecemos mais fortes, mais dispostos a lidar com a vida e suas intempéries. Sem Deus, as travessias nos parecem bem mais difíceis.

Roberto quedou, pensativo.

No ano de 1857, Roberto Corridoni Gallego havia se tornado um garoto de 16 anos muito viçoso, que adorava montar cavalos e correr pelas lindas planícies ao redor da fazenda de seu pai. Certo dia, chegou à sede da fazenda e disse:

– Estou indo a Santa Mariana, papai. Quer vir comigo?

Florisbela se opôs à ideia no mesmo instante.

– A Santa Mariana, Roberto?! Mas é tão longe!

– Mas eu tenho de ir, mamãe.

– Mande um escravo no seu lugar.

Altivo interveio:

– É bom que vá ele mesmo, está mais do que na hora de alçar outros voos.

E voltando-se para o filho, o pai concluiu:

– Minha coluna não suporta mais viagens longas, filho, e você indo a cavalo é muito mais rápido do que a charrete.

– Nisso o senhor tem razão.

O rapaz apeou com ar descontraído, quase animado e despediu-se:

– *Inté!*

– Ele não deveria ir só... – murmurou Florisbela, com uma expressão pensativa nos olhos cinzentos.

– Por quê? – disse a voz severa de Altivo, cuja expressão, no entanto, abrandou-se ao fitá-la.

– Porque tive um mau pressentimento – admitiu ela depois de refletir.

As pequenas mãos de Florisbela se ergueram num gesto protetor, para afastar o mau agouro que previu em torno do filho adorado.

Nisso, dois espíritos que assistiam ao desenrolar dos rumos que Roberto Corridoni dava para sua vida, comentaram um com o outro.

– Ela está certa?

– Quem? A mãe?

– Possivelmente, sim.

– Hum... O que acontecerá com ele?

– Nada de tão grave...

– Mas ela pressupôs que seria algo grave.

– Foi um exagero de mãe. O que ele encontrará a caminho de Santa Mariana é apenas o destino... O destino que ele plantou e agora vai colher.

Roberto cavalgava até que com certa tranquilidade em direção do vilarejo de Santa Mariana, quando avistou um monte perto da estrada que muito lhe chamou a atenção. No mesmo instante fez sinal para o cavalo parar.

– Que estranho – comentou consigo enquanto alisava a crina do animal num afago caloroso. – Esse lugar me parece familiar.

Ele estudou a planície de um lado a outro, atentamente.

– Isso tudo – repetiu ziguezagueando os olhos de uma direção a outra. – Já estive aqui. Já estive aqui antes. Quando?

Deu um suspiro e seu ar de superioridade, que todos tanto detestavam, cedeu lugar a uma expressão de profunda curiosidade.

– Vamos até lá, meu bom cavalo... Quero saber por que esse lugar me é tão familiar.

Foi neste exato momento que ele ouviu o galope de um outro animal.

– Boa tarde – cumprimentou o estranho que se aproximou.

– Boa tarde – respondeu Roberto, prestando melhor atenção ao humilde senhor que chegara.

– O senhor não é daqui, não é mesmo? – indagou o tal homem.

– Não – respondeu Roberto sem saber ao certo se devia. – Venho de uma outra cidade. Estou indo para Santa Mariana.

– É logo ali.

O homem apontou com o dedo e Roberto o acompanhou. Depois, estudando atentamente o semblante de Roberto, o homem comentou:

– O senhor me parece intrigado com alguma coisa. O que é?

– Aquele monte – respondeu Roberto após breve hesitação, apontando na direção. – A quem pertence aquelas terras?

– Aos herdeiros do Senhor Millenotti – respondeu o homem com surpreendente presteza. – Mas nenhum carrega seu sobrenome. O homem deixou

413

toda a fazenda, muitos alqueires de terra, para seus enteados. Estes também já morreram, os filhos deles é que hoje são os proprietários.

– Curioso, sabe? Já tive a impressão de ter estado aqui. Mas nunca...

– Esteve? Tem certeza?

– Bem, pode ter sido quando eu era criança.

O homem teve uma visão.

– E foi, só que noutra fase de sua vida... noutra fase de sua existência na Terra.

Roberto enviesou o olhar.

– Como?

– Por mais que eu tente lhe explicar, você não me compreenderá. Poderá até me compreender, sim, mas se recusará a aceitar o que compreendeu.

– O senhor é maluco, por acaso?

O homem não respondeu, permaneceu sério.

– Quer saber de uma coisa? – decidiu-se Roberto. – Vou até lá, vou até lá para tirar essa cisma. Quero saber se estive ou não estive aqui antes. Quero a verdade.

Ele já movia o cavalo quando a voz grave do senhor o chamou:

– Meu jovem...

O tom do estranho deteve Roberto, fazendo-o olhar novamente para trás.

– Não procure a verdade. Você pode não gostar do que vai encontrar.

Bem no fundo dos olhos de Roberto algo brilhou como um incêndio. Ainda que o conselho o tivesse assustado, ele prosseguiu, determinado e invadiu as terras que hoje pertenciam aos filhos de Maurizio, Umbelina e Liberata Nunnari.

Em meio à ansiedade de chegar ao topo do monte, à vontade de desvendar aquele curioso mistério que se abrira subitamente em sua vida, as palavras do senhor, ditas há pouco se repetiram: "Não procure a verdade. Você pode não gostar do que vai encontrar."

Ele suspirou e repetiu:

– Não procure a verdade. Você pode não gostar do que vai encontrar – repetiu, com ar de troça. – Por que diabos aquele sujeito me disse isso?

Uma súbita revoada de pássaros se ergueu, assustando o cavalo que Roberto montava. O animal empinou e Roberto, por estar distraído, não teve tempo de se segurar, despencou do animal, caindo e ferindo a perna. Enquanto ele gemia de dor, o cavalo foi se afastando dele... Ao perceber, chamou o brutamontes na esperança de que voltasse; se o deixasse ali, seria o mesmo que deixá-lo exposto à morte, até que o encontrassem já estaria morto de dor ou de fome.

– Socorro! – começou Roberto a gritar com voz entrevada de dor. – Socorro!

Não muito longe dali, o boiadeiro e o capataz da fazenda conduziam a boiada com um berrante de volta para a mangueira. A boiada descia desembestada a colina, seguindo na direção em que Roberto estava caído, onde o inevitável aconteceria: passariam por cima dele se ele não saísse dali urgentemente. Ao ver o que estava prestes a lhe acontecer, sua garganta secou e o horror se apossou da sua pessoa.

– Deus meu. Estou perdido.

A boiada continuava, disparada, vindo na sua direção.

– Socorro! – gritou Roberto, mais uma vez. – Alguém, pelo amor de Deus, me ajude.

Foi então que uma sombra chamou sua atenção, ao seu lado surgiu um moço. O rapaz ficou imóvel por instantes, encarando sua pessoa estirada ao chão, implorando por socorro e teve a certeza de já ter visto aquela cena em algum lugar do tempo e espaço.

Elevando a mão ainda mais para o alto, Roberto tornou a suplicar:

– Ajude-me, por favor. Ajude-me!

E os olhos de Roberto e do recém-chegado ficaram colados um ao outro enquanto a boiada se aproximava do local.

*Participaram dessa
segunda fase da história:*

Margarita Lozano Corridoni e o filho Roberto Lozano Corridoni.

Inaiá Amarante, esposa de Roberto Corridoni com quem teve seis filhos: Mássimo, os gêmeos Matteo e Cecília, Homero, Josefina e Florisbela.

Sílvia Calazans Frigeri, esposa de Mássimo Corridoni, pais de César, Doralice e Gabriela Corridoni.

Catrina Gugliano esposa de Matteo Corridoni. O nome dos filhos não foi mencionado.

Giselle Maringolo, esposa de Homero. O nome dos filhos não foi mencionado.

Valério Buonvino, marido de Josefina e que se casou com Cecília após sua viuvez.

Henrique Araújo, o primeiro marido de Cecília com quem teve uma filha, Ofélia Corridoni Araujo.

Altivo Gallego, marido de Florisbela, com quem gerou Roberto, filho caçula, reencarnação do próprio Roberto Corridoni. Só foi mencionado o nome deste filho do casal.

Gorete Damasceno, amante de Roberto, com quem teve o filho bastardo Mariano.

Etelvina, a escrava de confiança de Inaiá Corridoni.

Madalena, a escrava que foi usada e abusada pelos brancos da fazenda Corridoni.

Gianluza Nunnari e Lamartine Millenotti.

Umbelina Nunnari e seu marido Humberto Domingues, pais de Elaine Nunnari Domingues.

416

Liberata Nunnari, esposa de Silas Barcelos, pais de Gianni Nunnari Barcelos.

Romilda, esposa de Gianni (Neto) com quem gerou Chiara e Filomena.

A escrava Glória, viúva de Maurizio Nunnari, mãe de Giulio Nunnari, avó de Maurizio Nunnari Neto e irmã de Idausina, a escrava que passou poucas e boas nas mãos de Roberto Corridoni.

Hercília, esposa de Giulio com quem gerou Maurizio Nunnari Neto, reencarnação do próprio Maurizio Nunnari que voltou mais uma vez para lutar pelo fim da escravidão no Brasil.

Entre outros...

Lembrando que Florisbela foi a reencarnação de Mario Corridoni e Gianni Barcelos, a reencarnação de Gianni Nunnari, personagens de destaque da primeira fase da história.

Prepare-se, muitas emoções ainda estão por vir em "A eternidade das Paixões", o terceiro livro desta série.

Leia agora trechos de
"A Eternidade das Paixões" *o terceiro livro da trilogia.*

Gabriela Corridoni, filha de Mássimo e Silvia Corridoni, sobrinha de Florisbela, prima de Roberto Gallego, neta do poderoso e impiedoso Roberto Corridoni, havia partido para a Europa após a morte do marido. Planejara fazer a viagem com ele, mas o destino mudara os planos do casal.

De todos os países, foi pela França que ela mais se encantou. Das cidades, certamente, por Paris, que desde o início de 1850 ganhava ares cosmopolitas, com novos parques e a construção de bulevares e avenidas largas que convergiam no Arco do Triunfo, símbolo da força da modernidade e da nova burguesia francesa.

Era tempo da revolução industrial e descobertas científicas, que tornavam o homem capaz de explicar e interferir nos fenômenos ao seu redor. Ou em quase todos.

Foi ali que Gabriela teve a oportunidade de participar de uma das reuniões na residência da Senhora Plainemaison, à rua Grange-Batelière n° 18, onde se estudava o fenômeno das mesas girantes, mesas que além de se moverem, respondiam ao que se lhes perguntava e escritas mediúnicas.

Logo, Gabriela veio a se interessar pelos estudos feitos pelo francês Hippolyte Léon Denizard Rivail que se tornou o codificador da doutrina Espírita.

Gabriela, impressionada com tudo aquilo, dedicou-se ao estudos da doutrina Espírita com unhas e dentes. Certo dia, aos 39 anos de idade, uma de suas colegas de estudo sobre reencarnação lhe disse algo que muito a impressionou.

– Você está querendo me dizer... - balbuciou ela –, que meu pai já pode ter encarnado outra vez?

– Se for importante para ele, para o espírito dele, sim! Ou já reencarnou ou está prestes a reencarnar outra vez.

– Se isso for mesmo verdade, em que família ele irá renascer?

– Geralmente os espíritos buscam reencarnar ao lado de espíritos afins. Geralmente buscam renascer no seio da mesma família.

– Nossa...

– Você ainda tem muito a aprender sobre os processos de reencarnação, Gabriela. Da mesma forma que o espírito de cada um de nós tem também muito a aprender por meio das reencarnações. As lições não param. O que difere de um espírito para o outro é o modo como cada um lida com as lições que recebe.

Gabriela corou, pensativa.

Assim que voltou para o Brasil, Gabriela foi atrás de Florisbela, a tia com quem mais tinha afinidade. Para ela contou tudo a respeito do que descobriu sobre o processo das reencarnações.

– Allan Kardec, você disse?

– Sim. Um homem maravilhoso, que muito vem acrescentando à vida.

Florisbela refletiu antes de opinar:

– Mas você acha mesmo que isso seja verdade?

– A senhora quer dizer, sobre as mesas giratórias?

– Não! Sobre a reencarnação. Que nós voltamos a viver na Terra por meio de outros corpos?

– Sim, titia. E não acredito só porque ele falou, mas porque percebi que o processo de reencarnações faz total sentido. Só ele explica muita coisa, responde muitos porquês.

– Tal como, por exemplo?

– O fato de uns terem uma vida mais fácil do que os outros. Nascerem com uma personalidade diferente das demais, dons diferentes, serem mais hábeis para algumas coisas do que para outras.

– Eu acho tudo fantástico demais... Não sei se posso acreditar em algo tão... absurdo.

– Absurdo?

– Sim, Gabriela, absurdo.

– Não opine, titia, até que conheça mais a fundo a doutrina.

– Está bem, está bem... Com você morando agora aqui comigo definitivamente, teremos muito o que conversar.

– Definitivamente?!

– Sim. Você não espera que eu a deixe partir para ir morar sozinha em algum lugar qualquer. O pouco ou muito do dinheiro que seu marido lhe deixou é melhor guardar para a sua velhice.

– É...

Quando Gabriela foi apresentada a Inaiá (Vivendo agora uma nova reencarnação), ambas também tiveram uma identificação imediata uma com a outra. Não era para menos, Inaiá havia sido a avó querida de Gabriela em sua última reencarnação. Só mesmo Gabriela, por ter agora conhecimento sobre o processo de reencarnações, pôde compreender o porquê de tão grande e surpreendente Identificação entre as duas como se fossem velhas conhecidas. Explicar, porém, tudo isso para Inaiá, não cabia no momento; a moça certamente pensaria que ela era louca como a maioria pensava, ao ouvir falar a respeito na época.

Tempos depois...

Foi quando Roberto despertou de uma sesta que ouviu, sem ser visto, Gabriela contando para Inaiá a respeito de seu passado como prostituta de luxo na Corte.

– Quer dizer... – balbuciou Inaiá, não conseguindo esconder o choque que teve com a notícia.

– Sim... Eu estava tão revoltada com a decisão de meu pai de não deixar nada de sua herança para mim e por ter perdido o moço que eu tanto amava por esse motivo, que me vi disposta a qualquer coisa para afrontar todos. Quando me arrependi do que fiz, já era tarde demais para voltar atrás. O pior aconteceu quando meu pai descobriu o que eu fazia e da pior forma que havia. Foi horrível...

– Você deve ter sofrido um bocado, Gabriela – falou Inaiá com verdadeiro pesar por tudo o que a prima havia vivido no passado.

Roberto, já não podendo se aguentar mais, entrou na sala, surpreendendo as duas mulheres com sua chegada repentina. Sua face estava vermelha, uma mistura de rubor e cólera. Fuzilava Gabriela com os olhos, transparecendo uma revolta jamais vista antes ali por alguém. Talvez nem por ele próprio.

– Eu já havia chegado à conclusão de que você era louca, por falar em vida após a morte, em reencarnação – começou ele, enfurecido. – Mas agora sei por que se tornou louca. Porque era uma prostituta de luxo na Corte. Foi essa indecência que a deixou pinel.

– Roberto, ouça-me – tentou se defender Gabriela.

– Ouvir você, uma prostituta de luxo?!!!

– Não julgue alguém antes de saber profundamente sua história. O que ela passou para chegar aonde chegou.

– Você não presta!

– Não fale assim comigo! Não lhe dou esse direito.

– E que direitos tem uma cortesã? A meu ver, nenhum!

– Roberto, ouça-me! As coisas nem sempre são o que parecem. Eu estava decepcionada com a vida quando fui embora para o Rio de Janeiro. O moço que eu amava não me quis porque eu não herdaria nada do meu pai por causa de uma tradição besta de nossa família. Revoltada com isso, fui embora e a única forma que encontrei para sobreviver foi me prostituindo.

– Só havia essa forma?!

– Que possibilidades tem uma mulher nessa sociedade dominada pelos homens? Nós não só não temos voz ativa, como também não temos onde trabalhar. Acabamos submissas aos nossos maridos, quando casamos e...

Ela caiu num pranto enquanto Roberto foi cruel mais uma vez:

– Enxugue já essas lágrimas! Essas lágrimas imundas! E fora, fora da minha casa, fora das minhas terras, já, vamos!

– Roberto não faça isso comigo! Eu amo seus filhos como se fossem meus! Apeguei-me a eles imensamente nesses últimos anos.

– É pelo próprio bem deles que a quero longe daqui! Muito longe! Sua presença nesta casa pode desvirtuar seus caminhos e isso eu não posso permitir.

Inaiá tentou, mais uma vez, falar:

– Roberto, por favor...

Bastou seu olhar para que ela se calasse. Voltando-se para a prima, ele foi novamente impiedoso:

– Além de imoral, pecadora e depravada, você é uma desmiolada e não quero meus filhos crescendo ao lado de uma desmiolada. Fora daqui, fora, fora!

As últimas três palavras soaram num berro agudo e histérico.

– Quando eu voltar para esta sala, você já deve estar bem longe desta casa.

Assim que ele deixou o aposento, Inaiá voltou seus olhos vermelhos e lacrimejantes para Gabriela.

– E-eu... eu sinto muito por tudo isso, Gabriela. Jamais pensei que Roberto fosse reagir dessa forma, justo com você que era a sobrinha adorada de sua mãe. Jamais pensei que ele fosse mudar, como vem mudando, desde a morte dela. Ao invés de tornar-se mais humano, parece-me cada vez mais inumano.

– As pessoas mudam ao longo da vida, Inaiá. Algumas para melhor, outras para pior, infelizmente.

– O que será de você longe daqui?

– Não se preocupe comigo, minha querida.

– Preocupo-me sim, se Dona Florisbela estivesse aqui ela não permitiria uma barbaridade dessas por parte do filho.

– Infelizmente ela já não está mais.

– Oh, minha querida...

Inaiá abraçou a mulher que aprendeu a amar nos últimos tempos e, por quem tinha verdadeiro apreço, herança da vida anterior àquela.

– É melhor eu ir arrumar as minhas coisas.

Assim que deu um passo, Inaiá falou:

– E eu vou tentar falar com o Roberto mais uma vez. A seu favor.

– Ele não voltará atrás, Inaiá. Desista!

– Não, ainda.

Sem mais delongas cada uma partiu para uma direção da morada. Assim que entrou no aposento que dividia com o marido, Inaiá limpou a garganta e falou:

– Roberto, pelo amor de Deus, ouça-me!

O marido voltou-se para ela como um raio, fuzilando-a com os olhos.

– Roberto... – continuou Inaiá, trêmula –, Gabriela salvou seu filho, esqueceu-se? Se não fosse ela, Augusto teria morrido.

– E daí?!

A pergunta soou num berro.

– E daí que ela salvou o seu filho, o varão que você tanto queria. O único!

– Salvou Augusto por mero acaso.

– Roberto, por favor.

– Cale essa boca! Quem manda nesta casa, sou eu! Quem é dono disso tudo, sou eu! Você não passa de uma mulher para gerar os filhos que eu preciso ter.

– Não seja injusto, Roberto. Pense na sua mãe. No que ela diria diante disso tudo.

– Minha mãe está morta, Inaiá!

– Respeite sua memória. Ela amava Gabriela como uma filha.

– Amava uma prostituta! Onde já se viu amar uma prostituta? Onde?!

– Não se precipite, meu marido.

– Se você continuar defendendo essa prostituta, Inaiá, vou começar a pensar que você é tal e qual a ela. Tem alma de rameira.

– Roberto, por favor...

– Por favor, digo eu, Inaiá!

Inaiá não soube mais o que dizer.

– Amanhã mesmo quero o padre benzendo esta casa. Mande buscá-lo logo pela manhã.

Foi logo depois de o casal voltar para a sala que Gabriela apareceu, puxando as malas.

– Eu vou chamar um escravo para ajudá-la – prontificou-se Inaiá.

Roberto a impediu, segurando-a pelo braço.

– Eu mesmo faço isso – disse austero – faço questão!

Ao se aproximar da bagagem, olhando severamente para os objetos, Roberto foi novamente desalmado:

– Antes quero ver o que há dentro dessas malas. Se não está, por acaso, levando alguma coisa que não lhe pertence.

– Não sou dessas, Roberto – defendeu-se Gabriela.

Ele riu, irônico.

– Conta outra.

– Sou uma mulher honesta.

– Calada!

Ele abriu as malas e verificou o interior de todas sem ter o cuidado de não amassar as vestimentas que elas guardavam. Foi revirando tudo e jogando uma peça para um lado, depois outra para o outro, até tudo ficar espalhado pela sala.

– Agora guarde tudo isso – ordenou, severo.

Quando Inaiá fez menção de ajudá-la, Roberto berrou novamente com a esposa:

– Fique onde está! Se não quiser ir embora com ela.

Mesmo com todo esforço por parte de Gabriela para refazer as malas, Roberto, impaciente, ficou a atormentá-la:

– Deixa de ser lerda, sua depravada! Termine isso rápido, vamos!

423

Assim que ela fechou novamente toda a bagagem, Roberto, no limite da sua impaciência arrastou tudo para fora da casa e quando na varanda deu um pontapé em tudo, fazendo com que as malas rolassem escada abaixo. O chute destravou ambas e, com isso, as roupas que havia ali, caíram para fora.

Voltou-se então para Gabriela, agarrou seu antebraço com firmeza e entre dentes falou:

– Não é somente para você sumir desta casa, é para você sumir dessa região, está me ouvindo? Quero você longe, bem longe desta parte do mundo. Nem pense em querer morar na cidade porque eu mando expulsá-la de lá, espalho para toda a sociedade quem foi você no passado e, com isso, será apedrejada pelos que defendem os bons modos e a moral cristã. Não é somente pelo seu passado que será apedrejada, não! Será apedrejada também por falar sobre reencarnação e toda essa baboseira que aprendeu na França. Agora, suma daqui!

– Jesus defendeu uma prostituta, Roberto – lembrou Gabriela, enfrentando destemida seu olhar. – Quando muitos estavam prestes a apedrejá-la, ele disse: quem não tiver pecado que atire a primeira pedra e suas palavras fizeram com que cada um percebesse que ninguém ali era puro completamente.

Roberto inspirou o ar, tenso.

– Pois eu não tenho pecado algum. Ninguém é mais íntegro do que eu nesta vida.

– Há muito sobre a alma de cada um que não é visível a olhos nus, Roberto. Você não me entende agora, mas um dia... Ah, sim, um dia, você há de me entender.

Num repente, ele a empurrou até ela cair ao chão e ferir o queixo.

– Você está possuída pelo demônio. Suma daqui!

Voltando-se para o escravo condutor, suas ordens foram:

– Leve-a para bem longe daqui.

Sem mais, Roberto voltou para dentro da casa e foi beber algo forte.

Visto que Doralice, irmã de Gabriela não aceitara a própria irmã em sua casa, nem César, seu irmão, por causa do seu passado como prostituta na Corte, Gabriela foi morar num asilo.

Neste asilo, ela passou poucas e boas nas mãos das freiras que dirigiam o lugar, por falar abertamente sobre outras vidas, suas experiências na Europa e

424

suas descobertas por lá a respeito do Espiritismo. Foi considerada louca por todas ali e punida das piores formas.

Tempos depois...

Numa casa modesta, uma dentre as muitas da cidade, Gorete Damasceno* conversava descontraidamente com a tia e a mãe.

*O nome foi mantido o mesmo para que o leitor compreenda melhor a correlação entre essa personagem e sua reencarnação passada. (N. dos As.)

— Você já é quase uma adulta, Gorete – elogiou a tia. – Ainda ontem era uma menininha, agora... Deus meu, como o tempo passa rápido. Tão rápido que chega ser assustador. Tão veloz quanto o vento.

Gorete foi sincera na resposta:

— Eu não acho que o tempo passe tão rápido assim, titia.

A tia opinou:

— Você diz isso hoje, porque é uma jovem e, para os jovens, o tempo parece andar mais devagar de fato. Ao atingir os dezoito, vinte anos, você vai começar a perceber como o tempo voa.

— Estou ansiosa para me tornar adulta e esse dia me parece sempre tão distante.

— Para que quer ser adulta antes do tempo, Gorete, se a juventude é o que há de mais agradável na vida?

— Porque estou louca, louquinha, para saber com quem vou me casar, titia.

— Deixe que o tempo lhe revele.

A mãe deu seu parecer à irmã:

— Eu já disse isso a ela, minha irmã, mas ela não me ouve.

A tia opinou:

— Sua mãe tem razão, Gorete.

— Não, titia, quero saber o quanto antes com quem vou me casar. Casamento é algo muito importante, pelo menos para mim. Confesso que tenho receio de acabar para *titia*.

— Ora, minha querida, você é ainda tão jovem para se preocupar com isso.

– Não sei por que, mas eu carrego dentro de mim um profundo medo de não conseguir me casar como tanto anseio. É como se algo pudesse dar errado, e meu sonho nunca se realizar.

– Ora, bobagem, Gorete. Você está se preocupando à toa.

– Será?

– Sim, é claro. Você é jovem e linda e uma garota assim, nunca termina sem um bom casamento.

– Pois eu já conheci moças como eu que acabaram sozinhas.

– Pense positivamente, filha.

– Eu tento, mas o medo persiste.

As duas irmãs se entreolharam. A tia, para quebrar o gelo, perguntou a seguir:

– Não tem nenhum pretendente?

– Tenho. Mas sou eu quem está interessada nele e não ele em mim.

– Que pena! Mas ele logo, loguinho vai ficar caidinho por você, minha querida, você verá!

– Será mesmo?

– Ora, minha sobrinha, não seja pessimista!

A mãe da jovem, opinou:

– É isso o que eu sempre digo a ela, minha irmã.

– Sua mãe está certa, Gorete. Precisamos acreditar que o melhor vai nos acontecer se quisermos o melhor.

– Será que é tão simples assim? Às vezes penso que tudo é uma questão de destino.

– O destino somos nós quem fazemos, minha sobrinha.

– Será mesmo?

– Acredite em mim, por ter mais anos que você, praticamente o dobro da sua idade, tenho mais experiência de vida.

– Está bem, titia, vou dar-lhe um crédito.

A tia levantou-se e sugeriu:

– Agora saia para da uma volta pela cidade.

– Com esse sol?

– E para que servem as sombrinhas, meu anjo?

A mulher imediatamente pegou o objeto, entregou para a jovem e a conduziu para fora da casa.

– Nenhuma de vocês vai comigo?

– Não. Vá sozinha, quem sabe não encontra um bom partido por aí!

Assim que a mocinha partiu, a irmã virou-se para a outra e falou:

– Gorete é muito pessimista.

– Eu também penso assim, minha irmã e me pergunto todos os dias: de onde vem essa cisma dela em relação ao casamento? Essa sua preocupação exagerada de que pode não encontrar um rapaz para se casar e acabar para titia?

– É, pelos olhos dela, ela acredita realmente nessa possibilidade.

– E não? A questão é: por que ela pensa assim? De onde vem esse temor?

– Eu... eu não sei, minha irmã. Mas tal como você, gostaria também de obter a resposta.

E a resposta era simples. Na vida passada, Gorete Damasceno não conseguiu conquistar um rapaz solteiro para se casar, o único a se interessar por ela, corresponder aos seus encantos, foi o impiedoso Roberto Corridoni que se tornou seu amante e devido a sua morte inesperada não pôde cumprir nada do que ela tanto desejou realizar, passando a impressão de que não fez por maldade, por não querer, por querê-la somente como amante para realizar necessidades sexuais que não conseguia fazer com a esposa. Mas a verdade é que Roberto, apesar de ter sido um materialista nato, impiedoso e insensível quis, sim, cumprir o que prometeu a ela e ao filho bastardo. Só não o fez porque foi ludibriado pelo filho mais velho, Máximo Corridoni e os demais e também por sua morte inesperada. Lembrando que Máximo, na reencarnação atual é Tarsila Gallego e Homero é Palomita Gallego. Fato importante para compreender os acontecimentos que virão.

Foi naquela tarde que o destino uniu Gorete Damasceno a Augusto Gallego. Ao cruzar com ela pela calçada, seu encanto despertou a atenção do rapaz. Gorete, aos 17 anos, era bonita, com ares de grã-fina, cabelos bem cuidados, maquilagem cuidadosamente aplicada, mas algo mais, olhos muito grandes, castanho-ferrete e que tinham um reflexo vago e frio, olhos lindos... Seu jeito sonso de olhar meio de lado, a pior atitude para despertar a atenção de um moço, não teve efeito negativo sobre Augusto Gallego. A princípio, ela olhou-o com olhos duros e desconfiados, depois com certo interesse.

– Boa tarde – cumprimentou ela, ao perceber sua timidez.

– Boa tarde – respondeu ele, tirando o chapéu e fazendo uma mesura. – Meu nome é Augusto Gallego, como vai? Nunca a vi por aqui.

– Não sou daqui. Estou apenas passando um tempo com minha tia. Eu e minha mãe. Meu nome é Gorete.

– Seja bem-vinda a nossa cidade, Gorete.

– Obrigada.

O assunto transcorreu a seguir de forma agradável e surpreendente para os dois. Tão descontraídos ficaram que Augusto acabou acompanhando a jovem até a casa da tia, onde ela estava hospedada e o encontro terminou com a promessa de se reverem no dia seguinte à mesma hora.

Assim que a jovem adentrou a casa, surpreendeu-se, ao ver a mãe e a tia aguardando por ela, com evidente ansiedade e alegria.

– O que foi? Por que me olham assim? – perguntou, fingindo naturalidade.

Foi a tia quem falou:

– Gorete, minha sobrinha, sente-se aqui.

Visto que ela ficou imobilizada, a tia foi até ela e a conduziu até a poltrona onde a fez se sentar.

– Gorete, minha sobrinha adorada. A vida resolveu sorrir para você.

– Por que diz isso, titia?

– O rapaz, aquele que a acompanhou até aqui, eu o conheço.

– Sei e daí?

– E daí, minha querida, que ele é filho de Roberto Gallego, um dos homens mais ricos da cidade.

– Vê lá, titia, não vá pondo a carroça adiante dos bois.

A mulher deu de ombros.

– Se você se casar com ele, tudo que ele herdar do pai, o que não será pouco, será seu. Seu e de seus filhos, compreende?

– Sei e daí?

– Sabe o que isso significa?

Foi ela dessa vez quem deu de ombros.

– Que você será uma moça rica. Muito rica.

O rosto da mãe de Gorete se iluminou.

– Filha, que maravilha! Que oportunidade maravilhosa para mudar de vida, minha querida.

A tia prosseguiu:

– Dizem que os italianos deixam herança só para os homens e, se isso for realmente verdade, o filho de Roberto Gallego, herdará tudo, pois ele é filho único, digo, seu único filho homem.

Um sorriso de orelha a orelha, radiante, iluminou a face das duas mulheres. Gorete, indignada com o comentário, falou:

– Titia, será que dinheiro é tudo?

– Não é tudo, mas significa muito na nossa sociedade. Muitas mulheres, não todas, obviamente, não assumem que o dinheiro é importante para elas. Fingem que não é, só para parecer boazinhas perante os outros... Eu não sou dessas. Admito diante de qualquer um: dinheiro é importante, sim, e ponto final.

Gorete absorveu a informação com cisma crescente: seria mesmo o dinheiro tão importante quanto julgavam a tia, a mãe e a maioria?

No dia seguinte, como combinado, Augusto apareceu para cortejar a moça. Foi recebido pela mãe e pela tia com tanto entusiasmo que só faltou deixarem rolar um tapete vermelho para ele pisar, ao entrar na casa.

Foi um encontro agradável, resumiu Gorete para a tia e a mãe quando voltou do passeio com o rapaz, mas nada que a surpreendesse, deixasse-a certa de que era com ele que deveria se casar.

A pedido da irmã, a mãe falou em particular com a filha. Assim que se encontraram no quarto, a sós, a mãe de Gorete pediu-lhe:

– Gorete, filha, sente-se aqui! Precisamos ter uma conversa séria.

A jovem lançou um olhar de esguelha para a mãe que, assim que se sentou diante dela, pegou em suas mãos, olhou e disse, seriamente:

– Filha...

– Diga logo, mamãe... Não gosto de suspense.

– Não é nada assustador o que eu tenho para lhe dizer, é apenas um alerta. Um alerta que toda mãe que ama muito seus filhos, deve fazer.

A mulher inspirou o ar e prosseguiu:

– Filha querida, nós, mulheres, dependemos totalmente do marido na nossa sociedade, portanto... Se podemos escolher, se Deus nos deu o poder de escolha por que não escolher o melhor? Você não acha?

– Mamãe, a senhora acha mesmo que viver é uma escolha?

– Sim! Se podemos escolher, se Deus nos deu o poder de escolha por que não escolher o melhor?

– Faz sentido.

– Não quero vê-la, vivendo como eu e seu pai.

– Como assim?! A senhora não é feliz com ele?

– Sou, mas, francamente, poderia ter sido bem mais. Pode parecer chocante para você me ouvir falando assim, mas não sou de tapar o sol com a peneira. Sou prática e muito sincera, bem...

Ela suspirou:

– Você não faz ideia do que é ter de acordar todo dia receosa de que no dia seguinte, ou na semana que vem, ou no mês que vem seu marido perca o emprego e você não tenha o que pôr na mesa para comer.

– Mas o papai...

– Trabalha, sim, mas seu emprego é instável. Não tem as garantias que um fazendeiro tem pelo resto de sua vida. Para se alimentarem, as pessoas são capazes de vender a alma. Pagar o que for, para um produtor de alimentos livrá-las da fome. É tal como a um médico, para quem são capazes de vender até mesmo a mãe, para se livrarem da dor. Ninguém tem como evitar ficar doente e doenças desaparecem somente com a ajuda de um médico. Por isso, o médico é também um bom partido. Mas um fazendeiro, poxa, esse é melhor ainda.

Gorete ainda se mantinha olhando surpresa para a mãe.

– Reflita bem sobre esta nossa conversa, Gorete. Não deixe essa grande oportunidade escapar de suas mãos.

– Nem sei se o Augusto gosta de mim para casar.

– Gosta, sim. Qualquer um pode ver em seu olhar. Ele se apaixonou por você à primeira vista e, paixão assim, é uma dádiva.

– É?

– Sim. Uma dádiva. Acredite-me.

Roberto, assim que soube que o filho havia sendo visto passeando pela cidade ao lado de uma jovem encantadora, quis saber quem era ela.

– Seu nome é Gorete, meu pai.

– Gorete – murmurou Roberto, articulando bem as sílabas.

– Sim.

– De família próspera?

– Bem, isso eu não sei. Importa tanto assim saber?

– É lógico que sim!

Chegou o dia de Augusto apresentar Gorete a sua família.

– Papai, mamãe, esta é Gorete, a moça de quem lhes falei.

– Muito prazer – cumprimentaram os dois a recém-chegada que estudou atentamente o semblante do casal. – Seja bem-vinda.

Gorete assentiu, procurando sorrir. Tanto Inaiá quanto Roberto sentiram algo estranho em torno da moça quando foram apresentados a ela. Mal sabiam os três os elos que os ligavam de uma vida para outra.

Tempos depois...

Enquanto isso na casa da família Gallego, Tarsila, Palomita e Josefina conversavam na companhia de algumas amigas e primas.

– E você Josefina, não tem nenhum pretendente?

– Há um em especial, sim!

Todas ali se interessaram:

– Quem é ele? Como se chama? Diga! Não nos mantenha em suspense!

– Seu nome é Péricles.

– Péricles?

– Sim.

– Você não está falando do Péricles, filho do prefeito?

– Ele mesmo.

As moças se entreolharam.

– Josefina, querida, ele não é homem para você.

– Como não?

– Porque ele não é homem para mulher alguma.

A moça se surpreendeu com o comentário.

– Péricles Antunes, não gosta de mulher, por isso não se casou até hoje.

– Será?

– Acredite!

Mas Josefina não acreditou, decidiu ela própria tirar a prova dos nove. Visto que ele não se aproximava dela, tomou a atitude de se aproximar dele, não dele propriamente dito, mas de sua mãe, ao encontrá-los na loja de secos e molhados da cidade. A mãe do rapaz, percebendo seu interesse pelo filho, convidou-a para um chá em sua casa e foi assim que ela e Péricles puderam se conhecer melhor.

O encontro terminou com a mulher, convidando a jovem para voltar a sua casa no dia seguinte, quando lhe ensinaria uma receita de um bolo muito especial, tradição de sua família, passado de geração a geração entre as mulheres. E foi com um empurrãozinho que Péricles finalmente começou a cortejar uma jovem.

— Ela é a moça perfeita pra você, Péricles – elogiou a mãe.

— A senhora acha mesmo?

— Tenho certeza. O único problema é que você é muito tímido.

— A senhora acha?

— Sim. Mas isso não será impedimento para que você se case com Josefina Gallego.

— Casar?!

— Casar, sim, filho e ter muitos filhos!

— Eu nem sei se ela quer casar comigo.

— Vai querer porque está apaixonada por você.

Quando todos na cidade souberam do envolvimento de Josefina com o rapaz "florzinha" não se falava noutra coisa senão nisso, na decepção que a jovem teria se viesse a se casar com ele.

Tempos depois

Em meio a tudo isso, certo dia, quando Palomita chegava a sua casa acompanhada de uma escrava que fora com ela para segurar a sobrinha para protegê-la do sol forte dos trópicos, a jovem se surpreendeu ao encontrar Gorete, aguardando por ela.

— Gorete, minha cunhada, você aqui?

— Estava aguardando por você, Palomita.

As duas se cumprimentaram, uma mais fingida do que a outra.

— O que quer comigo, minha cunhada? – indagou Palomita, fingindo pouco interesse enquanto tirava suas luvas.

— Quero entender melhor essa história...

— História?! Que história?! Do que está falando?

— De você ter passado o seu noivo para a sua irmã.

— Ah!...

– Eu não consigo engolir essa sua atitude repentina. Esse seu gesto raro de bondade.

– Não?! Ora, por que não?

– Porque algo nisso tudo me cheira muito mal.

– O que seria?

– Convenhamos Palomita, você nunca foi de dar um ponto sem nó. Você também não é boba nem caridosa que eu sei.

– Gorete, você pouco me conhece para me julgar.

– Será?

Palomita fugiu dos olhos observadores da cunhada e procurou se manter natural.

– Por que fez o que fez, Palomita, diga-me!

– Ora, Gorete, todos já sabem o porquê.

– Quero a verdade, Palomita. A verdade que se esconde por trás desse seu falso gesto de bondade.

– Já disse, você me conhece muito pouco, Gorete. Sou uma moça boa sim, sempre fui.

Ela riu.

– Não me faça rir, por favor.

– Como está o Augusto?

– Não mude de assunto.

– Ora, não posso mais saber a quantas anda o meu irmão?

As duas se enfrentaram novamente pelo olhar. O silêncio foi quebrado com a chegada de Augusto que logo cumprimentou a irmã caçula e elogiou mais uma vez sua beleza. Assim que ele partiu com a esposa, Inaiá foi até Palomita para saber:

– O que Gorete queria com você, Palomita?

– Veio apenas me amolar, mamãe. Ô pessoa insuportável. Meu irmão não poderia ter escolhido moça pior para se casar.

– Já cheguei a essa mesma conclusão que você, filha.

Em seguida...

Bongôs e atabaques soavam altos. Abriram-se os maciços portões das senzalas como se abrissem os portões da felicidade. Os negros avançaram felizes, com um sorriso de ponta a ponta, lindo, com os olhos vermelhos e lacrimejantes de emoção.

Noutros tempos, em meio a Segunda Guerra Mundial, Roberto (Corridoni) vivendo uma nova reencarnação se vê diante de um novo desafio ao reencarnar em uma família de judeus, tentando escapar dos nazistas.

Mais à frente, em mais uma reencarnação, dessa vez numa das favelas do Rio de Janeiro, em meio a sambistas e apaixonados pelo carnaval, Roberto vive uma nova e linda, surpreendente e fascinante história de amor, que o leva mais uma vez a ficar entre escolher o bem ou o mal.

Em "Eternidade das paixões" vamos conhecer o destino de todos os envolvidos nessa história fascinante, suas derrotas e vitórias, tudo enfim que nos é servido pela vida em prol da nossa evolução espiritual.

Não perca!

Romances de Américo Simões

1. A Eternidade das paixões
2. Amor incondicional
3. A outra face do amor
4. A solidão do espinho
5. A vida sempre continua
6. As aparências enganam
7. As pazes comigo, farei.
8. A lágrima não é só de quem chora
9. Deus nunca nos deixa sós
10. E o amor resistiu ao tempo
11. Entre o medo e o desejo
12. Falso brilhante, diamante verdadeiro
13. Gatos muito gatos
14. Mulheres Fênix
15. Nem que o mundo caia sobre mim
16. Nenhum amor é em vão
17. Ninguém desvia o destino
18. O amor tudo suporta?
19. O lado oculto das paixões
20. Paixão não se apaga com a dor
21. Paixões que ferem
22. Por entre as flores do perdão
23. Quando é inverno em nosso coração
24. Quando o coração escolhe
25. Se não amássemos tanto assim
26. Sem amor eu nada seria
27. Só o coração pode entender
28. Solidão, nunca mais.
29. Suas verdades o tempo não apaga
30. Vidas que nos completam

Romances de Elisa Masselli

Nossa querida amiga e grande escritora

1. Apenas começando
2. A missão de cada um
3. À beira da loucura
4. A vida é feita de escolhas
5. Deus estava com ele
6. Em busca do amanhã
7. É preciso algo mais
8. Encontros com a verdade
9. Nada fica sem resposta
10. Não olhe para trás
11. Nem tudo está perdido
12. O destino em suas mãos
13. O passado não importa
14. Quando o passado não passa
15. Sempre existe uma razão
16. Tudo a seu tempo

Romances de Marcos Malvezzi

Que Deus nos proteja

Leia agora um trecho do romancce que tem comovido leitores e mais leitores. Apontado como uim dos livros mais importantes já escritos até então para discutirmos sobre a vaidade e o perdão.

Falso Brilhante,
Diamante Verdadeiro

de Américo Simões/Clara Barbara

Minha história começa quando fui convidada para concorrer ao concurso de Miss Brasil.

O mestre da cerimônia, trajando um *Black Tie* finíssimo se posicionou novamente no centro do palco e se preparou para anunciar a vencedora do concurso de Miss Brasil do qual eu fazia parte.

– A vencedora é... Miss Paraná! Marina Mendes Arcanjo.

A plateia foi ao delírio. Os telespectadores também, pois vencera quem todos mais queriam.

Levei alguns segundos para me dar conta de que eu fora eleita a mais nova Miss Brasil. A emoção era evidente, rompia-me em lágrimas apesar de não querer. Quando o buquê de flores foi posto em minhas mãos por um galã da TV, eu, por pouco, não fui ao chão.

– Linda! – gritavam uns enquanto outros urravam e assoviavam.

Eu ganhara! Surpreendentemente, eu ganhara. Mas não havia nada de surpreendente, afinal, eu era de longe, sem modéstia alguma, a moça mais linda do concurso, dona de um rosto raro, tal como um brilhante iluminado, valioso e estupendamente lindo.

O apresentador veio até a mim, fez uma ligeira mesura com a cabeça e perguntou:

– Marina Mendes Arcanjo, como está se sentindo ao ser eleita a mais nova Miss Brasil?

Não respondi de pronto. Olhava fixamente para o par de olhos castanho-claros do apresentador que sustentava o meu olhar com firmeza.

Abri a boca e soltei apenas uma exclamação de euforia, a seguir perdi a voz. Baixei a cabeça, temporariamente, depois voltei a encará-lo, desculpando-me com uma careta. Olhei para a plateia e quando falei, minha voz parecia outra, feita apenas de emoção.

— Eu não sei o que dizer... Isso tudo me parece um sonho.

— Diga apenas se está feliz.

— Feliz? – murmurei, com voz sonhadora – Sim, eu estou muito feliz.

— É uma grande responsabilidade e um grande privilégio representar o Brasil no concurso de Miss Universo, você sabe...

— Eu sei e isso me orgulha muito. Muito mesmo. Espero não decepcionar o meu país.

— Com sua beleza, com sua graça, com seu carisma você vai conquistar o mundo todo, minha querida. O mundo todo.

Desfilei novamente pelo palco, com o lindo e gigante buquê de flores preso num braço e o outro se agitando no ar. Andava como se estivesse sonhando. Uma chuva de pétalas de rosas caía do teto, perfumando o ar enquanto a plateia continuava me aplaudindo, emocionada.

"Marina! Marina! Marina!", gritavam todos, em uníssono. Só mesmo quem foi Miss Brasil pode compreender a emoção da vitória, o que senti naquela noite única e inesquecível para mim.

Todos enfatizavam tanto a minha beleza que se esperava que Beatriz também fosse bonita. Ninguém nunca estava preparado para encontrar a imperfeição de seus traços, o nariz anguloso, o queixo e a testa quadrada protuberantes. Somente os cabelos lembravam os meus, com uma única diferença, os meus eram jogados para trás, os de Beatriz para frente com o propósito de esconder o rosto que lhe desagradava tanto.

Ao entrar no meu quarto, encontrei Beatriz se olhando no espelho, esticando com as mãos sua face para um lado e para o outro para ver se ficava melhor.

— O que está fazendo? – perguntei, olhando com ar divertido.

— Imaginando como o meu rosto ficaria se recebesse uma plástica – ela sorriu, um sorriso triste e desanimado e continuou: – Acho que nem dando uma esticadinha aqui e outra acolá, ficaria bom. Teria também de cortar metade dessa *napa* que a natureza me pôs para respirar. Isso aqui não é um nariz. Um chafariz, talvez, mas um nariz, nunca!

Ri e comentei:

– Você está com a voz estranha. Rouca...

– Fiquei assim desde a tarde. Parece que tem uma faca fincada na minha goela.

– É dor de garganta. Passa.

Naquela noite dormi, pensando em Beatriz. Sentindo pena dela, orando por ela. Por mais que ela desejasse uma plástica, seu desejo nunca poderia ser realizado. Éramos pobres, não tínhamos, nem nunca teríamos condição de pagar por uma cirurgia tão cara como aquela.

Só mesmo se eu ganhasse o concurso de Miss Universo. Aí, sim, eu ganharia algum dinheiro com a premiação e a publicidade e poderia propiciar a minha irmã uma cirurgia plástica para deixar seu rosto mais bonito.

Adormeci, me prometendo fazer aquilo se ganhasse o concurso. Nada me daria mais satisfação do que propiciar a Beatriz um rosto que pudesse agradá-la e conquistar um moço para se casar.

Dias depois, fui chamada à prefeitura pelo prefeito para uma reunião na qual me pediu para apoiá-lo nas próximas eleições. Concordei, visto que ele era sempre muito gentil e solícito comigo.

Havia acabado de deixar o lugar, parado em uma sorveteria para comprar um picolé quando o Luciano apareceu, pegando-me de surpresa.

– Desculpe por aparecer assim de supetão – disse ele. – Mas estava louco pra te ver.

– Luciano, você aqui?! Que surpresa!

Seu sorriso alargou-se.

– Que tal darmos um giro por aí?

– Um giro? Onde?

– Por aí, ora.

– Não posso me demorar, não avisei minha mãe que sairia depois de ir à prefeitura. Ela vai achar estranho a minha demora. E...

– Se quiser a gente passa lá para avisá-la.

– Seria ótimo.

Eu examinava o rosto do meu namorado quando ele me deu as costas e começou a caminhar em direção ao carro.

Ele estacou de repente ao perceber que eu não o seguia. Olhou-me com curiosidade e perguntou:

– Você vem ou não?

Ele não esperou pela resposta, retomou a marcha, acelerando os passos.

– Você bebeu por acaso? – perguntei por achar seu semblante um tanto quanto fora do normal.

– Dei uma bicuda – respondeu ele, dando um de seus sorrisos súbitos.

"Bicuda?" que gíria era aquela?

Diante da minha imobilidade ele voltou, pegou pelo meu punho e me puxou com ele.

– Vou ter de carregar você no colo, é?!

A lassidão de sua voz me assustou.

Cedi. Assim que entrei no carro, percebi que a atmosfera ali não estava muito agradável, embora não soubesse a origem daquele desconforto.

O Lu sentou-se ao volante e foi uma dificuldade até que ele conseguisse enfiar a chave na ignição.

– Que m...

Tirou o pé da embreagem tão depressa que o carro se afastou do meio-fio com um pulo.

– Você bebeu, Luciano! E pela sua voz percebi que foi muito.

Ele nada me respondeu.

O primeiro semáforo que pegamos já estava verde há algum tempo. Acho que o Lu teve quase certeza de que daria tempo para atravessá-lo se aumentasse a marcha e foi o que fez. Presumiu errado. O sinal fechou e, por pouco, não colidimos com um caminhão que entrou na avenida por ser sua vez.

Eu também, por pouco, não gritei.

– Relaxa – disse ele, apertando a minha coxa na altura do joelho. Algo que nunca havia feito, jamais tomara essa liberdade comigo, jamais lhe dera tal liberdade.

No minuto seguinte, Luciano voltou a apertar o acelerador, extrapolando o limite permitido dentro da cidade.

Logo pegávamos a rua que levava para a estrada que conduzia até a cidade vizinha. Ao mudar de marcha o câmbio grunhiu. Ele pouco se importou. Continuou a toda.

440

– Você esqueceu que eu precisava passar em casa para avisar a minha mãe...

Ele não me deixou terminar a frase.

– Completamente. Sorry!

Ligou o rádio e aumentou o volume.

Com o carro ganhando velocidade, ele passou para a quarta marcha, depois para a quinta, permitindo que o carro disparasse.

Subitamente, começou a podar os carros, parecendo não se importar com os que vinham na mão contrária. Os automóveis da pista oposta começaram a buzinar. Eu, a essas alturas, já estava com meu maxilar apertado de tanta tensão.

– Luciano – tentei alertá-lo mais uma vez –, você está correndo demais. É perigoso.

– Que correndo demais, que nada, Marina! – respondeu ele, com voz mole, anestesiada de álcool ou por alguma droga.

Ele tornou a apertar a minha coxa e falar:

– Relaxa.

– Para onde estamos indo exatamente?

Sua resposta foi instantânea:

– Para um motel, que tal?

Arrepiei-me.

– Você perdeu o juízo.

– Não, minha querida, já tive juízo demais. Já deveria tê-lo perdido faz tempo. Vou ficar longe de você por quase dois meses, é tempo demais...

– Problema seu, Luciano. Leve-me para casa, agora! Estou ofendidíssima com você!

– Relaxa!

– Não toque mais a minha coxa.

Luciano saiu para o acostamento com uma guinada, fazendo os pneus cantarem. Um manancial de tristeza misturado ao desespero minava nitidamente dos meus olhos, agora.

– Qual é, Marina? Até quando você vai me deixar na vontade? Você me ama ou não?

– Eu o amo, você sabe que eu o amo. Ainda assim, não me sinto à vontade para...

– Os casais de namorados de hoje transam logo após os primeiros encontros, sabia?

– Eu não sou todo mundo.

– Besteira!

– Além do mais nos conhecemos há tão pouco tempo. Namoramos não faz nem um ano.

– É tempo demais para me deixar na mão. Assim vou ter de acabar procurando por uma outra garota para...

– Nem ouse terminar a frase, por favor.

– Ficou bravinha, é?

De fato, eu havia ficado.

– Leve-me para casa agora – insisti, impaciente. – Você hoje está insuportável. O que foi exatamente que você bebeu? Cerveja é que não foi.

– Fumei *unzinho,* bebi caipirinha e dei um *teco.*

– Um, o quê?

– É um outro jeito de dizer que se cheirou cocaína.

– Cocaína? Você cheira...

– Ah, não me vem com sermão, não, hein, Marina?!

Ele se inclinou para frente, para limpar o para-brisa embaçado. Quando voltou-se para mim acho que se surpreendeu ao ver minha bochechas que estavam vermelhas como tomate, riscadas de lágrimas. Ainda assim foi grosseiro:

– Mulher é cheia de coisinha mesmo. Bem que a minha mãe fala.

Minhas lágrimas eram tantas que borravam a minha visão e a minha pintura em volta dos olhos.

– Leve-me embora, Luciano, por favor.

Ele bateu com força na direção.

– Tá bom! Tá bom!

Saiu do acostamento sem olhar pelo retrovisor. O caminhão que há pouco por um triz, não nos acertara quando passamos no semáforo aberto, acertou o carro com tudo. Capotamos, a última coisa de que me lembro foi o vidro do carro se estilhaçando. Nada mais.

Mamãe e Beatriz estavam presentes no dia em que o médico foi tirar as bandagens que cobriam meu rosto.

Foi o olhar de minha mãe, que peguei de relance, ao ver meu rosto liberto das bandagens que me preocupou. Beatriz chegou a virar o rosto para o lado e se afastar.

— E então, doutor, como estou?

Ele pareceu escolher as palavras:

— Como eu havia presumido, Marina, os estilhaços deixaram cicatrizes profundas na sua face. Ela ainda está inchada devido aos procedimentos cirúrgicos que tivemos de fazer para retirar os estilhaços que se cravaram na sua pele.

— Como assim? – estranhei.

— Tivemos de costurar as feridas abertas.

Estremeci.

— O senhor não me disse nada a respeito de costurar.

O homem calou-se.

O sangue me subiu.

— Eu quero me ver no espelho.

— Depois...

— Agora, doutor!

— Não há o porquê da urgência.

— Eu quero me ver agora – reforcei, entre dentes.

— Está bem, mas lembre-se de que o inchaço irá desaparecer daqui a algumas semanas. Sua face então voltará ao normal, ficarão apenas as cicatrizes das feridas.

Minha mãe e Beatriz assistiam a tudo com a mão direita prensada contra a boca.

Ao ver meu rosto refletido no espelho, inchado e cheio de cicatrizes, murmurei, em pânico:

— Esse não é o meu rosto.

— Acalme-se, filha.

Gritei, histérica.

— Eu quero o meu rosto de volta!

O choro foi inevitável. Mamãe tentou apaziguar a situação.

— Você terá o seu rosto de volta, filha, assim que desapareça o inchaço.

Voltei-me para o médico que assistia a tudo, penalizado, e perguntei:

— Ele voltará, mesmo, doutor? Digo, meu rosto voltará a ser o mesmo de antes?

Ele inspirou o ar e respondeu, seriamente:

– As cicatrizes ficarão, Marina. Para reconstruir seu rosto será preciso fazer uma cirurgia plástica. Aí, sim, você terá chances de voltar a ter o rosto de antigamente.

O mundo pareceu desabar sobre a minha cabeça.

Visto que Luciano não ia me ver, resolvi ir até ele. Como combinado, Neuza liberou a minha entrada na casa. Informou-me que ele estava na piscina e fui direto para lá.

– Ah, você... – respondeu ele, evasivamente, ao me ver parada a poucos metros de onde se encontrava.

– Eu mesma, Luciano.

– Com esse cabelo jogado na cara e esses óculos escuros enormes quase não a reconheci. Parece até um besouro ambulante.

– Acho que temos muito a conversar, não?

Ele, recolhendo suas coisas rapidamente, respondeu:

– *Tô* com pressa, outra hora a gente conversa, tá bem?

– Não! Não mesmo! – retruquei, furiosa. – Eu esperei muito por essa conversa. Não espero um minuto mais. Terá de ser agora!

– Se veio aqui para me dar sermões, por favor, me poupe.

Encarei meu ex-namorado com seriedade. Por mais que tentasse não conseguia falar.

– Desembucha, vai... – atalhou ele, severo. – O que quer? Veio falar do acidente? É isso? Aconteceu, ora, tanto eu quanto você saímos machucados, mas isso já são águas passadas...

– Você tinha bebido.

– E daí? Quantos caras não bebem antes de dirigir? Trocentos!

– Não era só bebida, não é mesmo? Agora, eu me lembro. Foi você mesmo quem me disse. Havia bebido e usado drogas, não é? Maconha e cocaína pelo que me recordo, por isso saiu daquele acostamento sem olhar pelo retrovisor e...

– Kabum! – zombou ele, fazendo um grande estrondo com a voz. – Foi isso, não foi?! Agora chega!

– Então é verdade mesmo o que minha mãe me disse e eu relutei em acreditar. Você não presta, mesmo!

Ele deu de ombros.

– Com tanto rapaz interessante na cidade fui me envolver justamente com um garoto mimado e viciado em drogas como você. Você é mesmo uma peste, Luciano! Uma tranqueira que não vale nada!

Naquele momento, eu o odiei com uma força descomunal. A mesma que deve existir para amar.

Luciano não prestou a mínima atenção às minhas palavras. Inconscientemente ignorou o comentário.

– Diga alguma coisa! – explodi.

– Digo! – respondeu ele, fuzilando-me com seus olhos vermelhos de tanto fumar maconha. – Marina você é um porre, ouviu? Ouviu, bem? Só namorei você porque era a garota mais linda da cidade. Eu disse era, porque agora, né... Você é pegajosa, grudenta, percebi isso de cara, mas eu quis namorá-la mesmo assim para fazer inveja aos meus amigos e por ser aquele que iria te desvirginar para causar ainda mais inveja à rapaziada. Só não pensei que você iria me deixar na mão por tantos meses, hoje, qualquer garotinha...

– Chega! – brami, perdendo o controle.

O clima pesou entre nós dois. Então, como uma legítima escorpiana amaldiçoei-o.

– Não vou sossegar, Luciano, não vou sossegar enquanto não vê-lo na pior, na mesma desgraça em que você me deixou. No fundo do poço. No limbo. No inferno.

Dessa vez, ele prestou bem atenção em mim.

– Bah! – gritou, em falsete. – O que vem de baixo não me atinge.

– Eu volto, Luciano...

Ele me interrompeu, rapidamente.

– Volte para a sua casinha do BNH e se tranque lá, porque ninguém merece olhar para você com essa cara remendada.

Riu, grosseiramente.

– Praga dos infernos. Bem que meu pai sempre me aconselhou a ter cuidado com mulheres. Que elas são bem capazes de grudar em nós feito carrapato em cachorro.

Desejei, subitamente, nunca ter conhecido Luciano, nunca ter me apaixonado por ele, nunca haver encontrado a alegria que ele tanto despertou em meu interior ao primeiro beijo. O beijo que ficou para sempre guardado na minha memória.

Nem sei como voltei para casa. Assim que cheguei, mamãe me chamou na cozinha para tomar um café com pão.

Eu tinha um ar carrancudo e esmigalhava meu pão com mãos nervosas. Depois, parei de esfarelar o pão, aprumei-me na cadeira, fixei um olhar gelado em minha mãe e disse em alto e bom som:

– Isso mostra que o ser humano é mesmo um bicho imprestável.

Mamãe olhou para mim, atônita. Segurou minha mão e, pediu, em tom de súplica:

– Calma, filha. Não piore o seu nervosismo. Tenho medo de que tenha um derrame ou qualquer coisa parecida que a machuque ainda mais.

Meu rosto ficou ainda mais sério. Subitamente, arremessei ao chão o pão que tinha em minha mão, saltei da cadeira e mergulhei as mãos nos cabelos num gesto desesperador.

– Eu estou com ódio. Muito ódio da vida!

– Filha!

Bufei.

– Meu sangue está borbulhando de ódio e raiva e qualquer coisa mais por debaixo da minha pele.

E novamente repeti com todas as letras e todo o ódio do mundo:

–- Não vou sossegar, Luciano, não vou sossegar enquanto não vê-lo na pior, na mesma desgraça em que você me deixou. No fundo do poço. No limbo. No inferno.

Falso Brilhante,

Diamante Verdadeiro

de Américo Simões/Clara Barbara

O que você faria no lugar de Marina?
Essa é a pergunta que vai mexer com o leitor do começo ao fim. Um livro que aborda deramas atuais vivido nos tempos de hoje. Uma obra reveladora e inspiradora para a alma.

Para maiores informações visite o site da Editora:
www.barbaraeditora.com.br

BARBARA EDITORA
Rua Primeiro de Janeiro, 396 – 81
Vila Clementino – São Paulo – SP
CEP 04044-060
(11) 5594 5385

www.barbaraeditora.com.br
Facebook: Barbara Brasil Editora
E-mail: barbara_ed@estadao.com.br

Contato c/ autor: americo.simoes@uol.com.br
Facebook: Américo Simões
Blog: http://americosimoes.blogspot.com.br
www.americosimoes.com.br
www.mecosimoes.com.br